为中华崛起传播智慧

To disseminate intelligence for the rise of China

国家出版基金项目

中国战略性新兴产业
研究与发展

R&D of China's Strategic New Industries

数据赋能

Empowering with Data

郑爱军　主编

黄咏梅　副主编

机械工业出版社

China Machine Press

本书从组织、智慧组织概念出发，阐述组织战略转型的动因；以实际案例阐述组织战略转型的"三部曲"，并从数据共享、业务协同、组织进化、数据赋能实现组织转型的保障体系、组织战略转型评价指数等方面，进一步阐述组织战略转型的理论框架和实施路径；在此基础上提出未来组织的发展方向。

本书将普及性、科学性有机地统一起来，既有一定的思想、理论深度，又具有浅显易懂、实用的特点。本书适合政府、企事业单位、教育和科研机构等从事组织规划、组织管理或对此类工作感兴趣的各界人士阅读。

图书在版编目（CIP）数据

中国战略性新兴产业研究与发展. 数据赋能 / 郑爱军主编. —北京 ： 机械工业出版社，2021.8（2023.6 重印）
（国家出版基金项目）
ISBN 978-7-111-68641-5

Ⅰ. ①中… Ⅱ. ①郑… Ⅲ. ①新兴产业－产业发展－研究－中国②数据处理－信息产业－产业发展－研究－中国 Ⅳ. ① F269.24 ② F492

中国版本图书馆 CIP 数据核字（2021）第 136771 号

机械工业出版社（北京市百万庄大街 22 号　邮政编码 100037）
策划编辑：曹　军　责任编辑：曹　军　佟　凤　张珂玲
责任校对：李　伟　责任印制：常天培
固安县铭成印刷有限公司印刷
2023 年 6 月第 1 版第 2 次印刷
170mm×242mm · 19.5 印张 · 349 千字
标准书号：ISBN 978-7-111-68641-5
定价：138.00 元

电话服务　　　　　　　　　　网络服务
服务咨询电话：(010)88361066　年 鉴 网 :http://www.cmiy.com
读者购书热线：(010)88379838　机工官网 :http://www.cmpbook.com
　　　　　　　(010)68326294　机工官博 :http://weibo.com/cmp1952
封底无防伪标均为盗版

序言

全球金融危机和经济衰退发生以来，美欧日俄等为应对危机、复苏经济、抢占未来发展的先机和制高点，都在重新审视发展战略，不断加快推进"再工业化"，培育发展以新能源、节能环保低碳、生物医药、新材料与高端制造、新一代信息网络、智能电网、海洋空天等技术为支撑的战略性新兴产业，在全球范围内构建以战略性新兴产业为主导的新产业体系。力图通过新一轮技术革命的引领，重新回归实体经济，创造新的经济增长点。这已成为很多国家摆脱危机、实现增长、提升综合国力的根本出路。可以预计，未来的二三十年将是世界大创新、大变革、大调整的历史时期，人类将进入一个以绿色、智能、可持续发展为特征的知识文明时代。那些更多掌握绿色、智能技术，主导战略性新兴产业发展方向的国家和民族将在未来全球竞争合作中占据主导地位，赢得全球竞争合作，共享持续繁荣进程中的主动权和优势地位。

为应对金融危机和全球性经济衰退以及日趋强化的能源、资源和生态环境约束，以实现中国经济社会的科学发展、和谐发展、持续发展，党中央、国务院提出加快调整产业结构、转变经济发展方式，加快培育和促进战略性新兴产业发展的方针，出台了《国务院关于加快培育和发展战略性新兴产业的决定》以及相关政策举措。可以肯定，未来5～10年将是我国结构调整与改革创新发展的一个新的战略机遇期，将通过继续深化改革，扩大开放，提升自主创新能力，建设创新型国家，实现我国科技、产业、经济由大变强的历史性跨越，我国经济社会发展将走出一条依靠创新驱动，绿色智能，科学发展、和谐发展、持续发展之路，实现中华民族的伟大复兴。

展望未来，高端装备制造、新能源汽车、节能环保、新一代信息技术、生物医药、新能源、新材料、绿色运载工具、海洋空天、公共安全等全球战略性新兴产业将形成十几万亿美元规模的宏大产业，成为发展速度最快，采用高新技术最为密集，最具持续增长潜力的产业群落。战略性新兴产业的发展需求也将拉动技术的创新突破和产业的结构调整，为包括我国在内的全球经济发展注入新的强大动力。

在世界各国高度重视培育和发展战略性新兴产业的新形势下，编写一套"中国战略性新兴产业研究与发展"图书，借鉴国外相关产业发展的成功经验，对行业发展思路、发展目标、发展战略、发展重点、投资方向、政策建议等方面进行全面、系统研究，凝聚对战略性新兴产业内涵和发展重点的认识，为国家战略性新兴产业发展规划的顺利实施，以及政府和有关部门制定促进战略性新兴产业发展的相关政策和法规提供参考，具有十分重要的现实意义。

"中国战略性新兴产业研究与发展"系列图书对相应产业的阐述、分析均注重强调战略性新兴产业的六个主要特点：

一是**绿色**。战略性新兴产业属于能耗低、排放少、零部件可再生循环的"环保型""绿色型"产业，无论从产品的设计、制造、使用，还是回收、再利用等整个生命周期的各个环节，对资源的利用效率与对环境的承载压力均要求达到最理想水平。

二是**智能**。新型工业化要求坚持以信息化带动工业化、以工业化促进信息化，即要实现"两化融合"。而"两化融合"决定了智能是未来产业尤其是战略性新兴产业的发展方向。所谓智能，是指制造过程的智能化、产品本身的智能化、服务方式的智能化。这些均是智能的最基本层次，它还具有其他更为丰富的内涵。例如：智能电网，通过先进的传感和测量技术、先进的设备技术、先进的控制方法以及先进的决策支持系统技术的应用，可实现电网的可靠、安全、经济、高效、环境友好和系统安全等方面的智能；智能汽车不只是安全智能，还包括节能、减排、故障预警等方面的智能。

三是**全球制造**。随着全球化趋势不断深化，战略性新兴产业的发展成果也必将是由全人类共创共享。新产品的研制开发，不再由一个企业独自完成，需要集成各方面优势资源共同解决。例如，iPhone在中国完成装配，但它的设计、研发以及许多零部件的供应都是在美国、日本和欧洲实现的，其本身就是一个全球化的产品。因而，未来的制造必然是全球化制造、网络化制造。

四是满足个性化需求与为更多人分享相结合。目前中国有 14 亿人口，印度有 13 亿人口，还有巴西、印度尼西亚等新兴国家、发展中国家也都要实现现代化。在全球如此规模庞大的人群中，既存在富裕阶层、高消费阶层，他们的消费需求是个性化、多样化的；又有占比较大的中产阶层、贫困人口，他们的消费需求是基本层次的，但也不能被忽视。两种类型的消费需求必须同时被满足，这不仅是构建和谐社会的需要，而且是构建和谐世界的需要。因此，我国发展战略性新兴产业，应该既要满足中高端个性化的需求，同时又要满足我国与其他发展中国家广大普通消费者的需求。要把个性化的设计、个性化的产品生产，与规模化、工业化的传统生产结合起来，不能完全抛弃传统的规模化生产方式。

五是可持续。要使有限的自然资源得以有效、可持续利用，发展利用可再生资源、能源，强调发展再制造、循环经济。无论是原材料使用，还是零部件制造，从研发、设计之初就考虑到了生产中的废料、使用后的残骸的回收处置，使其能够重新得到循环利用。

六是增值服务。培育发展战略性新兴产业需要注意在设计制造过程中与产品售后、使用过程中提供相关增值服务。不应再局限于传统的观念，只注重制造本身，而不注重服务的价值。例如，发展电动汽车产业，必须首先解决好商业模式问题，包括充电桩建设、电池更换、废旧电池回收等服务，否则将无法广泛推广。

"中国战略性新兴产业研究与发展"系列图书内容丰富、资料翔实、观点鲜明、立意高远，并力求充分体现出"四性"，即科学性、前瞻性、指导性和基础性。

第一，体现科学性。所谓科学性，就是指以科学发展观为指导。科学发展观的核心是以人为本，基本要求是全面、协调、可持续，根本方法是统筹兼顾，符合客观规律。"中国战略性新兴产业研究与发展"系列图书既要能够为党中央、国务院提出的加快发展战略性新兴产业的总体战略服务，又不应受到行业、部门的局限，更不能写成规划或某些部门规划的解读材料，而应能够立足于事物客观规律、立足于全局。各分册编写组同志重视调查、研究，力求对国情、科技、产业及全球相关产业的发展态势有比较准确的把握，努力为我国战略性新兴产业的发展提供一本基于科学基础的好素材。这套图书立足基于我国国情，而不是简单地把发达国家的相关产业信息进行综合、编译，照搬照抄。当然，我国发展战略性新兴产业不能"闭门造车"，而是要坚持开放性，积极参与国际分工合作，充分利用全球优势资源，提高发展的起点和水平。因而，有必要参照国际成功经验与最新发展趋势，但一定要以我国国情和产业特点为根本出发点，加快培育和发展有中国特色的、竞争能力强的战略性新兴产业。

第二，体现**前瞻性**。一是能够前瞻战略性新兴产业的发展，因为这套图书是战略性新兴产业的发展指导书。二是能够前瞻战略性新兴产业技术的发展。为了做好这两个前瞻，必须要适当地前瞻全球经济、我国经济与战略性新兴产业发展的趋势。只讲发展现状是不够的，因为关于现状的资料很多，通过简单的网络搜索即可查到；也不能只罗列国外的某些规划和发展战略。"中国战略性新兴产业研究与发展"系列图书的编写注重有深度的科学分析与前瞻性的研究。

第三，体现**指导性**。"中国战略性新兴产业研究与发展"系列图书本身就是指导书，能够对产业、对技术、对国家制定政策，甚至在未来国家发展战略与规划的制定等方面发挥一定的引导作用与影响。虽然不能说这套图书可以指导国家战略与规划的制定，但是应该努力发挥其积极的引导作用。

第四，体现**基础性**。所谓基础性，就是指要能够提供战略性新兴产业的基础信息、基础知识，以及我国和有关国家在相关产业发展方面的基本战略，主要的法规、政策和举措，并尽可能提供一些基本的技术路线图。比如，在轴承分册，就描述了一个轴承产业发展的路线图。唯有如此，"中国战略性新兴产业研究与发展"系列图书才能满足原来立项的宗旨——不仅要为工程技术界、大学教师、大学生与研究生提供学习参考书，为产业界的技术人员、管理人员提供决策参照，而且要为政府部门的政策法规制定者提供参考。

机械工业出版社是具有 60 多年历史的专业性综合型出版机构，改革开放后，随着市场经济的发展，机械工业出版社不断改革转型，不但形成了完善的编辑出版工作流程和质量保证体系，而且编辑人员作风严谨，工作创新。

"中国战略性新兴产业研究与发展"系列图书不仅是一套科技普及书，更是一套产业发展参考书，必须既要介绍国内外战略性新兴产业的发展情况，又要阐述相关政策、法规、扶植措施等内容。因此，这套图书的组编单位、编写负责人和编写工作人员必须要有相关积累和优势。"中国战略性新兴产业研究与发展"系列图书所选的分册主编和作者主要是精力充沛的业内中青年专家，并由资深专家负责相应的编审、校审工作。现在看来大多数工作由中青年同志担当，是完全符合实际的。此外，这套图书的编著还充分发挥了有关科研院所、行业学会和协会的作用，他们的优势在于对行业比较熟悉，并掌握了较为丰富的资料。

最后，特别感谢国家出版基金对"中国战略性新兴产业研究与发展"系列图书的大力支持！感谢全体编写出版人员的辛勤劳动！

期望"中国战略性新兴产业研究与发展"为社会各界了解战略性新兴产业提供帮助，期待中国战略性新兴产业培育和发展尽快取得重大突破，祝愿我国在不久的将来实现由经济大国向经济强国的历史性跨越！

是为序。

前言

2020年3月，《中共中央　国务院关于构建更加完善的要素市场化配置体制机制的意见》（以下简称《意见》）印发。《意见》首次将"数据"作为一种新型生产要素，与土地、劳动力、资本、技术等传统要素并列为生产要素，提出要加快培育数据要素市场，推进政府数据开放共享，提升社会数据资源价值，加强数据资源整合和安全保护。

大数据的整合过程就是对来源分散、数量巨大、格式多样的数据进行采集、存储和关联分析，从而发现新知识、创造新价值、提升新能力。规模化的数据为创新发展提供了关键要素。因此，谁掌握了数据，谁就具有了优势。数据资源是"未来的新石油"，如同农业经济时代的土地和劳动力、工业经济时代的技术和资本一样，数据已成为数字经济时代的关键生产要素。

数据要素的市场化配置改革目标就是要通过市场在资源配置中的决定性作用，充分发挥数据这一新型要素对其他要素的效率倍增作用，培育发展数据要素市场，使大数据成为推动经济高质量发展的新动能。

要实现这一战略目标，组织的数字化转型是前提。党的十八大以来，我国数字经济蓬勃发展，数字经济已成为拉动经济增长的重要引擎。2020年4月1日，习近平总书记在浙江省考察时再次强调要抓住产业数字化、数字产业化赋予的机遇。李克强总理多次指出要加快传统产业向数字化转型。按照党中央和国务院的决策部署，国家发展改革委联合有关部门，深入落实推进"互联网＋"行动、国家大数据发展战略等政策举措，推动数字技术创新应用，推进数字经济与实体经济融合发展，促进传统产业数字化转型。

2020年4月7日，国家发展改革委、中央网信办联合印发《关于推进"上云用数赋智"行动　培育新经济发展实施方案》。要求在已有工作基础上，大力培育数字经济新业态，深入推进企业数字化转型，打造数据供应链，以数据流引领物资流、人才流、技术流、资金流，形成产业链上下游和跨行业融合的数字化生态体系，构建设备数字化-生产线数字化-车间数字化-工厂数字化-企业数字化-产业链数字化-

数字化生态的典型范式。工业和信息化部办公厅也印发了《中小企业数字化赋能专项行动方案》，以数字化赋能中小企业，助力疫情防控、复工复产和可持续发展。这些政策文件的出台，无疑为正在构建的以国内大循环为主体、国内国际双循环相互促进的新发展格局而实施的数字化转型，以及为此而进行的组织重构指明了方向。

目前，我国各行业的数字化水平参差不齐，基础不一。以建筑业和制造业为例，同样是国民经济支柱性产业，它们迈向数字化的进程却大不相同。据权威咨询机构对各行各业数字化程度的调查，制造业的数字化程度较高，一直名列前茅；建筑业的数字化程度较低，一直名列末尾。有数据显示，制造业从 2000 年到 2016 年的数字化水平提升了 35%，而建筑业仅提升了 19%。这充分说明各行业组织的数字化转型任重而道远。

本书在提炼组织、组织转型、未来组织形态以及数据赋能与组织数字化转型关系的基础上，提出组织数字化转型"三部曲"的基础理论及其内涵特征，并针对构成"三部曲"的核心内容 —— 数据共享、业务协同与组织进化分别进行深度剖析，运用大量从实践中得来的鲜活案例诠释如何将上述理念转化为实际行动，最后结合当前经济社会发展大背景，特别是新冠肺炎疫情暴发以来对组织数字化转型提出的新课题、新要求和新挑战，就组织数字化转型的未来发展趋势进行展望。希望通过本书能够帮助社会各界更好地借助数字化、智能化技术，顺利完成组织的数字化转型。

2021 年 1 月 16 日

编写说明

《国务院关于加快培育和发展战略性新兴产业的决定》确定了我国未来经济社会发展的战略重点和方向是战略性新兴产业，并且根据我国国情和科技、产业基础，又进一步明确为现阶段重点发展节能环保、新一代信息技术、生物、高端装备制造、新能源、新材料、新能源汽车、数字创意和相关服务业九大新兴产业。可见，九大战略性新兴产业将是国家重点支持、大力推广的产业。

为了使大家全面理解、准确把握、深刻领会国家这一战略决定的精神实质，了解其发展内涵，推动产业结构升级和经济发展方式转变，增强国际竞争优势，抢占新一轮经济和科技制高点，机械工业出版社在国家出版基金的支持下，组织各领域权威专家编写了一套"中国战略性新兴产业研究与发展"（以下简称"研究与发展"）图书。

"研究与发展"以国家相关发展政策和规划为基础，借鉴国外相关产业发展的成功经验，对产业发展思路、发展目标、发展战略、发展重点、投资方向、政策建议等方面进行了全面、系统的研究；对前瞻性、基础性和目前产业上有瓶颈限制的问题提出了有针对性的对策。

"研究与发展"采用分期分批的出版方式陆续出版发行，第一期12个分册、第二期13个分册分别于2013年6月和2018年2月完成出版。第一期包括：太阳能、风能、生物质能、智能电网、新能源汽车、轨道交通、工程机械、水电设备、农业机械、数控机床、轴承和齿轮。第二期包括：功能材料、物流仓储装备、紧固件、模具、内燃机、塑料机械、塑木复合材料、物联网、制冷空调、智能制造装备、非常规油气、中压开关和数据中心。本次出版的第三期29个分册图书包括：智慧工业、生物基材料、数据与企业治理、智慧经济、智能注塑机、数据赋能、高端轴承、冷链物流、智能汽车、通用航空、远程设备智能维护、智能供应链、智能化立体车库、气体分离设备、焊接材料与装备、高端液气密元件、高端链传动系统、风电齿轮箱、海洋油气装备、燃气轮机、变频调速设备、电子信息功能材料、智能制造、数控系统、工业机器人、核电、智慧交通、增材制造以及内燃机再制造产业发展与技术路线。今后根据国家产业政策要求及各行业的发展情况还将陆续推出其他分册。

为了出版好"研究与发展",机械工业出版社成立了"中国战略性新兴产业研究与发展"编委会,全国人大常委会原副委员长路甬祥担任编委会主任。路甬祥副委员长对该套图书的编写高度重视,亲自参加编委研讨会,多次提出重要指导意见。他从图书的定位、内容选材、作者队伍建设和运作流程等方面都给予了全面和具体的指导,并提出了"六个特点"和"四性"的具体要求。

机械工业出版社还建立了完善的项目管理、编写组织、出版规范和网络支撑四个方面的工作体系来保证图书质量,投入了大量的精力组织行业权威专家规划内容结构、研讨内容特色。参与图书编写的主创人员自觉自愿地把自己的聪明才智和研究成果奉献给社会,奉献给国家。他们都担负着繁重的科研、教学、行业管理或生产任务,为了使此书能够早日与大家见面,他们不辞辛苦、加班加点,因为他们都有一个共同心愿 —— 帮助企业快速成长,使中国由大变强。

在此,衷心地感谢为此项工作付出大量心血的组编单位、各位专家、各位撰稿人、编辑出版及工作人员!

尽管我们做了大量工作,付出了巨大努力,但仍难免有疏漏或不足之处,敬请读者批评指正!

中国战略性新兴产业研究与发展 编辑部

2021 年 1 月

目录 CONTENTS

第 1 章

组织和组织战略转型

1.1 组织及其发展

1.1.1 组织概念及影响组织变化的因素

自从有了人，自从人类开始以群体的方式生存，就有了组织这种社会实体。由于人们很难只靠个体的力量实现自身目标，因而必须通过某种形式的组织聚集资源，以实现某一目标。为了处理政治、经济、社会和信仰等事务，人类对组织的构成不断进行思考与尝试，最终形成了国家、政府、军队、企业、家庭、社团和宗教等组织。

1. 什么是组织？

（1）对组织的通用理解　公司、大学和政府机构毫无疑问都是我们通常意义上理解的"组织"。然而，组织活动的某个集体是不是组织？家族是不是组织？认识组织，首先就必须从定义出发，揭示其区别于其他社会集体的本质特征。

在对组织的研究中，由于对组织的认识角度不同，有关组织的定义也多种多样。占据主导地位的是从理性系统视角对组织的定义。典型的如美国管理学家巴纳德的定义，他认为，"组织是有意识地协调两个以上的人的活动和力量的一个体系""正式组织是一种人与人之间有意识、经过协商和有目的的协作"。影响较大的组织定义认为，"组织是根据人力和物力为实现共同目标有组织系统地决定工作、职责以及相互关系的过程"。哈罗德·孔茨在其《管理学精要》中则指出，组织意味着为使人们达到预定的目标而有效地工作，必须按任务和职位制定好一套合适的职位结构。也有人指出，组织"是为实现共同目标，通过工作和职务分工及权力和责任的分配对人和活动进行合理分工的过程"。卡斯特和罗森茨韦克从系统的角度研究了组织的构成，认为"组织的行为是以各种或多或少为组织成员所了解的目标为目的的。组织在完成其任务过程中将运用知识和技术。组织指的是结构性和整体性活动，即在相互依存的关系中人们共同工作和协作……，相互关联性的观念表明是社会系统"。马奇和西蒙认为，"组织是互动的人群集合，是一种具有集中协作功能的系统，而且是这类系统中最大的。……与非组织人员之间和组织之间的松散且常变关系不同，组织内部具有高度专门化和高度协作的结构，使得组织成为一种社会学单元，就像生物学中有机体的个体一样"。Urwick（欧威克）认为，一个正式组织的建立是一项设计工作，人类组织十之八九都是从一张白纸开始的，组织者必须最大限度地利用人力资源。在89%～90%的情况下，他必须调整工作，使工作适合他选定的人，而不能改变人使之适合工作。

理性系统组织理论关注组织的正式结构，为识别组织的根本属性奠定了基础，但其忽视了组织中更为复杂、动态的因素。因此，自然系统组织理论从个体行为角度对组织进行了定义。古尔德纳指出，尽管组织通常主张特定的目标，但其参与者的行为往往并不考虑这些目标，这些目标也并不总能预测组织的行动。尽管组织可能制定了正式的规范和角色定义，但其很可能对成员行为影响甚微，非正式的人际关系结构的重要性可能远高于正式结构，权力来自多种渠道，而非仅靠正式职位来获得。因此，如果从行为而非规范结构的角度考虑，对组织的定义就会有很大不同［Gouldner（古尔德纳），1959］。自然系统组织理论认为，组织是这样一种集体，其成员追求共同的和不同的多重利益，但他们共同认识到组织不仅是实现某种目标的工具或手段，而且组织本身也是一种重要的资产和资源，并认识到巩固和保持其永续存在的价值。

从开放系统视角对组织的定义来看，系统组织理论认为，组织是一个系统，是由目标、人员、技术、结构、管理系统等子系统构成的。但组织不是一个与环境隔离的封闭系统，仅仅由一系列稳定的参与者组成，而是一个开放的动态系统，要依赖于与外界人员、资源和信息的交流。组织从环境中接受投入，经过组织的转换后又以产出的方式投放到环境中，环境决定、支撑和渗透着组织。因而，组织是由组织的目标、结构、活动、人员、信息等要素有机构成的动态系统，各要素互相作用并协调一致，不断根据环境以及自身发展的需要调整变化，以获得组织生存和发展的优势，有效应对外在环境的需求。更具概括性的定义则认为，组织是相互依赖的活动与人员、资源和信息流的汇聚，这种汇聚将不断变迁的参与者同盟联系在一起，而这些同盟则根植于更广泛的物质资源与制度环境中。在这一视角下，组织成为更大的关系系统的组成要素，与外部环境因素的联系对组织而言也至关重要，谈判、联络感情和创造共同的解释体系成为组织重要的工作任务。

除上述视角以外，还有决策理论从决策活动视角对组织进行的分析，以及社会－技术学派从社会与技术的视角对组织进行的认识。

结合以上定义，我们可以从不同方面深化对组织的理解。组织不仅是追求特定目标的高度正式化、理性组织的集体，也是受共识或冲突推进的由人的能动行为构成的自寻生存的自然系统，同时还是在更大环境下不同利益参与者之间的结盟活动和开放系统。

（2）本书对组织的界定　本书对组织的界定，主要集中在政府组织和企业组织两个方面。

政府组织作为一个国家的统治机构，是为维护和实现特定的公共利益、按照区域划分原则组织起来的，以暴力为后盾的政治统治和社会管理组织。从本质上来看，政府是一个高度正式化、高度理性的协作系统，是当今社会一种典型的、常见的组织表现形式。政府组织有广义与狭义之分。广义的政府组织指执政党、军队、立法机关、行政机关、司法机关及政治协商会议和特殊社会团体，以及这些组织的派生组织（例如事业单位）；而狭义的政府组织则不包括这些派生组织。

企业组织分为商业性的组织和非商业性的组织，一般的企业都是商业性的组织，而一些论坛或者服务于公共目标的团体则是非商业性的组织，例如红十字会、华友联盟等。结合企业业务特点，常见的组织结构有：以店铺运营为主的零售型企业、具备研发和生产能力的价值创造型企业、具备全球化能力的制造型企业、专注于服务和运营的企业、以知识创造为主的专家知识型企业等。从企业组织结构的形式来看，有职能型的、矩阵式的、网状的等多种组织结构。一般来说，大企业以矩阵式的组织结构居多。在矩阵式组织结构中，又分为职能部门和业务部门。业务部门对业务经营结果负责，而职能部门一般对专业能力负责，支撑业务部门完成业务目标。

2. 组织的特征、要素

（1）组织的共性特征　从组织定义可见，尽管各种组织在规模、结构、运行过程和功能等方面有着很大差异，但正式的组织仍具有重要的共性特征，从而使其有别于其他社会集体。

其一，组织是拥有相对具体且统一目标追求的集体。组织参与者的活动及其之间的行动协调都是为了达到特定目标。组织目标要具体，可以明确表述和清晰界定，能够为不同行动的选择提供明确的指引。组织是为完成总体目标而建立起来的，在某一组织中工作的人至少在一段时间内相信自己是为实现同一目标而奋斗的。组织中的大多数行为都是已计划好的合理行为，并通过合理的计划调整目标行为，以使人们能实现这一目标。完成组织目标是组织存在的意义。早期的组织满足了人类生存的需要，随着人类需求的多元化，逐渐形成了政治、经济、文化方面的各种组织。组织都是为了满足人类需求而生，每个组织都有其存在的目的。

其二，组织是一种相对而言高度正式化的集体。现代意义上的组织定义是，组织有正式化的组织结构。组织是由两个以上的个人组成的群体，因此要为实现组织目标进行工作和职务分工，以便个体为实现组织目标而有序地开展活动。组织就是由两个以上的个体在一定的结构和规则中，为实现共同的目标而开展各项活动所形成的社会系统，参与者之间的关系结构被规则明确确立。高度具体化的目标和高度正式化的结构使组织区别于家族、家庭、社区、社会运动团体等其他类型的社会集体。卡斯特等将组织的特征归纳为：组织是"①有目的的，即怀有某种目的的人群；②心理系统，即群体中相互作用的人；③技术系统，即运用知识和技能的人群；④有结构的活动整体，即在特定关系模式中一起工作的人群"。这也揭示了组织高度的特定目的性和正式的结构性特征。

其三，组织拥有趋同的管理理念和方法。政府部门的管理理念在于提供公共服务、完善社会管理、追求社会责任等。随着社会的演进和企业所有权与经营权分离现象的日益普遍，企业也从原本的纯经济组织向"经济＋社会"组织进化，其经营目标也由原先单一地追求经济效益向承担一定的社会责任和为多方面的利益群体服务转变。在现今社会，无论什么形式的组织，为了低成本、高效率地实现自我的理念，都会采用绩效管理手段，利用关键绩效指标、目标管理、考核评分等工具，聆听多元主体意见对组织进行绩效评估。

（2）组织的要素　一般意义上，我们也是通过组织的目标和组织结构来理解组织。以政府组织为例，在描绘组织的要素时，我们通常会想到党委－人大－市政府，以及其下各个职能部门（委办局负责人－不同的下设科室或不同职责的公务员）等有机联系的组织架构，并藉由这一组织结构共同实现组织的特定目标。而从开放系统和非正式结构的视角，在更广泛的意义上，我们可以将组织看成一个由环境、目标与战略、人员、工作（任务）、结构组成的一个有机系统；同时，在组织系统之内，既包括由规则所明确的正式组织，又包括由人的行为构成的非正式组织。各要素应构成一个相互协调、相互适应的系统。

组织的重要任务就是充分考虑组织的要素，对组织进行有效的设计。组织设计过程是一个理性的、正式的、合乎逻辑的管理过程。为实现组织有效运转，组织设计一般应遵循以下组织原则：统一目标原则、效率原则、管理幅度原则、等级原则、授权原则、责任原则、权威和责任对等原则、统一命令原则、权力层次原则、工作分配原则、明确职责原则、平衡原则。组织设计的最佳方法是建立在劳动力的水平和垂直分工基础上的，要使组织工作有效，就必须做到以下七点：①确立组织的具体目标；②实现目标、政策和计划的系统化；③明确执行相应政策和计划所必须采取的行动；④对行动进行分类和细则化；⑤根据可用的人力、物力资源，以最有效的形式进行分组，组织中的各职能部门可以根据人数、职责、地区、产品或服务、顾客或生产过程或设备等不同方式进行设置；⑥对每一小组进行权力分配；⑦通过权力关系和信息系统从纵向和横向把各个分组联系起来。

组织理论的多数研究者认为，没有一种组织结构是最理想的，也没有人能列出组织原则最完美的定义。马克斯·韦伯将基于层级制和理性化的现代官僚制作为理想型的组织形式，认为它消除了人类的易犯错误性，"官僚主义越是非人性化，它就发展得越完美，并越能消除官方交易、爱、恨和所有不能计算的完全人性的、不理智的和情感方面的因素"，其科学性就在于它用公平适用于每一个人的规则和程序代替了专断和反复无常的管理。随着组织的发展和人的价值的提升，尽管理性化的总体基调仍然得以保留，但组织的设计日益变得更加柔性化和人性化，且官僚制因其各种弊病的显现，而日益被视为一种无效的、有待改良的组织形式。

3. 影响组织变化的因素

从君主制到立宪政体，从手工作坊到个人独资、合伙企业再到公司制企业，从科层制到扁平化、矩阵型组织，从机械组织到有机组织，人类社会的组织形式由简单到复杂不断演进，组织的数量和应用领域快速增长。个体之间的关系由亲属纽带和个人关系形式，逐渐转变为除了对目标和利益的共同追求外没有其他联系的契约性的"合伙"形式。作为人类有限理性的产物，组织的持续变迁和优化从未停止。从组织发展的历史来看，内外部环境的变化是影响组织变化的主要因素。

（1）科学技术的进步　互联网等信息技术的快速发展对组织内外部环境产生了深远的影响，带来组织变革的发生。首先，信息是组织运作的中枢神经，组织中信息的分布对组织中的权力分配有着重要的影响。在传统的组织模式中，企业的层级较多，高层决策者依赖于许多中间层经理进行信息的上传下达，以此来进行经营管理决策以及监督决策的实施。在信息技术高度发展的今天，组织中的信息无须通过中间层即可快速、高质量地传递到决策层，由此导致组织中间层也即组织层级的减少。信息技术改变了组织中的管理跨度，使同样的管理者可以有效地管理和指导更多下属，组织因而变得扁平化。再者，随着信息技术的高速发展，信息在组织内部的传递方式已不再是传统的链型、轮型等形式，而已经成为全通道型，组织内的横向信息交流日益频繁。这也是组织为适应不断变化的市场环境和更好地生存所必须具备的。

同时，对于企业组织而言，随着全球范围内科学技术的突飞猛进发展，生产率得以大幅提高，生产成本日益降低，产品产量和服务数量迅速增加，短缺性经济被产品和服务的供过于求代替，消费者有了充分的选择权，市场竞争日益激烈，并由卖方市场转变为买方市场。在这一背景下，企业只有不断深入了解客户的需求，掌握吸引和维系客户的技巧，才能有效地向客户传递组织发展战略及其产品或服务，使自身满足不断变化的市场需求，更好地吸引并保留有价值的客户。而随着生产的日益专业化和复杂化，管理者对知识和技术的了解可能有限，组织的一线员工更可能了解产品和服务的市场需求及其变化。因此，与传统企业组织相比，现代企业开始越来越多地使用授权制度，以使产品、服务的提供更加快速和全面。此外，技术的快速发展和日益复杂化，使得企业仅靠单打独斗运行的风险大大增加。为了降低风险，越来越多的企业开始采用联合研制与开发、在产业链中互相配合等形式开展合作，并由此产生了战略联盟、企业集群等新的组织形式。以顾客为主导的经济和生产的日益复杂化，对组织管理模式提出了强烈的变革要求。

此外，对于政府组织而言，随着社会分工的日益细化，在外部组织关系上，为避免因为承担自己不擅长的工作而无法充分发挥自身优势，并造成成本的增加，不再满足于内部的整合，而着意于打破各组织之间的壁垒，更注重各职能部门之间紧密、有效的合作，以最大限度地发挥自身专长和优势，完成自己最具优势的工作，并通过条线上的合作，共同满足群众的需求和创造最大化的公共利益。信息技术使链接变得更为简单，职能部门可通过信息技术实时更新政务数据，将不同部门之间的业务流程以及支持这些流程的信息系统整合在一起，从而实现信息共享。政府与企业组织、社会组织之间的联系日益紧密，政府组织开始向开放的方向转型，带来了无边界组织的出现。

（2）大环境和民众需求的变化　随着经济的发展，人们的物质和精神生活得到了极大的满足，知识水平也不断提高，并由此带来认知和观念上的变化。在此基础上，人们的需求也发生了巨大的变化。

从公民角度来看，随着个人主体意识的提升和对政府职能认识的改变，公众对公共管理和服务的方式、质量等方面的需求日益提升，对廉洁、民主、公正、高效的政府管理和公共服务的需求更为强烈，并因信息技术的发展，而对政府管理和服务方式的变革与创新提出了新的需求。在新的社会背景下，如何成为"以顾客为导向"的新型服务型政府，是公共组织面临的新变革需求。与此同时，既注重一般性的公共管理和服务，又充分关注每个个体的需求和利益，也已成为人本时代"好"政府的重要使命。

从民众角度来看，随着社会经济的发展、公众受教育水平的提高和信息化的普及，消费者对产品或服务信息的获取、比较和选择权不断增大，对多样化、高质量、个性化产品和服务的需求不断增加，认知和辨别能力也日益提升。在激烈的竞争环境下，面对民众需求的变化，政府再也不能按照自己固有的方式进行运营和管理，而应对潜在、多样化、个性化的消费需求等给予充分的重视，不断提升自身对市场的动态响应能力，将新的需求纳入提供的产品、服务当中。

（3）组织内部成员个体价值的崛起和需求变化　从政府内部管理来看，公务员的能力和内在需求也在不断变化。公务员是民众需求最好的传声筒，为更好地实现政府组织的发展目标，公务员能力和内在需求的变化也必须为政府管理所重视。在传统的政府组织中，公务员只限于满足于从事简单枯燥的工作而忽视自身的感受和想法。随着公务员学历、实践经验、需求层次的不断提高，以及个人能力的提升和个体价值的崛起，那种忽视公务员能动性和自我实现需求的传统政府组织结构已经不能适应现代组织管理的需要。政府组织在最大限度为公众创造价值的同时，还必须为公务员和其他机关工作人员创造价值。现代政府组织要帮助公务员不断地获取知识，使其个人能力不断得以提升，从而完成更富挑战性的工作，并更好地实现个人发展。正因如此，越来越多的政府组织开始通过放管服改革向基层进行授权，赋予公务员更大的责任和更多的自主权，以使其能力得到充分的发挥，提升其工作满意度。同时，在组织日趋扁平化的过程中，随着员工需求和观念的日益多元化，越来越多的政府组织开始充分考虑公务员的多样化需求，为提升其工作效率开发信息化系统，从而保证其有足够的自主性，以更好地发挥自己的创造力。

从组织的发展史可以看出，雇员需求和能力的变化对组织管理形式的影响非常大，在知识经济时代更是如此。一是随着物质生活的丰富化，员工的高层次需求不断增加。正如美国汉诺瓦保险公司的总裁所言："我们祖父辈一个星期工作所能赚的钱，只相当于现在大多数人工作一天的所得。大家渴望建立比避风遮雨及满足物质需求层次更高的组织，而这种渴望不止，直到理想实现。"二是随着信息技术和知识经济的发展，越来越多的强个体出现，他们拥有专业知识，对平台的依赖度相对降低，自我雇佣的意向更为强烈，更崇尚实现自我价值。

（4）组织自身变革的需要　努力为公众提供高质量的公共产品和服务，是现代政府的基本职责和根本追求，也是中西方各国政府改革和发展的一个基本趋势。从西方的理论来看，20世纪70年代之后，西方国家进行了一系列改革和实践，例如：新公共管理理论强调以"顾客"为导向，新公共服务理论强调重视公民权和公共事务，公共价值管理理论提出创造公共价值，整体性治理理论强调按照公民的需求提供完整、方便的公共服务。从我国的政府建设来看，2003年，党的十六届三中全会强调，政府职能应从"全能型"转向"服务型"；2004年首次提出"服务型政府"；2006年，党的十六届六中全会首次在党的正式文件中强调要"建设服务型政府"；党的十八大报告和十九大报告则更进一步提出了"建设人民满意的服务型政府"。服务型政府的职能是有限的，其主要专注于提供高质量的公共产品和公共服务。而通过"放管服"改革可以助推服务型政府建设，因为"放管服"改革强调还权于市场和社会，减少干预、加强管理，把应管好的事情管好，积极提供高效便捷的公共产品和公共服务。

在传统组织管理模式中，业务过程被分割成互不关联的部分，部门分割、隔离现象随着组织的发展日益严重，从全局、总体性角度为组织考虑而开展的业务协同往往很难顺利实现，以业务和服务优化为核心的过程难以顺利运转，组织优质资源往往难以得到有效调配。传统的组织管理模式中因依附着大量难以提供高质量生产或服务的无效行动，从而严重影响了组织目标的达成。因此，为有效向顾客传递价值，企业必须打破内部障碍和壁垒，构建一种以业务和顾客为中心的"无缝隙"的组织架构，削减不必要的环节，促进流程再造。这也就带来了各种形式灵活和虚拟的组织内部整合，意味着传统组织结构发生了一定程度的解体。管理学家米歇尔·哈默等倡导的"企业再造"正立意于此，即围绕业务流程再造将组织资源、组织结构、组织制度进行整合。很多著名的公司，如惠普、福特、腾讯、阿里巴巴等，都不同程度地实施了"企业再造"的改革，并取得了显著的成效。

综上所述，技术、信息、顾客的需求以及创造价值的要求对包括政府在内的组织变革产生了重大影响。由于这些因素仍处于不断变化之中，且从长期来看，这些变化可能会越来越迅速，因此，越来越多的组织发生变革将日益成为一种常态，它们必须不断地调整组织结构，以更有效地适应环境的变化。

1.1.2 组织转型的几个重要阶段

1. 什么是组织转型

组织转型理论（Organizational Transformation）兴起于 20 世纪 80 年代，是由组织发展理论（Organizational Development）发展而来。当今世界，随着全球化、信息技术等的发展，以及信息快速传播带来的人们需求和观念的变化，组织面临的环境变化日趋频繁，特别是信息技术的发展影响社会的各个方面，促使各类组织只有进行根本、彻底、迅速和全面的改造，才能适应新的社会技术系统，使组织的运作达到最优，从而更好地适应外界环境的变化，满足民众的需求。在这一背景下，20 世纪 80 年代，从事组织发展理论研究的人员提出了组织转型理论，组织再造的理论得以兴起。近年来，组织转型成为组织理论研究的重点。

关于组织转型的含义，不同学者的解释与表达有所不同。卡明斯和沃里认为，组织转型是引导组织基本特征和文化变革的活动，这些结构破裂有时甚至是革命性的调整，完全超越了组织的逐步改进。Buckey K. W.（贝基）认为，组织转型是一种"范式转换"，它要求组织在经营理念、业务流程、组织结构、运行机制、管理模式等方面整体性地向另一种明显不同的模式变迁。从学者观点来看，其对组织转型的共同认知是：①它是一种根本性的、质的、剧烈的、跳跃式的变革；②它是一种范式转换，是一种对自我认知方式的彻底转变，包括管理理念、思维方式和价值观等方面的彻底变革，并伴随着组织战略、结构、行为方式、运行机制等方面的全方位变革；③它是组织的一次再生，是一种寻求最佳的努力，能提高组织的运行效率；④它是面向未来的，使组织更加人性化，将尊重组织成员人格看作管理的目的，使等级制管理方式转变为参与式管理方式。

综上所述，组织转型是指为了适应组织内外部环境的变化，组织对其各构成要素及要素间关系进行调整、改变和创新的过程，从而形成新的结构，以顺应环境的变化，维持组织自身与环境间的动态平衡。组织转型对维系组织生存、促进组织健全发展具有重要意义。组织只有适应内外部环境变化对组织的要求，才能够继续生存和发展。组织转型在一定程度上也意味着组织的再造。在人类告别工业经济时代走向知识经济时代的背景下，组织转型已成为一种必然趋势，并在近年来已成为美国、欧洲及其他一些国家和地区企业界的新风尚。

信息技术在组织转型过程中起到重要的推动作用，信息技术和专业知识技术等可资利用的技术手段正迅速成为组织运作的基础，它使组织应对环境不确定性和社会、经济发展新的需求的能力大大提高。这一结果使原有的、金字塔式的组织结构日趋萎缩，取而代之的是以流程管理为核心、扁平式组织形态的出现，随即带来企业再造理论的应运而生，进而带来政府再造理论的兴起。

2. 组织转型的重要阶段

虽然战略转型已成为实践界的热门话题，但是在理论界并未形成系统的研究成果。基于研究主体的不同视角，现有定义大致可以划分为理性、学习、认知三个角度。理性视角下的战略转型被定义为"单纯战略内容的改变"。以 Ansoff（安索夫）（1965）等为代表人物的理性分析范式认为，战略转型是一种为达成组织既定目标，用一系列有计划的方式求出最优解的过程。与理性分析范式相比，学习分析范式强调管理行动在战略变化过程中的核心作用，把战略转型定义为"战略内容与环境变化的组合"，将其看作一个反复的过程：管理者通过设计一系列探索环境和组织的"学习步骤"来影响战略转型。较前两种分析范式，认知分析范式在理论上有了进一步发展，把战略变化定义为"管理者的认知或战略变化过程中的知识架构"，将管理者的认知因素作为企业战略转型的重要影响因素，着重强调管理层与环境和组织要素的相互作用。综上三种分析范式可知，组织战略转型是指以实现那些构成组织战略的组织要素之间的匹配为目标，系统性地改变原有战略要素的特征或要素结构，从而使得组织战略定位或战略制定过程发生改变的战略行为。

作为特殊形式的社会组织，政府的战略转型同时受到内部原生的组织转型动力和外部因素的双重影响。从政府组织内部原生的转型动力来看，根据德裔美国心理学家和行为科学家、团体动力学的创始人库尔特·卢因的观点，任何组织的变动都要经过"解冻—变动—再冻结"三个阶段：

1）解冻（Unfreezing）阶段。指人们认识到需要变动的过程。在此阶段，应激发人们对现状的不满，并产生摒弃旧态度、旧行为方式的愿望，同时使人们了解变动对工作效率的影响，创造心理上的安全感（即原状态）。在政府组织转型的解冻阶段，公务员或事业单位工作人员通过业务实践发现与总结组织架构中存在的缺陷和漏洞，逐渐产生重组政府组织构架、再造业务流程、优化资源配置的需求。

2）变动（Change）阶段。这是从旧阶段到新阶段的过渡。它指明变动方向，实施变动，使职工形成新的态度和行为。变动可以是添置新设备、重组机构、推行新绩效考评制度等。在政府组织转型的变动阶段，政府各职能部门通过架构重组、技术革新、数据流通、制度创新等方式，结合各自的业务实际开展试点组织变革，并根据实际变革效果不断调整个体的职能和行为。

3）再冻结（Refreezing）阶段。指固定新行为和态度，不让它进一步变化，以防止恢复到解冻前的状态。采用的方法通常是强化。卢因认为，变动计划应包括职工所处的群体，因为个体成员的互相强化能促进使新态度和新行为保留较为持久（即新状态）。在政府组织的再冻结阶段，为防止再次陷入组织架构摇摆的变动状态，政府转型应对职能部门和公务员群体投以更高的关注度，通过不同的手段赋予这些群体权利，强化其在政府架构中的功用及重要性，以巩固个体成员对整体政府组织架构的认同度。

从外部因素来看，由于国家发展阶段和人民群众诉求的推进，政府组织的战略目标会经历不同的演变过程。以我国为例，改革开放以来政府的战略转型可总结为三大阶段：

1）1978—1986 年为经济建设型政府阶段。此阶段政府以经济建设为工作重心，因此推行了以机构精简为核心的政府机构改革。改革的内容主要包括：撤并机构、裁减人员、精简机构和领导班子、精简人员编制。

2）1987—2002 年为经济调节型政府阶段。在这一阶段，针对经济过热、通货膨胀集聚发展的情况，政府工作的重心转移到治理经济环境、整顿经济秩序、全面深化改革上来。此阶段政府进行了三次机构改革，改革重点从以往单纯的以精简为主转变为以政府职能转变为主。具体的措施包括：对原有的机构职能重新做出了界定和调整；对机构和人员进行了精简；加强了执法监督部门和行政体系的法制建设；开发分流渠道，妥善处理分流人员；对许多岗位制定了新的工作规范。

3）2003 年至今为公共服务型政府阶段。随着社会管理和公共服务需求的愈发强烈，政府的角色定位逐步向"公共服务提供者"转变，因此该阶段进行了以职能整合为特点的政府机构改革。具体的措施包括：坚持政企分开，精简、统一、效能和依法行政的原则，进一步转变政府职能，调整和完善政府机构设置，理顺政府部门职能分工，提高政府管理水平，形成行为规范、运转协同、公正透明、廉洁高效的行政管理体制。

1.1.3　组织转型现状及存在的问题

1. 组织转型现状

目前，世界主要国家纷纷开启了数字化转型之路。早在 2015 年，80% 的经济合作与发展组织（OECD）成员国家都制定了国家战略或者部门政策，构建了数字经济国家战略框架；少数几个没有整体战略的国家，也已经在考虑制定或审查相关战略，或者已经发布了一些具体领域的战略和政策。《2018 年联合国电子政务调查报告》的结果凸显了电子政务在全球范围持续朝着更高水平发展的积极态势。电子政务高发展水平国家不断增多的同时，低发展水平国家不断减少。例如：美国政府数字化转型以数字化的信息共享和数据获取为基础，以公共服务为导向，实现了由管制型政府向服务型政府的转变；改变了政府治理结构，从国家单独治理模式转变为国家与社会共同治理的"小政府—大社会"模式；完成了政府治理观念的变革，确立了顾客与消费者导向的政府机制。美国政府数字化转型遵循以下四个基本原则：①以信息为中心原则，改变传统管理文件形式，转为管理在线业务数据；②共享平台原则，政府各部门内部以及部门之间的雇员一起工作，以降低成本，精简部门，并且以统一标准的方式创建和分发信息；③以用户为中心原则，围绕客户需求创建、管理数据，允许客户在任何时候以任何他们希望的方式构建、分享和消费信息；④安全和隐私原则，确保安全地分发和使用服务，保护信息和隐私。如今看来，"以信息为中心"可以修订为"以数据为中心"，数据赋能政府组织转型的重要性可见一斑。

国际数据公司（International Data Corporation，IDC）首席分析师指出，2016 年企业发展的一大主题便是"数字化转型相应扩大"。目前，超过 80% 的企业认同全球数字化转型所带来的变革将是一次前所未有的机遇，并带来激烈的市场竞争；与此同时，70% 以上的企业表示将积极投身于数字化变革，构建全球数字化转型的路线图。通过《全球数字化转型现状研究报告 2018—2019》可知，在 Altimeter 的调查中，有 85% 的公司称其数字化转型举措已从 IT 领域延展到全企业的倡议之中。企业的相关预算直线攀升，其中，预算大于或等于 5 000 万美元的公司数量增幅明显，从 2017 年的 2% 上升到 2018 年的 15%，增长了 650%。

从组织转型的具体内容来看，新商业模式和新营销模式蓬勃发展。平台型商业模式异军突起。在 1990—2019 年全球市值最高的上市公司排名变迁图表中，2016 年 8 月是一个关键转折点。在全世界市值最高的四家公司中，石油公司、金融公司、工业公司、零售公司第一次消失，全部变成了互联网平台型公司：苹果、微软、亚马逊、Facebook。从 2017 年 3 月至 2019 年 4 月，微软、苹果、亚马逊一直占据前三的宝座。与此同时，中国两家基础性平台互联网公司腾讯和阿里巴巴进入了前十。组织的营销模式和手段也在不断进行创新。绿色营销、知识营销、网络营销、形象营销和体验营销等成了当前组织营销管理的重要研究课题。网络营销以跨时空性、多媒体性、交互性、个性化等特点成为组织营销或宣传转型的重要战场。其中，社交媒体和数字营销正在成为推动网络营销的关键力量。截至2020 年 7 月初，全球共有 39.6 亿人在使用社交媒体。这也是全球社交媒体用户首次达到全球一半人口的规模。Social Media Examiner 发布的《2020 年社交媒体营销报告》显示，85% 的社交媒体营销人员在使用视频。YouTube 是社交媒体营销人员使用最广泛的平台，55% 的受访者报告 2020 年使用了 YouTube。秒针系统联合 AdMaster、GDMS 发布的《2020 中国数字营销趋势》数据显示，2020 年社会化营销是最受广告主关注的数字营销形式，71% 的广告主表示将增加社会化营销投入，预算平均增长 15%。其中，KOL 推广依然最受重视，势头凶猛的短视频，2019 年异军突起的直播带货，热度大幅上升，比肩官方微信运营。正如企业组织利用多媒体开展市场营销和产品宣传一样，政府组织也在积极借助互联网和自媒体平台等媒介改变着民众接受政务信息的方式，影响着人们对传播内容的解读，也不断拉近着政府组织与公众间的距离。

2. 组织转型存在的问题

组织转型并不是一件简单的事。在转型之路上，组织面临着诸多问题和挑战。

第一，战略和执行存在脱节。战略强调自上而下，重视顶层设计；执行强调自下而上，积极进行基层探索和创新。在战略制定中，组织往往倾向于"一窝蜂"，所有的问题和不足都要改、都要优化，却较少考虑投入战略实施的成本预算能否支撑的问题。很多职能管理部门倾向于将战略规划中的职能战略部分制定得非常粗浅和模糊，这样一来，分解到职能管理部门的目标和行动（具体的工作事项）就不会太明确，职能管理部门的绩效压力也会比较小，只需按部就班地完成难度不大的日常工作。这种管理方式导致职能部门的管理工作往往偏重于事务性的、常态化的日常工作，但真正支撑业务转型、业务调整的战略性的职能条线的改进提升工作却很少，导致日常运营活动与发展战略严重脱节。

第二，技术和业务重此轻彼。技术是支点，业务是内核。数字化转型不仅要求组织能够迅速学习和掌握新技术，还需要将新技术融会贯通形成组合优势，并且在业务变革上找准价值兑现点，使之运用和改变现有业务。很多组织过于关注技术，将数字化转型单纯地看作一个信息技术问题，简单地进行数字化技术应用。在数字化的过程中，这些组织第一时间购买大量的设备、软件，引入大量数字技术人才，并把推进数字化转型这一重任交给技术部门，或由首席信息官（CIO）或首席数据官（CDO）来负责。然而，如果整个转型过程由数据技术部门主导，则容易从数据技术部门过往的工作经验和内容上寻找突破口，其余业务部门成为"配角"，使组织内部对目的性、结果导向性的认知很难统一，很难从一个新的视角去考虑数字化转型这一新战略、新事物，从而低估数字化转型的重要性。

第三，人才面临短缺困境。全球领先的人力资源服务商万宝盛华集团在《2018全球人才短缺调查》中指出，填补职位空缺比以往更加困难。数据显示，在全球范围内 45% 的受访雇主表示他们无法找到拥有所需技能的人才。该数据是自2006 年该调查进行以来的较高水平。缺乏候选人、缺乏有经验者以及候选人缺乏所需硬性技能，是雇主难以填补职位空缺的主要因素。从全球视角来看，光辉国际的最新研究显示，预计到 2030 年，报告中所列的 20 个经济体将面临 8 520万技能型劳动力人才的缺口，将导致 8.452 万亿美元的损失，这个数字相当于德国和日本一年 GDP 的总和。人才危机的影响重大，行业强国的持续优势将受到冲击，从全球金融服务中心的英国，到高科技主导的美国，再到以制造业为基础的中国，无一例外。

1.2　未来组织形态

随着信息时代的到来，我们的社会运行模式和社会经济体系发生了翻天覆地的变化，这种涉及社会整体的组织运营模式的变革，在人类由农业社会进入工业社会时已有过先例。今后，我们将在工业社会的基础上迈向信息化时代。在这一变革的过程中，资源的配置方式、组织的运作与竞争模式都将发生彻底的改变。任何组织想在具有如此高风险和巨大不确定性的复杂环境中取得胜利，就必须敢于也必须勇于创新，不断尝试在组织形态上探索出一条能够紧随时代、自我革新的道路。

1.2.1　智慧组织概念的提出

智慧组织是学习型组织的升华，是未来组织的理想形态。吉利等人指出，学习是组织发展的先决条件，然而并不接受学习型组织就代表组织形态演变的终结点。潘蒂·西丹曼拉卡则指出，"学习是构成未来理想型组织的重要因素之一，但绝不是唯一因素。未来的成功组织将是高效型组织，善于从组织所有的单位中汲取最高的绩效，而这一切恰恰需要从知识、能力和理解力方面衍生出来更强的集体型智能，正是这一智能起到了至关重要的作用。因此，未来的理想型组织可以被描述为智慧组织，这意味着，该组织能够不断地进行自我更新，并具有预测变化和迅速学习的能力。"

　　自 2008 年美国 IBM 总裁兼首席执行官彭明盛首次提出智慧地球概念以来，智慧政府和智慧企业这两大智慧型组织备受关注，从政府到企业，从学界到产业界，都在热议和研究新技术革命带来的社会机构和组织形态变化，试图迎合并适应这种变化。

　　目前学术界对于智慧政府和智慧企业尚未形成统一的概念。对于智慧政府主要从两种维度进行研究：一种是信息技术维度，另一种是公共管理维度，见表1-1。信息技术维度，是将智慧政府再造为信息技术组织，是一种以技术化手段为支撑的组织。公共管理维度，是将智慧政府看作政府运用信息技术实现扁平式、无中心式的网络式管理机构，从而使政府内部和政府与公众及企业之间的交流、互动都变得十分容易，提高政府的反馈、决策、沟通能力。

表 1-1　智慧政府研究

智慧政府研究的视角		智慧政府研究的内容
信息技术维度	关键技术	云计算、物联网、移动互联网、大数据、人工智能、语义网络、实境网络、Web3.0、5G
	特征表现	移动性、无缝性、实时性、集成性、泛在性、可视化、透彻感知、需求预测、快速反应、个性化定制、主动服务、场景导航、无障碍服务、一站式服务、基于位置的服务
	应用平台	政务网站、政务微博、政务微信、移动 APP、RSS 订阅、维基百科、社交网络
	终端渠道	个人计算机、智能手机、平板计算机、智能电视
公共管理维度	主要问题	信息垄断、数字鸿沟、信息超载、信息孤岛、信息生态、网络安全、隐私保护
	实现方式	政府数据开放、政府业务协同、信息资源共享、跨政府部门合作、公共服务外包
	功能作用	经济调节、市场监管、社会管理、公共服务、民意征集、政策制定、发展规划、科学决策
	服务内容	公共教育、医疗卫生、交通出行、劳动就业、社会保障、企业开办、经营纳税等

资料来源：张建光，朱建明. 国内外智慧政府研究现状与发展趋势综述［J］. 电子政务，2015（8）：72-79.

　　从纷繁复杂的学术观点来看，对于智慧企业的内涵理解有共性可循，具体见表1-2。本书通过总结，为智慧企业赋予以下定义：智慧企业就是以信息为基础、以知识为载体、以创新为特征，充分、敏捷、高效地整合和运用内外部资源，处于价值网的关键节点，实现有效风险管理和可持续发展的企业。智慧企业表现在企业管理、战略、执行等六个层面，只有专注核心价值、勇于开拓、快速决策执行，才是企业制胜之道。

表 1-2　智慧企业内涵研究

作者	驱动力	载体	特征	作用／目标
Kozhevnikov（2013）	互联网、多主体技术	子整体企业	Enterpreneuria 新型管理方式	知识生产力最大化
刘天寿（2013）	信息技术	数据库	可感知、可协同、可智能	实现海量信息与数据平台的实时链接
何瑛（2013）	云计算	财务流程	低成本、即时接入、协同性	企业资源精细化管理；可持续的价值创造
张晓东、朱占峰（2014）	信息技术	知识	数字化、感知化、互联化、协同化	整合运用内外部资源；有效管理风险；可持续发展
史振华（2014）	虚拟化、云计算、物联网	硬件资源、应用系统	信息互联互享、智能感知环境、个性化	实现智慧化的管理；新模式服务
涂扬举、郑小华（2016）	信息技术、工业技术、管理技术	企业神经系统和大脑决策中枢	信息战略资产、知识管理、灵活化、高效协同化、柔性化	实现企业多个层次的自我闭环、自动决策和自我演进
陈劲、黄海霞（2017）	信息技术、工业技术、管理技术	平台	数字化、网络化、智能化、集成化、敏捷化、绿色化	自动预判、自主决策、自我演进

资料来源：编者整理。

智慧企业是数字化企业、信息化企业发展的结果，"智慧"不是简单的智慧，信息通信系统带来的不仅是组织基础设施的虚拟化、动态化和高效率，更重要的是推动组织文化、架构流程、人员管理和经营模式等方面的转变。

1.2.2　智慧组织内涵及特征

1. 什么是智慧组织？

尽管学术界对智慧组织的研究是从信息技术和公共管理两个维度进行的，但现实中，智慧组织建设需要两者相结合，即以信息技术为载体，旨在达到服务社会公众的目标。因此，我们将智慧组织定义为：一套管理架构和业务流程，以信息技术辅助其执行来确保信息流在组织内外部和项目间无障碍穿过，使所有组织项目和活动领域提供更高质量的服务。

2. 智慧组织的特征

（1）智慧组织成员的主观能动性得到充分释放　人们在组织中为组织而工作，每个人能否发挥作用，取决于是否能够与组织接触并被组织认可。在这种组织体系下，员工更多的是依赖组织。因此，只有那些谨守流程，不做任何创新、不犯错误的人才有生存空间；而那些有想法，不墨守成规，想打破禁锢的人，要么抹掉自己的个性，要么离开。

事实上，现在很多人之所以不希望如此，一方面是源于技术带来的更多机会和挑战，另一方面正是因为传统关系本身压制了人们创造力的发挥。但未来这种全新的组织能够为个人创造力的释放提供最大可能，每个人都能够方便、简单地拥有信息、享用资源，而且成本极低。在这种社会背景条件下，个体就有了全新的机会来表现他的能力和展现他的价值。从本质上看，此时的个体不太需要依附于某一个组织，反而可以通过他自己的能力发挥获得组织的认同。个体价值在全新的组织形态下开始觉醒并崛起。

对于未来的智慧组织来说，核心是激活组织成员，借助扁平化的组织架构将权责下沉至基层，让组织成员充分释放能量，发挥自己的主动性。

（2）智慧组织管理以数据为核心　未来的组织以数据为核心、以数据服务为驱动，对数据资源的应用与治理成为关键性的问题。从微观层面看，数据治理是不同机构对各种各样元数据进行处理和分析的过程。在组织应用与数据治理的过程中，要围绕"五力"标准来进行，即对数据应用的保障能力、控制能力、引导能力、变革能力和协调能力。对数据应用的保障能力包括相关的人才、设备和财力的支持；控制能力包括对数据采集、归集、共享、开放、利用等环节的综合成本投入和实际产出效益进行评估与控制；引导能力包括对数据应用方向加以引导，在组织内形成"用数据说话、用数据决策、用数据管理、用数据创新"的新型工作模式；变革能力包括使大数据管理流程和模式标准化、制度化，并加强数据变革宣传，通过外部舆论形成内部的持续变革压力；协调能力包括推进大数据变革进程，实现内外部协作，消除既得利益者对数据采集、共享、开放和利用等工作的干扰。

在组织内部建立数据治理体系，从确定数据治理的决策层、管理层到执行层，带动了组织内部全员参与数据治理，加强了组织机构内部的行动力，提升了组织机构的内部管理水平。通过数据治理体系建设，为数据标准落地、数据质量问题解决、元数据管理加强等提供途径，通过梳理整合组织内部数据资源，了解各部门的实际数据需求，建设数据共享交换平台，使组织内部之间数据共享共用更加畅通、数据资源更加优质，数据服务能力不断提升；在数据治理体系的建设过程中，通过制定组织内部的数据标准、数据质量、元数据、数据安全等管理办法，使各部门中每个人都参与到数据治理的过程中，都负责具体的事项，并定期对数据治理各个阶段进行评估和考核，确定各人员的角色和职责，提升组织内部管理水平。

（3）智慧组织结构特征：五大系统、四大基础支撑　智慧组织既强调组织化学习，又以未来发展为导向；既具有创新习惯，又具有智能化和弹性化的组织结构以适应创新。可以说，智慧组织是未来组织的理想形态，是人类未来生活的结构化安排，亦是一种理想化的未来治理模式。智慧组织结构如图 1-1 所示。

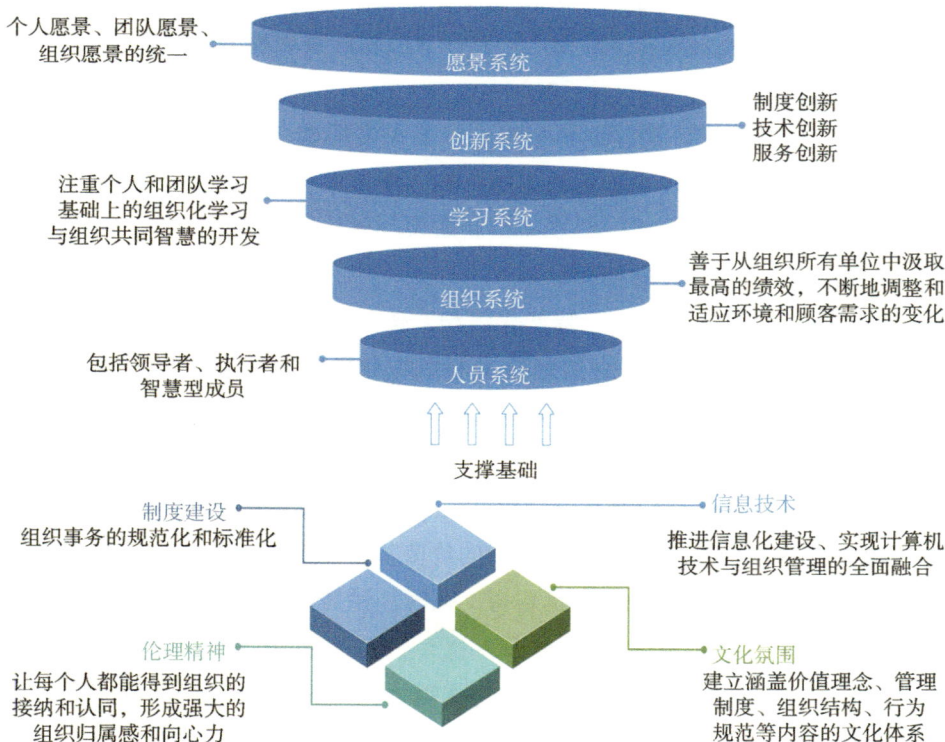

个人愿景、团队愿景、组织愿景的统一 — 愿景系统
制度创新 技术创新 服务创新 — 创新系统
注重个人和团队学习基础上的组织化学习与组织共同智慧的开发 — 学习系统
善于从组织所有单位中汲取最高的绩效，不断地调整和适应环境和顾客需求的变化 — 组织系统
包括领导者、执行者和智慧型成员 — 人员系统
支撑基础
制度建设 组织事务的规范化和标准化
信息技术 推进信息化建设、实现计算机技术与组织管理的全面融合
伦理精神 让每个人都能得到组织的接纳和认同，形成强大的组织归属感和向心力
文化氛围 建立涵盖价值理念、管理制度、组织结构、行为规范等内容的文化体系

图 1-1　智慧组织结构

智慧组织从结构上来说分为五大系统、四大基础支撑。在构建智慧组织时，应注意以下要点：

1）更新组织理念，构建人本型组织。一方面，本着"始于民众（顾客）需要，终于民众（顾客）满意"的目标，通过创新服务方式和服务程序、优化工作流程，为内部组织成员和外部民众及企业提供"效率服务"；另一方面，充分调动组织成员的主动性和创造性，做到人尽其才、才尽其用，不断提升人的素质，使人得到全面的、自由的、协调的、持续的发展。

2）创新人力资源管理方式，构建团队型组织。智慧组织建设要以人力资源管理创新为突破口，创新人才使用模式。通过建立基于专业能力的工作团队，创造团结协作、相互负责和相互竞争的组织环境，挖掘团队成员潜能。

3）进行结构改革，构建适应型组织。减少组织层级，实现组织机构的扁平化和实体化；实施相互分离和制约的专业化管理措施。正确处理权力集中与权力下放的关系，一方面，通过集中事权实行专业化管理，提升管理效率与满意度；另一方面，通过缩减层次和下移重心，充分下放基础事项权力，增强组织反应力、适应力和创新力。

4）培育创新习惯，构建创新型组织。要在多层次、广范围上进行创新，建立组织上下创新的层次体系和包括组织结构、业务流程、人事管理、外部关系和组织文化等领域的创新网络；注重将创新成果制度化和规范化；加强创新文化培育，鼓励组织成员广泛开展创新。

5）以信息化为支撑，构建智能化组织。依托现代信息技术进行组织改革和创新，构建智能化组织，促进信息技术与组织业务的深度融合，实现组织的信息化、现代化和智能化；加快组织信息化基础设施和人才队伍建设；在大数据时代背景下，重视组织的数据管理和风险管理。

6）培育组织文化，构建文化型组织。智慧组织要重视建构与改革与创新相适应的组织文化，为改革创新奠定牢固的价值基础。要在人工饰物、信念和价值观、基本假设三个层面上进行文化培育，同时注重智慧组织文化的展示和传播，增强组织成员的文化自豪感。

（4）智慧组织要求有更高层面的协作能力　考察一个组织是否优秀，要看其能否使组织成员取得比他们预期更好的绩效，能否使其成员发挥各自长处，并利用每个人的长处来帮助其他人取得成果。智慧组织的任务还在于通过内部协作，使其成员的缺点相抵消，达成更大的公共利益。

未来智慧组织对成员的要求将更加偏向协作能力、可塑性与灵活性。"好钢用在刀刃上"，具有卓越能力的成员可以将绝大多数精力放在更具创造力的工作上，但真正发挥中流砥柱作用的依然是组织中的无数个普通成员。因此，应在合理的调度和指挥下，充分发挥组织普通成员的主动性与潜力。即使缺少天才的参与，普通成员依然可以达成看似不可能的战略目标。

1）组织对其成员的管理模式从传统的管控进化为有效的分工合作。随着传统组织结构的改变，个体能力也逐渐得到发挥的机会，导致原先的"管控－被管控"的团队－个体关系悄然发生变化。个人与组织不再是服从关系，而转变成一种共生关系。在这种关系中，组织就必须去关心个体及其价值的实现。同时，此时的组织管理面临巨大挑战：原来基于绩效、稳定、成本和效率而做出的分工与安排，现在反而变成了一种障碍。此时代表组织的管理者，就要了解一个根本性的改变：组织必须了解个体的需求，了解他们的想法，并且组织必须变成动态的、可调整的，甚至组织结构也从层级结构变为扁平化的网状结构。

网状结构意味着成员之间的交流更加方便、交流成本更低，同时交流的效率也得到了极大提高，原有的层级结构被打破，工作任务将不再以命令的形式下达，而是由成员自行协同来完成任务，这也有助于调动员工的积极性。同时还可以让成员自主选择自己擅长的任务，令其体验到获得感和满足感，进而可增加个体成员与组织之间关系的紧密度和稳定性，促进个体与组织整体价值的最大化、效率的最优化。

2）智慧组织成员都承担着多种组织角色。随着经济全球化、一体化趋势的加强，各组织之间的交流将更加密切而广泛，组织相互之间的依赖性会逐渐增大，每个组织的变化都会受到其他组织变化的影响，并引起其他组织的变化；每个组织成员都拥有多种组织角色，并且每个组织成员都了解自己所处的环境、能预测其变化并按预定目标采取行动。在多种角色中，组织成员同时被赋予执行者和治理者（管理者）角色成为更多现代组织的结构模式。一方面，从成员角度来说，成员成为管理者或者参与治理，均是对成员贡献和价值的一种认可和回报，能更多地激发其创造力和积极性，从而实现吸引和留住优秀人才的目的；另一方面，从组织角度来说，赋予成员多种职责可以提升成员与组织的紧密度，促使成员更积极地为组织创造利益、共同承担风险，促进组织愿景与个人愿景的统一。

1.2.3 智慧组织未来变化趋势

1. 智慧组织的内部演进

1）组织结构从金字塔式、官僚式到扁平化、网络化。金字塔式组织结构是工业文明时代的典型组织形态，其典型特征是自上而下的指挥命令链条，从高层、中层、执行层形成金字塔式形态，基于专业分工形成专业职能部门，其特点是分工明确、组织边界清晰、权力集中、指挥命令层层传递、管理层级多、决策重心高，对市场反应速度慢，主要以"官本位"为主，是一种典型的自上而下的职能型组织。

为了适应复杂、不确定的外部环境和应对民众、企业瞬息万变的需求，抓住信息化的发展机遇，组织结构需要从过去的金字塔式的、官僚式的垂直组织结构逐渐向扁平化、网络化的组织结构转型，使组织结构更简单、业务更灵活。扁平化网状组织架构是一种非框架、非结构、非固定的架构，组织内部存在大量的"双重领导"与平行决策。在此架构下，管理层级（尤其是冗杂的中间层）不断减少，审批与汇报层级不断压缩，决策权越来越多地被授权给一线，决策链条越来越短，执行的速度越来越快。

2）组织的破界与跨界将成为一种组织变革时尚。超越行业界限、打破组织边界将成为未来智慧组织发展的常态。组织从过去的串联关系走向串联与并联交织的网状结构。

未来，打破组织边界将主要围绕三个主题进行：①围绕民众（用户）打破组织内外边界，形成重构民众（用户）价值的生态圈，使价值不仅来自于组织内部价值链的活动，还来自于组织与组织边界之外的其他主体等所共同构成的生态圈；②围绕组织扁平化与网络化，打破科层边界，不断细分业务单元，不断将责任落实到成员和团队，使汇报关系多元化、项目任务蜂窝化；③围绕组织氛围，打破沟通边界，实现零距离、无边界的即时沟通。

3）组织的合作与协同从部门化到团队化，从中央协同到平行分布协同。过去组织的合作主要是以职能为主划分部门，基于部门化进行合作，而现在，围绕项目形成的解决方案构建团队成为合作的新形式。过去组织内部的协同主要基于科层结构中上级的权利与权威，而未来智慧组织的协同将从中央协同转变为平行分布协同甚至是下级协同。在此转变下，决策不是来自于某个权力中心，而是广泛分布于贴近用户的散点；行动不一定来自于预先设计，而是随需而动；协调不一定来自上级，而是由多个职能部门自动协同发起。

4）组织从上级权威指令驱动转变为愿景与数据驱动。传统组织的内在驱动机制主要是权力驱动、指令驱动。在未来的智慧组织发展中，组织要激发人才价值，驱动成员创造价值，不再依靠简单的指令或严格的制度约束和标准化行为规范来驱动成员，而是通过文化价值观管理，依靠人才对组织使命和愿景的认同，驱动组织成员朝着一个共同的目标而奋斗。通过唤醒人才自我开发与自我管理意识，激发成员价值，创造潜能。同时，数据将成为组织的核心资产，并成为决策与业务运行的依据。因此，未来的组织发展将由愿景和大数据共同驱动。

5）组织沟通与氛围从面对面沟通到网络化沟通。在组织内部打破部门界限，各部门及成员以网络形式相互连接，使信息和数据在组织内部以最快的速度传播，实现最大限度的资源共享。

2. 智慧组织与外部因素的关系重构

1）组织的特征从静态到动态，从封闭到开放。组织作为一个不断适应环境变化的有机生命体，其不断变革、创新并进化升级将成为一种常态，实现从静态走向动态发展。同时组织与外部环境的交互将愈发频繁，特别是政府等公共组织不再封闭，而是作为一个开放式系统不断融入社会生态。

2）组织对环境的适应性将从被动走向主动。洞见变化，把握趋势，主动变革创新将成为组织生存的核心技能。同时，融入社会生态将成为组织生存的主要方式。组织以贡献自我价值实现更大的公众利益，将成为主流发展方向。

3）智慧组织以用户为中心。智慧组织最明显的发展趋势是通过新型的信息技术深度挖掘政务运行、企业运营和公众生活的海量数据和信息，在对大数据进行清洗、比对和分析的基础上，全面感知数据需求方的多样化需求，并根据不同的需求"量身定做"服务方案。以民众（用户）为中心的服务理念打破了传统智慧组织围绕自身需求运作的模式，不断提升智慧组织的服务效能与用户满意度。

1.3 数据赋能与组织战略转型

1.3.1 组织战略转型的动因

组织战略转型是组织发展过程中的必经环节。

当今世界逐渐步入经济全球化、经济知识化、知识经济化，以及竞争高度化的时代，时代特征的变化正在深刻地改变着人类社会及社会组织，并对各类社会组织提出了新的挑战和要求。

适应环境是组织战略永恒的主题。复杂多变的环境使战略变革成为组织发展过程中的必然选择。布朗、艾森哈特（1998）指出，从动态看，随着时间的变化，组织环境可能处于不断变化之中，尤如一幅幅随机跳跃的画面，难以预测下一幅将出现什么样的图景。摩根（1998）在说明未来环境的发展趋势时，绘制出一张环境压力图，标识出可能对现代组织产生影响的 47 种关键环境趋势，以及在这些趋势中存在的 2 000 多种直接互动的潜在线索，充分揭示了当代社会经济环境的复杂性及环境要素间的相互依赖性。

由于环境和组织总是处于不断变化中，Mintzberg、Ahlstrand、Lampel（1998）注意到，既定的战略在实际执行中为了与环境和组织的变化相匹配，往往执行大量的应急战略，使得既定战略与实际战略出现偏离。这暗示着，在组织的实际战略管理中，组织用灵活机动的应急战略，对事先计划的战略进行补充，使实际战略与环境更加匹配，更具柔性。而 Markides（1999）认为，组织需要用"动态战略"为不确定性做好准备，即需要用动态战略不断地回答组织定位问题。无论是"柔性战略"还是"动态战略"，以上两种观点都说明组织需要不断地调整或改变战略，使得组织更富生机和活力，更具责任感和回应性，更能适应变革环境的冲击与挑战。美国管理大师汤姆斯·彼得斯认为："适应日趋白热化的竞争，我们必须学会深刻地喜欢变革，就像我们以前曾深刻地憎恨过它一样。热衷变革，甚至热衷变革中的混沌，这是组织生存乃至成功的前提条件。"因此，对于各类社会组织而言，应主动面对不确定性的环境，快速做出正确决策，快速采取有效行动，即将战略转型视为发展过程中的必经环节。

1.3.2 组织的全面数据化

组织的全面数据化，即组织"全要素、全业务、全流程"的数字化转型。其主要包含四个阶段：①组织建立数字化的认知和思维；②组织建立短期、中期、长期的数字化战略目标与建设计划；③组织开展行动构建数字化能力；④组织不断创新数字化应用、推广数字化转型成果，总结经验与教训。组织全面数据化的目标是实现"用数据说话、用数据决策、用数据管理、用数据创新"。

用数据说话，指通过数据最快速、最准确地了解组织运行情况、深入组织业务。数据中包含着有效信息的所有材料，通过大数据分析，结合组织成员的经验和判断，组织管理者能不断增加对组织发展规律性的认识，并判断组织发展形势，从而形成下一步行动纲领。

用数据决策，指突破传统凭借决策者的直觉、经验和逻辑进行分析和研判做出主观决策的模式，转为以大数据资源的采集、挖掘、清洗和处理为基础，有效进行实时感知、即时呈现和智能分析，揭示业务流程问题所在，预测未来发展趋势，以此辅助管理者做出更科学、更合理、更有效，确保社会利益最大化的决策。

用数据管理，指借助大数据推动改进组织治理方式。具体措施包括借助大数据实现政府负面清单、权力清单和责任清单的透明化管理，加强大数据监管和技术反腐体系建设，提高监管和服务的针对性、有效性，提升政府决策和风险防范能力。企业组织通过数据融合，使企业的业务支撑能力、决策能力、数据价值挖掘能力、数据应用管理能力等得到显著提升。

用数据创新，指借助大数据思维，实现组织的制度创新、模式创新和服务创新。比如，运用大数据实现政府治理创新、政务服务改革升级、地方经济高质量可持续发展，进而提升社会治理能力和政府行政效率。对于企业来说，后移动互联网时代，以往粗放型的流量圈地不再可行。精细化运营成为很多企业组织开展运营工作的新目标。对用户特征的细颗粒度洞察、对运营全链路的大数据统计分析、对用户个性化需求的高效满足，精细化运营的背后，都由数据在驱动。在数据、技术的深度融合和共同赋能下，数据创新赋能，企业组织将越来越智能、智慧化。

1.3.3　数据为组织战略转型赋能

我们进入了一个解构与重构的时代。解构是对社会资源进行最小颗粒度分解。在数据治理中，如果做不到最小颗粒度的解构，治理只能半途而废。只有把数据做到最小颗粒度，我们才能够进行有效的重组及应用。重构是按照数据逻辑进行资源重组与业务优化，而不是按照现有的业务逻辑、秩序和规章来进行。

解构和重构的核心是加、减、乘、除、幂次方。加是"互联网+""大数据+""人工智能+""物联网+"等，主要是通过技术驱动对传统领域进行渗透与改造。随着数据世界崛起，现实世界也会改造、融合、跨界。减是优化营商环境中重要的减时间、减材料、减环节、减成本，主要是优化与重组，通过减来提高效率、提高质量。乘就是依靠数据进行深度激活与价值放大，对各个主体进行多维赋能。除是消除过去制约数据发展应用的制度和文化障碍。幂次方是数据量，随着数据量呈幂次方增长，算力也在呈幂次方增长。

数据赋能是全方位、深度、动态、持续的，对过去不合理的要进行改造和摧毁。数据赋能的结果是组织再造，使其能够不断迭代、升级、转型、优化、创新，提升组织对数据的依赖度。

1. 数据赋能企业组织转型：行业融合和商业模式创新

商业模式是一种建立在许多构成要素及其关系之上、用来说明特定企业商业逻辑的概念性工具，可用来说明企业如何通过创造顾客价值、建立内部结构以及与伙伴形成网络关系来开拓市场、传递价值、创造关系资本、获得利润并维持现金流。数字化时代不仅仅是加速度的"量变"，更是底层商业和战略逻辑的"质变"。随着行业各细分领域的不断进步，以及以互联网技术为代表的信息技术的飞跃发展，按行业划分的产业聚集模式已逐渐被日益频繁和密集的跨领域碰撞所取代。

李文莲（2013）借鉴 Osterwalder 等人在《商业模式新生代》中的商业模式基本构造模块，从行业变革层面，提出基于"连接"与"融合"的两种新兴商业模式——平台式商业模式和数据驱动跨界模式。

（1）连接大数据的平台式商业模式　一方面，大数据的高连接性、可获得性、丰裕性使关于大数据的业务活动频率急剧上升，伴随而来的交易成本节约成为企业关注的中心问题；另一方面，云计算和大数据的发展，使无障碍零距离沟通、开放的信息和标准、少数人的联合等得以实现，为降低交易成本提供了技术支撑。通过"连接"和"聚合"数据、发挥网络效应，降低交易成本的平台式商业模式应运而生，在商业生态中充当中介组织。例如：连接客户资源的 Facebook、腾讯QQ，连接数据资源的 IZP 公司，连接技术资源的 Red Hat 公司，以及连接客户资源 + 数据资源 + 技术资源的苹果公司为 iPhone 手机推出的 APP Store 模式。

（2）融合大数据的数据驱动跨界模式　当大数据成为企业的优势核心资源，企业追求大数据资源带来的规模经济和范围经济，数据相关的多元化出现。于是，企业把大数据资源和技术作为自身尝试跨界与融合的新依据。这种跨界和融合主要有三种模式：一是上行跨界模式，产业链外企业依托天然拥有的大数据资源向大数据产业链扩张，涉足数据商品化、大数据技术商品化和大数据服务商品化等业务。二是下行跨界模式，产业链内企业依托大数据资源向其他行业扩张，涉足大数据行业外应用，实现跨界经营，或者创造出一个全新的产业。三是全方位扩张跨界模式。例如，互联网巨擘 Google 既是一家"搜索引擎公司"，又是一家"网上服务公司"，抑或是一家出版社或制造商。

案例 1：工业数据赋能企业组织转型[⊖]

开展大数据深度应用，引导企业发展数据驱动制造的新模式新业态，是以数字化转型带动工业全要素、全产业链、全价值链升级的重要举措。

工业大数据应用助力建构未来"工业智脑"。20 世纪 50 年代，英国科学家图灵第一次提出"机器思维"概念，认为机器将拥有智能，可以像人类一样进行思考。如今，通过大数据、人工智能等新一代信息技术与制造系统的全面融合，通过工业知识、业务、流程的数据化、算法化、模型化，不仅赋予单一机器、单一设备、单一设施的"智能思维"，而且整体制造体系都将装上"大脑"系统，

⊖ http://www.fx361.com/page/2020/0704/6830078.shtm1。

拥有动态感知、敏捷分析、全局优化、智能决策的强大能力，真正实现"制造智能"。深化工业数据应用，推动从产品级、设备级向产业链级拓展，逐步实现制造"智脑"系统的整体提升，是加速制造业数字化、网络化、智能化发展的必由之路。

工业大数据应用通过多种方式创造价值：

1）促进设计协同化，构建新型研发模式。通过应用工业大数据，企业和消费者、供应商、合作伙伴之间建立起数据驱动的信息主动反馈机制，基于资源共享和数据集成，加速研发端和制造端、消费端的协同创新。在消费端，用户深度参与产品的需求分析和产品设计等创新活动，其个性化产品需求数据、产品的交互和交易数据被挖掘分析，促进实现定制化设计；在制造端，企业构建研发知识库，推进数字化图样、标准零部件库等设计数据在内部及产业链上下游的资源共享，实现跨平台研发资源统筹管理和产业链协同设计能力提升。

2）加速生产透明化，打造新型制造体系。工业大数据将每个生产因素以客观真实的量化信息形式呈现，方便决策者对制造能力进行整体评估，精准掌握如零部件偶发失效、机器性能磨损等诸多不确定因素，助力实现生产流程优化和生产方式变革。

在车间管理层面，通过生产线传感器采集温度、压力、热能、振动和噪声等数据，精准预判机器设备性能发生损耗和失效的时间、位置和类型，追踪能源消耗情况，采取恰当的事先控制行为避免产能和效率降低。在生产流程层面，通过设备、工艺、产线等环节数据的汇聚整合，对产品制造全过程进行建模仿真，实现物理生产在数字空间的全面映射，反向指导生产流程的柔性化组建和自我优化。

3）助推供应链优化，建立新型管理体系。工业大数据贯穿企业生产、管理、财务、采购、销售等全环节，通过挖掘分析，促进业务系统、制造系统和供应链系统的无缝衔接和协同，实现基于数据的企业运营管理精准决策。在组织管理方面，企业运用工业大数据全面抓取自身资源信息，利用云端集成分析开展管理决策，实现从金字塔式静态管理向扁平化动态管理转变。在供应链管理方面，企业通过将仓储、配送、销售等环节数据与市场需求、销售价格等数据整合，运用数据分析得到更好的决策来优化供应链。例如：华为以订单数据为中心，整合全球客户数据、企业内部数据、供应商数据等资源，对供应链进行持续性的改进、调整，保障了企业对客户的敏捷响应。

4）实现产品服务化，创造新型商业模式。工业大数据帮助企业不断创新产品和服务，发展新的商业模式。通过内嵌传感器和算法模型，产品基于前端联网和计算推进其内部数据与外界数据的交换，并将交互结果快速反馈至后端，基于后端远程控制实现与用户的实时互动，帮助企业实时监测产品运行状态。通过大数据平台，企业获得产品的销售数据和客户数据，延伸打造基于平台的故障预警、远程监控、远程运维、质量诊断等在线增值服务，推动以产品为核心的经营模式向"制造＋服务"模式转变。

2. 数据赋能政府注重转型：组织结构转型与流程优化

数据作为一种新管理要素与传统技术、业务流程、组织结构相互影响、相互作用，极大地变革了不同群体的交流方式、交易方式，推动了组织向虚拟化和扁平化方向发展。

（1）组织虚拟化　　网络技术的发展为组织虚拟化创造了有利条件。虚拟组织作为一种创新组织很早就存在，但只有在信息技术高度发达后才得以真正发展。云计算和云存储技术为数据整合、互联网和电子数据交换为数据传递提供了强有力的技术支持，层级和部门间的信息流动快速、协调高效，突破了时空和等级制的限制，及时响应需求，构建与实体组织相结合的虚拟组织。

内联网（Intranet）帮助组织内部不同职能部门的员工实现及时有效的信息分享和交互；电子数据交换（Electronic Data Interchange，EDI）技术将组织和客户更加紧密地连接起来，实现了彼此间的信息同步；外联网（Extranet）为企业和供应商建立了随时交流沟通的渠道；国际互联网（Internet）的深化发展更是打破了物理空间的限制，帮助组织在全球范围内整合资源、开拓市场。

组织虚拟化意味着真实的物理载体正在消减，组织需要一个强大的基于信息技术的连接多个参与方的虚拟平台。这个平台是提供信息汇聚、产品交易和知识交易的网络信息服务载体。近年来，以知识交易为典型特征的工业互联网平台、承载着工业知识的数字化模型和工业 APP 成为平台交易的重点，工业互联网平台成为工业知识沉淀、传播、复用和价值创造的重要载体。其中，工业 4.0 平台已成为工业数字化领域最大的世界性网络。

（2）组织扁平化　　层级节制是传统官僚制组织的显著特征，下级在采取行动前必须得到上级的批准，形成一条冗长的纵向式的组织结构。当管理层次减少而管理幅度增大时，金字塔式的组织形式就被"压缩"成扁平状的组织形式。在大数据时代，数据共享、数据开放成为趋势，互联网的发展及移动终端的快速普及重构了人与人的连接方式。按彼得·德鲁克的观点，"互联网消除了沟通之间的距离"，使信息传递成本明显降低，传递效率得到了大幅度提升，传统的管理幅度理论在某种程度上不再有效。

云计算和云存储扩大了组织开放数据的总量和范围，大数据分析和挖掘技术为组织决策、管理和服务提供了强大的技术支撑，有线或无线网络使数据、信息、知识的共享得以迅速完成。上级决策的视频或图文信息，可以在几秒内从企业领导者传递到企业的基层员工，原来纵向式组织机构中承担上传下达任务的中层管理人员的人数大大减少。诚如美国组织结构专家郝玛·巴拉密所言："减少层次和压缩规模趋势源于降低成本的需要，当然它们也反映了信息和通信技术对管理的冲击。中层管理的作用是监督别人以及采集、分析、评价和传播组织上下各层次的信息。但是，它的功能正随着电子邮件、声音邮件、共享数据库资源等技术的不断发展而减弱。"数据赋能带来"中层革命"，组织的纵向管理层级得到压缩，整个组织结构更为灵活、更趋扁平化。

顺应大数据时代"零距离"和"去中心化"的时代特征，海尔集团在多次调整后，推出以用户为中心的一种极度扁平化的"倒三角"组织结构，这让中间管理层的职位大量减少，很多管理者不得不交出手中的权力。2014年，海尔集团董事局主席、首席执行官张瑞敏做了一个十分大胆的决定——"去掉"10 000多名中间层管理人员。不同于海尔集团从传统金字塔式的等级制管理模式转向扁平式管理模式，小米从创立之初就采用扁平化组织结构。按照小米科技创始人雷军的介绍，小米最基本的组织结构只有三级：核心创始人、部门主管和员工。除了核心创始人有具体职位，其他人都是工程师，其扁平化的组织管理结构被一些企业界人士所推崇。

（3）流程再造　组织结构的虚拟化、扁平化是组织的外部形态，其基本实现途径是流程再造。哈默最初把"再造"界定为：利用现代信息技术所提供的强大力量对企业流程进行根本的再设计，以图实现其绩效的奇迹性提高。政府作为组织的一种，其流程再造是企业流程再造理论在公共管理领域的应用，涉及政府部门内部、跨部门和政府对外流程。

数据赋能的政府部门内部业务流程再造主要体现在两个方面：①在数据层集成结构化和非结构化数据，建立电子证照库、电子资料数据库、审批信息数据库和内部职责数据库等政府部门数据共享库；②在应用层基于集成电子证照、电子资料和审批信息等数据构建的决策支持系统，辅助公共管理者决策，实现决策自动化，使得领导决策模式由过去的个人理性决策模式转变为基于数据的技术理性决策模式。

跨政府部门的业务流程再造主要包括以下内容：①大数据技术中的云存储、Hadoop 技术为分散在不同部门、异构数据资源的集成和共享提供了技术支撑；②大数据支持下的数据集成和信息整合为构建以数据响应为核心的跨部门政务协同奠定了基础；③无缝隙的流程管理链条实现了以数据响应为核心的跨部门政务协同。

政府对外服务业务流程再造的具体内容包括：①当公众通过政府部门网站的站内搜索和站外搜索工具来搜索需求信息时，政府使用大数据技术提前介入，主动感知和收集公众搜索使用的关键词类型和特征等信息，利用 Hadoop 等技术对公众搜索记录和行为进行分析，识别公众的倾向和偏好，追踪公共服务需求，并通过热点图展现公众需要，以公众需求而不是政府供给来设计政府网站内容；②利用云计算、云平台、云存储等大数据技术，在数据层建立政府大数据库实现数据库的共享，在平台层构建支持大数据的统一政府业务支持平台，在应用层实现部门应用系统的互联互通，在前台构建统一的网站端口和移动端口。

案例 2：数据赋能浙江数字化转型○

依托浙江信息经济大省的优势深化"最多跑一次"改革，紧紧围绕建成"掌上办事"之省和"掌上办公"之省的目标，以"制度创新＋技术创新"扎实开展数字政府改革建设工作。强化系统工程思维，注重做好顶层设计，全面梳理省直部门和各地政务信息系统建设情况，构建数字政府建设管理制度框架和标准规范体系，协同推进全省数字政府建设，推动"放管服"改革向纵深发展。

构建信息互联互通的平台支撑体系。借鉴"数字政府即平台"理念，打造统一安全的政务云平台、数据资源共享共用的大数据平台和一体化网上政务服务平台，形成大平台共享、大数据慧治、大系统共治的顶层架构，建成省级统筹、部门协同的"互联网＋政务服务"新体系。基于政务 OA 和钉钉应用实现智能随身、高效便捷的全平台实时提醒、全天候处理公务、全方位监督管理，实现审批更简、监管更强、服务更优。

构建数据融合汇聚的信息共享体系。探索贯穿数据全生命周期的治理新路径，着力破解影响数据共享开放的体制和技术难题。依托省级政务云平台实现全省政务数据的融合汇聚，根据统一的数据采集与交换标准推动数据资源共享开放、部

○ http://opinion.zjol.com.cn/rdht/201809/t20180903_8168820.shtml.

门间数据标准对接和系统互联，以流程再造实现跨部门、跨系统、跨地域、跨层级高效协同。按照物理分散、逻辑集中的模式，积极探索区块链、大数据等新兴技术在数据共享中的应用。加快建成政务信息资源共享交换目录，明确政府部门间共享协同的责任和义务，实现各类基础信息库和业务信息库的联通。在保障国家秘密、商业秘密和个人隐私的前提下，最大限度地向社会开放"负面清单"之外的政府数据，充分挖掘和释放政府大数据"红利"。

构建政企合作共赢的协同推进体系。进一步完善政企合作机制，支持企业按照市场化、法治化规则参与数字政府建设。发挥省内互联网企业和电信运营商的技术优势，鼓励熟悉政务业务的实力企业参与政府数字化转型。通过开放数据吸引社会力量共建政府数字服务平台，保持平台体系的开放兼容，确保平台体系可根据经济社会发展持续优化拓展。

构建流程持续优化的服务供给体系。坚持以人民为中心提升"互联网＋政务服务"供给能力，解决群众日益增长的网上政务服务需要和不平衡不充分发展之间的矛盾。注重从用户实际需求而非政府部门自我判断出发，扎实开展用户需求分析和建议征集，基于用户体验和线上线下流程衔接优化扩展服务广度和深度，从根本上改善用户体验，不断提升信息惠民能力和水平。探索创新社会治理和公共服务新形态，做到政务服务事项"应上尽上、全程在线"，全面激活大数据在政府治理、民生服务、产业和金融服务等领域的政用价值、社会价值和商用价值。

构建安全可管可控的安全保障体系。先行先试推出政务信息资源共享与交换的地方规范和标准。尽快开展数据流动和利用的地方监管立法，加大对数据安全和知识产权的保护力度，对数据采集、存储、开发、应用等进行明确的法律界定和规范，厘清数据拥有者、使用者、管理者的各自权责。立足技术自主可控加强网络和信息安全保护，明确各方安全保密责任，建立协同配合的信息安全防范、监测、通报、响应和处置机制，确保政府数字化转型的有序推进和平稳运行。

构建内容深度挖掘的政府决策体系。构建人机协同的数字化、网络化、智能化集成应用系统，完善项目立项审批机制，加强基层电子政务能力建设，形成"用数据说话、用数据决策、用数据管理、用数据创新"的数字政府改革建设机制。以服务数字政府建设为核心，以"政产学研用"协同创新模式建立新型重点专业智库，组织开展政府数据治理、政务大数据平台管理、政务数据使用规范与制度、社会治理和公共服务大数据应用等领域的决策咨询研究。

构建制度健全、规范的评估考核体系。借鉴国内外数字政府评估体系，从政府治理精细度、公共服务体验度、数据共享与开放价值度、制度规范包容度以及数字基础设施感知度等方面构建评价指标体系，形成系统、科学、多维度、可操作的评估框架。建立健全效能评估和监督考核制度，积极引入第三方机构定期对数字政府绩效进行评价、政企合作等内容进行监督评估。发挥社会监督和舆论监督作用，及时回应社会关切，以惠民效果和群众评价检验考核数字政府建设。

第 2 章

组织战略转型的"三部曲"

2.1 数据赋能组织战略转型的理论框架

2.1.1 数据赋能政府战略转型的理论框架

1. 美国 FEA（F）架构设计

美国联邦政府（以下简称"联邦政府"）是体系架构应用的先行者和最大倡导者。在相关法案、指令的要求下，联邦政府于 1998 年启动了体系架构研究工作，指导联邦各机构创建并实现体系架构，从整体角度出发，开发体系架构框架，并以此为基础，建立和维护适合联邦政府自身的体系架构，从而促进了联邦机构之间的数据整合与共享，提高了整个联邦政府的信息化投资效率。这一思想在付诸实践后，历经多年演进，最终发展为联邦体系架构 FEA（F）。

（1）FEA（F）　在联邦体系架构建设方面，FEA（F）首先是一种组织机制，用来管理体系架构描述的开发和维护。在体系架构付诸实施方面，FEA（F）提供了一种架构，用于组织联邦政府资源，以及描述和管理联邦体系架构的相关行为。在联邦体系架构框架的设计过程中，CIO 委员会以模型的形式对体系架构的开发和维护过程进行表述，并且将这个模型分成 8 个相互结合且相互作用的子模块，分别是架构驱动力、战略方向、当前架构、目标架构、过渡过程、分块架构、架构模型和标准。

1）架构驱动力是促使架构产生和演进的原动力，包含业务驱动力和设计驱动力。业务驱动力包括新的法规、新的管理举措以及市场力量等，设计驱动力则包括新的软硬件技术及新的针对软硬件系统的部署方式等。

2）战略方向指导目标架构的开发，包括愿景、原则和目标。

3）当前架构通过描述体系架构的当前状态，展示了组织当前的业务能力和技术能力，包括组织当前的业务架构和设计架构两个部分。其中，设计架构可以进一步分为应用、数据以及技术等方面。

4）目标架构描述了体系架构将要达到的目标状态，展示了组织未来的业务和技术能力，包括组织的目标业务架构和设计架构两个部分。

5）过渡过程用于支持从当前架构到目标架构的迁移。联邦政府的重要过渡过程包括资本的 IT 投资规划、迁移规划、配置管理以及工程变更控制。

6）分块架构即整个体系架构被分为若干部分，而每一部分对应一个架构片段。

7）架构模型定义了用于对各个架构片段进行描述的业务和设计模型。

8）标准代表架构开发和维护过程中涉及的所有标准（有些可能是强制性的要求）、导则和最佳实践。

将以上 8 个模块组合在一起，就形成了 FEA（F）开发和维护体系架构的第一层级模型。该模型表达了 FEA（F）针对开发和维护体系架构的行为和流程在最高层次的抽象。为了进一步描述这个体系架构的开发和维护过程，FEA（F）通过自上而下逐步细化，逐级钻取形成四种层级模型。在这四种层级模型中，前三种层级针对整个体系架构开发和维护过程进行逐级深入的描述，第四种层级则针对架构模型内容做了更加细致的种类划分。常用的是 FEA（F）的第三种层级。

FEA（F）提出的体系架构设计过程和内容值得我国政府数字化转型学习和借鉴，具体表现在以下三个方面：

1）体系架构的开发和变更都是在一系列驱动力的刺激下进行的。由于外界刺激和环境变化总是绝对的，因而 FEA（F）从适应外界变化的角度阐述体系架构的开发和维护过程，并将其定义为一个循环往复的过程。在驱动力的推动下，组织的战略方向也会跟随演进，并且目标架构的制定需要与战略方向保持一致。由此可见，FEA（F）将外界推动与组织战略结合起来，并将组织战略细化为更加具体的目标架构描述，从而使组织战略既能符合现实需要，又能在整个组织范围内得到一致认同。

2）当前架构和目标架构使用相同的方式和语言（架构模型）进行描述，可以分析出现实和目标的差距，并将这些差距具体化为一系列过渡过程，从而指导组织和组织架构的同步演进。在演进过程中，FEA（F）明确提出了需要遵循的各项标准及所采用的导则和最佳实践，支持实施过程中的无障碍沟通和标准化。

3）架构分块的划分大大降低了开发联邦体系架构的复杂性，并且可以按照增量的方式对联邦体系架构进行循序渐进的开发和维护。采用相同的架构模型对各个架构分块进行描述，可以提高各个架构分块开发的标准性，并且各个架构分块之间的沟通也更加通畅。

（2）通用架构方法　通用架构方法为联邦政府各机构实施体系架构（EA）提供了指导。联邦法律和政策要求各机构首席信息官（CIO）负责开发和维护机构范围的体系架构，包括整合战略驱动因素、提出业务需求和技术解决方案等。

通用架构方法通过标准化的开发和使用体系架构提高职能效率水平，包括使用EA来帮助机构消除浪费和重复，增加共享服务，缩小绩效差距，促进政府、行业和公民积极参与。

通用架构方法继承了 FEA（F）体系架构框架，扩展了 FEA 的五大模型，并对架构内容的交付物做了补充，形成了涉及 EA 治理、方法论、框架、交付物和最佳实践的完整体系架构方法。该方法更加灵活，能够为机构内部和机构之间的规划、决策及管理提供更权威的信息。同时，该方法还支持 OMB 的 IT 共享服务战略、数字战略和投资组合过程的实施。

通用架构方法的主要作用包括五个方面：①能够进行跨机构的分析、识别合作共享和重用的机会；②能够为 IT 投资预算提供依据；③能够关联项目到政府使命和目标，进行有效的项目绩效管理；④能够促使政府从部门分割走向跨机构业务协同；⑤能够促使政府变成响应迅速的机构。

通用架构方法为联邦政府开发业务、数据和技术架构提供了原则和标准，保证了机构内部、机构之间以及机构与外部利益相关者之间在不同层次上能够有效利用架构，为战略规划、资本计划、项目管理、人力资本管理和网络安全等其他治理提供了整合点。

通用架构方法中的标准化基于主要成果、范围级别、基本要素、架构域、参考模型、当前和未来的视图、过渡计划和路线图等。通用架构实施后，这种标准化促使联邦政府架构更具有可比性，有助于管理变更和保证完成使命，能够降低总体成本、缩短发布时间、减少重复次数。

（3）FEAv2（FEAF-II）　FEAv2 是通用架构方法的实现，设计了通用架构方法框架域的战略、业务服务、数据和信息、应用程序、基础设施、安全综合参考模型，明确了各综合参考模型的关系，即关联点。FEAv2 用协同规划方法替换了 FEA 的分块方法。

在联邦体系架构新版本中，五个参考模型已经重组并扩展为六个：绩效参考模型（Performance Reference Model，PRM）、业务参考模型（Business Reference Model，BRM）、数据参考模型（Data Reference Model，DRM）、应用参考模型（Application Reference Model，ARM）、基础设施参考模型（Infrastructure Reference Model，IRM）和安全参考模型（Security Reference Model，SRM）。每个综合参考模型分别从目标、结构、使用案例、关联点四个方面进行描述。目标是指综合参考模型设计的目的和作用。结构是指综合参考模型的分层结构化表示。例如，绩效参考模型由目标、测量域、测量分类三层组成，每层都给出了详细的描述，使联邦政府各部门按综合参考模型的分层分类标准对 PRM、BRM、DRM、ARM、IRM、SRM 进行设计或匹配，从而保证了绩效、业务、数据、应用、基础设施和安全架构内容的一致性。使用案例是指综合参考模型的具体应用案例，介绍参考模型如何在联邦政府中应用，每个参考模型将至少有三个应用案例。例如，用 PRM 生成《美国管理与预算办公室（OMB）300 号预算表》的绩效报告，用 BRM 确定政府共享服务的机会，用 DRM 创建标准化信息交换等。关联点则指出了每个综合参考模型与其他模型之间的关联点，如 PRM 为其他参考模型提供了测量指标。FEAv2 通过对参考模型内容的结构化和标准化，使联邦政府各机构之间的 EA 横向可以互联互通；通过关联点使联邦政府部门内架构域相互连接，保证联邦政府 EA 内容的一致性和整体性。综合参考模型是架构内容的分层结构化标准，不是具体实践方法，如使用 DRM 创建标准化信息交换时，可以采用美国国家信息交换模型（NIEM）和 Ucore（一项美国联邦信息共享计划）规范来实现。

绩效参考模型由目标、测量域、测量分类分层组成，是连接机构战略、内部业务和投资，提供衡量这些投资对战略成果影响的手段。

业务参考模型由使命域、业务功能、服务分类分层组成，合并了以前版本的业务参考模型和服务参考模型（Service Reference Model，SRM），通过分类法对共同使命和支持服务领域进行描述，避免烟囱式组织的出现，从而促进机构间的合作。

数据参考模型由域、主题项目、主题分类分层组成，有助于发现驻留在"孤岛"中的现有数据、理解数据含义，并且能够通过访问和利用数据来支持性能结果。

应用参考模型由系统、应用组件和接口组成，对支持提供服务能力的系统和应用程序相关标准和技术进行分类，允许机构共享和重用常见解决方案，并从规模经济中受益。

基础设施参考模型将网络和云相关的标准和技术分类，由平台、网络、设施组成，以支持和实现语音、数据、视频、移动服务组件和功能的交付。

安全参考模型由目的、风险、控制域组成，贯穿于绩效、业务、数据、应用和基础设施模型中。随着互联网在联邦政府中的广泛应用，信息安全已成为体系架构设计的首要考虑因素。为了适应这种需求，FEAv2 中增加了安全参考模型。安全参考模型主要从安全事件出发，平衡安全合规性要求和降低风险成本。将合规性和应用系统级别的风险概况相结合，以便做出正确的安全选择。

降低风险是应用安全控制的最终原因，安全参考模型根据联邦政府安全标准对风险进行分类和评估，从而找到合适的降低风险的控制措施；允许架构师根据机构的目的以及该机构所面临的风险来选择不同的控制措施，在机构级别维护的安全控制措施可以在较低的应用系统级别继承，这样有助于特定应用系统的安全设计。

2. 我国数据赋能实现政府战略转型的 CGAF 框架

北京市信息资源管理中心的穆勇博士等人所著的《电子政务顶层设计：理论、方法与实践》一书，在借鉴和创新主流体系架构方法的基础上，总结多年的实践经验，结合我国数字政府建设中存在的问题和未来发展趋势，提出了 CGAF1.0 顶层设计模型。

（1）CGAF1.0 设计原则 CGAF1.0 体系架构的设计遵循以下主要原则：

1）贯彻以人民为中心的理念。政府的功能是以满足公众需要来定义和衡量的，包括提供直接的服务和通过规范社会制度为公众服务。

2）政府的运作是统一的，政府部门之间、政务部门和社会组织之间广泛地协作运营。

3）政府的业务需求是建立体系架构的首要驱动力。

4）安全、隐私和数据保护是体系架构设计的重要内容，必须保护数据，防止未经授权的访问，拒绝服务攻击及蓄意或无意的修改。

5）政务数据是国家的重要资产，政务部门要从数据资源的拥有者变为数据资源的管理者。

6）体系架构的设计是为了最大限度地促进整合，降低政府运作的复杂性，实现基础设施集约化，应用系统复用和数据共享，大幅减少信息化建设与运维成本。

（2）CGAF1.0 内容框架的组成 CGAF1.0 内容框架继承了 TOGAF 的内容框架，在架构核心内容要素的设置上，充分考虑了我国数字政府建设的实际情况，对 TOGAF 内容框架进行了改造和重组，同时把新技术趋势融合在架构内容要素的内涵中。例如：业务架构要素的设置与业务梳理的要素基本一致，要素的名称和内容对业务人员来说一目了然；强调了数据架构和安全架构；应用架构支持 SOA 和微服务思想的架构要素表示。CGAF1.0 内容框架描述了体系架构的三个组成部分：目标层、体系架构层和实现层。

1）目标层：目标层包括体系架构的设计原则、目标/愿景和设计需求。

2）体系架构层：体系架构层描述体系架构的业务架构、数据架构、应用架构、技术/基础设施架构和安全架构，每一个架构又细化为组成类别和具体的组成部分。

①业务架构按照目的、组织、功能划分为三类，目的类包括能力、目标和测评指标；组织类包括组织结构、岗位、角色；功能类包括业务功能、业务流程、输出成果。输出成果对于企业来讲主要是一个具体的产品，对于政务部门来讲主要是指产生的文件、数据或服务内容。

②数据架构包括数据对象、数据上下文、数据分类和数据交换标准。数据对象是指所有业务表格及其他用来表述数据的数据格式。数据上下文是对数据属性的描述。通过数据上下文，可以理解和使用数据。同时，数据上下文也是数据分类的依据之一。通过数据分类建立基础数据库、主题数据库。数据交换标准是系统互操作、业务协同的依据。数据架构的独立，提升了数据的地位，强调了数据的共享性。

③应用架构包括应用服务、应用功能和应用组件。应用服务是应用功能的封装，通过服务提供应用功能。应用组件是应用功能的实现和载体。

④技术/基础设施架构是支撑上述架构的基础和实现手段。

⑤安全架构包括目的、风险和控制，贯穿于体系架构设计的全过程。

3）实现层：实现层描述目标体系架构的实现路径和方式，具体内容包括体制、机制、投资、计划和标准规范等要素。

（3）内容元模型框架 CGAF1.0内容框架也是内容元模型框架，在应用时可以根据需要对其细化。其中，体系架构层是内容框架的主要部分，也是本地化改造的重点。

1）业务架构。业务作为CGAF1.0设计思想的驱动力，在架构框架中处于核心和统领位置，是数据共享、业务协同和政务管理的关键环节。将业务过程形成业务流是组织实现价值的方式。只要组织设定了战略、选择了业务模式，就确定了其业务流。要想真正实现组织价值，就要找到真实、合理的业务流，并设计相应的业务流程去适配这个业务流。业务流程是业务流的一种表现方式，是优秀作业实践的总结和固化。好的业务流程不是固化不变的，而是需要持续改进优化的。业务架构设计就是业务流不断优化的过程。

从战略和基于战略的业务流程出发进行规划，设计或变革组织架构，其路径如下：战略制定—基于战略业务模式确定主业务流—识别关键能力—确定组织变革规划—业务流程设计—组织架构设计。主业务流程是直接为客户创造价值的流程，所有组织要么必须工作在主流程中，要么必须支撑好主业务流，以使为客户创造价值。否则，这样的组织就是多余的组织。

业务架构设计和表现形式采用了以下方法：①提出智能结构化方法，将政务部门业务智能用"四表两图"的形式进行结构化表述；②在问题查找和差距分析时采用群众路线的方法；③业务架构的主要交付物包括目录、矩阵、图表和文字等，易于操作、理解和使用。

2）数据架构。在服务经济时代，数据已成为新型战略资源，是创造价值的重要生产要素。数据资源不仅具有社会价值，更具有经济价值，可以通过加工实现增值服务。同时，大数据融合分析是今后实现政府治理能力现代化的重要手段，这也是CGAF1.0把数据作为驱动力的原因之一。数据架构设计的目标就是加强数据与业务的关联，用数据驱动和促进业务变革，逐步推动数据与应用解耦，实现数据资产的效能。

数据驱动业务流程。对业务流程中数据的梳理是IT应用架构定义的基础，也是IT系统开发和流程定义的前提。主流程集成贯通，本质上是数据的集成贯通。工作中常见的现象是没有管理数据入口，使一些不符合要求的数据进入流程。流程是通的，但因为里面的数据没有价值，所以流程也是没有价值的。数据很关键，一定要把住入口。除了流程贯通需要关注数据以外，数据还是管理的基础。基础数据不准确，各种管理所需要的报告数据也不准确，不能准确反映业务实质，无法有效指导管理。数据质量很重要，质量的定义就是符合要求，质量要求必须构筑在流程中。

数据架构设计坚持以数据为中心的原则，结合我国基础数据库、主题数据库及应用数据库建设的实际情况，通过对数据进行标准化改造，提升数据质量，丰富数据上下文，建立和优化基础数据库、主题数据库和应用数据库。基础数据库包括人口库、法人库、自然资源和空间地理库、电子证照库等，是数据共享的核心。主题数据库依托重大项目，对某一领域的数据进行统一管理，其作用与基础数据库相同，只是应用范围相对较小。由于我国行政管理条块分割，单一数据集需要多部门提供，为数据的共享与使用带来了困难，因此，建立和优化基础数据库、主题数据库是解决数据共享问题的有效方法。

可以新建或选择适用的数据标准和技术手段，使数据可发现、可理解和可使用。从根本上说，数据就是符号，其本身没有任何意义，只有被赋予了含义才能够被使用。数据的含义就在数据的上下文内容中，数据一旦被赋予含义就转化为信息。而数据的含义可理解为语义，语义越丰富，数据的可用性就越强。

开展数据架构设计，首先需要建设数据资源目录体系，做好两方面基础工作：①确定数据采集、共享、使用等管理责任；②通过认责，从源头做好数据标准化工作，提高可用性，并通过扩充数据语义，定义数据交换标准，将数据由被动共享向主动共享转变，逐步支持以服务方式进行数据共享和交换，使共享交换平台演变为共享协同平台。

3）应用架构。应用架构设计的目的是解决当前存在的问题，重新规划应用系统建设，使应用系统更好地与业务相匹配。应用组件最好的重用方式是 SOA。因此，应用架构采用面向服务的架构风格是大势所趋。针对这一趋势，应用架构的设计应当支持 SOA 化和微服务架构，并支持云部署，改造现有的应用系统，通过服务总线方式实现应用组件共享。应用组件化的要求也是提高绩效、减少 IT 成本、避免重复建设的主要手段。

应用系统就是承载业务流程并实现业务数据自动传递和集成的使能器，通过应用系统实现数据之间的集成、流程的自动化，而不是依靠人工输入、转换数据。在应用系统中运行的是固化的业务流程，本质上运行的是业务。因此，流程化的组织建设的最高境界就是端到端、整个业务流全由应用系统支撑，使所有的流程、数据都被应用系统承载，而且从前到后都是集成和自动化的。

4）技术/基础设施架构。技术作为架构设计的驱动力之一，体现在业务、数据和应用中。重点在于基础设施架构的设计。基础设施架构与应用架构关系密切，是应用的载体。CGAF1.0 技术/基础设施架构设计传承 TOGAF 技术架构和参考模型，强调大数据、云计算、物联网、移动和人工智能等新技术环境下的设计。

5）安全架构。在互联网环境下，安全已成为架构的关键。因此，在 CGAF1.0 中增加安全架构，贯穿于业务、数据、应用和技术/基础设施架构中。

3. 阿里巴巴有关数据赋能实现政府战略转型体系架构

数字政府建设是一项复杂的系统工程，做好顶层设计是推动政府数字化转型的重要前提条件。只有从全局的角度出发，才能做到统筹兼顾、总体规划，对项目整体架构的方方面面进行把控。顶层设计从范围更广的视角出发，能够从架构体系设计的高度，注重各个元素之间的耦合性和协同性，从而增强数字政府建设的系统性和整体性。

在进行数字政府线上顶层设计的时候，需要以需求和目标为导向。数字政府的转型升级不能等同于将政务流程迁移到网上，所以单纯的技术建设架构设计不能完全满足数字政府智能化升级的需求。数据化运营是数字政府转型的内核，在拥有内核的同时还需要相关的配套，以保障目标的实施。数字政府转型需要坚持全方位、一体化地为群众需求服务，通过体制机制、服务流程、建设架构、数据治理"四位一体"的顶层设计实现新一轮的智能升级。

（1）建设架构顶层设计

1）数字政府架构要求。作为整个数字政府建设的基础框架，数字政府的架构需要一个完善的顶层设计，不仅要能够满足 IT 资源需求，支撑数据创新，拥有高度灵活的可扩展性，支持多层体系架构，支持多部门并行部署，可迁移、可触达，还需要能够实现多层级、跨业务的端上用户需求。例如：通过数字政府平台架构体系，可以实现"互联网＋政务服务"的标准化、精准化、便捷化、平台化、协同化，达到政务服务办理过程的一码管理、一线联通、一门集中、一号申请、一窗受理、一网通办、一库共享、一体运行。

统一、标准的云平台是数字政府建设的前提。要实现数字政府建设，就要实现政务服务数字化、智能化，前提是实现政务数据资源化。要实现政务数据资源化，就要实现跨层级、跨业务、跨部门的数据互联互通和资源共享。建设架构顶层设计需要统一的标准化平台在逻辑层面进行汇聚、集中，贯穿全职能流，平衡调度资源，充分发挥基础设施的性能。

基于业务需求的数据驱动和敏捷应用开发是重点。要保障数据的充分挖掘和应用，需要通过建设集成的业务模块和数据模块，利用模块功能复用和数据归集，充分发挥数据资源作用，为敏捷应用开发提供支撑。

满足政务供给和需求的不同应用需求是目标。政务供给侧（政府）和需求侧（包含个人和企业）是数字政府的两大使用主体，需要两个端口作为应用流量入口，将不同功能的复杂生态应用集约，降低使用者的应用难度；生态应用通过嵌入两端，满足不同类型的业务需求，为民众和政府办公人员提供方便、快捷、简单的个性化服务。

建设兼容开放的智能应用开发生态是关键。如何调动软件行业开发者、数据应用主体等多方力量参与到数字政府智能应用的持续创新中来，是数字政府建设的关键工程。只有实现源源不断的智能应用创新，才能实现智能化治理能力和民生服务能力的持续进化。

2）与数字政府建设要求匹配的"112N"架构体系。基于数字政府的需求，阿里巴巴集团依托自身 20 年互联网业务实战沉淀的先进技术和数据业务能力，在与浙江等地共同建设数字政府的实践过程中，与各地政府合作打造了数字政府建设架构顶层设计的"112N"一体化参考架构体。"112N"包括数字政府建设所需要的统一云计算平台、一个统一的大中台、政府和公众使用的两类交互端，以及开放、兼容的智能应用生态。从技术层面讲，"112N"即"一云、大中台、两端、N智能"。"一云"和"大中台"侧重实现"智能＋"转型，为政府数字化转型提供集约化的计算和数据服务能力。"两端"指的是两类交互端，侧重实现"互联网＋"转型，包括行政人员协同端和公众/企业服务端，是数据智能应用的交互入口，在行政人员、大众和企业之间建立连接，通过网络协同感知人们的需求和反馈，将数据智能驱动的治理能力触达最广泛的人群。"N智能"指的是丰富的智能应用生态，是根据政府客户定制化需求，依托行业专用的智能引擎，主要依靠生态合作伙伴开展丰富多彩的智能应用创新，解决业务痛点，实现业务价值，进而带动智能应用生态的繁荣。

"一云"的主体是云计算平台，提供计算、存储、数据库、网络、安全等基础服务，并依托大数据计算服务，实现计算资源的统一调度、数据资源的统一存储。基于视觉计算引擎，可提供海量视频的实时计算服务。通过物联网引擎服务，可以实现千万级物联设备统一接入，实现数据的统一存储与共享。

"大中台"是指数据中台和业务中台。数据中台和业务中台是互相影响、不可分割的有机整体，业务中台中产生的所有数据汇入数据中台，数据中台用算法重新定义业务流程。政府数字化大中台是数字政府数据融通和应用智能的中枢，将政府服务的业务能力、算法模型和数据进行沉淀，形成赋能前台（各部门）快速创新的政务服务共享能力体系，支撑开放兼容的政府服务商业生态。支持政务系统庞大运营体系的不断演进和多方协同开放生态的持续创新，是政府数字化大中台最重要的动能。大中台通过制定标准和规范，按照集中管控、分布式执行的原则，减少沟通成本，提升协作效率。数据中台提供了全域数据汇聚、加工、融合、治理、挖掘及可视化展示的能力，实现对数据的全生命周期管理。通过政府数据和社会数据的充分融合，依托业务中台，可以对业务流程模式进行深度挖掘，构建业务模型，实现后端业务资源到前台易用能力的转化。

"两端"是指行政人员协同端和公众/企业服务端。例如，通过钉钉协同办公平台，可以为政府提供高效的移动协同办公能力，促进政府办公迈入移动政务新时代；通过支付宝城市服务平台，可以开发整合各类政务服务和便民服务应用程序，提升政务服务智能化，促进政务数据开发应用。在阿里巴巴与各地共建数字政府的实践中，还可以在数据层面打通政务服务网、政务服务APP、钉钉、支付宝及其他第三方APP。

"N智能"是指基于阿里巴巴人工智能技术构建的各行业智能化引擎，可以赋能阿里巴巴生态合作伙伴，快速实现智能交通、城市精细化治理、社会治理等智能应用，助力政府提升政务服务和社会治理的数字化、智能化、精细化水平。阿里巴巴将秉持开放兼容的理念，联合生态合作伙伴，为不同的政府部门开发丰富多彩的个性化业务应用，为政府数字化转型持续贡献技术创新方案。

3）用户使用方便的背后是建设架构的支撑。简单来说，在"112N"架构中，"一云"实现了平台化，"双中台"实现了智能化，"两端"则是用户流量的入口，"N智能"实现了生态化。

民众或者企业用户通过政府服务端，如政府服务APP，或者企业钉钉以及支付宝小程序等其他社会化APP的服务端进入数字政府。政务办公端主要是政务人员审批端，将事项审批与公文流转、日常办公环境无缝打通。用户仅需要利用政府服务端或者政务办公端的"2"端便可以完成所有政府服务操作。"N"端建立在"2"端之上，用不同的小程序在"2"端实现不同业务功能。建设架构顶层设计分离政务办公和政府服务这"2"端，明确使用者与服务者。对用户来说，仅通过一个小程序就可以实现对"N"生态业务的使用。

用户在端平台上的操作将传递到底层"大中台"的数据中台和业务中台上。业务中台起到承上启下的作用，通过提供服务支撑、共性支撑、应用支撑，打破了原有职能独立、条块割裂的底层架构，提炼政务服务所需的共同底层需求，形成共享能力，统一提供服务。数据中台集成数据处理模块，利用强大的智能算法挖数据资源背后的价值。数据中台、业务中台与固有的政府数字化设施服务能够进行互通互联，增加了新一代数字政府转型的可扩展性。

一切服务的基础均需要充足的存储空间和强大的计算能力。在顶层架构设计的最底层，"一云"代表的云计算平台为整体的服务提供了强大的计算能力和安全可靠的数据存储能力，保障了政务云平台的整体安全、稳定、可靠。

这样的层级化架构设计拥有清晰的架构层次性，松耦合的架构方便管理、治理和维护。同时，建设架构顶层设计的每一层都具有可解耦性，通过架构上的解耦，增加全系统的开放性和灵活性。

（2）体制机制顶层设计　体制机制的顶层设计是政府数字转型的环境前提。完善的管理体制是保障政府新一轮数字化转型高效发展的前提。目前的现实状况大多是项目建设多头管理、多头推进，缺乏统一的管理体制机制，缺少具有全局观的顶层设计，从而导致部门之间沟通难、数据传递不顺畅、资金和资源独立分管的局面。在数字政府建设和运营过程中，完善的体制机制顶层设计是推动政府数字化转型的重要前提。

体制机制的顶层设计涵盖政策体系制度、组织结构、组织保障体系等机制的重塑和完善。通过顶层设计加强体制机制建设，为数字政府升级转型提供完善的体制前提。

在政策制度体系方面，需要强化制度保障，加快推动和制定、完善与政府数字化转型相关的法律法规和制度。在业务流程再造、数据共享开放、网上政务服务等方面制定配套制度，修订与政府数字化转型要求不匹配的行政规范性文件。

在组织结构方面，需要推动政务服务从政府供给导向向群众需求导向转变。通过形成以群众需求为导向的组织管理方式，消除原有组织架构壁垒，实现内部多维度协调，打通横向与纵向的数据界限。

在组织保障体系方面，需要强化组织保障，建立政府数字化转型工作协调机制，推进政务数据管理机构改革，提升各级公务人员数字化素养，加强电子政务队伍建设，营造改革创新的组织文化。

（3）服务流程顶层设计　政府服务流程顶层设计是整体业务逻辑的体现，是为更好地满足群众需求、提升服务体验而对传统业务逻辑的重新塑造。在服务流程顶层设计的时候，需要坚持"以人民为中心"的发展思想，将群众需求与体验放在首位，坚持创新驱动和资源开放共享，通过健全的工作体系将服务流程的顶层设计落实到位。

服务流程顶层设计需要以人为本，整体协同。坚持以人民为中心，以群众获得感为第一标准，对政府业务流程进行优化再造，打破部门内部和部门之间的业务壁垒、数据壁垒，以数据共享实现跨部门、跨层级、跨地区高效服务、协同治理，建设基于一体化在线服务的整体政府。

服务流程顶层设计可以借鉴互联网思维来进行服务流程的优化与再造。最大的转变是数字政府的服务设计从"以职能为中心"向"以人民为中心"转变，从政府供给导向向群众需求导向转变，在简化用户使用难度的同时，按照技术实现的流程考虑问题，再造数字政府的必要流程。从"线下跑"向"网上办"转变，从"分头办"向"协同办"转变，说明新一代数字政府转型的业务流程设计是一个逆向优化的过程，从之前"由管理者到群众"的设计方式转变为"从群众需求倒推管理流程"的设计模式。管理型业务流程是从管理者的角度出发，按照业务规范和业务分类制定的政务办理业务流程；而服务型业务流程设计则是从用户的角度出发，以最大限度地满足用户需要，提升用户体验。

服务流程顶层设计的同时，还需要促进创新驱动，开放共享，以理念创新、流程创新、应用模式创新和体制机制创新驱动政府数字化转型，加快云计算、移动互联网、大数据、人工智能等关键技术创新应用，有序推动公共数据在合法、安全基础上的开放，构建政府机构、社会团体、互联网企业共建共享的数字政府生态体系。

（4）数据治理顶层设计　　数据治理顶层设计是数字政府转型实施的基本保障，需要构建数据标准体系、数据治理体系，设立保护制度。在此基础上，还需要基于数据管理视角和业务应用视角进行数据治理顶层设计。

数据标准体系是建设数字政府的总体保障，需要建立总体要求标准、数据共享标准、业务管理标准、技术应用标准、政务服务标准、安全运维标准、系统集成标准等规范业务流程，建立政府数字化转型的国家政务信息化标准，推动标准有效实施。在数据标准化层面，需要在数据仓库中为每个维度建立一致性的标准，方便后续的数据交叉探查等；在数据开发层面，建立数据命名、数据类型、重复数据处理、数据冗余等方面的规范；将数据按不同场景进行分类整理，并面向业务过程建模，通过获取描述业务过程的度量来表达业务过程（包含引用的维度和与业务过程有关的度量），最终为业务主题层建设提供支撑。

数据治理需要完善关键信息基础设施保护制度和网络安全等级保护制度，建立重大项目网络安全风险评估机制。要落实安全管理主体责任，明确相关部门负责人、要害信息系统运营单位负责人的数据安全责任，增强各环节工作人员的保密意识，提高风险防控能力。要建设上接国家、下联各地、覆盖各重点行业的网络安全协调指挥体系，全天候感知网络安全威胁，及时开展事件分析、信息通报、协调指挥、应急处置、追踪溯源等工作。要建立数据流动安全评估机制，强化个人和法人信息保护。

数据治理需要基于数据管理视角和业务应用视角开展治理及应用工作。基于数据管理视角，对业务元数据、技术元数据进行集中采集、编目，构建数据资源目录和数据资产管理应用，达到数据资源的规范化和可视化。汇聚后的原始数据仍处于零散、不可直接使用的状态，数据中台为数据使用者提供一站式的集成开发环境，从而满足数据开发者进行开发、数据挖掘算法开发、数据主题库建设等需求，同时通过质量管理工具对数据融合处理的全过程进行管理监测，保障数据质量。基于业务应用视角，对汇聚的基础数据开展模型治理，通过数据清洗加工、基于业务背景及要求的处理加工，以及面向应用专题场景的开发，依次构建整合数据资源层、主题数据资源层、应用数据资源层，形成指标口径一致、统存统用的数据资源层。与此同时，由于数据涉及的来源广泛、数据采集背景及方法多样甚至特殊、复杂，需要对各个部分的数据做动态关系识别、关联分析，提炼抽象信息，形成统一的知识库。

2.1.2 数据赋能企业战略转型的理论框架

1.TOGAF 架构

TOGAF 是由 The Open Group 发起和设计的。The Open Group 有 300 多个会员，包括 IBM、富士通、日立、惠普、NEC、美国国防部、美国国家航空航天局（NASA）等。

（1）TOGAF 简介　按照 TOGAF 规范中的定义，TOGAF 是一种架构框架，是一种协助开发、验收、运行、使用和维护体系架构的方法和工具。

TOGAF9 的方法论包括六部分。第一部分是架构开发方法（ADM），阐述了从确定需求到围绕需求进行的定义架构、开发架构、架构治理的 10 个步骤。第二部分是架构开发方法指南与技巧，提出了架构层级、利益相关者管理、业务情景分析、如何定义 SOA、安全架构等多种指南。第三部分是架构内容框架，把架构划分为架构原则、愿景和需求，业务架构、信息系统架构及技术架构，架构实现三个层次。与架构开发方法部分相对应，这一部分提出了用目录、矩阵、图三种形式来表示架构各部分的内容。第四部分是企业连续系列和工具，为建立知识储藏库提供了分类方法。第五部分是架构参考模型，提出了技术参考模型和基础参考模型的参考内容。第六部分是架构能力框架，提出了不断提高架构能力的措施。

TOGAF 包含的各种体系架构方法与工具在组织的业务愿景、驱动力和业务能力之间建立了一座沟通的桥梁。也就是说，在 TOGAF 各部分内容的帮助下，这两个原本沟通不畅的部分被联系在一起，从而使作为组织发展蓝图的业务愿景与各种驱动力可以一起通过一种有条理的方式促进组织业务能力的实现和发展；经过长期的运营，组织的业务能力又为组织的业务愿景反馈了新的需求和发展推动力。

（2）架构开发方法　架构开发方法作为 TOGAF 的核心，与 TOGAF 的其他部分有密切联系。

总体来说，TOGAF 的架构开发方法的基础是对体系架构的范围进行适当限定和定义。这些限定和定义包括四个方面：①组织范围或着眼点用于表述组织的整体范围，以及架构活动所涵盖的范围；②一个完备的架构描述需要涵盖四个架构领域的内容，即业务、数据、应用和技术，而这也正是限定架构内容范围的维度之一；③详细程度用于表述架构内容的细致与否，即何种程度的架构描述才是足够的；④时间段用于表述架构愿景所描述的是在未来某个时间段的目标，以及此目标是否可以在指定的详细度上被描述清楚，如果不能，则需要对中间迁移状态进行描述，并且对每个迁移状态的描述所采用的详细度应符合指定的需要。

综上所述，架构开发方法是一种非常灵活的架构开发指导方法，任何组织都可以将其用于指导自身体系架构建设。需要注意的是，体系架构开发虽然能够指导体系架构的建设，但是体系架构的范围则需要组织根据自身的实际情况来进行限定和定义。只有这样，才能让架构开发方法在一个现实可行的环境当中进行。

架构开发方法为实现和执行组织的体系架构提供了完整的指导。该过程包括闭合循环中的多个连续阶段，从预备阶段开始，以需求为中心，以愿景为目标，经过业务架构、信息系统架构、技术架构、计划及解决方案、迁移计划、实施治理、架构变更管理七个阶段。

（3）架构内容框架　在 TOGAF9 之前的版本中，TOGAF 的重点主要集中在架构开发方法方面，对体系架构的具体内容并没有相关的论述。因此，早期对 TOGAF 的使用往往需要与其他具有架构内容描述的框架（如 Zachman 框架）进行配合。可以说，在 TOGAF9 出现之前，TOGAF 不能算是一个完整的架构框架。随着内容框架的引入，架构开发方法与内容框架相互结合，TOGAF 成为一个独立完备的架构框架标准。架构开发方法描述了架构开发过程。架构开发过程中的每个阶段都需要一定的输入信息，并通过一定的开发步骤产生一系列具有特定意义的输出信息。而这些输入与输出信息要如何进行定义、组织和表达，就是内容框架要解决的问题。虽然架构开发方法与内容框架之间有着很好的契合性和关联性，但两者在 TOGAF 中是相互独立的部分。而且，作为一个开放标准，TOGAF 并不强制要求两者必须配对使用。

内容框架对架构开发方法中各阶段的输入和输出信息进行了分类总结，并通过内容元模（Content Metamodel）对构成架构内容的各个元素（即架构中各个构建块的类型）以及它们之间的关系进行了定义。内容框架与架构开发方法密切相关。TOGAF 在描述内容框架时，采用了与架构开发方法的各阶段相映射的方式进行组织，即对架构开发方法的各个阶段所产出的架构内容具体是什么进行描述。架构内容框架使用架构交付物、架构制品和构建块三个类别来描述工作产品。

在内容框架中，体系架构开发过程中所涉及的各种资料会被存储在架构资源库中。TOGAF 把框架设计中所需的资料和成果物归纳为架构交付物、架构成果及构建块三种，构建块又分为架构构建块和解决方案构建块。交付物是以契约（或合同）的形式约定的成果物，如架构愿景和架构定义文档；架构成果是对某特定试点更细粒度的表述；构建块是可重用的技术和业务构建抽象。交付物包含许多互补性的架构成果，一个架构成果可以描述一个或多个构建块。

（4）架构参考模型　参考模型是指具有描述组件和模型的概念结构的分类法，并提供有助于理解此分类法的图形表示。基础架构是指通用服务和功能的架构，提供了可以构建更具体的体系架构的基础。

TOGAF 架构参考模型包括技术参考模型（TRM）和集成信息基础设施参考模型（III-RM）两部分。TOGAF 技术参考模型来源于美国国防部的信息管理技术架构（TAFIM）。TAFIM 以平台为中心，侧重于支持应用程序的使用和重用所必需的底层平台的服务和结构。特别是它集中于该平台和所支持的应用之间的接口，以及平台和外部环境之间的接口。TOGAF 的技术参考模型是 TAFIM 技术参考模型的修订版本，其目的是强调应用程序的互操作性及可移植性。

TOGAF 的技术参考模型既是参考模型，也是 TOGAF 的基础架构。除了技术参考模型以外，TOGAF 的基础架构还有标准信息库和构建块信息库。

（5）架构能力框架　为了确保架构功能在组织中被成功地运用，组织需要通过建立适当的组织结构、流程、角色、责任和技能来实现其自身拥有的体系架构能力。这也正是 TOGAF 的架构能力框架（Architecture Capability Framework）的关注点。架构能力框架为组织如何建立这样一种框架能力提供了一系列参考材料，从而为各体系架构能力的创建提供了帮助。不过，TOGAF 的架构能力框架在当前还不是一套全面的关于如何运用架构能力的模板，它只是为体系架构能力建设和运用过程中的各项关键活动提供了一系列导向和指南，如架构能力的概念、治理的概念、架构能力框架、架构治理框架等。

2. 阿里巴巴有关数据赋能实现企业战略转型的体系架构

在数据智能驱动产业变革的智能化时代，商业运作模式和企业的核心竞争力已经和过去完全不一样了。"全链路数智化"成为企业必须要思考的问题。这个说法为以前的"数字化"加上了"智能"的概念，升级为"数智化"。数字化、在线化只是第一步，未来所有企业都会是数字化、智能化企业。

如何评价一个企业在数智化转型层面具备的成熟度，并为它量身定制路线图和解决方案呢？阿里巴巴提出了"五部曲"的方法论。

（1）基础设施云化　服务器、存储、带宽等全部上云，改变企业应用的基础支撑。

以服饰行业为例，这个行业的特点是周转高、上新快、业务场景特别多。特别是在上云之前，IT发展速度跟不上业务变化速度。在云上构建的新零售IT架构，能支持业务快速创新，用数据智能支撑最优决策。这是服饰行业唯快不破的基础。在云上构建弹性、安全、高性能、低成本的企业应用，是传统IT架构很难做到的。

阿里云数据库和应用迁移显著地降低了上云的技术难度和成本，特别是阿里云数据库PolarDB提供传统数据库一键迁移上云能力，可以帮助企业将线下的MySQL、PostgreSQL和Oracle等数据库轻松上云，最快数小时内便可完成迁移。据估算，云上成本不到传统数据库的六分之一。

（2）全面触点数字化　触点数字化，就是指零售企业借助AIoT（人工智能、物联网）、移动互联网等技术，让品牌、商品、制作、渠道、营销、零售、服务等各个环节均透过大数据参与构建与消费者的连接。只有以消费者为核心的触点数字化，才能倒逼供给端的改革升级，从而更好地满足消费需求。

具体来说，商家可以通过门店数字化（云码等）、AIoT（人工智能、物联网）等方式把各种数据采集回来，建立企业的数字神经网络。全触点是指零售企业与消费者发生的无数种形式和维度的连接，包括线上触点（如公众号）、线下触点（如智慧门店）、商业触点（如广告）、社交触点（如微信、钉钉）；也可分为移动端、终端、软件，以单个触点或多个触点组合形成触点网络，构建连接零售企业与消费者的桥梁。

（3）核心业务在线化　核心业务在线化体现了企业的在线协同能力。只有业务在线，企业才能随时对业务流程进行重塑与优化，进而实现企业内部所有的共享和创新，促进各个环节的开放与协同。

仍以传统服饰企业为例，这类企业的从业人员分布广、线上线下事务分裂，直销、分销事务协调困难，营销进程不透明，获客难。利用数字化运营和管理平台钉钉，企业可实现云端移动化办公，进行人员管理、组织运营流程维护、工作流程协同、在线培训，企业上下游在线化连接，实现企业经营管理在线化、数字化。

对于很多品牌零售企业而言，钉钉的智能导购功能，可以通过对商家、导购员、消费者的数字化串联，为企业节约营销和管理成本。以特步为例，作为钉钉的第一批种子用户，它有 1.1 万名导购人员使用钉钉，通过这个平台发放了 100 万张优惠券，绑定了 92 万个好友关系，招募了近 150 万名门店会员。

（4）运营数字化　数据是数智化企业运营和创新的基础，企业可以通过挖掘自身的"小数据"和生态的"大数据"来丰满业务，从而实现数据驱动业务。企业在各个经营环节都会产生数据，繁杂的数据如果不能加以整合和有效利用，将造成浪费。

数据中台能够帮助企业管理数据，实现多个部门之间的数据整合。企业可以基于中台构建既准且快的大数据体系，在全渠道、上下游生态链中用数据指导运营，进行零售数字化。基于全域数据沉淀的消费者画像和消费洞察，企业可以进行精准广告投放或设计品牌战略；历史数据可以贡献给会员奖励体系、招募及裂变机制的设计，为智能客服、语音客服的沟通话术提供"个性化语料"，实现会员管理数字化。

（5）决策智能化　决策智能化是指企业可以通过基于智能算法的推荐、预测，通过供应链智能化、端到端全业务链的智能化，最终在商品企划、渠道、开发等各个环节实现智能化。

举另一个服装企业波司登的例子。波司登是我国第一家引进阿里云业务中台的企业，它通过与阿里云合作，借助云技术重构和打通原本分散在各地的仓库，让经销商、门店的库存数据以及线上库存数据都聚拢在一起。整条交易链上的人、货和交易信息都汇聚成一个及时动态变化的"水池"，池中的"水资源"随时可供上层业务模块和业务流程使用。如今，这套智能补货系统有效减少缺货损失 21%，售罄率同比增长 10%。

2.2　数据赋能组织战略转型的主要实施路径

2.2.1　数据赋能政府战略转型的主要实施路径

1. 数据赋能英国政府战略转型的主要实施路径

英国于 2012 年颁布《政府数字化战略》，2014 年实施《政府数字包容战略》，

2015 年启动"数字政府即平台"计划，这一系列举措取得了显著成效，助推英国政府获得 2016 年联合国电子政务调查评估第一名，成为全球表现最为卓越的数字政府。在英国政府的数字化转型战略中，"数字政府即平台"战略既是其指导思想，也是其核心内容。"数字政府即平台"并不是一个新概念，电子商务发展过程中形成的平台运营模式，可以作为以平台为基础提供政府公共服务的参考样本。就英国的实践环境而言，其具体是指政府数字服务组（Government Digital Service）提供通用共享平台设施，内阁组成部门或者第三方在平台上开发附加应用，推动以平台为基础的政府数字化转型。

虽然英国政府数字化转型工作顺利推进，但转型任务并没有完成，仍然面临诸多遗留问题和衍生挑战亟待解决。为继续保持在全球数字政府领域的领先地位，2017 年英国出台了《政府转型战略（2017—2020）》（Government Transformation Strategy 2017 to 2020）。该战略明确政府以民众需求为核心，不断解决公共服务提供中存在的问题，制定整合的数字化路线，以提升用户体验、提高工作效率，这将使英国民众、企业和其他用户都能够享受到更优质、更可靠的在线服务。这是英国就政府转型做出的系统性安排，力图寻求建立一种"全政府"的转型方式，旨在向英国民众提供世界一流的公共服务，推动政府的数字化进程。

（1）英国政府数字化转型战略的目标和重点任务 英国政府发布的《政府转型战略（2017—2020）》，旨在加快推进政府数字服务，强化"数字政府即平台"的理念，促进跨政府部门建设共享平台，提高政府数字服务效能，改善民众与政府之间的关系。该战略逐一列出了 2020 年之前英国政府转型需要达到的水平状态，制订了具体的工作计划、措施，并对英国政府 2020 年以后的发展远景进行了展望，其目标和重点任务可概括为以下五方面。

1）推动跨政府部门业务的整体转型。根据英国的经验，扩大跨政府部门的在线服务覆盖范围有利于数字化转型，而这也成为世界各国未来发展的共识，并在客观上需要政策制定者和在线服务设计者开展更加密切的配合。英国政府数字服务既要覆盖政府部门的内部工作，也将覆盖面向民众提供的全部政府服务，后者还包括面向民众直接提供公共服务数量较少的政府部门。英国政府通过设计和提供一站式、一体化的在线服务，在为公共部门开展更广泛的转型奠定基础的同时，还进一步拓宽了在线服务、电话服务和面对面服务等多种公共服务渠道。作为实现上述目标的具体途径，英国政府部门将构建标准化的数字服务，多渠道为民众提供可使用的公共服务，并通过不断更新技术实施准则和其他应用标准指南以替代原来落后的技术方案。同时，英国政府部门还将构建监测评估数字化转型进程的方法，建立跨政府部门的合作机制，以形成共同的语言、工具和技术体系。在借鉴私营部门经验的基础上，处理政府转型面临的重大变革问题。通过上述措施，英国政府将确保能够跨政府部门边界运行项目，能够以更加灵活的方式提供在线服务，从而从根本上改善政府数字服务的用户体验。

2）培养数字人才、技能和文化氛围。英国的目标是拥有世界上最具数字技能意识的公务员队伍，让英国的政府数字服务成为全球最领先的公共服务。为实现这一目标，首先就需要提升英国领导者在数字项目管理方面的技能。英国将在政府部门中提供数字、数据和技术职业机会，建立良好的职业发展道路和奖励机制，依托各类教育机构为数字、数据和技术专业人员提供最优质的学习和受教育机会。英国希望培养优良的政府数字文化，通过提升政府人员的数字技能，在让数字技术专家理解政府业务的同时，也要确保其他专业领域的公务员能够支持政府数字化转型。通过建设数据科学院校，实施数据科学加速培训计划，建立政府数据科学应用能力，使政府成为对数字、数据和技术等人才队伍最具吸引力的理想工作场所。同时，通过与公务员人力资源部门合作，确保其他专业领域的人才能够掌握数字工具和技术，让非数字技术领域的专家能够理解数字化工作方式的优势；通过与公务员培训计划合作，确保当前和未来的政府领导者接受过数字项目管理培训，能够有效管理数字时代的政府组织。

3）优化数字工具、流程和治理体系。数字政府不仅能为民众提供优质的公共服务，而且将通过采用有效的数字工具、构建工作场景技术、优化治理流程体系，为公务员创造良好的外部工作环境，以提高工作效率，更好地应对工作挑战。在公务员采用的日常通用技术、业务方案管理、内部控制流程、支持快速决策、政府商业采购、服务质量控制、服务保障措施、服务价值转化等方面，英国政府机构开展了丰富的实践。基于统一数字市场理念，英国政府的数字服务采购合同，将体现以用户为中心、以设计为导向、以数据为驱动的开放方式，并且逐步为公务员创造更加适应数字化要求的工作环境，确保公务员的工作场所能够运用统一的、可交互操作的技术。同时，通过相关研究为公务员提供数字服务经典案例，并使之一般化为标准的政府业务流程，从而形成通用数字工具，使所有政府部门都能管理、资助和有效运营包括跨部门服务在内的各种数字服务。在上述政策的推进下，英国公务员将具备舒适的、不受时间和空间限制的办公环境，这将有助于形成一种开放的、数字化的政策制定和在线服务氛围。

4）提升数据应用、分析和管理能力。数据是一切在线服务的基础，是实现更高效能政府公共服务，满足民众需求的关键资源，更好地开放、利用数据不仅是提高政府透明度的需要，而且是促进政府机构以及私营部门实现转变的需要。未来几年，英国议会将通过涉及数据共享规定的"数字经济法案"，消除政府各部门有效使用数据的政策障碍。同时，通过选拔和任命新的政府首席数据官，英国政府将设立新的数据咨询委员会，统筹协调利用各政府部门数据，推动利用政府数据的业务发展，提升政府建立和扩展数据科学分析能力，更好地运用数据来支持决策。英国政府将实施安全可靠的管理和使用数据，确保公务员能够清楚其掌握的数据是否可以共享，并建立国家级的数据基础设施登记注册制度，确保数据基础设施能够安全可靠的运行。此外，英国将为政府内部和外部的用户提供数据挖掘分析的工具和方法，并完善政府存储和管理数据的方式。

5）创建共享平台、组件和业务复用能力。近年来，英国政府逐步实现代码、模式、平台和组件的共享，并向世界各国分享了解决政府技术和服务设计等问题的最佳实践案例，跨政府部门平台服务将成为未来努力的重要方向。英国将基于共享机制和业务平台来组建在线服务功能，从而实现数字技术、业务流程和公务人员的有效组合。英国将运用 GOV.UK 网站来实现跨政府部门边界的服务，包括第三方提供的服务、地方政府服务或者外包服务。为提供快速、廉价且易于组合的数字服务，英国将构建更多可重复使用的共享组件和平台，为所有接受政府服务的用户提供统一的使用体验。英国政府计划到 2020 年终止与大型、单一的供应商开展合作，不再签订持续多年的 IT 项目合同，而是通过建立共享组件和平台，扩展正在使用平台的功能，提供更多的政府数字服务。通过制定和颁布组件、平台以及与功能相关的技术标准和实施指南，降低平台在政府公共部门复用的门槛，消除组件、平台和功能重复运用的障碍，并积极探索在中央政府以外可以重复使用的领域。

（2）英国数字政府转型战略的特点与趋势　作为数字社会形态下政府整体转型的一种尝试，英国政府的数字转型战略不局限于工具层面的信息化、数字化，而更多地体现为理念层面、行为层面、制度层面的转型与发展。正因为如此，其也涵盖了政府工作的方方面面，并因此体现出较为宏大而复杂的改革场景。在第二部分对于英国数字政府转型战略重点内容进行详述的基础上，我们将进一步总结其特点并分析其趋势，以更清晰地勾勒出英国数字政府转型的基本逻辑。

1）英国数字政府转型建设体现了以人为本的原则。政府将更多地从用户需求出发，致力于改善民众与政府之间的关系，把更多的权力移交给民众，基于网络用户数据和访问使用习惯，更好地分析掌握民众需求，更好地响应民众需求。基于互联网设计原则、数字服务标准和技术实施准则开展实践，英国将为公民提供不受政府决策影响的、更加稳定可靠的政府数字服务体验。英国政府还认识到政府公务员、中介机构和企业也是用户，只有了解并且满足他们的需求，才能全面实现政府数字化转型。由此，英国政府计划为公务员构建更好的工作环境，提供先进的技术工具，使他们能够更有效地开展工作。并且通过面向民众和政府领导者提供完善的数字技能培训，进一步提升政府为民众服务的效果。

2）英国数字政府转型建设体现出高度的灵活性。一方面，数字时代提供的工具、技术和方法，能够帮助政府以更快的速度、更低的成本实现政府数字服务的优化组合，政府可通过互联网更快地提供服务和信息，产生更直接的政策影响，从而快速实现政策目标。为确保政府能够适应和响应变化，快速跟上技术发展的步伐，这就需要政府具备转型的动力和能力。就此，英国政府采纳了更加灵活并可扩展的策略，通过优化政府采购、协同治理、案例分析、人力配置、使用通用技术等措施，创建、运营、迭代和嵌入共享平台，加快推广组件共享模式，逐步建立开放标准，从而提升了平台可重复应用方面的业务能力。另一方面，技术进步也使得建设、变革和运行政府的成本和时间大幅度减少，有利于节约政府公共财政资金，使政府能够更快地应对社会经济和政治方面的变革。

3）英国数字政府转型建设体现出更强的包容性。英国政府部门计划在 GOV.UK 网站上建立具备高可靠性、高安全性以及高效能的在线服务，将为 2 500 万名用户提供更好的服务。通过探索为企业和中介组织提供基于身份特征的服务选项，从而更好地满足用户需求。在此基础上，进一步拓宽用户的概念，对需要通过使用政府应用程序编程接口（API）的第三方用户给予支持，在政府内部和外部扩大应用 API 批量服务的范围。例如：在经过其客户授权许可的情况下，允许会计师自动提交纳税申报单，此类服务就要求无论前端用户界面还是后台支撑系统，都将以更加现代、高效、包容的数字方式进行运作。

伴随着英国数字政府转型建设的不断深入，在已有工作的基础上，英国政府的未来改革工作将同时着眼于以下两个方面。

一方面，英国数字政府转型建设将更加重视数据安全。政府必须安全、可靠地管理和运用数据，才能赢得和维持民众的信任，确保个人数据和敏感数据能够在可靠的治理框架内，得到安全且符合社会公德的保护。因此，政府需要开展网络安全规划，合理确定网络安全等级，在数字化转型过程中确保采用可靠的网络安全和隐私保护措施。对于敏感数据或者个人数据，无论政府采购如何安排，政府部门都有对供应商交付的系统承担潜在风险的责任。此外，政府的活动也需要更加透明，并且在安全可靠的情况下重复利用公共数据和非个人隐私数据。政府需要在建立安全防护系统的基础上，确保数字化转型的每一个阶段都能免受网络袭击。

另一方面，转型数字政府建设是一项长期、复杂的任务。自 2012 年以来，英国已经向数字政府迈出坚实的一步，为适应数字时代的需要，英国政府正在实施转型计划，并在 2020 年底完成。然而，数字政府转型建设是一个持续的过程，英国在执行这些计划的同时，还在积极研究 2020 年以后的发展规划，通过构建实验模型，并基于证据和反馈实现快速迭代，模拟如何才能做出更深刻的改变，并为此进行积极探索和准备。上述措施都将在未来重塑英国的政府机构，甚至改变未来政府部门的设置方式。为实现这些目标，需要应对任何可能发生的变化，通过制定政策，最终实现以民众为中心、提供数字化服务、能快速适应调整的政府转型。

（3）英国数字政府转型建设的经验 在梳理英国数字政府转型实践的重点内容并总结其特点与趋势的基础上，我们进一步对其取得的经验进行归纳，以期对我国的数字政府建设提供政策参考。

1）要形成强有力的政府数字化转型推进机制。英国数字政府战略之所以能落地执行，主要归功于内阁办公室专设的数字服务小组。该小组作为一个重要角色推动数字技术在英国政府中的发展，使得数字技术对于政府转型的重要性被广泛接受。该机构的具体工作内容包括制定默认数字服务标准，开发、运营统一的通用技术平台和门户网站 GOV.UK，协助支持其他部门提高数字能力，为部门管理层提供数字培训，搭建数字技术共享平台，为没有条件接触数字化的民众提供辅助支持，督促各部门按时发布部门数字战略，并及时总结战略实施成效等。

2）要提升政府部门主要负责人的数字素养。作为"一把手工程"，部门领导人的数字素养对于部门数字能力建设有重要影响。英国政府将提升各部门领导人的数字素养作为提升部门数字能力的一条重要途径，对主要负责人进行数字培训，提升其数字技能，培养其数字化思维。通过设置招聘中心，帮助各部门组建长期稳定的数字团队，让技术和数字化专家担任各部门的领导职务。通过搭建政府部门领导人沟通交流的网络在线社区，为数字服务管理人员提供互相交流的渠道，使其成为探讨共同问题的最佳途径，间接促进各部门领导人数字素养的提升。

3）要广泛吸纳社会力量提供数字服务。在数字社会形态下，通过社会化方式提供政府公共服务的趋势日益明显。为鼓励更多的第三方力量参与政府数字化转型战略，英国政府转型计划提出改进招标过程，降低企业的进入门槛。更重要的是，英国政府将开放合作的理念践行于政府数字化转型的各个环节。例如，积极开放 API，将企业和第三方平台作为政府网站的延伸和扩展。此外，政府内阁办公室搭建的政务云平台，也是一个开放的平台，吸引数千家中小企业供应商不断加入数字市场，从而为用户提供了 2 万余项的数字服务。

4）要全面实践"数字政府即平台"的发展理念。"数字政府即平台"是英国政府数字服务建设发展的重要经验，英国政府内阁办公室与政府各部门协商、牵头制定和提供一系列通用的跨政府部门技术平台，范围覆盖数据开放、数据分析、身份认证、网络支付、云计算服务等，以支持新一代政府数字服务的运行。采用"数字政府即平台"模式，可以让政府部门的管理决策团队把更多时间、精力放在以用户为中心的服务设计上，而不是一切从最初的软硬件环境构建开始，从而使得政府的数字服务更容易创建、运行成本也更加低廉。

2. 数据赋能我国政府战略转型的主要实施路径

数字技术在重塑商业世界的同时，也推动了我国政府服务和治理的数字化转型。从最早使用 IT 技术辅助政府工作，到大范围、深度 IT 化改造，再到政府前台和后台工作的全面数字化，政府数字化水平不断提高。

（1）我国政府战略转型的三个阶段　我国电子政务起步于 20 世纪 80 年代末，经历了从信息化到电子政务，再到数字政府的发展过程，大致可分为五个阶段：1996 年前是国务院信息化工作领导小组成立前的信息化发展时期，1996—1999 年是国务院信息化工作领导小组统筹推进时期，1999—2014 年是国家信息化（工作）领导小组统筹推进时期，2014—2018 年是中央网络安全和信息化领导小组统筹推进时期，2018 年至今为新时期新发展阶段。我国政府信息化发展历程如图 2-1 所示。

国务院信息化工作领导小组成立前（1996 年前）："三金工程"

国务院信息化工作领导小组统筹推进时期（1996—1999 年）：政府上网工程

国家信息化（工作）领导小组统筹推进时期（1999—2014 年）：两网一站四库十二金

中央网络安全和信息化领导小组统筹推进时期（2014—2018 年）：网络安全；信息化

2018 年至今："放管服""互联网 +"政务服务

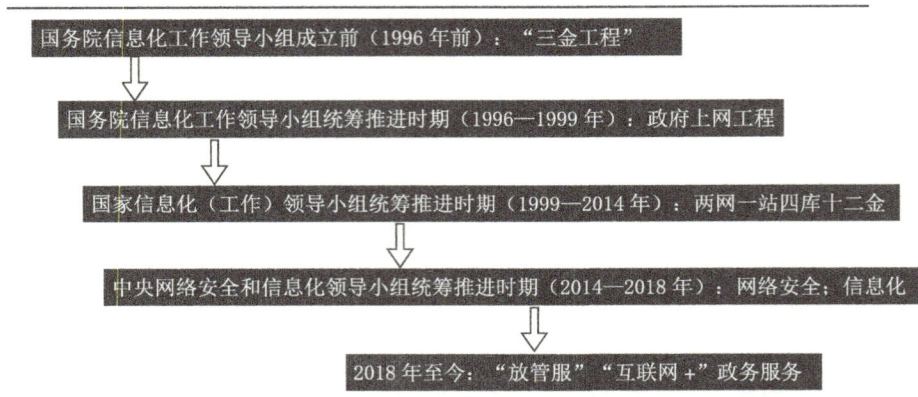

图 2-1　我国政府信息化发展历程

注：资料来源于公开资料。

1）国务院信息化工作领导小组成立前（1996 年前）。20 世纪 80 年代开始，各级各类国家机构信息中心（如信息管理办公室、国家信息中心）建立。1993 年，我国成立了由国务院副总理邹家华为主席的国家经济信息化联席会议，统一领导和组织协调全国的信息化建设工作，领导小组下设办公室。

这一阶段，电子政务建设进展的最大标志是 1993 年底正式启动的"三金工程"，即经济信息通信网"金桥"工程、海关联网"金关"工程和电子货币"金卡"工程。"三金工程"是我国中央政府主导的以政府信息化为特征的系统工程，是中国政府信息化的雏形。

2）国务院信息化工作领导小组统筹推进时期（1996—1999 年）。1996 年 1 月，国务院信息化工作领导小组成立，国务院副总理邹家华担任组长。国家启动了政府上网工程，目标是争取在 2000 年实现 80% 的我国各级政府、各部门在网络上建有正式站点，并提供信息服务和便民服务，为构建一个高效率的电子化政府打下基础。

3）国家信息化（工作）领导小组统筹推进时期（1999—2014 年）。在国家信息化（工作）领导小组的领导下，主要经历了信息产业部（1999—2001 年）、国务院信息化办公室（2001—2007 年）和工业和信息化部（2008—2014 年）三个阶段。

a. 信息产业部时期（1999—2001 年）

1999 年 12 月，成立了由国务院副总理吴邦国担任组长的国家信息化工作领导小组。

b. 国务院信息化办公室时期（2001—2007 年）

2001 年 8 月，中共中央、国务院重新组建国家信息化领导小组。这一时期，我国电子政务围绕"两网一站四库十二金"快速推进。一是启动了电子政务内网和外网建设；二是全面推进中央、省、市、县四级政府网站建设；三是启动了人口、法人、自然资源和空间地理、宏观经济四大基础数据库建设；四是全面开启了"十二金"工程建设，完善已取得初步成效的办公业务资源系统、金关、金税和金融监督（含金卡）四个工程，启动和加快建设宏观经济管理、金财、金盾、金审、社会保障、金农、金质和金水八个业务系统工程建设。

c. 工业和信息化部时期（2008—2014 年）

2008 年，国务院信息化工作办公室（国信办）并入工业和信息化部，与电子政务相关职能被合并到工信部信息化推进司。这一阶段，政务信息共享和业务协同得到推进，各级政府大力推进智慧城市建设，提升区域信息化建设水平，各级政府部门围绕市政管理、应急救灾、公共安全、社区服务、市场监管、并联审批等业务主题，提升了政府政务公开、政务服务能力。另外，各级政府部门推广应用电子政务新技术，如移动互联、云计算等。为适应移动互联网发展，多数政府部门都推出了手机版政府网站、政务微博和政务服务 APP 应用等。

4）中央网络安全和信息化领导小组统筹推进时期（2014 年—2018 年）。2014 年 2 月，成立中央网络安全和信息化领导小组。该阶段重点工程是落实全国网络安全和信息化推进工作。2016 年出台《中华人民共和国网络安全法》，2017 年实施；2016 年、2017 年分别颁布《"十三五"国家信息化规划》《互联网＋政务服务技术体系建设指南》，电子政务升级成为工作推进的重点，逐步打破产业壁垒，统筹推进业务协同，推进数字经济。

5）现状（2018 年至今）。2018 年 2 月，中央网信办会同国家发展改革委、工信部、国家标准委等有关部门联合成立国家电子政务专家委员会。

以建设全国一体化在线政务服务平台为核心，深化"放管服"改革，进一步推进"互联网＋"政务服务的目标。2018 年 6 月，国务院办公厅印发《进一步深化"互联网＋政务服务"推进政务服务"一网、一门、一次"改革实施方案》；2018 年 7 月，国务院印发《关于加快推进全国一体化在线政务服务平台建设的指导意见》。《2019 年国务院政府工作报告》指出，继续推行网上审批和服务，加快实现一网通办、异地可办，使更多事项不见面办理，确需到现场办的要"一窗受理、限时办结""最多跑一次"。持续开展"减证便民"改革行动，不能让烦琐证明来回折腾企业和群众。建立政务服务"好差评"制度，服务绩效由企业和群众来评判。推进"双随机、一公开"跨部门联合监管，推行信用监管和"互联网＋监管"改革，优化环保、消防、税务、市场监管等执法方式，对违法者依法严惩、对守法者无事不扰。

（2）数据赋能我国政府数字化转型的成功经验

1）以数据化运营为核心，让创新更灵活。数字政府充分发挥数据的价值，结合数据化运营，形成网络化、平台化、数据化、智能化、生态化的政府治理模式。我国已经进行多年的电子政务和城市信息化建设，目前政府的信息化水平已经很高，那么如何把数据资源开发好、利用好，如何让数据活起来、让数据说话，是数字政府的工作重点。

政府在数据化建设的基础上，如何管好数据、用好数据，最大限度挖掘数据价值，需要数据化治理的新理念。从目标来看，数据化运营最终要实现数据化服务、数据化治理和数据化支撑的科学决策；从数据化运营本身来看，有数据治理、数据开放、数据创新三项重点工作。

2）政府数据治理：数据治理兼顾利用安全。数据治理是数字政府建设过程中的新课题，在某种程度上决定了数字政府建设的成效，直接影响数据资源的开发与利用。相比传统的企业治理，以及以静态归属为中心的传统资产治理思路，数据的价值特性及流动性特征必然需要一种全新的数据治理模式与其匹配。

数据治理应秉持动态理念，通过借鉴"治水"的思路逐渐形成数据治理的规则体系，而在治水过程中，应坚持疏堵结合，以疏导为主。具体来说，"堵"就是最大限度确保安全，"疏"就是最大限度挖掘价值。从"堵"的方面来说，应通过建立"河堤"，确保所有"浪花"只能在"河道"中翻腾，从整体上保障数据流动的安全、有序。在实践中，这两道"河堤"分别是国家安全（包括社会公共利益）和个人隐私安全。这意味着，一方面，任何组织和个人对于数据的采集、存储、处理、传输以及删改等行为，都应以不威胁国家安全和个人隐私为底线；另一方面，立法机关也应通过制度手段明确界定国家安全和个人隐私的保护边界，从而为数据资源的开发利用划清合法范围。从"疏"的方面来说，对于在"河道"内流淌的数据，应秉持效用最大化的原则，形成数据资源的价值分配规则。我们应该认识到，尚没有任何一个主体能够在数据产生之初就能全面预见其可能蕴含的价值。数据天然就有价值无法事先定义的特征。水利万物而不争，数据也具有与水类似的属性。政府部门、企业、民众等必须在实践中不断尝试并调适，才能逐步挖掘数据蕴藏的价值。若完全基于既有认识，根据事先规划用途对数据进行使用，将很可能对数据价值的"涌现效应"形成遏制，在无形中造成数据价值的浪费。只有在网络化的众多节点中形成高效的数据流动机制，数据的价值才有可能被最大限度地挖掘。换句话说，数据挖掘的价值不能依靠预先设计和计划，而必须通过不同的主体多元尝试、渐进摸索。因此，为了最大限度地利用和挖掘数据价值，就应该让"河道"内的数据充分流动起来，让不同的主体能够根据自己掌握的信息进行分散化、多元化的尝试。

如果说确保安全需要"自上而下"的设计，那么挖掘价值就需要"自下而上"的基层探索。"疏""堵"结合的过程，就是更好地把顶层设计和基层探索结合的过程，也是把"自上而下"和"自下而上"结合起来的过程，即所谓中间相遇的结合方法。我国改革开放 40 多年来的一个重要经验，就是把顶层设计和基层探索结合起来，将来我国建设数字中国、发展数字经济也需要继续运用这一宝贵经验。

换个角度来看，确保安全是"底线"，挖掘价值是"开放"。"底线"+"开放"是政府数据治理过程中应该遵循的核心原则。其中，"底线"的工作应由政府主导，因为其决定着国家和社会的核心利益。在此基础上，许多创新工作可以在确保安全的情况下用开放的方式交给市场去完成。这样，数据资源中"看不到的价值"才能更多地被挖掘出来。

3）政府数据开放：让数据价值回归社会。人们常说，数据是 DT 时代的石油。但是，数据与石油等传统资源相比，有着明显的区别：①数据具有非消耗性，它的价值不会在使用过程中消失；②数据的价值与量强相关，数据资源的价位随着种类和数量的增加，可能呈指数式增长；③数据的价值具有不确定性，同样的数据资源在不同场景、不同领域、不同模式下，其价值是不同的；④复用性，数据资源可以同时被多个主体在同一时间使用；⑤自增强性，数据资源在被利用后，其价值不仅不会损失，反而有可能增加；⑥流动性，数据通过流动便可以创造价值；⑦时效性，数据资源有类似半衰期放射性元素的特性，特定的数据在经过一段时间后，或在某个特定的时间节点后，其价值可能出现急剧的衰减，有些衰减曲线会十分陡峭。

由于政府是几乎所有经济活动、社会活动的监管者，因此相比企业和个人，政府所掌握的数据资源最大，价值也最高。在数据资源化之前，单是政务信息公开就给社会带来了不小的价值。在大数据时代，政府数据的价值远超简单的信息，因此政府数据在安全基础上的开放所带来的价值将呈指数级增长。

数据开放是政府数据化运营的一部分。数据开放是释放数据红利，让数据价值回归社会、造福社会的重要手段。同时，在安全基础上的数据开放也可以激发社会创新活力，让数据资源的价值最大限度地被开发和利用。

4）政府数据创新：打造转换数据价值的"发动机"。原油被加工成汽油、柴油，然后通过发动机把其中蕴含的能量释放出来，从而实现资源的价值变现。

利用数据资源同样需要"发动机"，只不过这个发动机的款式很多，其价值萃取和输出的模式也有所不同。与传统的发动机不同，数据资源的价值转换不仅仅依靠技术，还可以在连接、流动和共享中生成价值。例如：通过数据流动便可产生价值，那么搭建一个渠道就可以释放价值；一个数据开放共享的机制，可以让很多创新主体围绕同一组数据创新，从而让同一资源产生N倍的价值。

正如前面所述，数据资源的价值不会随着使用而消失或损耗，反而可能在使用过程中不断增值。由此观之，政府打造转换数据价值的"发动机"，只需要提供初始的输入，数据"涌现"价值的过程就可以不断自我强化。对于数字政府建设来说，设计一个合理的机制和架构，构筑一个符合创新需求的生态体系，数据资源便可以用自我增强的方式源源不断地创造价值。

a. 全面建设政务大中台

顺应国家治理体系和治理能力现代化的大趋势，数字政府需要一个全新的政府架构体系，并不断创新服务与治理模式。如何实现"新五化"，如何更好地实现基于数据的创新，如何让政府的创新更灵活、更敏捷，构筑一个科学合理的架构体系是重要基础之一。当前，数字政府正处于从IT时代向DT时代跨越的关键时期。虽然政府治理与企业治理的语境不同、使命不同，但如果仅从治理手段、治理方式的技术层面来看，在从信息化向数据化的转型过程中，互联网企业的很多做法能够提供很多借鉴和启示。这其中的重要内容就包括中台。中台是互联网企业在DT时代实现跨越式发展的重要支撑，它是云化、平台化、数据化的重要体现，也是未来智能化的主要承载。同时，中台不仅是技术，还是一种新的创新范式，它的出现使得互联网更加敏捷和服务化。

b. 中台具有管理和业务角色的双重价值

从管理和业务的不同角度，中台的价值能够更加明确地显现出来。

从管理角度看，中台可大大提高各平台协同能力，大幅提高管理效率；中台可以在各平台间实现信息、技术等通用需求的共享，避免重复投入，大幅降低成本；中台建立后，组织架构得到精简，流程得到优化，从而避免出现"大组织病"。

从业务角度看，中台化让各业务平台放弃共性、专注个性，市场敏捷度提高；小业务、新业务能享受大中台所有资源的支撑，创新活力增强。通过中台共享数据、技术等资源，各平台业务能力、协同创新能力得到提升。

中台是一个基础的理念和架构，组织把所有的基础服务、基础资源集中于此，并把这些基础服务、基础资源开放给前台使用，共同支持上端的服务。中台所体现和释放给前台的，是组织沉淀下来的所有可以共享的资源和能力，这样就能迅速提升前台的效率和能力。

因此，在中台的建设中，要关注三个关键的行动：①去掉冗余，即将重复建设进行"合并同类项"；②在去掉冗余的基础上建立可复用、易复用、复用多的中台；③向前台"销售"中台，并在前台的"买单"过程中持续迭代中台。

2.2.2　数据赋能企业战略转型的主要实施路径

1. 数据赋能德国中小企业战略转型的主要实施路径

德国中小企业数字化业务流程转型战略构建了以联邦经济事务和能源部为领导，建立中小企业－数字化框架，以中小企业 4.0 等大型资助板块为方向，以众多小型资助项目为核心，以多个卓越技术中心为技术指导的全面引导系统，与研究机构或大学及其他利益相关者共同合作，分为短期、中期和长期计划来具体实施促进中小企业数字化转型的战略，旨在为中小企业提供免费的、方便理解的、实用的数字化相关指导。

（1）中小企业 4.0——数字化生产和工作流程　随着数字经济的发展，小规模定制设计、生产和快速交货逐步成为生产的标准之一，在 4.0 时代，机器设备、服务提供者、产品和客户可以实现从产品设计到生产的所有阶段的交流。而根据联邦经济事务和能源部的调查，中小企业对于数字化流程可能带来的机遇还知之甚少，因此，联邦经济事务和能源部制订了中小企业 4.0 计划来帮助中小企业以及手工业企业逐渐接受和使用数字化、联网化和工业 4.0 有关应用。

为了方便为中小企业及手工业企业提供指导，德国政府在全国设立了 23 个中小企业 4.0 技术指导中心（卓越中心），为中小企业构建了全国性的指导支持网络，为它们提供技术支持和测试服务。此外，4 个办事处致力于向中小企业全面推广应用数字化技术，如云计算、大数据等数字化知识。

（2）e Standards——规范业务流程，保障成果　数字化商业流程要求机器设备、生产者、客户能够进行持续的数据交换，而电子商务标准（e Business-Standards，简称 e Standards）在识别、分类、交易、流程配置等方面起着重要的作用。e Standards 是电子商务中的通用语言，是企业之间和公共管理部门之间进行高效互联互通和自动化数据交换的基础。如今，它已经成为数字化业务流程中影响创新能力和生产力的决定性因素，这种影响在全球化和数字网络化经济体系的发展中愈加明显。

对于中小企业来说，引入 e Standards 初期会显著提高交易费用，但是中期和长期之后，业务流程大幅提速，服务质量提高，成本大大下降，会带来明显收益。资助计划"e Standards——规范业务流程，保障成果"的目的在于促进中小企业和管理机构在业务流程上的标准化，推广使用 e Standards；同时这项计划也旨在加快 e Standards 的开发、测试和传播，从而巩固中小企业的国际竞争地位。

（3）简单、直观 —— 中小企业可用性　近年来，应用软件的使用对于中小企业的意义越来越重大。衡量应用软件不能局限于功能性、可靠性和高效性这样的技术标准，还应着眼于产品的可用性，也就是用户友好性。智能手机、移动应用程序 APP 和网络应用程序的可用性还有很大的提升空间，尤其是针对中小企业的企业应用程序。

在这个数字化时代，用户友好性正在成为自己的产品区别于他人产品的一个重要的差异化特征。可用性（用户友好性）将成为企业取得成功的重要因素，能够提供极佳可用性的服务提供者将会得到更高的客户满意度，同时抢占更多的市场。研究表明，使用对用户友好的 ICT 解决方案能够提高生产力和客户满意度。"简单、直观 —— 中小企业可用性"资助计划旨在改善中小企业所用的企业应用程序软件的质量和可用性，增强中小企业的竞争能力。为了研发出适用于中小企业的企业应用程序，在程序的整个开发和筛选过程中都必须考虑可用性这一标准。

此外，联邦经济事务和能源部还会定期发布各种各样专题的手册，为中小企业提供数字化领域的最新发展情况，比如具体的生产技术、业务流程，向中小企业详细讲解这些新的生产技术和业务流程对本企业有哪些好处，同时指明使用这些生产技术和工作方式有哪些不好的地方，并提供信息服务，以帮助中小企业加快实现数字化转型。

最后，联邦经济事务和能源部还为此战略开展了跟踪研究，以项目组调研的方式对具体的项目展开跟踪调查，确保项目资金的去向和使用的效果，同时将倡议中的单个资助项目联系起来，向市场传递关于中小企业数字化转型的正面积极的效果。

根据前文对于德国中小企业数字化转型战略的分析，结合我国目前创新战略的发展现状，为我国的数字化转型道路和创新驱动发展战略的具体实施提出四点建议：

1）为了降低数字化时代中小企业和政府的交易费用，我国应构建统一的中小企业数字化转型框架，不对转型政策做过于详细具体的规定，将具体的操作交给中小企业和市场。通常来讲，政策的制定者由于不可能掌握全部产业和行业的具体知识，不能对政策将要约束的产业和行业企业有详细的认识，因此，所制定的政策可能根本不符合实际需要，除了造成政府的工作成本上升外，根本解决不了中小企业面临的实际问题。因此，像德国政策所做的那样，对于扶持中小企业数字化转型只扮演引导者的角色，负责指明数字化转型的大致方向、构建宏观的支持框架以及提供转型所需的最新信息，避免规则和政策过于详细，从而充分调动中小企业和相关咨询机构的积极性。

2）重视和加大研发投资。对于企业来说，只有获得技术优势才能得到行业竞争力。研发投入是衡量一个企业、产业甚至一个国家技术创新的重要指标，也是创新产出的必要条件。德国进行中小企业数字化转型为中小企业提供的技术指导全部免费，企业自身的投资可以全部放在生产设备和体系的更新上。

3）加强网络基础设施建设。与发达国家相比，目前中国家庭接入互联网的比率很低。根据德国联邦经济事务和能源部 2016 年的数字化监测报告，在 10 国（美国、韩国、英国、芬兰、德国、中国、印度、西班牙、日本和法国）比较中，2015 年，互联网普及率最高的是韩国，达到了 98.8%；紧随其后的是日本，为96.5%；英国的互联网普及率上升 1.4 个百分点，达到 91.3%；德国位居第四位，互联网普及率达到 90.3%，同比上升 0.8 个百分点；中国和印度分居倒数第二和倒数第一，占比分别为 54% 和 19%。中国的优势在于民众对于新鲜事物的接受度很高，拥有巨大的数字化市场，当高质量的网络基础设施普及后，中国的数字化市场将进一步扩大。

4）提供职业培训机会。提高普通员工的就业能力，减轻数字化转型有可能带来的结构性失业。我国劳动人口众多，且正在经历低端生产环节流出的阵痛，在即将到来的数字化转型浪潮中，机器将会越来越多地代替简单、重复的人力工作，结构性失业将会越来越多。我国的劳动人口中，从事简单、重复的劳动工作者占多数，为了让这些员工的生活有所保障，也为了数字化变革能够健康发展，政府应重视这一趋势，提前采取行动。

2. 数据赋能我国企业战略转型的主要实施路径

在"互联网+"大背景下，新技术层出不穷，为企业的变革、转型提供了强大的推动力。对于企业自身而言，尤其是以科层制组织模式为主的大型企业集团，内部信息不对称，横向、纵向、内外形成无数"断点"，内部资源利用效率低下等问题亟待解决。数字化转型成为企业发展的必由之路。

企业可通过重构思维模式、重构 IT 架构、重塑业务架构，实现对业务对象、业务流程、业务规则的数字化转型。简单来说，在去中介化、去中心化、去物质化的推动下，企业需要掌握数字化转型的成功秘诀—— 外联内通。这样，无论是企业内部还是企业与企业之间的管理活动都会变得简单高效。

某些企业已具备一定的技术和平台应用，如已有商城、CRM、客户服务等应用，此时可选择将业务进行数字化改造，沉淀业务能力和数据资产，再逐步反哺业务能力，对原有的应用进行升级改造和迁移，通过数据驱动业务的中台化，这条路径通常称为业务数据化。

当然，也有些企业自身的信息能力较弱，应用系统不健全或现有应用已明显不能满足业务的需要，这时企业应将着眼点放在场景应用和业务应用服务上，如原有的 B2C 商城业务、B2B 业务需要以小 B 端或分销模式进行渠道链多端的融合，形成 B2B2C、S2B2C 等模型，重新定义渠道业务模型；或者原有的 CRM 业务已满足不了消费者标签数字化，无法形成自动营销的应用模式，这一切都说明原有应用缺乏用数据反哺业务的能力，或不能适应业务模式的变化。如果企业面临这类问题，就应果断进行基于中台的应用系统的建设，这条路径通常可以称为数据业务化。

（1）路径一：业务数据化　　业务数据化是指引入中台架构技术对成熟的运营场景提供中台化服务，通过成熟业务来沉淀企业的数字化能力，让业务和技术相互融合，不断扩展业务边界，不断增强支撑创新业务的能力，不断深挖数据价值，将品牌商、商品、用户等企业经营核心要素，以场景化的方式沉淀和输出，通过数字化方式交互连接，让企业的运营更加快速、高效。

1）业务中台化。传统技术架构都是烟囱式的，随着业务变得日益复杂和产业合作逐步深入，企业内部对不同业务场景的协同运营变得越来越难，效率和执行力下降。为了改变这一现状，需要基于原有的成熟业务应用进行中台化技术改造，以解决业务不交互、数据不通等问题。原有的商城、CRM、POS 等系统均有独立后台，在面向消费者端应用时可提供多个不同入口的应用，需要将原有应用逐步沉淀到中台，形成统一的共享能力以对不同端提供服务，如商城提供统一的交易能力、CRM 沉淀统一的会员能力等。

2）数据资产化。数字经济时代，数据资产将成为企业核心竞争力。评价一个企业的数字化能力和业务价值，就需要评估其数字资产的价值变现能力。那么什么是企业的数据资产呢？它是企业拥有或控制的能带来未来经济利益的数据资源。因此，并不是所有的数据都是资产，只有可控制、可计量、可变现的数据才可能成为资产。其中，实现数据资产的可变现属性、体现数据价值的过程，即数据资产化。在大数据时代，具有商业价值变现的数据将是企业数据架构的核心。

新的商业模式和数字化运营模式可以通过创造性的方式整合这些新的数据资产，如智能交通、生活轨迹分析和消费者画像等。实现以数据驱动的个性化服务成为可能，如微营销和客户个性化定制的产品和服务，满足每一个消费者的独特需求，现在很容易通过数字化运营实现，不仅能够增强竞争优势、开辟新的市场、设计新的服务，还能为客户带来体验上根本性的改善，加速业务扩张。

数字化运营模式依赖数据计算、数据模型和中台化技术的整合能力。因此，有更多的企业（特别是食品酒饮、化妆品、消费电子等面临新零售业务场景多且复杂的企业）选择从数据中台切入，快速将企业现有数据进行数据化改造，实现价值变现，在行业和市场竞争中赢得先机。

大数据进入下半场，人工智能已然崛起，现有的大数据技术亟须与人工智能技术结合，孕育新的产业生态，向数据智能型企业转型正在成为数据科技创新的行动方向。企业通过建设数据中台，打破内部数据壁垒、盘活数据资产、提升数据价值，对外提供统一的智能化数据服务，重构企业大数据生态环境，进一步深挖和释放大数据的价值红利。其中，以业务对象为核心的价值连接和标签体系，反哺业务中台，实现快速反应和高效执行，深度挖掘数据的商业价值，提升数字化收入和价值贡献。

（2）路径二：数据业务化　数据业务化是指企业抓住数字化转型过程中的新机会，提供新型产品/服务，抛弃原有的技术体系，转而选择通过数字化技术和中台共享服务能力来驱动商业价值的实现。这类转型有机会创造出更有冲击力的商业模式，或通过数字化产品/服务来创造额外价值，如微商城应用、社交化分销业务的应用等，为企业开辟新的渠道、带来新的业务增量。

1）扩展业务链服务边界。推动产业数字化，利用互联网新技术、新应用对产业进行全方位、全角度、全链条的改造。从原料到工厂再到终端，强化核心部门的数字基因，构建全新的产业链数字生态，形成一套完整的闭环，建立一个全程可追溯、数据互通共享的体系。以数字化的工具协同上游、把控产品、分析用户、主导销售，同时再用数字化的工具分析销售结果和消费者反馈，对研发部门和市场部门进行再反馈，推动企业不断创新发展。

以线上的现在的消费者场景为切入点，实现异业合作，实现流量共享并赋能线上线下渠道是当前产业互联的主要发展方向，用户只需要在线上的某个场景化就能够轻松体验到不同类型企业的产品，促进了行业资源的再度优化和整合。

这种以场景化为代表的跨界异业合作的新模式正在成为数字化时代发展的全新模式，不断扩展业务边界。通过将不同类型的企业置于场景之中，一个建构于虚拟场景的数字化新模式正在形成，这一切必须由数字技术来驱动。因此，未来每个企业都将会成为数字化企业，只是路径不同、时间先后不同而已。

2）业务场景运营。数字经济时代，基于大数据的千人千面、千店千策的运营策略，需要对 B 端、小 B 端甚至 C 端进行精准化营销。渠道的多元化与下沉，让营销中商品、商圈、消费者等方面的运营变得更加重要。行业内关于内容营销的理念正在发生转变，正从简单的品牌推广进化到内容场景化营销。

消费者也更期待随时随地随性享受"场景触发式体验服务"，他们的需求越发个性化，充分利用各个渠道获取的品牌、产品、活动、服务等碎片化信息，在碎片化场景中精准识别用户，以实现多渠道交易和服务。

这些以消费者为中心的业务场景应用不断创新，需要基于稳定、可扩展的中台能力来快速构建。

更多企业选择稳健的做法，即以某一创新业务作为突破口，尝试数字技术为其带来的改变并评估其商业价值，之后逐步改造原有业务，对业务模式、技术平台、组织管理、运营等方面进行渐进式调整。这样不至于对现有业务造成太大的冲击和影响，最终将企业各个领域的业务构建在数字技术上，以进行场景化运营。

2.3　组织战略转型"三部曲"内涵

2.3.1　数据、业务、管理"三位一体"

关于数据赋能组织战略转型方法，北京国脉互联信息顾问有限公司（以下简称国脉）用"数据共享、业务协同、组织进化"12 个字来概括，虽然字数不多，但其内涵却是十分丰富而深刻的。

众所周知，无论从国外有关数字政府的 FEA、DoDAF 框架还是从我国大量参与数字政府建设的 BAT 等 IT 巨头对数字政府顶层设计认识来看，数字政府的构成绝不是单一的某个系统所能涵盖的，需要将业务、数据、管理、技术等进行有效地融合，才能全面、准确地描绘和勾勒出全貌。而国脉提出的"数据共享、业务协同、组织进化"正是对这些顶层设计理论的一种本土化，是在应用实践基础上对数字政府整体框架方法的丰富和完善。

在"数据共享、业务协同、组织进化"的架构体系中，数据、业务和组织（管理）这三者之间存在着密切而又各具特性的关系。数据是基础，是整个数字政府建设的基石。因此，开放政府数据，实现公共数据资源的互联与共享是保障整个数字政府建设的前提。而要实现数据的开放与共享，数据治理和流动就显得尤为重要了。遵从数据流动逻辑重构数据体系，重建流程规则，创新服务能力，是充分激发数据价值能级释放的关键。数据治理是数据有效流动的基础保障，通过数据质量和数量管理、组织角色与职责定义、业务流程与规则优化等体系化治理，推动有用的、标准统一的、真实的数据有效按需流动，使数据在使用中逐渐形成增值体系，提升全域或整体政府数据资源活化能级。

业务协同既是数据驱动的结果，也是数据治理的动因，二者是相互促进、互为因果的关系。一方面，数据驱动，意味着以数据为核心，将组织的数据资产梳理清楚，对之进行集成、共享、挖掘，从而发现问题，驱动创新。数据是最客观的、最清晰的，数据能够帮助管理者化繁为简，透过繁芜的流程看到业务的本质，更好地优化流程，实现业务协同。另一方面，组织在为达成某一具体目标的业务过程中自身也需要协同治理。它要求某种权力结构发生变化，即不再是强制性的，也不再使用暴力，而是善于鼓励和说服。那些严厉的、僵化的规定融化在温和的调控体系之中，其规则对不同的参与者来说已不言而喻。政府执政不再独断专行，而是创造谈判的空间，并保证其正常运行。因此，协同治理成为数据治理的动因和驱动力，推动数据体系不断重塑与完善。

组织进化主要是从组织的管理体制和运行机制的角度而言的。数字政府是一项复杂的系统工程，涉及社会运行的方方面面，管理层级繁多、逻辑层级复杂，迫切需要建立一个管理体系，以数据应用为导向，以数据治理为重点，构建架构合理、动态适应、高度关联、权责清晰的数据体系，协调政府各种资源并使之有效配合与协作，保障政府有序、安全、优质运行。与此同时，在数据共享和业务协同的过程中，组织的整体效能和运作模式会得到进一步优化与提升，组织文化也会进一步产生变革和升华。未来将是一个更加扁平化的组织结构，在组织中工作的人们，无论是公务员还是企业员工，通过获得相关信息授权，利用源自多个部门的实时数据，都能够为服务经济社会做出更多的自主决策，构建一幅更加美好的发展蓝图。

2.3.2 "自上而下"与"自下而上"相结合

把理论的引领作用与基层的自发实践结合起来，形成"自上而下"与"自下而上"的合力，是"数据共享、业务协同、组织进化""三部曲"的本质内涵。"自上而下"与"自下而上"良性互动，既以基层探索实现试点风险可控，又能够依靠强大的理论指引，迅速复制、推广基层的成功经验。

组织数字化转型的"自上而下"是指以系统性、科学性的理论为指导，基于组织未来发展的总体目标，将数据、业务和组织有机结合起来，而不是单独地以某一要素或者某一侧面的东西来管窥全貌。关于组织数字化转型的理论框架如前面提到的美国联邦政府体系架构（FEAF）和美国国防体系架构框架（DoDAF）等都是以目标和愿景作为总引领来实现数据、业务和组织之间高度协同的。战略方向和目标对于组织的存在、发展及组织活动都起着非常重要的作用。

首先，组织目标是衡量组织活动成效的标准。组织目标是环境因素、组织系统本身以及组织成员需要三方力量相互协调的产物，组织目标的完成情况客观上反映满足三方需要的程度。

其次，组织目标为激发组织活动提供了动力。一个组织不仅有抽象的理想目标，而且必须制定各阶段的具体目标。具体目标往往具有时限性，可以用数量标准加以衡量，体现为阶段性任务和具体定额。组织围绕着这些具体目标开展组织活动，以这些目标激发成员的积极性，并在具体目标基础上建立各种奖惩制度，以监督和鞭策成员的行动。

再次，目标结构是组织内部分工结构的基础。组织目标必须有个分解的过程，目标分解是将组织的整体目标划分为功能各异而又互补的子目标。复杂的总体目标往往需要经过多层次的分解，从而形成具有层次性的目标结构。组织内部的分工和专业化结构正是以目标结构为基础的。

最后，组织目标影响着组织的管理方式。目标管理是管理方式中的一种，以为目标奋斗作为组织成员的激励因素，实现过程管理。组织目标经过分解而具有层次性，对实现不同层次目标的活动往往采取不同的管理方式。高层次的目标同外界环境以及组织的整体适应过程有较强的联系，要处理各种复杂多变的关系，需要较多的内部、外部信息，管理的任务很难加以程式化。因此，往往采取灵活多变、因时因地制宜的管理方式，这需要发挥管理人员的创造性和想象力。而低层次的目标往往是一些具体的、能够加以程式化的任务，对完成这类子目标有影响的因素大体上已经得到有效控制。

一个组织只有具备了明确的既定目标，从总体上把握好未来的战略方向，才能对数据架构、业务架构和组织架构进行有效的开发和维护，并在一系列驱动力的作用下使组织不断适应变化的外部环境。目标不确定，或者混淆了不同的目标，都必然会导致组织架构和管理的混乱。任何管理活动都必须把制定目标作为首要任务，组织数字化转型也不例外。

组织数字化转型的"自下而上"是指"基层动力"和技术变革的底层逻辑。"基层动力"主要是通过社会各个利益群体的互动，让所有的利益相关方都参与进来。组织数字化转型是一项"前无古人"的全新实践，没有太多现成的经验可以借鉴，在某种意义上堪称"摸着石头过河"。因此，应在基层探索之后，对局部经验进行总结评价，形成一种基于实践探索且风险可控、成本较小的试点机制，在这样一个"先行先试—全面铺开"的过程中，开辟出一条风险最小但效率最高的发展路径。至于技术变革的底层逻辑主要是指当感知无所不在、连接无所不在时，数据也一定会无所不在，组织的一切业务及活动最终都会以数字化的形式存在。数据是组织数字化转型的基础和驱动力。因此，组织的技术变革应从最小颗粒度的数据治理开始，通过梳理数据资源和编制目录，确定数据资源采集、共享、使用等管理责任，通过建立数据标准化和数据治理体系，提高数据资源的可用性。

总之，在组织数字化转型过程中需要更加注重实现"自上而下"的顶层设计和"自下而上"的基层探索间的良性互动。有自发创造，就能自我迭代；有顶层设计，就有发展航向。在"摸着石头过河"中创造新事物、新经验，在顶层设计中把握改革发展的方向和节奏，二者相互促进、形成合力，共同推动组织数字化转型。

2.3.3 从"仰望星空"到"脚踏实地"

组织数字化转型是组织为客户创造价值的一个根本性转变，代表了组织对如何利用技术从根本上改变绩效的彻底反思，因此，对各种不同类型的组织而言，组织数字化转型就像一座难以逾越的高山。麻省理工学院斯隆数字经济项目的首席研究科学家 George Westerman 认为，数字转型必须从首席执行官（CEO）开始，需要跨部门的协作，将以业务为中心的理念与快速的应用程序开发模式相结合。这种全面的变化通常包括追求新的商业模式，进而包括新的收入来源，这通常是由顾客对产品和服务的期望的变化所驱动的。George Westerman 说，客户的期望通常远远超出了你的实际能力，这意味着需要从根本上重新思考我们在组织中对技术的处理方式。哈佛商学院出版公司的领导力项目和产品管理总监 Janice Miller 则认为，组织数字化转型的确包括技术，但是随着新兴的数字能力逐渐影响业务的所有领域，重要的是这种转变不仅关乎技术本身，也关乎领导力。根据 Digital McKinsey、Wipro Digital 和其他咨询公司的研究，由于某些原因，数字化转型的推进总是遭遇停滞甚至失败，主要原因包括：对数字化转型的含义缺乏共识；很少或根本没有高管参与；注意力分散，过分强调后端执行；缺乏预算；人才短缺；不愿意改变。

"数据共享、业务协同、组织进化""三部曲"就是为了翻越这座高山，帮助组织顺利实现数字化转型的梦想。从某种意义上讲，"三部曲"代表了从顶层设计到实施路径的一个完整体系。在这个体系中，"组织进化"是数字化转型的最高目标，未来的组织形态是一种基于客户价值创造和跨领域价值网的高效合作的共生型组织形态，所形成的网络成员实现了互为主体、资源共通、价值共创、利润共享，进而创造单个组织无法实现的高水平发展。共生型组织的生态网络摒弃了传统的单线竞争的线性思维，打破了价值活动分离的机械模式，真正围绕顾客价值创造开展，将理解和创造顾客价值作为组织的核心，进而使创造价值的各个环节以及不同的组织按照整体价值最优的原则相互衔接、融合以及有机互动。

组织进化不可能一蹴而就，在数字技术，包括互联网技术、物联网技术和人工智能技术等渗透到人类生活各个领域的 DT 时代，"三部曲"在仰望星空的同时，更是将前行的步伐放在破除一个个"信息孤岛"的数据治理上。无论组织规模大小，在使用数据上都面临相似的数据挑战。组织规模越大，数据越多，而数据越多，越发需要制订一个有效的、正式的数据治理策略。国脉提出的数据治理领域包括但不限于以下内容：数据标准、元数据、数据模型、数据分布、数据存储、数据交换、数据生命周期管理、数据质量、数据安全以及数据共享服务。各领域之间需要有机结合，如数据标准、元数据、数据质量等几个领域相互协同和依赖。通过数据标准的管理，可以提升数据合法性、合规性，进一步提升数据质量，减少数据生产问题；在元数据管理的基础上，可进行数据生命周期管理，有效控制在线数据规模，提高生产数据访问效率，减少系统资源浪费；通过元数据和数据模型管理，将表、文件等数据资源按主题进行分类，可明确当事人、产品、服务、协议等相关数据的主数据源归属、数据分布情况，有效实施数据分布的规划和治理。

在数据治理和数据共享基础上，围绕公司能够创造客户价值的方向，沿着提供客户极致体验的途径，展开更广泛的链接和集合，构建一个不断开放边界的"生态系"，也可称为"平台型组织"。这些可扩展的平台，把数以万计的不同参与主体和创新资源集合在一起，构建了持续不断的创新输出，也因此把客户与平台整合在一起，组成了深度的客户互动以及价值创造，形成协同效应，使组织的成长速度以及淘汰其他组织的速度前所未有，很多领域和行业因为它们的介入，都在被重新定义之中，从而为最终的组织进化奠定坚实基础。

2.3.4 数据赋能组织战略转型的"三引擎"

组织战略转型需要有强劲的"驱动力"，这是促使组织数字化产生和演进的原动力。在驱动力的推动下，组织的战略方向也会跟随演进，并且整个体系架构制定需要与战略方向保持一致。这种原动力可以总结为"三引擎"，分别为新基建、新人员和新平台。

1. 引擎一：新基建

新基建是指以 5G、人工智能、工业互联网、物联网为代表的新型基础设施，本质上是信息数字化的基础设施。

数字化转型离不开新型基础设施的底层支撑。事实上，自互联网诞生开始，数据中心就是最重要的基础设施。相关数据显示，至 2019 年第三季度，全球超大规模数据中心数量已达 504 个。且随着全球数据化转型大潮的开启，超大数据中心的扩张速度更快，规模也越来越大。月活用户超过 20 亿的 Facebook，如今每年至少都会投入 10 亿美元扩建数据中心。新冠肺炎疫情期间，钉钉因为网课不断而被小学生出"分期五星好评"，在这背后是阿里云数据中心夜以继日的扩容。

不只是互联网企业，像海尔、三一重工等制造型企业，其工业互联网能够率先应用并成为行业标杆，也都离不开其在技术以及数据中心等基础设施上的长期投资、建设与应用。还有很多传统企业，纷纷借助京东等"零售基础设施"平台的力量实现了数字化转型。由此可见，新基建对于企业等组织的数字化转型有着相当重要的意义。

新基建对数字化转型的驱动作用，可体现在以下三点：

1）新基建上量以后，会降低企业数字化转型成本。随着在各地、各行业大量投资与兴建新基建，以及传统基建升级为新基建，待体量上升以后，新基建形成惠普效应，可在一定程度上降低企业综合应用新基建技术的成本。这样，就能让更多中小企业以更小的投入完成数字化转型。

2）企业要应用新基建，必然会投资新基建，由此可以加速数字化转型。这里的新基建投资，大体可分为以下两种情况：一是部分企业对外参与新基建项目投资，虽然其目的是以后能够从中获取回报，但更多的投资必然会延伸到新基建需求端，进而促进更多企业的数字化转型。二是有新基建需求的企业，以下三种决断都会直接或间接推动数字化转型：①自建数据中心本身就是一种投资，并且还有可能引入外部投资；②一些企业会进行战略投资或者收购新基建项目，用于以后的商业拓展及数字化转型；③平台型企业的新基建项目一旦成型，能够积极推动其商业合作伙伴的升级转型。

3）新基建在不同组织的应用，可有效倒逼产业链上下游企业的数字化转型。一方面，政务市场是一个相当庞大的市场，如果中央相关部门以及各地政府能够自上而下推动对新基建的应用，数字化转型就会在各级部门被迫施行。另一方面，如果所在行业的上游企业或者下游企业应用了新基建并进行了一定的数字化升级，要与之对接业务也就不得不进行升级，这样整个行业都开始施行。对于这一点，央企、国企以及其他大型民营企业都对其供应商的升级起到了积极的推动作用。

2. 引擎二：新人员

新人员主要指伴随数字世界而诞生的"数字公民"（Digital Citizen）。它是公民在数字世界的映射，是物理世界公民的副本，是公民责、权、利的数字化呈现，是构成公民个体的重要组成部分。"数字公民"上承国家战略、下启社会治理，在国家治理主体、职能、范围、方法都亟待改革的当下，是国家治理的一把"金钥匙"。

在互联网环境中，泛在的互联网空间让大众成为"数字土著"（Digital Native），具备了一定的应用技能。但是，"数字土著"并不会自发成为"数字公民"，因此，数字公民素养提升被逐步提上日程。提升公民数据素养的途径主要有以下三种：

1）多部门合作形成统一的提升框架。公民数据素养的提升是一个系统工程，要多部门合力，覆盖全社会范围相关人群，在政府发起的基础上，构建整体培养顶层设计。各政府部门、企业、图书馆等要分层次做好数据素养能力与意识的提升工作，基层单位要做好宣传、伦理道德的建设工作，有关的商家要积极设计各类在线或实体产品，如传感器、移动设备、虚拟现实等，让普通人了解到数据对自身的重要性，并主动去学习和运用数据使用规范，以形成统一的提升体系。

2）加强企业和公民个人的自律。在企业成为具有商业价值的资源与竞争工具的背景下，公民个人也可以通过各种手段获取一些数据，并加以分析、利用。这些情况使得对数据使用、传播的约束越来越重要，而仅仅依赖法律机关的保护和伦理道德限制，还难以杜绝各类数据违法事件。因此，需要企业与个人加强自律，企业要自觉维护和保护客户信息，通过与学校、图书馆合作，提高管理层与员工的数据素养培训水平，特别是要加强培养和考核直接与数据打交道的关键人员。公民个人则要自觉遵守数据规范与伦理，合理使用、加工、传播数据，形成全社会普遍适用的道德规范。

3）加强大数据的基础设施与人才建设。公民数据素养的提升离不开整体数据环境的提高与改善，特别是在大数据下，要进一步加强数据方面的基础设施、人才队伍建设。比如，在大数据被更多地掌握在专业数据分析人员或数据科学家手中的情况下，普通人还不能够有效利用互联网大数据来改善自身生活，或者做出相关决策。另外，基于缺少更便捷的数据分析评估工具等基础设施的实际情况，各级政府要给予更多政策、资金、人才等方面的支持，并鼓励相关机构、企业积极布局大数据建设，以此来提升公民数据素养；要注重培养专业数据人才，推动形成政府、高校、企业的联合培养模式，打造一支专业素养高、多层次的人才中坚力量，为后期的公民数据素养培养打下良好基础。

3. 引擎三：新平台

各行各业的数字化转型即产业数字化，远比数字产业化复杂多变。经过数年的转型尝试和实践，越来越多的行业企业意识到，产业数字化转型不是简单的业务转向，也不是千篇一律地拥抱电商或者转型互联网，而是百花齐放，需要数字技术提供方与垂直行业服务商以及客户本身深度合作，共探应用落地。这意味着，以往的主要致力于变革营销和销售层面的由互联网公司主导的数字化转型，对绝大多数需要变革生产和流通环节的行业和产业并不适用。

这不难理解，因为产业数字化涉及千行百业，每一个行业又有成千上万家企业，每一家企业的具体现状和转型诉求都不尽相同。因此，产业数字化的增长空间虽然大，但专业度和复杂度也很高。这要求面向政企行业的数字化转型平台不但在技术、产品以及可靠性方面具备底座特性，还必须保持开放性，能够吸引合作伙伴一起协同创新，形成开放共赢的生态力。

用一个统一的、完整的数字平台来应对不同场景、不同业态中的共性需求，从而降低成本、提高效能，居民也可以享受到更便捷、更友好的服务，企业有这些需求，政府同样也有这些需求。例如：华为企业业务通过瞄准底座的数字平台拿出了一种全新的解决方案——用统一、完整的平台提供基础使能，聚合多方合作伙伴的行业能力，在协同创新、开放共赢的生态下，基于行业需求为客户持续沉淀行业知识，端到端使能行业开发者实现创新加速，助力各行各业数字化转型快速发展。

这样一来，产业数字化的发展逻辑就从以往的要么驻足观望、踟蹰不前，要么追求一步到位而招致失望，变成了一个"先搭建基础的底座平台，然后循序渐进叠加技术、融合业务、落地应用"的自然而合理的过程。在这个过程中，千行百业的企业都能够利用数字化技术改善现有业务的效率模型，具备敏捷上马新业务的能力，跑赢同行竞争对手；通过知识积累从中发现重大业务转型升级机会，或从边缘创新中开辟新增长通道，最大限度释放数字化转型的价值。

又如：国内制造业巨头三一重工，以树根互联工业互联网平台为抓手，快速搭建起产品数字化、设计研发数字化、生产制造数字化、后市场服务数字化和商业模式创新的平台服务，并打造了包括铸造产业链、注塑产业链、纺织产业链等在内的 14 个行业云平台，带动产业链大批上下游企业完成数字化转型。同时，可以面向机器制造商、设备使用者、政府监管部门等社会组织，在设备后市场服务、资产管理、能耗管理、融资租赁等方面提供深度服务。

目前，国内已有众多公司孵化出工业互联网平台，除了树根互联、还包括海尔的 COSMOPlat、富士康的 BEACON、航天科工的航天云网、浪潮的 M81 工业互联网平台、运营商中国移动的 OneNET、阿里云的 ET 工业大脑等，以及众多科技创业公司，如黑湖智造、云工厂等。

第 3 章

数据共享

3.1 数据共享——重塑数据体系

如何站在数据世界看待现实世界？这是一个解构、重构、创新、优化、一体化的构建过程，要把数据体系、业务体系、组织体系协调管理起来，建立数据指挥调度平台；把标准、规则、流程建立起来，把数据逻辑、业务逻辑及如何实现数据最小颗粒度、标准化关联和责任体系管理起来；为了管理好数据，还要把目录、标签、主题服务管理起来。

3.1.1 数据如水造万物

1. 数据是什么？

数据是指对客观事件（物质）的性质、状态及相互关系等进行记录并可鉴别的抽象的符号，是通过使用来体现其价值的。在数据无时不在、无处不在的当今世界，数据如水造万物。"造"不仅是创造万物，也可以改造万物。数据与水在形态、来源、存在方式、质量、用途、使用方式等方面有多种共性。

数据像水一样普通，与万事万物相结合。几乎每个人每天都在用手机产生各种各样的数据，各种录音设备、摄像头、传感器等也都在不停地产生大量数据。但数据和水也有本质性的差异，因为水是物质性的东西，数据属于抽象的符号。水是万物之源，越用越少，而数据恰恰相反，每条数据都是无价的，越用越多、越用越好。

2. 美好生活的核心是数据能力

党的十九大报告指出，要"加快生态文明体制改革，建设美丽中国"，首次明确提出"智慧社会"的概念，这里的核心依靠就是数据能力。不管是推进生态文明建设，还是建设智慧社会，没有数据能力的提高是难以完成的，因为生态文明和信息文明都是人类当前重要的发展主题，生态文明是发展质量的保证，信息文明是发展的核心动力；生态文明奠定了"美"的基础，信息文明是方向，包含"好"的内涵。美好生活，就是环境美、生活好。

要实现美好生活需要加快建设智慧社会。智慧社会具有五个基本特征：①互联网和大数据环境下，物尽其用、人尽其才，人与自然和谐相处；②充分挖掘数据红利，智慧城市、小镇、乡村基本建成；③数据和能源、材料成为人类发展的三大基本资源；④数据驱动整个社会运行，信息（数据）无处不在，触手可及、人人可用；⑤信息文明进入高级阶段。

智慧社会是以数据为基础的社会。数据是智慧社会体系流动的"血液"，是智慧生产生活最基本的原材料，主要表现在三个层面：①数据无处不在。地球时刻在生产、加工、消费数据，数据弥漫于各种产品与服务中。②无数据不运行。每一个组织、个体，甚至每台设备，都是数据的生产者、传递者和消费者。③无数据则无未来。社会进化为以互联网为基础、以信息系统为主要载体、以数据流动为主要特征的新型运行模式。

3.1.2 理解数据的三个关键词：数据体系、数据治理和数据服务

数据有三个关键词：数据体系、数据治理和数据服务。

1. 数据体系

只有理解数据体系，才能看清事情的逻辑和趋势、构建数据架构、厘清数据关系、提升数据治理能力。数据体系的核心是具有内在一致性的数据基因，数据基因是把网络、系统、数据、业务、数据库、数据表、信息项、数据元、目录、标准以及部门职责、产品方案等进行有机关联的数据单位，能从宏观、中观、微观把各个要素进行有机的联系。数据基因就是这样一个标准化的数据单位，没有数据基因，将很难理解数据体系。为什么在做数据汇集时发现加工很难、成本很高？因为很多内在体系、系统基础架构、表的字段、信息口径等不一致，所以数据处理难度非常大。单个系统运行没有问题，一旦两三个系统跨数据连接使用就会出现很多问题，当100个系统在一起运行时就很难解决问题。

因此，现在很多地方都在想办法使数据高效流通。目前主要的做法是构建数据共享交换平台，但在数据共享交换平台中交换的数据应该从数据质量、数据逻辑、数据标准上保持一致，保证系统间的交换。由于每套系统都有一套语言体系，当不同语言体系汇聚在一起时，就要制定一套完善的数据标准。

总之，数据体系的要素包括总体、技术层面、业务层面和管理体系层面；数据体系的一些相关词包括数据流、数据湖、数据仓、数据线，甚至是数据大脑，都特别强调数据体系与这些词的关联；数据体系放大看，要与技术体系、服务体系、业务体系、组织体系、文化价值体系协同发展，并要以技术体系作支撑；做好数据体系，需要健全的机制和严格的质量。

2. 数据治理

数据治理的定义，从狭义上理解只是对于历史数据或者错误数据进行梳理和

调整。国际数据管理协会（DAMA）给出的定义：数据治理是对数据资产管理行使权力和控制的活动集合。也就是说，数据治理并不是一个简单的行为动作，而应该是一个形成体系的管理。

数据治理包括分享数据红利，减少数据风险，促进数据流动，发挥数据价值，明确参与方的权、责、利。提高数据流动性是政府数据共享、开放的持久追求目标。大数据关键不在于大，而在于流动性，数据流动才能产生价值，促进物质、能源、资金等流动性的优化、组合和创新，表明数据能更深入、彻底地参与社会运行。数据在流动中不是在衰减，而是在增值。因此，数据的流动性很重要，要确保数据能有效按需流动。数据治理有三组关键词：

1）角色与职责。数据来了怎么办？如果没有很强的数据治理手段，即使有了数据，也会存在大数据不敢用、不会用的问题。因此，对于数据治理，很重要的方面就是角色与职责问题。在数据治理过程中会有多个角色，每个角色都不一样，比如市长、书记、主管中心、大数据局及政府机构各部门等角色都不一样，如何厘清每个角色及其职责等是一个重要的问题。

2）流程与规则。数据治理、数据价值的核心在于流动。数据的特点是越用越多、越用越好，使用数据就会有数据流动，数据的流动是有规则的，必须要用规则厘清数据流动涉及的环节、人、基础数据。为此，需要建立健全数据流动规则。

3）质量与效果。数据治理可以提高数据的质量和效果，其核心是提高数据的流动性。

3. 数据服务

数据不是拿来看的，而是拿来用的，数据要产生价值、提供服务。而数据服务也有三组关键词：利益与价值、对象与需求、方法与工具。做好数据服务的核心是数据商业模型。在数据服务与数据质量维护上，要先做好数据体系与整体架构，再深化数据治理，最终做好数据服务，形成一种数据资产，达到"为数据资产赋值、为数据治理赋权、为数据服务赋能"的目标。

数据和服务的关系是一体两面。数据和服务是一体的，数据就是服务，数据支撑、衍生、优化服务，数据流与服务流进行融合，通过创新可以提高数据的流动性；数据和服务是两面的，要用数据优化整合流程优化、用数据替代物质材料、用数据流代替人工流。这里遇到的挑战主要是通用与个性、公平与效率、动力与压力、规范与创新、成本与质量之间的问题。

综上所述，数据体系是构建数据架构、理解数据关联、提升数据整理能力的一个整体。①数据体系包括数据库、数据表、信息项、数据元、目录、标准等；②数据治理的内容是角色与职责、流程与规则、质量和数量，其核心是数据流动性；③数据服务对保障数据的流动性很重要，数据只有用起来才有价值。

政府是最复杂、层级最多、涉及面最高、事务最多样、人员规模最大、消耗社会资源最多的社会管理组织。当前，国家治理、社会治理、数据治理相互交织、融合发展，政府数据治理是通向治理能力与治理体系现代化的必由之路。然而当前政务大数据存在许多问题和挑战，包括网络混杂、系统庞杂、数据混杂及数据量少、格式规范乱、质量差、数据流动性死等，亟待建立规范统一、运行高效、服务有力、保障到位的信息体系。

3.1.3　数据的解构与重构

现有政府部门的数据体系存在诸多问题和弊端，体现在业务层面就是办事慢、办事难、多头跑、来回跑的现象仍普遍存在，其核心在于信息的不对称，因此需要对数据进行解构与重构，以重塑数据体系。

1. 信息不对称的主要表现

1）公众与政府审批人员的办事信息不对称。政府线下办理是情形化的，但线上发布的事项不规范、不统一、情形未细化、材料不精准，所以公众无法获取精准的办事指南。虽然各网上、办事大厅都有发布，但基本属于找不到、看不懂、用不上的状态，急需精准化的服务指南、个性化的材料清单来支撑。

2）政府部门之间的信息不对称，数据联通不到位。各部门业务事项数据需求不清楚，或者需求未到字段级最小颗粒化，数源不明确，不能按需共享，导致政府能生成的材料还让公众反复提交，同一字段、多张表格反复填写，前后不一致等，造成了办事效率低。这就需要对数据进行最小颗粒度梳理，推动数据按需精准共享。

3）供需不对称。对公众来讲是办一件事，而与之对应的却是政府多个部门的多个事项。这就导致办事群众多部门、多窗口重复跑、反复跑。例如：要办理超市证照，涉及 8 个部门的 10 个事项。这就需要对主题服务流程再造与综合窗口标准化无差别受理来支撑，核心还是数据最小颗粒度分解与重构的问题。

因此，对数据和事项进行最小颗粒度梳理，是为办事群众与政府工作人员提供精准导航和标准化服务、为业务事项提供数据共享的关键基础，也是信息化系统应用的基础物料，不可或缺。

根据我们在政务服务网随机找的收养登记的一个案例，从全国大部分网站公布的办事指南来看，多数属于第一种，材料提供不完整或堆砌在一起，要么就是仅放一个申请书，能不能办成不得而知；要么就是不管你是什么情形，把所有材料全都列上，用户无法对应。第二种，已经有用户思维了，像这个地区已经把收养登记里的四种主要类型梳理成办理项，分别提供办事指南，或者在材料名称里加上了情形，让用户看得较明白，但都还不够精准，还需要用户去分析、判断。从材料列表不难看出，收养登记从生命周期、收养人身份、类型、被收养人年龄、健康状况进行细分，然后通过不同组合，需要哪些材料、表单、字段，这些都是有区别的，这就是颗粒化梳理的工作价值与意义所在。

2. 数据解构与重构解决方案——最小颗粒化

解构又译为"结构分解"，是后结构主义提出的一种批评方法，是解构主义者德里达的一个术语。"解构"的概念源于海德格尔《存在与时间》中的"destruction"一词，原意为破坏、毁灭、摧毁等。德里达在这个基础上采用了decostruction一词，补充了"消除""反积淀""问题化"等意思。

重构（Refactoring）就是通过调整程序代码改善软件的质量、性能，使其程序的设计模式和架构更趋合理，提高软件的扩展性和维护性。

（1）数据和事项最小颗粒度的理解　　数据和事项的最小颗粒度是基于数据基因理念（最小颗粒度与标准化），通过对事项的情形细化与数据最小颗粒度分解相结合，实现数据与事项的自由编辑、抽取、组合和关联应用的标准体系，是政务服务事项标准化的重要组成部分，是数据共享与业务协同的重要支撑。

（2）总体思路　　围绕"以一件事精准服务高效办"核心需求为导向，以数据与事项最小颗粒度梳理作为抓手，实现事项情形化、材料精准化、数据最小颗粒度的目标，结合一体化平台与数据体系的全面支撑，推进政务服务办事的标准化、智能化、傻瓜化，为政务服务"一网、一门、一次"打下基础。

（3）主要任务　　主要任务包括事项梳理、情形梳理、数据梳理。

1）事项梳理。事项梳理主要是明确范围标准，对事项进行标准化，这是颗粒化的基础。在范围上，建议以"重点先行"为原则，对业务事项按照工作推进的需求。第一步，一般会从高频、常办、关注度高的事项入手，或者基于主题服务所涉及的事项入手；第二步，对事项的标准化现状进行梳理，查清要素是否完整、填写是否规范，是否有兜底性条款；第三步，对比标杆，包括国家政策、先进地区的标准；第四步，形成标准，对事项要素进行规范。

2）情形梳理。按照生命周期、主体类型、办理内容、办理人身份等逻辑关系，细化办事情形，达到"最小颗粒度"，满足群众实际办事需求，做到逻辑清晰、层次分明、相互独立、上下包含。在确定"办事情形"的基础上，进一步梳理办事材料、材料范例和审查要点，为办事群众、窗口受理人员、后台审批人员提供清晰指引。

3）数据梳理。对材料、表单中的信息项进行逐步梳理，形成最小颗粒度数据串。经标准化处理后，通过不同的归集组合，形成一张表，达到"一情形一材料一表单"的目标。最终，通过供需认责，形成需求清单、责任清单及数据按需共享机制，促进数据按需共享。

（4）实施要点

1）事项梳理。要把握好四个方面：①标准化，即统一名称依据，对材料的名称、来源进行统一和规定，确保材料名称的科学性和严谨性，确保不同事项之间相同材料名称保持一致；②精准化，即统一用词口径，从工作人员行为习惯出发，禁止材料名称使用习惯性口语、兜底性和模糊性词语；③统一数据来源，确保同一材料在不同事项、结果产生材料、事项目录管理系统、电子证照库等的一致性，确保数据同源，方便信息共享与网络核验；④统一格式规范，确保申请材料内外规范、一致。

2）事项情形化梳理。要把握业务逻辑与最小颗粒度的关系，按照逻辑关系细化到底，又要穷尽所有情形，由简到繁，结合日常办件情形确定分类标准，最后进行事项细化拆分，直至末级无法拆分为止。通过逐级拆分细化，形成办事事项的"树状"结构。

3）数据梳理。对材料、表单进行字段级最小颗粒度梳理，每个业务事项都需要很多材料来支撑，有证照、证明、表格、批文和其他，而材料的最小单元又是由姓名、性别、家庭住址等信息项组成的，这些信息项的数源单位分别是公安、人社、教育等部门。通过最小颗粒度数据梳理，形成需求清单，并通过数据的权责确认和标准化工作，明确数源和标准，确保一数一源，按需共享。

3. 应用场景

通过前面的数据与事项的最小颗粒度梳理，配合颗粒化管理的支撑系统，可以进行动态快速组合，形成"一情形一材料一表单"，通过数据共享实现高效办理。从业务办事的角度，可将应用场景分为服务前台、业务中台和数据后台，具体如下：

1）服务前台：通过颗粒化梳理支撑精准服务。办事群众可获取情形化的办事指南。线上智能引导，通过简单的情形选择与判断，推送精准的材料清单、表格清单等，真正实现找得到、看得懂、用得上。在查询与互动方面，为智能问答、智能检索、服务热线、咨询导航提供办事服务的语料基础，让问答更精准、检索更有效等。

2）业务中台：通过颗粒化梳理支撑标准收件科学审批。通过颗粒化梳理，实现政务服务事项全面数字化、结构化、标准化，通过情形细化与审批经验的结合，归纳形成具体的数据和标准的要求，如审核要点、要点范例、常见问题等，将极其复杂的办事收件要求转换为操作性极强的颗粒化分类选择，极大地减轻了收件人员的学习、培训压力，解决了受办分离模式最大的难点和堵点。变"经验审批"为"科学审批"，提高收件质量，有效缩短业务部门审核时间，整体提升审批效率。

3）数据后台：通过数据最小颗粒度梳理支撑数据共享与业务流程再造。基于最小单元数据项梳理，经过标准化及数源明确，通过不同的归集组合，支撑业务流程再造，如多项事一次办、多表合一，推进按需精准共享，材料复用；通过身份认证，共享获取证照、证明等材料，自动填充可共享的数据项，快速进行表单填报和材料上传。最终实现一表填写、一次提交，实现减时间、减材料、减跑动、减成本的高效办事目标。

3.1.4 数据共享的持久追求目标——流动性

1. 破除"数据孤岛"需要数据共享

"让群众少跑腿、让数据多跑路"是本轮行政体制改革的一大亮点。不过，要让数据跑起来，首先得有顺畅的传输通路。之所以有些地方还需要工作人员跑腿，原因就在于数据在各部门之间未能互联互通，数据传输还存在诸多"断路"。

尽管我国政府信息化建设已历经20多年，形成了相当完备的政府业务网和政府公众信息网，然而由于各自为政、标准不一等，造成各部门之间的数据始终缺乏有效整合，结果形成了一个个的"数据孤岛"，大量有价值的数据资源不能发挥更大作用。地方投入巨额资金建设的信息系统，也因为缺乏数据资源，导致原本设计的诸多功能全无用武之地，造成另一种浪费。

数据无法联通、不能共享，原因是多方面的。有些政府部门错误地将数据资源等同于一般资源，认为占有就是财富，热衷于搜集，但不愿共享；有些行业、部门只盯着自己的数据服务系统，结果因为数据标准、系统接口等技术原因，无法与外单位、外部门联通；还有些地方，对大数据缺乏顶层设计，导致各条线、各部门固有的本位主义作祟，壁垒林立，数据无法流动。当然，有些情况是出于工作机密、商业机密的考虑，应另当别论。

2. 数据共享的前提在于流动性

数据之于数据社会，就如同水之于城市或者血液之于身体一样。城市因为河流而诞生并受其滋养，血液一旦停滞，身体也就危在旦夕。因此，对于号称数据化生存的社会来说，一定要让数据流动起来，不然这个社会将会丧失诸多重要功能。

我们希望数据能够对社会发展产生化学作用。马化腾提出了一个"Internet+"的概念，英特尔也有一个"大数据×"，相当于大数据融合各行各业。比如，金融数据和电商数据碰撞在一起，就产生了像小微贷款那样的互联网金融；电信数据和政府数据相遇，就可以产生人口统计学方面的价值，帮助城市规划人们居住、工作、娱乐的场所；金融数据和医学数据在一起，麦肯锡列举了很多应用，如可以发现骗保的情况；物流数据和电商数据凑在一块，可以了解各个经济子领域的运行情况；物流数据和金融数据产生供应链金融，而金融数据和农业数据也能发生一些化学作用。比如利用气象数据，在每一块农田上建立微气象模型，可以预测灾害。

政府数据领域也不例外。贵州省政府提出了"聚""通"和"用"三个字。在政府数据领域，重点抓的就是"聚""通""用"这三个字。"聚"是基础，"通"是关键，"用"是目的。我国 80% 以上的数据掌握在政府手里，这些数据用好了，能产生巨大的经济和社会效应。数据的目的是"用"，不用时数据就会增加负担，而用数据才会成为资源。"用"的前提是"通"。一般大家对大数据普遍认可的是，大数据不再是采用过去数据分析当中的因果关系分析，更多的是用相关性分析来发现规律，预测规律，做出判断。这个相关性的发现，其中跨领域的数据能够放在一起就非常关键，这就是"通"。"通"是核心，通是数据能够产生价值的关键。

数据和个性化的应用本身最大的一个基础叫作"数据的流动性"，换句话说，数据本身的价值在于有足够好的流动性，数据只有流动之后才会产生价值。因此，只有走数据开放之路，让不同领域的数据真正流动起来、融合起来，才能释放大数据的价值。

3. "隐私换便利"现象呼唤数据安全可控

大数据时代，不少企业强制用户开放与其提供的服务毫不相关的各种手机权限，不同意就不能用 —— 手电筒软件为什么要知道用户在哪里？天气软件打探用户的通信录做什么？人们在享受互联网软件提供的便利的同时，不得不牺牲一些个人隐私，这就是隐私换便利。

隐私换便利不是新鲜事——"你向医生袒露身体的隐私，以换取健康的保证；你向邮局公开住所的隐私，以换取信报邮包的及时送达"。与互联网软件获取用户隐私不同的是，这两例中的消费者是在知情的情况下自愿适度让渡隐私换取必要的服务。"知情""自愿""适度""必要"等限制性要素缺一不可，突破限制就会走向反面。而用户在与互联网软件交互中显然多数不是自愿的，而且也不是在适度、必要的原则下提供数据，更没有对自己数据使用的知情权、更正权和退出权等。

网络服务提供者大量收集用户数据后，导致用户毫无隐私地、赤裸裸地暴露在网络服务提供者面前。而有些不法人员也趁机在网上将用户的个人隐私当成商品售卖，造成大量的用户数据泄露，甚至还形成了产业链条，催生了变现途径。据有关调研问卷分析，70%以上的社会公众对当前个人信息环境缺乏安全感。未来在隐私性和便利性之间，通过技术创新寻求一个平衡点是至关重要的一环。

由此，推动数据流动的另一面，就是隐私保护。这几年，关于隐私保护的问题，在国内外都出现过一些事例，如用户电话号码信息被非法售卖，导致各种推销电话接连不断；还有大数据公司涉及用户数据非法抓取问题，被警方调查。

从法规和监管的角度来讲，我国以个人信息保护为核心的数字保护法规体系已基本确立，无论是基本法律、行政法规、司法解释，还是个人信息保护条款、部门规章，都推动了监管从大数据的市场向小数据集市过渡，为了符合监管要求逐渐做出一些转变。传统的数据交易模式就是供方和需方的应用方式，中间有一个大型的撮合平台，但是存在的缺陷是供需双方互不信任，存在各种各样的风险，会导致交易量是低的、交易成本是高的。新的模式，可以自主寻找可信任的数据源，但也存在一些问题。一方面，不敢提供给小型的计算平台数据；另一方面，平台不敢使用来源不明的数据。以上问题需要业界共同研究推进。

3.2　数据共享产品——数据通

国脉数据基因为重塑数据体系而生，它按照国家、行业和地方标准，通过政务数据元、元数据标准化和数据模板化实现数据规范编辑、智能管理、关联应用和共享开放，以提升全域或行业数据资源活化和管理能级。这是解决（大）

数据混杂、提升数据质量、促进数据创新应用的前提，也是集成信息资源目录体系、交换体系和开放体系三合一的管理平台，为优化政务数据体系、探索数据关系、驱动数据服务奠定了基础。它是城市和行业数据中心的必备管理工具，能实现从管网络、管系统到管用数据的跃迁。截至目前，数据基因政务大数据综合管理系统已应用于浙江"最多跑一次"、海南政务信息资源共享采集云等项目，成为各省市开展政务信息资源梳理、编目、标准化建设以及共享共用的核心平台。

3.2.1　"数据通"产品的核心功能

1. 产品概念

数据基因是指在元数据的标准化编码基础上实现数据自由编辑、抽取、复制和关联应用的核心技术体系。它是实现数据跨系统共享交换、创新应用的底层逻辑和关键规则。

数据基因系统通过数据元管理标准化实现数据规范编辑、智能管理、关联应用和共享开放，提升数据资源活化和管理能级，旨在为政府建立数据管理体系提供便捷、可靠的工具支撑，帮助梳理数据资产清单、统一数据口径、建立数据标准、定位数据资源、分析资源关系、设计服务模型。

2. 产品架构

数据基因促进了数据资源管理的体系化与标准化，全面提升了数据资源管理的质量、能力、效率，彻底解决了数据体系底层核心问题，能够快速提升资源数据管理能级，有效促进数据开放和共享，实现数据驱动服务创新。产品架构如图3-1 所示。

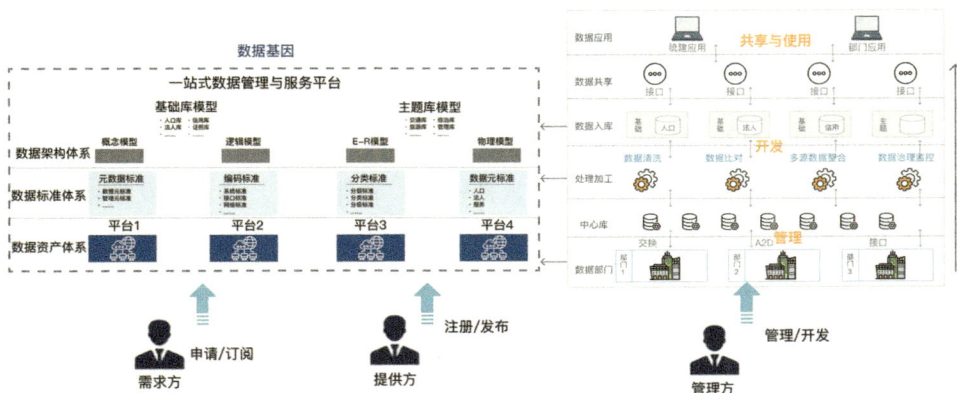

图 3-1　产品架构

3. 应用场景

1）集成化的数据资源模板。这是指系统集成政府、企业及各行业、各领域的标准和规范，根据标准和规范建立整个数据资源体系的标准模板，通过模板库用户可直接查阅数据元模板、模板信息资源模板，直接沿用或修改后进行选择性编目，达到数据资源快速梳理、信息资源体系快速架构的目标，同时为数据标准及数据模型提供标准依据。数据资源模板如图3-2所示。

部门类	基础类	主题类	服务类	行业类

消协	公安 (102)	教育 (45)	民政 (68)
卫计 (95)	交通 (130)	人社	编办
残联	办公厅	公积金	旅游
农林	司法	财政	城管
地税	发改	工信 (经信)	公共资源交易中心
国税	国土 (规划)	国资委	行服
环保	科技	市场	文广 (体育)
统计	法制办	住建	政法委
政协	民宗	安监	水利
商务	审计	海关	劳教
党委	气象	法院	知识产权
外侨	物价	监狱	检察院
党校	社保	园林	运营
海渔	卫生	国土	港行
档案	审批服务与招投标管委会	人民银行	信访
工会	妇联	投资	金融办
人防	水库移民	供销社	邮政
粮食	水文水资源	流管办	经信
农业	团委	电力	燃气
水务	水业	海洋渔业	就业

图 3-2　数据资源模板

2）多元化的数据采集方式。这是提供模板化采集、关系数据库适配、前端页面采集等多元化的数据源采集方式。针对数据库部署在非本地的（如采用国家、省级系统）情况，系统采用传统方式（如 json、csv、xml、excel 文件等）采集；针对关系型数据库，可通过适配器采集来自 MySQL、Oracle、DB2、SQL Server等数据库的库表结构等元数据；同时提供非侵入式数据库采集方式，通过模拟登录页面，进行系统前端页面核心字段的抓取，抓取字段根据配置的相关格式进行导出。数据采集方式如图3-3所示。

3）清单化的数据资产管理。这是指对各部门建设、管理、使用的政府数据资产进行登记和统一汇集，范围包括软件资产、硬件资源，以及涉及数据相关的信息系统、数据库、数据表、数据字段等，全面、真实、准确地反映政府的数据资产状况。清单化的数据资产管理能够支持各部门对数据资产的上报、核实、诊断、确认、使用、更新、维护等操作，按照统一的编码规范和命名规则，实现数据资产的清单化、动态化、常态化的管理，如图3-4所示。

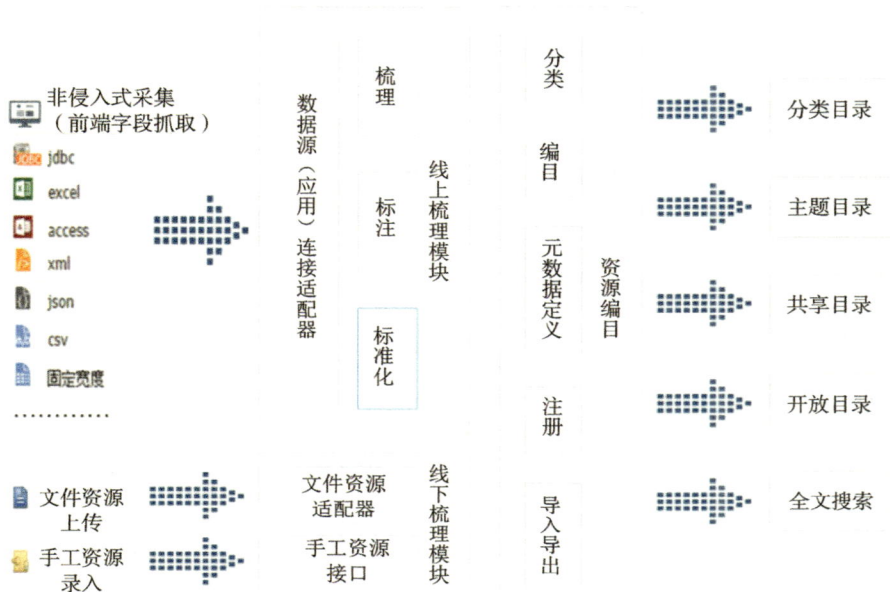

图 3-3 数据采集方式

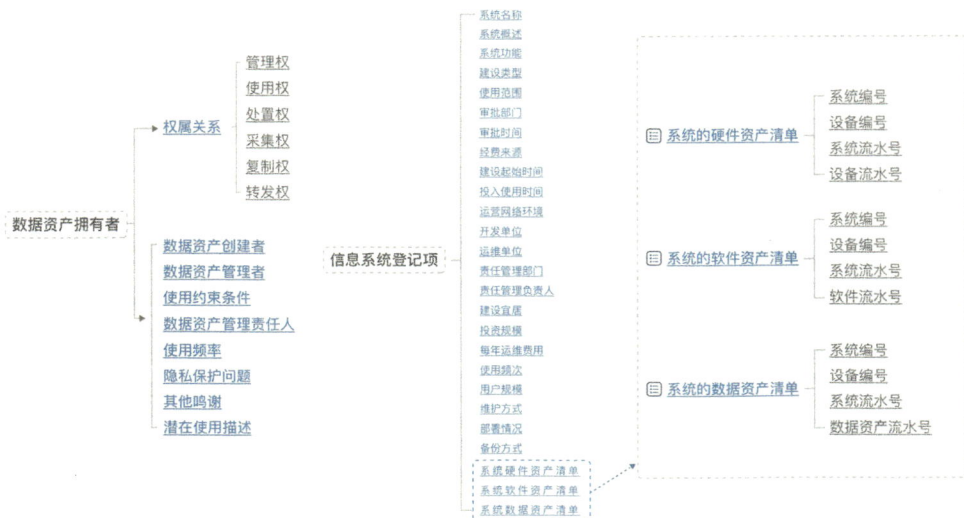

图 3-4 数据资产清单

4）动态化的数据资源目录。这是指基于数据资源目录提供数据库、基础库、主题库的表设计功能，实现不同系统建设需求、应用场景下，通过标准数据字段池、信息资源的组合构建应用模型，围绕构建的模型可以实现快速构建应用系统数据表结构设计，通过命令实现与应用系统表结构的同步，实现目录与各部门应用系统数据资源保持一致。动态资源目录如图 3-5 所示。

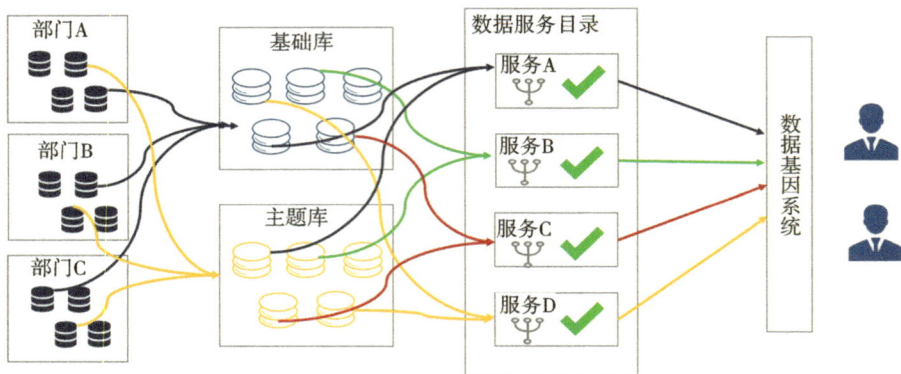

图 3-5　动态资源目录

5）标准化的数据库表建设。这是指规范各部门数据字段的命名、统计口径等，形成标准的数据字段池与数据分层分级，通过对各部门各应用系统数据字段的清洗比对，筛选出各部门共性、关键的主数据，建立涉及核心数据的标准字段池，对数据字段的命名、格式、长度等属性进行规范，依托标准数据元池进行各部门数据库表的维护，严格控制新增字段，实现共性数据字段的统一标准规范。数据标准建设如图 3-6 所示。

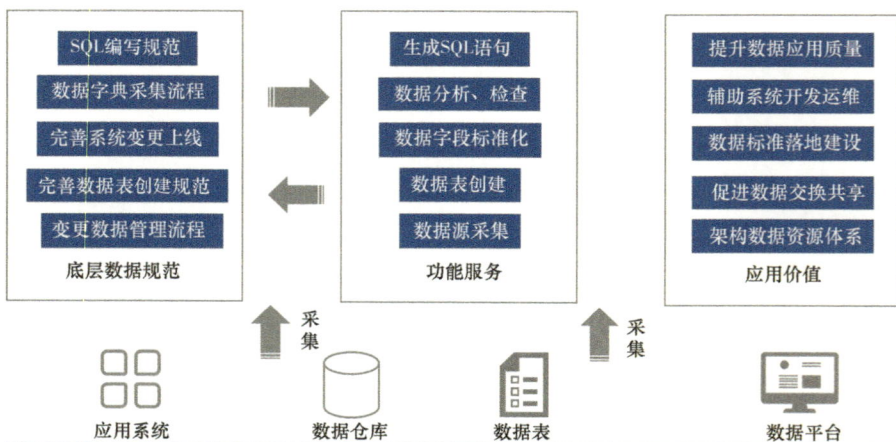

图 3-6　数据标准建设

6）精准化的数源认责体系。这是指提供数据认责业务流程的管理，以需定产，针对应用明确部门数据共享需求，确定数据权威来源，将数据责任落实到具体的数据分类，实现数据精准共享，保障数据的准确性和唯一性，解决数据共享中由于数据源不唯一、数据多头录入、重复存储导致的数据无法有效共享、数据统计冲突等问题。数源认责体系如图 3-7 所示。

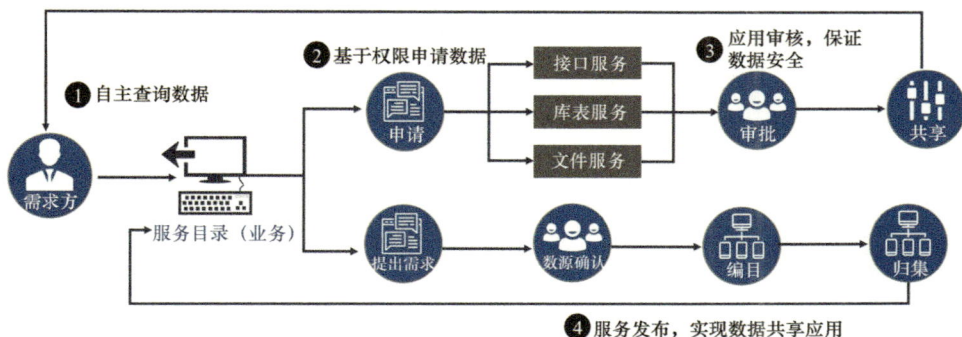

图 3-7　数源认责体系

7）关联化的数据标签体系。这是指设计并管理数据标签体系，为标准数据字段进行标签关联化处理。通过分层分类分级的方式梳理并应用存量数据标签，实现数据治理中标准数据字段的精确定位与科学应用。数据标签体系如图 3-8 所示。

图 3-8　数据标签体系

8）透明化的项目管理体系。这是指从全生命周期管理的视角出发，集项目申报、项目采购、项目变更、档案管理、合同管理、资金管理、项目统计分析等功能于一体，创新性地开发作战图模块，提供政府各重大项目里程碑达成排名和整体情况，实现政府项目透明化管理、公开化运行。项目管理作战图如图3-9所示。

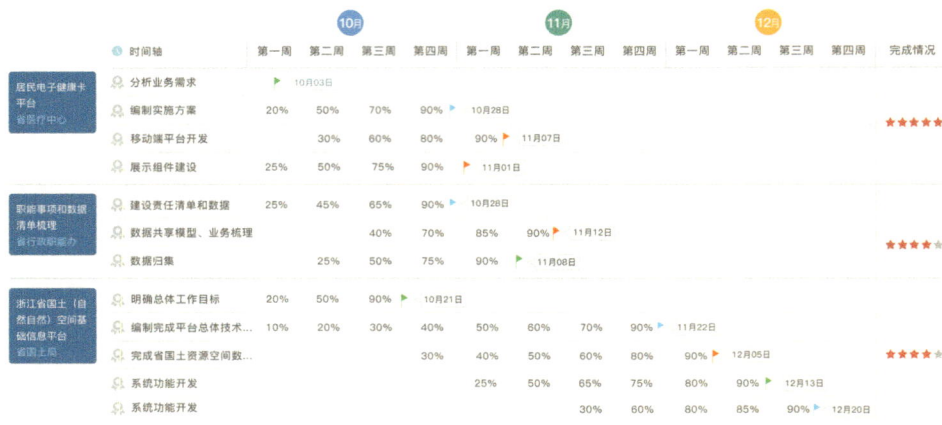

图3-10　项目管理作战图

9）可视化的领导桌面。围绕各级领导关心的重点业务与决策事项，构建有层次的主题分析体系和指标量化体系，建设领导"驾驶舱"与数据决策支持平台，全面展现各类主题下的业务全景视图，为各级领导及政府部门提供数据化、可视化、集成化、智能化的辅助决策支持。

3.2.2　"数据通"为组织带来的主要价值

1）建设应用成效快。整合大量落地项目、数据、专家经验，基于国家、省、市已有的标准、案例，深挖海量政务部门共性，有效适配部委、省、市、县不同层次需求，实现城市数据资源目录体系的快速构建。以多种灵活的技术手段，实现数据的多样采集和同步更新，基于非侵入式数据库方式，从业务层面获取数据字段、数据资源，极大地缩短了各部门数据资产发布、数据归集的周期，使整个项目落地建设应用成效变快。

2）数据管理规范化。遵循国家和行业相关标准，依托元数据，对数据资源进行统一的分类、编目、注册、发布，实现了数据资源的灵活化、可控化、标准化管理。通过加强数据资源管理，进一步完善统一的数据模型、规范业务系统数据管理，从硬件、软件、数据等方面开展数据体系建设工作，实现数据全生命周期管理、编码统一管理、数据质量管理。

3）数据保障体系化。自动生成信息系统诊断报告、数据质量报告，数据问题可追溯到数据明细及具体责任单位，构建统一数据模型，涵盖人口、法人、信用、证照等各数据，解决业务系统模型不匹配问题，并完善数据认责流程的环节，明确数据需求、责任，制定考核指标体系，采用"系统＋人工"的方式全方位考核管理，实现数据治理体系保障可持续。

3.2.3 "数据通"常见实战场景

1. 政府数据资产调研梳理服务

对城市政务数据资源体系摸底调研，明确调研范围和内容，梳理前期已有的调查成果，制订调研工作方案，确定调查方式（走访调研、座谈会、调查表等形式），制定调研表，开展对各个部门的机房、服务器、应用系统及信息资源等的调研、梳理，并按照资产清单模板对各部门递交的材料进行整理、整理及分析，形成相关部门信息资产清单，具体包括业务清单、机房清单、硬件清单、应用系统清单、基础数据库清单等。

2. 政务信息资源目录编制服务

按照统一的标准规范，把分散在各部门的政务信息资源进行整合和组织，对信息资源的产生位置、责任单位、共享范围及更新维护方式等方面的信息进行描述及编录，形成可统一管理和服务的政务信息资源目录，从分类、主题、应用等多个角度提供政务信息资源管理、识别、定位、发现等服务，实现政务信息资源规范化管理、共享交换和信息服务。具体包括共享目录、编码规范、数据元目录、代码集等。

3. 政务信息资源标准制定服务

根据国家系列标准《政务信息资源目录体系》（GB/T 21063）、《政务信息资源目录编制指南（试行）》和省、市相关标准规范，结合本地政务信息资源的特点，制定符合本地现状的政务信息资源体系相关标准，保证政务信息的准确、完整、及时更新和共享共用，实现政务基础信息的标准化和规范化管理，为政务信息资源共享以及跨部门的电子政务应用奠定信息基础。具体包括数据资源分类标准、元数据标准、信息编码标准、交换数据标准、共享数据标准、平台接口标准等。

4. 政务服务事项数据梳理服务

根据业务职能依规进行全局事项梳理和全域要素梳理，按照同一事项要素统一的要求进行事项标准化梳理，并遵循唯一编码规则对事项实施编码。按照事项名称、办事材料、业务流程、数据流程等统一要求，进行事项数据需求梳理和数源确认，通过需求表单填报、需求响应等，实现字段级数据供需对接，形成事项数据需求清单、责任清单、负面清单。

5. 政务服务主题服务事项梳理

基于事项标准化梳理成果，结合业务进行主题服务事项清单梳理、定制。以时间线为基础，梳理企业从办理准入执照和准营证件、变更、换证到注销等阶段的相关事项，梳理自然人从出生、入学、就业、住房、婚姻、生育、退休到死亡等阶段的相关事项，形成全生命周期事项清单。以公众便利为导向，梳理高频事项，优化办理流程和办事材料，形成"全流程网办""一次办好"等事项清单。以高效服务为目标，梳理关联办理事项，形成"主题套餐"事项清单，实现事项及材料一单告知、批量申请多个事项。

6. 政务主数据模型设计服务

通过对目前部门业务现状与信息化流程调研，充分了解业务流程与信息化系统中所涉及的业务实体，全面梳理部门最核心的需要共享并保持一致的基础主数据，并编制数据标准规范，统一数据标准及数据编码，形成完整的主数据模型。通过主数据梳理，使需要共享并保持一致的基础数据规范化、标准化，提升数据资源管理能力。

7. 数据资源规范体系制定服务

针对目前不同政府部门之间管理、共享和开放数据资源面临数据多头采集、重复采集，数据命名、类型、格式差异，数据不能及时同步更新，部门间的数据不一致，技术多样化等问题，通过规范体系的约束，使各部门在信息化建设中能够做到有章可循，从而保证所建立的资源或服务具有高可用性、互操作性和可扩展性。具体包括数据质量规范、数据权限规范、数据开放规范、数据管理规范等。

8. 数据资源管理体系制定服务

为进一步推进城市数据治理，构建政务数据资源管理体系，涵盖信息资源管理、交换共享、开放等方面，指导各部门规范参与数据资源建设，约束各部门数据资源开放、共享职责，标准化、规范化和责任化数据采集、组织、分类、保存、发布与使用等各环节，为实现一数一源和数据的互联互通、多元应用、高效赋能提供保障。具体包括政务信息资源管理办法、政务数据资源交换共享管理办法、政务数据资源开放管理办法、政务云平台管理办法等。

9. 数据管理绩效评估服务

按照国家、地方政务信息资源建设要求，设计符合需求的评估指标体系，组织实施评估，并出具评估报告，从数据的质量、数量、开放程度等多个维度，对信息化部门的采集、交换、共享结果进行绩效评估，整体分析当前城市数据资源建设的状况和存在的问题。具体包括政务数据资源绩效考评、信息化投资项目评估、信息系统建设运维评估等。

10. 可视化分析模型设计服务

通过对各业务应用系统的数据表、数据字段的关系分析，围绕应用主题设计可视化分析模型，研究构建主题、专题数据模型；通过大数据分析应用、自定义报表，实现数据的可视化展示；通过组织画像、个人画像等数据多维度分析，清晰了解业务对象的现状与需求。

3.3 数据共享的优秀实践

3.3.1 北京市西城区"一表汇"项目案例

1. 项目背景

为深入贯彻落实党中央、国务院关于推进"互联网+政务服务"的决策部署，围绕"简政放权、放管结合、优化服务"改革目标，加快推进北京市政务服务"一窗受理""一网通办"工作，切实提高政务服务质量与实效，进一步简化办事流程，减少办事材料，提高工作效率，提升群众办事创业"获得感"和"满意度"，北京市西城区紧跟改革步伐，首倡政务服务"一表汇"建设目标，旨在通过表单收取、数据采集、数据清洗、数据归集和数据分析等环节，对表单要素进行系统梳理与整合，为构建电子表单库奠定基础，为"减环节、减材料、减时限、减费用"提供支持，最终实现政务服务事项"一单申报"。

实施该项目的意义主要体现在以下四个方面：

1）为制定表单标准规范提供实证依据。通过全面、系统采集和梳理表单要素，对其进行统计分析，发现并揭示存在的问题和原因，有助于实现不同业务部门表单在表单名称和表单要素等方面的完全统一，形成表单规范模板。

2）为电子表单库建设奠定坚实基础。电子表单库建设是"互联网+政务服务"体系建设的重要组成部分，是实现"全流程网办"的基础工程。"一表汇"通过对表单数据的系统归集，可丰富电子表单库建设内容，有力推动表单的电子化进程。

3）为优化政务服务业务流程创造条件。简化、优化政务服务流程是建设人民满意的服务型政府、深化"放管服"改革的关键环节。通过"一表汇"工作，

95

将多个申请事项合并在一张表上，可实现"减材料、减时限、减流程、减费用"和"四个一"目标，优化办事流程。

4）为推动政务数据共享开放增添砝码。"一表汇"工作通过人工加技术的方式提取表单中的要素数据，并进行清洗、归集，其所形成的数据是西城区大数据基础平台建设不可或缺的一部分。将电子表单库与基础库数据打通，是实现数据共享开放与业务协同的重要环节。

2. 实践

申请材料表单作为权力事项申请必不可少的材料之一，在政务服务过程中发挥着重要的采集信息、证明和审核依据等作用。很多人对表单并不十分重视，这种想法极其错误。每天，对政务服务人员来说都会面对大批的申请者，在如此短暂的时间内审核材料，审批人员需要透过表单的一词一句，借由自身丰富的实践经验，观察申请者达成符合条件的可能性，并以此做出是否受理该事项的判断。因此，表单的重要性不可忽视。

通常而言，申请材料表单主要包含两大部分：

第一部分是表单名称，用于描述所申请办理事项的内容、作用、类型及功能等，让行政审批人员和办事者快速了解办理此事项的意图、欲达成的结果和目标等方面信息。

第二部分是表单内容。由于政务服务事项的多样性，反映在申请材料表单上，内容也是十分丰富。既有反映个人或法人基本情况的信息，也有关联方信息；既有证照类信息，也有非证照类信息；既有描述类信息，也有问题式信息；既有客观信息，也有主观信息；既有相对重要的信息，也有一般信息，需要从多视角、多维度去剖析。

西城区政务服务"一表汇"项目共获取来自全区37个委办局原始表单624张（注：6个委办局表单数量为0），其中单张表单481张，表套表的143张；PDF和图片形式的表单27张。表单要素11 526个，清洗去重后表单要素4 880个，为"一表汇"统计分析工作提供了有力支撑。

从这些表单在各委办局的分布情况看，排名前5的分别是工商局、卫计、规土局、质监局、科信委，其表单数量分别为82个、79个、62个、60个、59个。

从表单类型的排名情况看，排名前5的分别是申请表、登记表、情况表、信息表、备案表，其表单数量分别为240个、90个、48个、48个、27个。

基于对上述不同类别表单信息的认识，并结合客户要求，拟从相似性、证照类要素、服务对象、实施主体、表单类型、表单生命周期、主客观表单要素和兜底性条款 8 个维度对表单信息进行分析。

（1）相似性分析（清洗前）

1）表单名称相似性。选取 5 个较具代表性的表单名称进行相似性分析，结果见表 3-1。其中，申请表、申请书、申请、申请单类表单名称相似，可统称为申请类表单，共计 240 个；登记表、登记、登记事项表单名称相似，可统称为登记类表单，共计 90 个；情况、情况表、情况核对表、情况报告表类表单名称相似，可统称为情况类表单，共计 48 个；信息、信息表、信息采集表表单名称相似，可统称为信息类表单，共计 48 个；备案表、备案登记表、备案申请表、备案类表单名称相似，可统称为备案类表单，共计 27 个。

表 3-1　表单名称相似性分析

申请		登记		情况		信息		备案	
表单类型	数量（个）	表单类型	数量（个）	表单类型	数量（个）	表单类型	数量（个）	表单类型	数量（个）
申请表	153	登记表	65	情况	27	信息	15	备案表	11
申请书	41	登记	19	情况表	12	信息表	23	备案登记表	8
申请	38	登记事项	6	情况核对表	6	信息采集表	10	备案申请表	5
申请单	8			情况报告表	3			备案	3

具有相似性的 5 类表单占表单总数的比重如图 3-10 所示。其中，申请类表单占比 37.38%，登记类表单占比 14.02%，情况类表单占比 7.48%，信息类表单占比 7.48%，备案类表单占比 4.21%。

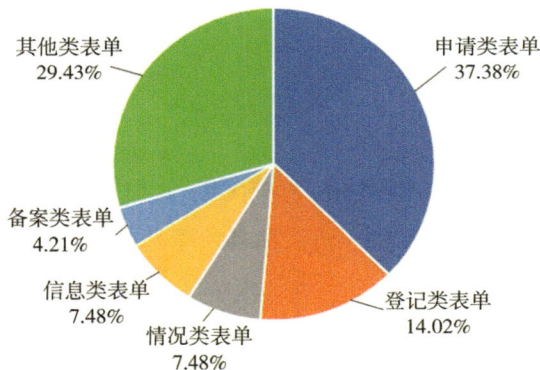

图 3-10　5 类表单占比

2）表单要素相似性。选取 9 个较具代表性的表单要素进行相似性分析，结果如图 3-11 所示。其中，联系方式相关的表单要素有电话、电子邮箱、E-mail、e-mail、E-MAIL、Address 等多种相似表达方式，其总数为 204 个；身份证号相关的表单要素有身份证、身份证号、身份证号码等多种相似表达方式，其总数为 41 个；其他类推。

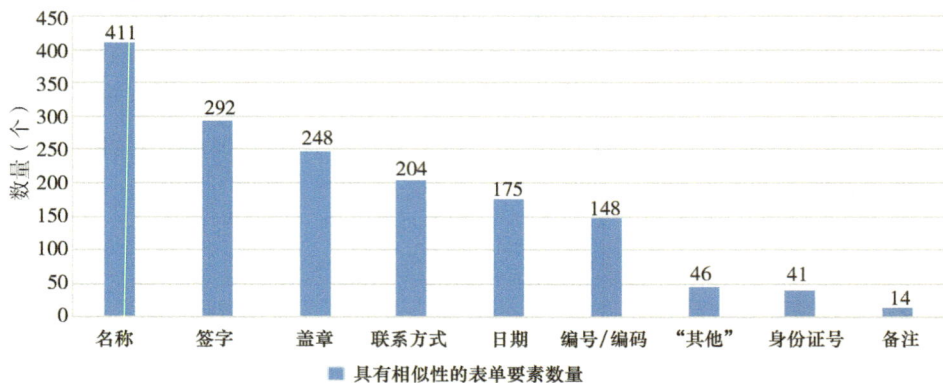

图 3-11　表单要素相似性分析

相似性表单要素的占比情况如图 3-12 所示，其中具有相似性的名称类表单要素占比最高，为 8.45%；备注类要素占比最低，为 0.29%。

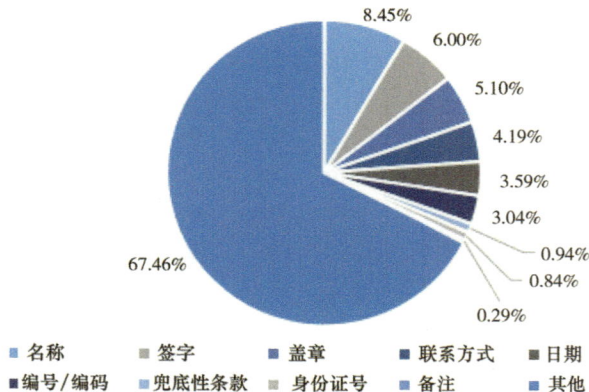

图 3-12　相似性表单要素占比

（2）证照类要素

1）个人证照。个人证照类要素主要包括姓名、籍贯、性别、婚姻、身份证号码、出生日期、民族、政治面貌、家庭住址、联系方式等，根据个人证照类要素数量在表单中出现次数进行统计、排名，其结果如图 3-13 所示。证照类表单要素总共出现 1 097 次。其中，姓名、身份证号码、性别、手机号码总共出现 946 次，占比 86.23%；其余要素占比 13.77%。数据分布符合帕累托分布。

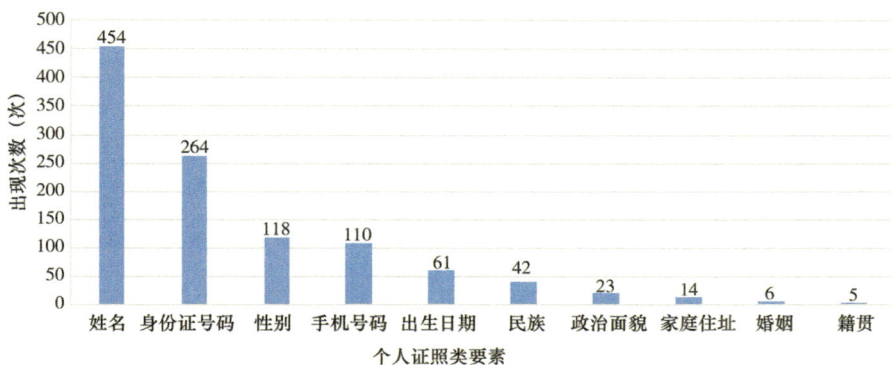

图 3-13　个人证照类要素分析

个人证照类要素出现次数及其占比如图 3-14 所示，占表单要素总量的 10%。

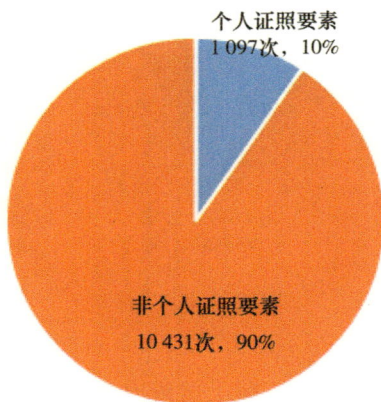

图 3-14　个人证照类要素出现次数及其占比

2）法人证照。法人证照类要素包括名称、住所、法定代表人、注册资本、企业类型、经营范围、营业期限、注册号、成立日期及登记机关法人等。按照法人证照类要素数量在表中出现次数进行统计、排名，结果如图 3-15 所示。法人证照类表单要素总共出现 1 083 次。其中，单位名称、法定代表人及注册地址总共出现 868 次，占比 80.14%；其余要素占比 19.86%。数据分布符合帕累托分布。

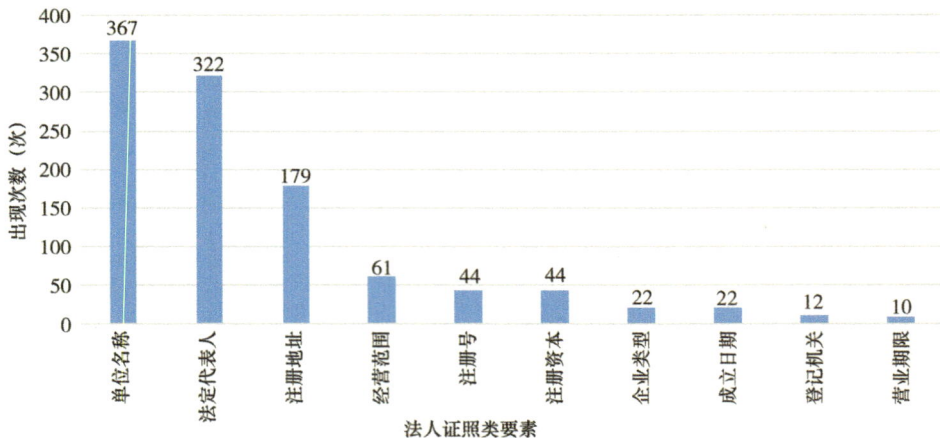

图 3-15　法人证照类要素分析

法人证照类要素出现次数及其占比如图 3-16 所示，占表单要素总量的 9%。

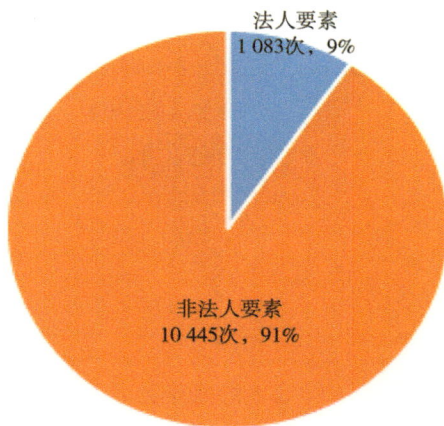

图 3-16　法人证照类要素出现次数及其占比

（3）服务对象　服务对象分为自然人和法人，其表单数量及其占比如图 3-17 所示。其中，表单要素属性属于自然人的有 349 个，约占总数的 38%；表单要素属于法人的有 571 个，约占总数的 62%。

（4）审批主体　审批主体按照单一审批主体和多审批主体进行分析，其表单数量及其占比如图 3-18 所示。其中，多主体审批的表单数量为 114 个，约占总数的 39%；单一主体审批的表单数量为 176 个，约占总数的 61%。

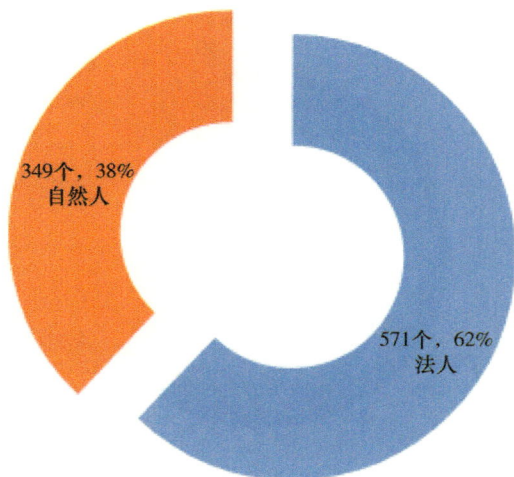

图 3-17　法人和个人表单数量及其占比

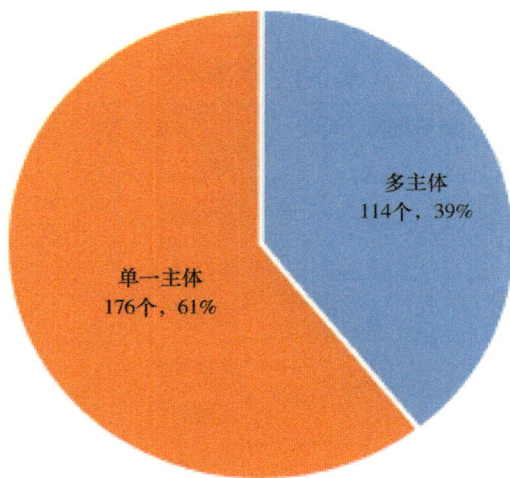

图 3-18　单一审批主体和多审批主体表单数量及其占比

　　审批主体数量超过 2 个的表单数量及其占比如图 3-19 所示。在所有审批表单中，超过一半的表单只需盖 2 个章，其余大多是盖 3 个章，而盖章数量最多的为 9 个章，但占比最小，仅为 4%。由此可见，超过一半的审批表单已做到了过程较为简明，但仍有部分表单还存在着审批过程繁杂的现象。

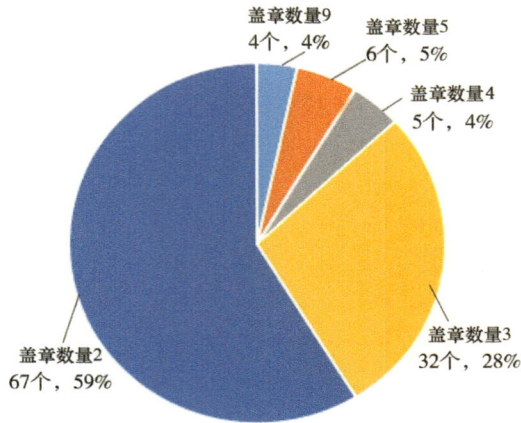

图 3-19　审批主体数量超过 2 个的表单数量及其占比

（5）表单类型　表单类型按名称及功能共划分为 51 类，见表 3-2。

表 3-2　表单类型

表单类型	表单数量（个）	表单类型	表单数量（个）
申请表	240	评价表	2
登记表	90	通知书	2
情况表	48	委托单	2
信息表	48	保证书	1
备案表	27	发放确认	1
明细表	23	反馈表	1
申报表	20	方位图	1
核对表	17	工作表	1
证明	15	公示书	1
审核表	14	简况	1
审批表	11	简历	1
意见表	10	健康检查表	1
汇总表	8	竣工验收表	1
报告表	7	考核表	1
变更表	7	流转单	1

表单类型	表单数量（个）	表单类型	表单数量（个）
合同	6	履历表	1
名录	6	签字表	1
说明书	6	设立、变更和撤销	1
告知书	5	送达回证	1
变更申请／审批表	4	填报书	1
核准表	4	统计表	1
审查表	4	预约单	1
记录表	3	责任书	1
勘查表	3	注册	1
退款表	3	自验报告	1
批准表	2		

（6）表单的生命周期　所有表单按生命周期分为新增、补录、变更、延续、注销及其他（无法按表单的生命周期分类）6 类，其表单分布情况如图 3-20 所示。其中，其他类占比 68%，变更、新增、注销、延续、补办分别占比 13%、11%、5%、2%、1%。

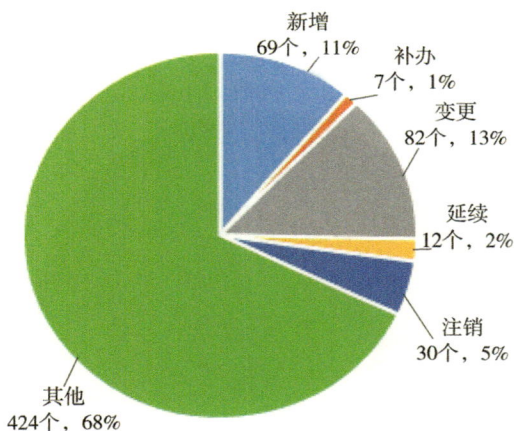

图 3-20　按表单生命周期计算的表单数量及其占比

103

（7）主客观表单要素　主观表单要素包括签字、盖章及意见类表单；客观表单要素主要包括描述性表单；其他类表单要素包括备注、其他、相关、证明及有关等。其中，主观表单要素共计 1 201 个，占比 10%；客观表单要素 10 133 个，占比 88%；其他表单要素 194 个，占比 2%，如图 3-21 所示。

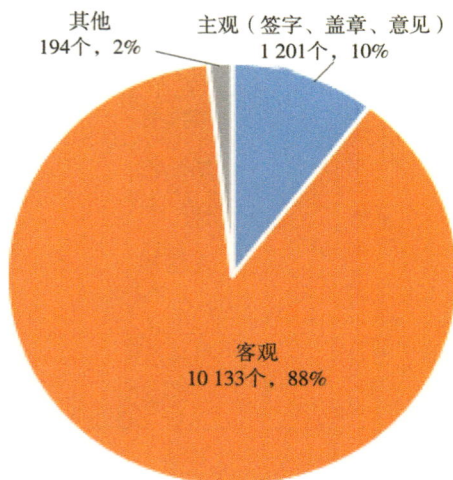

图 3-21　按主客观分布的表单要素数量及其占比

（8）兜底性条款　兜底性条款包括其他、相关、证明及有关等，在表单要素中出现 189 次，约占表单要素总数的 2%，如图 3-22 所示。

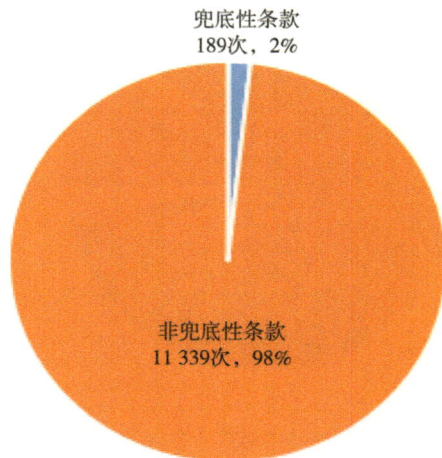

图 3-22　按兜底性条款分布的表单要素出现次数及其占比

通过上述对表单的分析可以看出，西城区政务服务在申报表单方面存在以下主要问题：

（1）表单格式、内容等不规范现象仍较突出　在 37 个委办局所提供的 624 张表单要素采集过程中发现，表单包含的表单要素数量多、种类丰富、涉及面广，但是表单格式、内容等不规范现象仍较突出。具体表现在：一是存在"一义多词、一词多义"现象，如电子邮箱、E-mail、e-mail、E-MAIL 等都表示电子邮箱；二是表单要素拆分与合并不规范，如签字（盖章）可拆分为签字、盖章两个要素，通信地址、邮政编码可合并成通信地址及邮政编码；三是表单名称不统一，如申请表、申请书、申请、申请单、备案申请表等；四是问题的表现形式不统一，如描述性、提问式；五是表单的呈现形式不统一，如纸质的、电子的；六是选择类和标注类要素在格式及内容上均不统一。

（2）事项与表单的对应关系尚需进一步厘清　表单是政务服务材料申报的重要环节，是政务服务业务最直观、最核心的表现形式。就目前西城政务服务办提供的表单来看，存在对表单设计不够重视、一表多用、表单与业务流程关联性不强、个性化特征不明显、功能指向模糊等现象。例如：一表多用表现在一个部门多个事项共用一张表和多个部门多个事项共用一张表；表单设计只重形式不重内容，表单要素设置相对随意，不能充分反映与事项之间的内在联系；表单个性化特征与功能特征不明显，透过表单看不到或看不清表单所要表达的真实内涵；表单指导与引导性功能也比较欠缺，无法体现表单的应有价值。

（3）推动"一表汇"的体制机制障碍依然存在　一是在组织机构层面，各委办局、各业务部门间传统封闭式的运行机制导致行政组织结构"碎片化"、表单数据资源"碎片化"。各委办局之间、各业务部门内部对业务、表单及表单要素的设计和理解有自定的标准、要求，表单及表单要素不连通、不共享、不协同、不流动。二是在法律法规层面，涉及"互联网 + 政务服务"业务领域的法律规定依然空白，对加快推动"互联网 + 政务服务"、深化"放管服"改革和培育良好市场环境的支撑力度不够。尤其是电子证照、电子文件、电子签名等与表单密切相关并对推动信息共享和业务协同具有重要意义的相关法规规章缺位，直接导致"奇葩证明""循环证明"频繁发生，严重制约了网上政务服务的深入推进。

3.3.2　杭州"城市大脑"案例

1. 项目背景

所谓"城市大脑"，是整个城市的人工智能中枢，可以对整个城市进行布局实时分析，自动调配公共资源，修正城市运行中的缺陷，最终将进化成为能够治理城市的超级人工智能。"城市大脑"，能将散布在城市各个角落的数据连接起来，通过对大量数据的分析和整合，对城市进行全域的即时分析、指挥、调动、管理，从而实现对城市的精准分析、整体研判、协同指挥。

"城市大脑"主要依托城市数据大脑数据资源平台，汇聚城市数据资源，采集政府和公用事业单位的政务数据、城市运行中所产生的各类数据以及互联网数据，进行数据处理、集中融合分析、决策应用，提升政务治理、城市运行管理、公共服务和产业转型升级等方面的综合能力。

杭州"城市大脑"诞生于 2016 年，致力解决城市治理问题与民生问题。经历了不断的上线与发布，2018 年 12 月 29 日，"杭州城市大脑（综合版）2019"正式向社会发布，从交通领域向城市治理、市民服务各领域拓展，形成了体现各部门之间业务协同创新的旅游、出行、就医、停车与警务五大系统。

作为一项复杂的系统工程，杭州"城市大脑"建设的核心在于将散落在城市各个角落的各种数据，政务的、企业的、社会的、网络的……归集起来，通过涵盖数据采集、存储、应用、归档等全生命周期的标准化治理，打通数据融会贯通的"最后一厘米"。

在实施"城市大脑"建设之前，杭州的信息孤岛有多少个？ 2017 年 12 月 4 日，杭州市数据资源管理局副局长范永晨在该局首次新闻发布会上透露，杭州全市 61 个市一级部门和 34 个市直属企事业单位，共建有信息系统 899 个、数据库 627 个、数据库表 60 余万张。如果不打破这些信息孤岛，数据难以成为资源，"城市大脑"也会"缺氧"。

最典型的表现在政务服务领域，许多痛点和难点问题都浮现出来：

（1）办事环节烦琐　办事环节的复杂性和重复性导致用户办理时间长、办事效率低。各部门急需进一步理清事项流程，切实了解群众办事难点和痛点，整合梳理主题事项，最大限度利用互联网快捷和高效的特性，有效压缩办事环节和办事时间，并借助"城市大脑"建设，为优化办事环节和流程提供技术支撑。

（2）办事系统繁杂　由于各条线部门、管理部门以及部门内部均建设了相应的办事系统，但由于系统缺乏统一的建设标准，使得各部门之间的系统不能互联互通，直接导致同一事项涉及多个办事系统，数据无法准确整合搜集，数据流通慢，审批流转时间长。因此，需要统一系统建设标准，明确具体事项审批流程。

（3）事项标准不一　　事项标准由各政府部门根据上级指示文件自行制定，具有主观性强、随意性大、地域性突出等特点，导致事项标准的建设参差不齐、事项审批流转不规范等现象。因此，为了推行行政审批标准化，实现无差别审批服务，必须制定前后台流转标准、数据对接标准、物料流转流程规范等。

（4）数据共享不畅　　在实践层面上，各部门普遍存在"不愿共享""不敢共享""不能共享"三个难题；在技术层面上，数据存放于多个部门系统中，不同部门间系统不能实现互联互通。因此，应培养部门大数据思维，适当开放部门间其他成员数据管理权限，为实现数据共享做基础。

（5）业务协同不足　　以办事人为主体，不同事项之间的先后强关联性是优化营商环境的重要措施。但在实际业务办理中，办事人需要准备多份基础材料跑多个窗口完成。不同部门业务间未形成实际关联，业务协同不足，导致办事人费时费力。因此，为加强部门间强关联事项，可以通过形成事项串或主题事项，减少材料优化办事时间。

（6）服务方式传统　　办事人针对不同事项，到专门窗口递交全面翔实的材料进行办理，是传统的服务方式。随着互联网的普及和政府有效性的提高，急需打破"摆摊设窗"的传统，施行"一窗式"集成服务改革，推行一次性告知、一表申请，最大限度压减自由裁量权。

不解决上述问题，将直接影响杭州市整体政务服务环境水平，不利于国际化、法治化营商环境的营造。

2. 实践

2019年，杭州市出台了《2019年杭州市建设国际一流营商环境攻坚计划》，提出28项改革举措、70项攻坚任务，明确改革目标、责任主体和完成时限，确保高质量完成年度营商环境改革任务。

解决之道，在于用好数据。对政府而言，**数据资源是放大镜，也是望远镜**。对数据资源进行充分管理，不仅是政府为市民提供更优质服务的加速器，更是政府从被动管理变为主动服务的助推器，是转变政府治理方式的催化剂。

国脉全程参与杭州市和浙江全省公共信息资源目录编制，运用数据基因普查系统，为城市数据大脑提供全面的数据归集治理、资源目录管理、数据交换共享、挖掘分析等服务。其事项梳理的功能如图3-23所示。

● ● ●
事项梳理的功能

我的高频事项需求
● **我的其他事项需求**
需求梳理
需求响应
事项数据串

事项管理
退回审核
重置数源部门

统计查询
高频事项梳理分析
需求表统计
待确认责任表统计
已确认责任表统计

我的高频事项责任表
我的其他事项责任表
● 待确认
已确认
申请退回

联办事件
投资项目联办
● 商事登记联办
不动产登记联办

工作进度填报
需求表进度
● 数据仓建设进度
责任表归集进度
共享进度
一窗受理进度
网上快递进度
联办事项进度

图 3-23　事项梳理的功能

　　这是数据基因系统在事项梳理上的一些主要功能，可以很容易地看出该系统的主要作用，就是前面提到的 3 个作用：明确需求、形成责任表、为共享归集做准备。

　　（1）事项需求梳理（图 3-24）

● ● ●
事项需求梳理

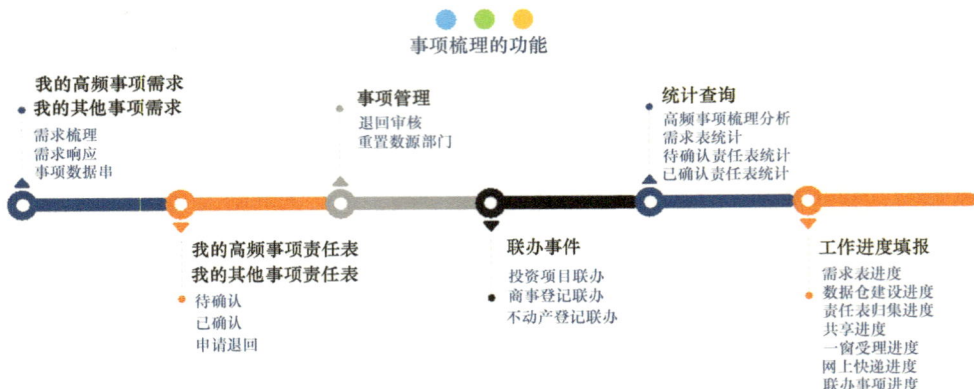

图 3-24　事项需求梳理

　　"需求梳理"模块可对需求事项进行统一的集中管理，包括新增、Excel 导入、导出数据、修改和提交。在这个模块中，各单位可以对自己提出的事项需求进行规范性的明确和整理。

系统中会设置各个规范，比如事项编码的校验、事项类别的选择，还有材料类别、来源方式、法律依据和来源部门等。设立这些规范的目的不是增加填写难度，而是只做选择题不做填空题，更加简单。事项需求梳理－事项状态如图3-25所示。

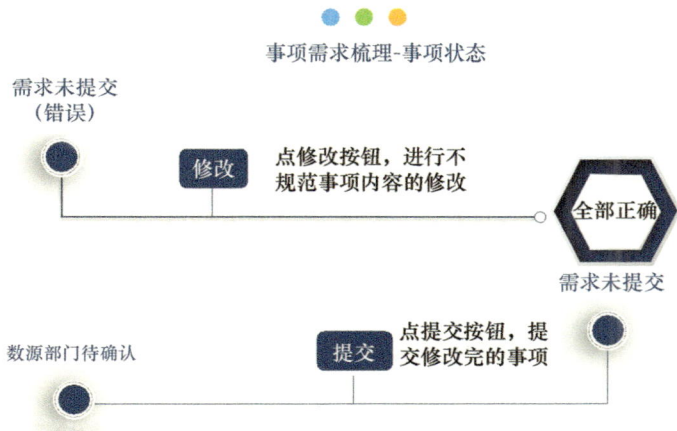

图 3-25　事项需求梳理－事项状态

事项的状态分为 4 种，分别是需求未提交（错误）、需求未提交、数源部门待确认和数源部门已确认，分别代表：事项内容不规范需要修改、事项内容正确但未提交、事项提交等待确认、事项已被确认。这些状态一个完整的流转，就是事项梳理的一个过程。事项需求梳理－导出目标数据如图3-26所示。

◆ 单击导出数据，可对当前结果页进行表格导出。
◆ 单击待完善数据，对状态为"需求未提交（错误）"的事项进行表格导出。

图 3-26　事项需求梳理－导出目标数据

系统有两个导出功能，即导出数据和导出待完善数据。我们不但可以在系统上进行修改，还可以在部门各处室间进行纸质表格流转。系统梳理加上表格辅助，这是一种很高效的做法。

第一步，将自己的需求修改正确并单击提交后，即进入一个等待确认的过程。这个过程很煎熬，因为你不知道需求什么时候会被确认、有多少会被拒绝，就像等快递时也有一个“查看物流”的功能——需求响应。事项需求响应、事项数据串如图 3-27 所示。

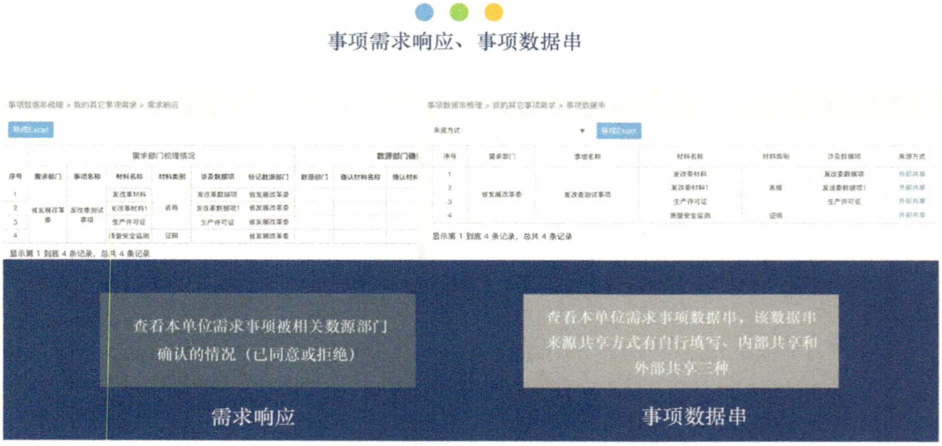

图 3-27　事项需求响应、事项数据串

在需求响应中可以查看需求被数源部门确认的情况，有被同意的，有被拒绝的，也有未处理的。数源部门确认情况如图 3-28 所示。

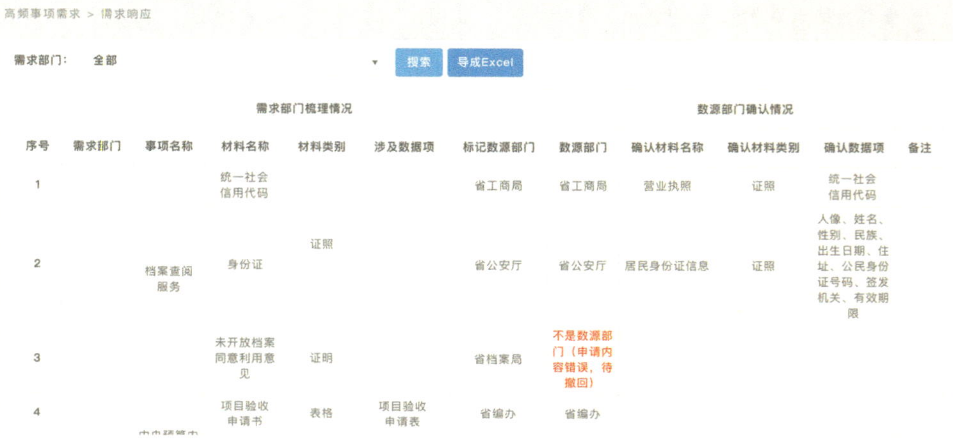

高频事项需求 > 需求响应

需求部门：　全部　搜索　导成Excel

需求部门梳理情况							数源部门确认情况				
序号	需求部门	事项名称	材料名称	材料类别	涉及数据项	标记数源部门	数据部门	确认材料名称	确认材料类别	确认数据项	备注
1			统一社会信用代码			省工商局	省工商局	营业执照	证照	统一社会信用代码	
2		档案查阅服务	身份证	证照		省公安厅	省公安厅	居民身份证信息	证照	人像、姓名、性别、民族、出生日期、住址、公民身份证号码、签发机关、有效期限	
3			未开放档案同意利用意见	证明		省档案局	不是数源部门（申请内容错误，待撤回）				
4			项目验收申请书	表格	项目验收申请表	省编办	省编办				

图 3-28　数源部门确认情况

通过以上界面我们可以对这些情况一目了然，并采取下一步行动：通知确认或联系管理员重新提交待确认。事项责任表-待确认如图 3-29 所示。

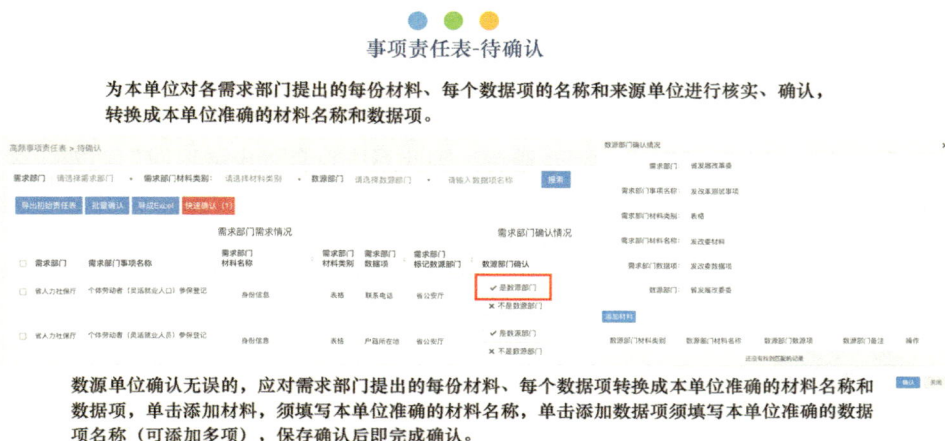

图 3-29　事项责任表－待确认

完成第一步后，还需要确认其他单位提出的事项材料和数据项，这里也有一个"导出初始责任表"功能，作用和前面的导出待完善数据一样，也是为了处室间纸质表格的流转，提高确认效率。

确认数源时，有操作层级，一级材料在一级数据项进行确认，层级明确可以降低误操作概率。拒绝时，不能随意拒绝，必须填写拒绝理由，最大限度保证操作的严谨性。

确认是一个个材料或一个个数据项逐一确认的，虽然很严谨，但是当需要确认的内容多且大量重复时，势必会造成大量重复劳动，并且不能保证每一次确认都会是一个结果。"批量确认"功能能在一定程度上解决这个问题，利用搜索条件，将有关联的材料和数据项进行批量确认，减少操作成本。事项需求梳理－事项状态如图 3-30 所示。

但经推敲后我们又提出一个"快速确认"功能：

图 3-30　事项需求梳理－事项状态

利用先前部门已经确认好的记录，匹配本次待确认的记录，找出一样的记录并拎出来，进行一键傻瓜式的确认，并且这个记录池是在不断增加且完善的，因此这个功能能很好地提高确认准确度和效率（这个功能有一定风险性，但是比较适合浙江事项，因为浙江事项是分批次的，有阶段性，并且系统功能可直接修改确认内容而不破坏确认记录）。确认好后就会形成责任表，需对责任表进行再确认，由于确认有误的问题难以完全避免，因此系统设有"申请退回"功能。事项责任表－已确认、申请退回如图 3-31 所示。

图 3-31　事项责任表－已确认、申请退回

可通过搜索条件找出已确认或已拒绝的材料和数据项，进行申请退回重新确认。这种情况经常出现，大多数是由于确认时内容不严谨，需要重新确认，或是拒绝后双方沟通完又需要重新确认，因此管理员必须要有审核和重置功能。审核管理如图 3-32 所示。

审核管理流程如图 3-33 所示，最终目标只有一个，就是形成责任表。

（2）联办事件　联办事件指的是需要多个事项一起办理才能实现的事件，比如餐饮行业开业许可证的办理，需要用到卫生计生委的某一个卫生事项，还需要用到工商局的某一个工商证明事项，这里就将它们整合成一个新的事件进行统一管理，管理办法和前面的事项是一样的，因为事件本质上也是事项（图 3-34）。

审核管理

退回审核

对部门申请退回的材料
和数据项进行审核

重置数源部门

对部门确认过程中已同意和
已拒绝的材料或数据项进行
数源部门重置。重新选择数
源部门后，即将该条材料或
数据项重置给该部门进行重
新确认。

图 3-32　审核管理

● ● ●

审核管理流程

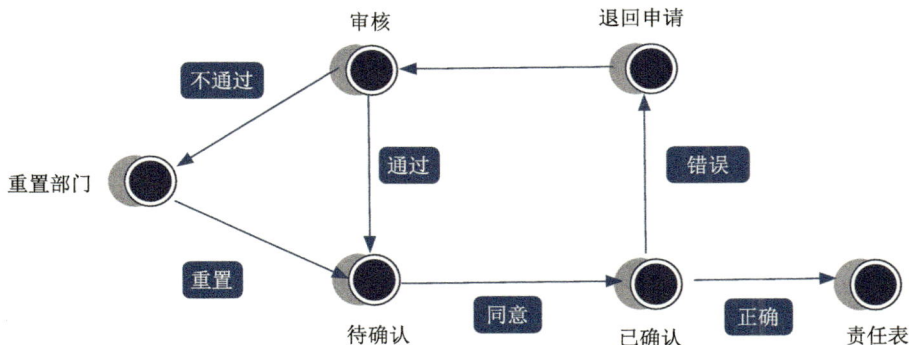

图 3-33　审核管理流程

● ● ●

联办事件：投资项目、商事登记、不动产登记联办

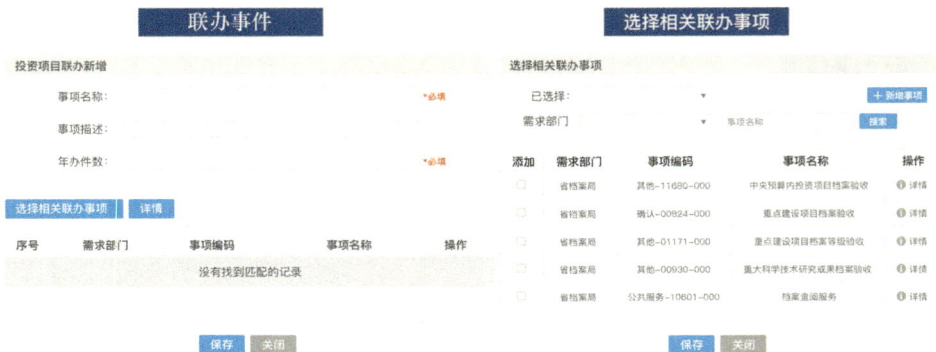

图 3-34　联办事件：投资项目、商事登记、不动产登记联办

（3）统计查询　上面讲了确认的过程，但是确认后会发现一个问题：需求的材料极多，但是形成的责任表却不过 1 000 项，上万的记录最终形成不过 1 000 条的记录，这就很令人疑惑了。

为打消这种只知起因和结果，却不知道中间过程所产生的顾虑，在系统中设计了统计模块。统计查询 – 事项梳理分析、需求情况与责任统计如图 3-35 所示。

● ● ●

统计查询 – 事项梳理分析、需求情况与责任统计

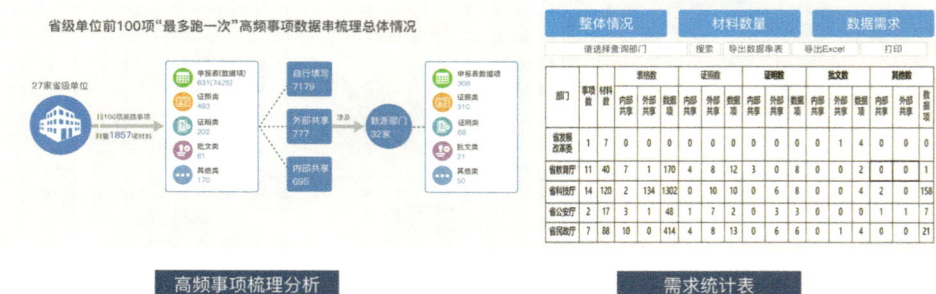

图 3-35　统计查询 - 事项梳理分析、需求情况与责任统计

从上图中可以很容易地看出为什么上万的记录最终只形成不过 1 000 条的记录，因为有太多的自行填写和内部共享，而我们只需要外部共享的 777 条。

还有各部门的需求表统计、待确认责任表统计、已确认责任表统计，可以很直观地看出每个部门的情况。

（4）工作进度填报　这是管理监督工作进度的模块，填报人员分为部门用户、公司用户和督导用户，实际是一个项目管理模块（图3-36）。

图 3-36　工作进度填报

自 2017 年 8 月 28 日杭州启动"数据归集共享"大会战以来，截至 2018 年 1 月 5 日，归集 59 个部门近 293.6 亿条信息。这些信息通过清洗、归类、标注、上架等工作，可按需即时调取。

成效立竿见影。以企业开办为例，实现了"5310"目标：开办材料从 23 份压缩至 5 份以内，开办环节从 7 个压缩到 3 个以内，企业开办时间从 5 个工作日压缩到 1 个工作日以内，全流程平均用时最短 41min，停止收取企业登记费、企业年检费，公章刻制政府买单，办理工商营业执照零成本。以电子招投标为例，实现 5 个行业监管部门、杭州银行业务协同，让企业参与招投标不再受时间、空间限制。运行 3 个月以来，受益企业 2 843 家，时间压缩 66%，成本节省 4 846 万元，真正实现招投标"低成本、跑零次"。建立风险评估模型，运用大数据对 4 起历史围标、串标案件溯源剖析，助力发现和掌握新的违法线索。以"先看病后付费"为例，通过打通卫健、发改、医保等系统，基于浙江公共信用信息平台，赋予市民授信额度，改造结算流程，在全市 253 家公立医疗机构提供"医后付费"

服务，患者就诊结束一次性自助付费或离院再付，已累计为2 391万人次提供服务，就诊时间平均缩短1h，市属医院收费窗口从127个减少到57个，让就医更舒心。以"多游一小时"为例，打通地图、路况、停车、入住、客流出行方式、景区、酒店等社会数据，建设了"30s入住""20s入园""10s找空房"等系列场景，仅"30s入住"一个场景就协同公安登记、酒店PMS、门禁、收单交易、OTA预定、酒店直销6套系统，将多次操作搬至自助机一次完成，让来杭游客更省时。以"先离场后付费"为例，通过整合发改、规划、交警、建委、消防、市场监管、税务7个部门在停车场（库）建设各环节的10项审批数据，建立全市3 500余个停车场（库）从项目立项、设计审批、竣工验收到经营备案全过程审批数据共享链，实现"全市一个停车场"，让停车更方便。

3.3.3　海南省政务信息资源共享采集云项目

1. 项目背景

在全球信息化快速发展的大背景下，政务信息资源作为生产要素、无形资产和社会财富，是国家资产最具潜力的有机部分，是支撑国家治理体系和治理能力现代化的重要基础。加强政务信息资源管理，提高其开发应用水平，有利于推动政府职能转变，提升办事效率和服务水平。

海南省作为全国政务信息资源目录编制试点之一，为深入贯彻国家文件精神，加快落实《海南省促进大数据发展实施方案》和《海南省2017年促进大数据发展工作要点》等文件工作要求，加快推进政务信息系统一体化建设，健全政务大数据管理机制和标准规范，推动政务数据资源管理科学化、规范化、精细化发展，积极探索大数据效能应用，抢占大数据制高点，形成海南大数据品牌影响，打造DT时代的数据特区。

海南省有四大优势：全国最好的生态环境、全国最大经济特区、全国最丰富的热带海洋资源、全国唯一的国际旅游岛。但在互联网＋、大数据平台建设、信息共享、智慧城市建设方面，与先进地区相比存在较大差距。

海南省委、省政府已充分认识到这种差距，作为全国政务信息资源目录编制试点之一，高度重视"互联网＋政务服务"和政务大数据建设。

依据有关国家文件及规划要求，海南省先后出台了《海南省促进大数据发展实施方案》《海南省2017年促进大数据发展工作要点》《海南省政务信息整合共享专项行动实施方案》等重要规划和文件。

2017年8月28日，沈晓明省长主持召开省政府政务信息整合共享工作专题会议，要求按照省委的部署，提高认识，明确措施，扎实工作，在 12 月 31 日前完成全省所有非涉密信息系统与省信息共享交换平台对接，信息共享率达到近 100%，并确保 2018 年年底前，海南省在信息化建设基础设施统筹、政务信息整合共享和惠企便民等方面进入全国领先水平。

2017 年 12 月 8 日，习近平总书记发表《实施国家大数据战略加快建设数字中国》讲话后，海南省更是把政务信息的整合共享作为全面深化改革开放的一项重要内容，要求加快推进政务信息系统一体化建设，健全政务大数据管理机制和标准规范，推动政务数据资源管理科学化、规范化、精细化发展，积极探索大数据效能应用，抢占大数据制高点，形成海南大数据品牌影响，打造 DT 时代的数据特区。

12 月 15 日，省委书记刘赐贵、省长沈晓明还专程到省政府会展楼"数据大厅"，调研海南省政务信息大数据平台建设。"数据大厅"里，工作人员演示数据调取，来自不同部门的各类数据在大屏幕上一一呈现，清晰地展示了海南省经济社会发展各方面情况。政务信息目录管理系统是其中一部分，当时政务信息共享率已达 80%。

刘赐贵要求各地各部门进一步明确目标、立足创新、突出重点，加快推动政务信息的整合、共享和应用，真正让数据为百姓、企业和社会服务，推动数字经济发展，努力把海南建成数据岛、数字岛、智慧岛、智能岛。

2. 实践

建设海南智慧旅游岛，信息共享是前提、是基础，摸清政务信息资源、对信息资源进行编目是基础中的基础。

（1）业务逻辑描述　共享供需对接系统在以目录驱动共享的体系中起到了桥梁的作用，主要是打破数据供需对接的供需两端信息不对称，保障共享需求得到响应和满足，实现数据与接口服务两类共享。业务逻辑模型分以下三种情况：

1）资源已挂接目录。需求方通过目录系统查询到已挂接资源，即可申请共享。其中，无条件共享类的信息资源，经管理中心审核通过，即确认同意共享；有条件共享类的信息资源，由数源部门审核确认，如拒绝共享则需说明拒绝理由及依据，同意共享则审核通过确认共享，并自动生成相应的模板协议，储存于系统，供需对接流程结束。共享供需对接系统业务逻辑图（一）如图 3-37 所示。

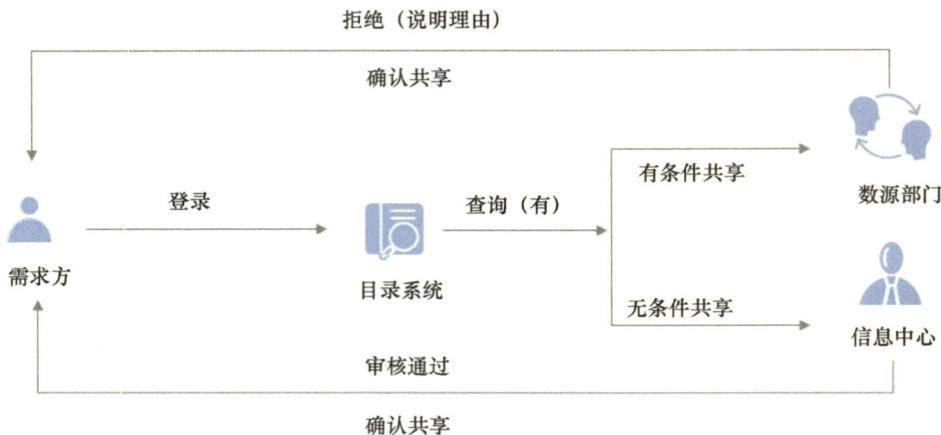

图 3-37　共享供需对接系统业务逻辑图（一）

2）目录已存在，但资源未挂接。需求方通过目录系统查询到所需目录，但资源未挂接，即可通过供需对接系统申请共享。其中，无条件共享类的信息资源，经管理中心审核通过，即确认共享；有条件共享类的信息资源，由数源部门审核确认，如拒绝共享则需说明拒绝理由和依据，同意共享则在共享交换服务管理系统中注册服务接口，并在注册的过程中勾选目录进行关联，注册通过后，共享交换服务管理系统将授权码传输给目录系统，需求方在目录系统中获取授权码，供需对接流程结束。共享供需对接系统业务逻辑图（二）如图 3-38 所示。

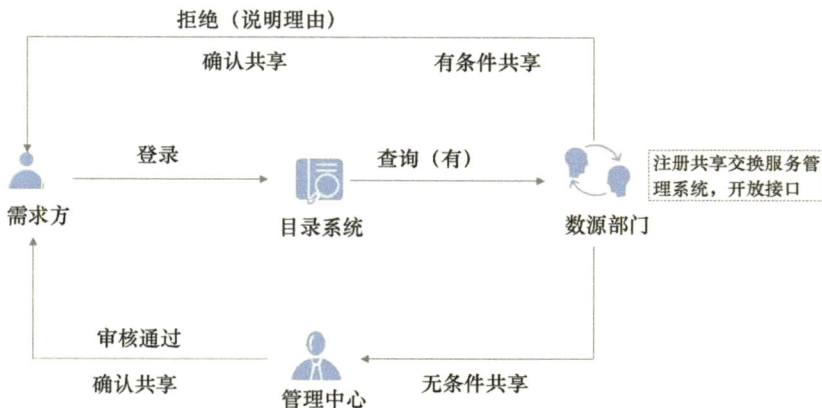

图 3-38　共享供需对接系统业务逻辑图（二）

3）资源未编目，且未挂接目录。需求方通过目录系统未查询到所需目录，且资源未挂接，即可通过供需对接系统申请共享。由数源部门审核确认，如拒绝共享则需说明拒绝理由和依据。同意共享则先编制目录，审核通过后进行发布。

其中，无条件共享类的信息资源，经管理中心审核通过，即确认共享；有条件共享类的信息资源，由数源部门确认，在共享交换服务管理系统中注册服务接口，并在注册的过程中勾选目录进行关联，注册通过后，共享交换服务管理系统将授权码传输给目录系统，需求方在目录系统获取授权码，供需对接流程结束。共享供需对接系统业务逻辑图（三）如图 3-39 所示。

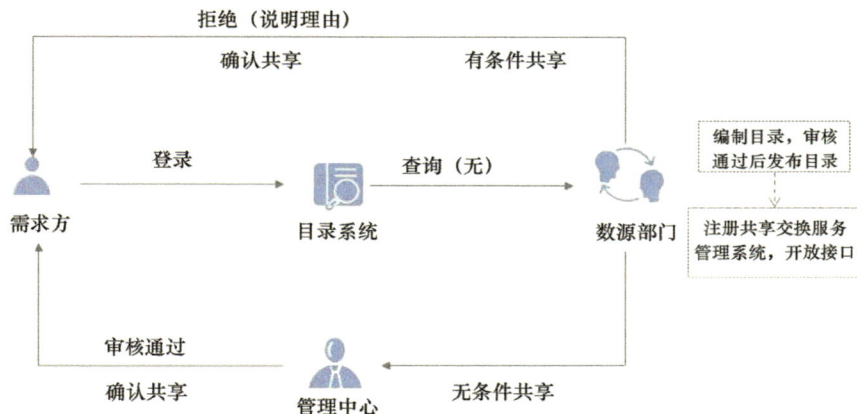

图 3-39　共享供需对接系统业务逻辑图（三）

（2）数据流定义　共享供需对接系统通过与目录系统实行联通，在需求提出并通过确认后，以数据或 API 形式在共享交换平台进行共享，从而达到需求响应效果，实现数据共享（图 3-40）。

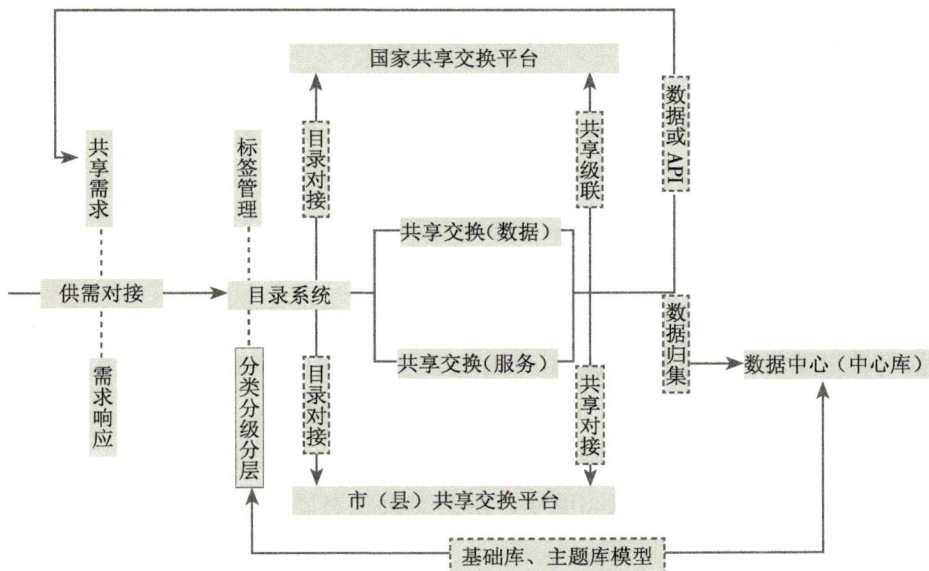

图 3-40　共享供需对接系统数据流程图

（3）功能　　共享供需对接系统实时更新数据供需信息，实现政府信息供需动态化梳理与智能化管理。各部门自行查看数据供需对接进展情况，数源确认是否被响应，以及响应结果，统一数据共享确认流程，规范确认原则与要求，保障共享需求得到响应和满足（图3-41）。

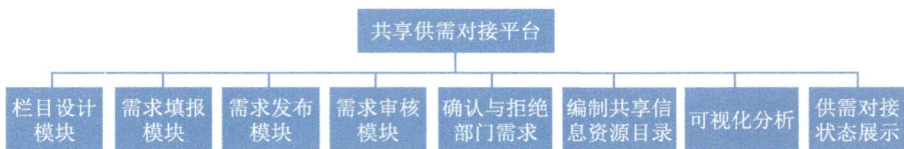

图 3-41　供需对接系统功能结构示意图

（4）各功能模块定义

1）模块1：栏目设计模块。栏目设计模块是指将供需对接系统直接构建到信息资源目录系统，与目录系统形成联动关系，定制共享供需对接系统。明确平台中部门需求与供给相应的逻辑，级联到一期已填报确认的部门信息资源，设置"数据需求""责任确认""数据责任""需求响应"等模块。

2）模块2：需求填报模块。需求部门自行申请相应数据集，包括数据集名称、信息项名称、申请理由、申请人名称、申请人电话、申请人邮箱。

3）模块3：需求发布模块。部门在完成信息填写后，必须经过提交发布才能把需求信息推送到数源部门。

4）模块4：需求审核模块。共享供需对接系统在需求部门提出需求后，推送到数源部门，数源部门对推送过来的"数据集""数据字段"进行审核，确认。

5）模块5：确认与拒绝部门需求。数源部门在确认需求部门的需求之后，需要进一步与目录系统做对接关联，即在该部门需求后直接关联数源部门前期在目录系统中已经编目的信息资源，若前期所编目的信息资源中没有该数据集的信息，则需要重新在目录系统中进行编目。

6）模块6：编制共享信息资源目录。已确认需求的数据集，若在目录系统中没有登记编目的，需要直接在目录系统上按照一定的标准与要求重新编目。

7）模块7：可视化分析。按部门对数据集申请数量、数据集响应数量、开放接口数量、拒绝数量进行统计、排行，并提供可视化分析。

8）模块8：供需对接状态展示。供需对接状态展示，对需求申请状态进行监测并实时更新展示。

（5）实现各模块功能的技术方案　　共享供需对接系统主要连通部门与部门之间的数据盲点，精准对接部门的数据供需，减少信息沟通成本，并形成部门数源责任，最终为全省的信息共享打通壁垒。该平台涉及的主体为需求部门与数源部门，其中需求部门为发起数据需求请求的一方部门，数源部门则为需求部门申请对象及数据真实存在的所在部门，所有有可能提供需求数据的皆可作为数源部门。供需对接系统需要不断地在需求部门与数源部门中确认需求的准确性，既能保证供需两方的信息对接，亦能保证目录与数据的同步更改。

1）栏目设计。将供需对接系统直接构建到信息资源目录系统，与目录系统形成联动关系，定制共享供需对接系统。明确平台中部门需求与供给相应的逻辑，级联到一期已填报确认的部门信息资源，设置"数据需求""责任确认""数据责任""需求响应"等模块。提交至数据供给部门。供给部门在收到需求申请后，根据实际情况拒绝或确认需求。数源确认是否被响应，以及响应结果均可在系统中查询。部门在共享平台无法查询到所需要的数据，可以发出共享需求。针对全省各部门的权责清单，向对应部门发出针对性请求。

共享供需平台整体栏目架构图如图 3-42 所示。

图 3-42　共享供需平台整体栏目架构图

2）需求填报。共享供需对接系统与目录系统进行联通，部门可以查看目录系统各个部门的目录清单，部门在共享平台无法查询到所需要的数据，可以发出共享需求。针对全省各部门的权责清单，向对应部门发出针对性请求（图 3-43）。

需求部门自行申请相应数据集，包括数据集名称、信息项名称、申请理由、申请人名称、申请人电话、申请人邮箱。

需求的填报可以采用新增填写或 Excel 数据导入的方法。需求填报完毕保存后，则在系统本部门中留下需求过程痕迹。

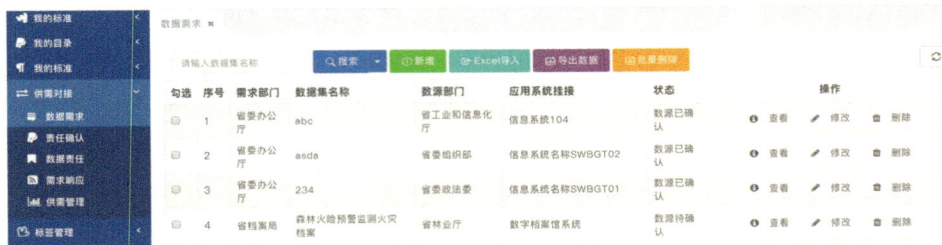

图 3-43　需求填报

3）需求发布。部门在信息填写完成后，必须提交发布才能把需求信息推送到数源部门。而所关联的数源部门必须是在本供需对接系统已经注册的单位，未进行编目的单位或者未注册的单位，无法在本平台中执行数据需求请求（图 3-44）。

需求一旦发布，数据就直接被推送至数源部门。若中途删除，则被视为撤销本需求。

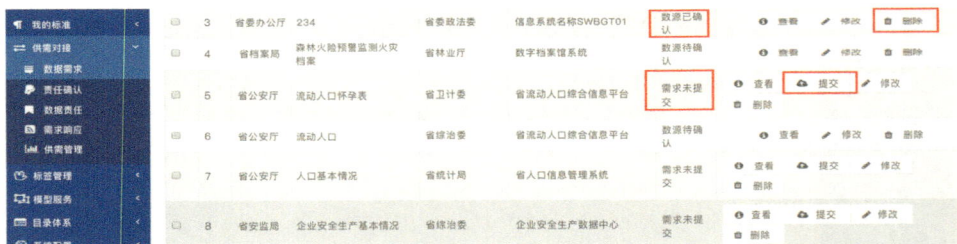

图 3-44　需求发布

4）需求审核。共享供需对接系统在需求部门提出需求后，推送到数源部门。数源部门对推送过来的"数据集""数据字段"进行审核、确认（图 3-45）。

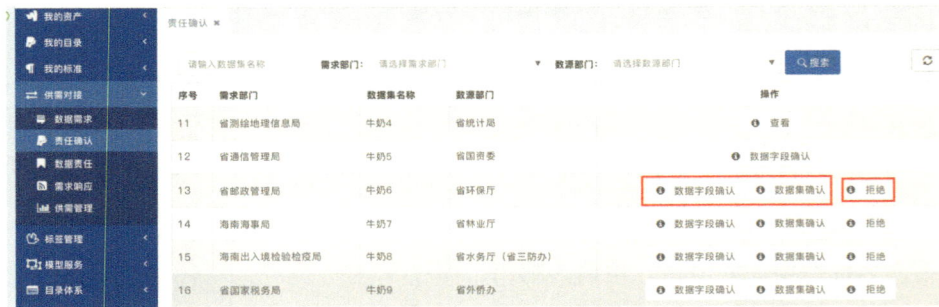

图 3-45　需求审核

数源部门审核有以下四点审核依据：一是该数据集是否属于本部门；二是存在的数据集是否存在该数据字段；三是存在的该字段是否在共享范围内；四是若不在共享范围内是否可针对性共享给该需求部门。

当数源不属于本部门时，数源部门可直接拒绝数据请求，并列明情况。当数据集确实存在于本部门，数源部门需要进一步确认本信息项的准确性，若信息项名称与部门系统中所保存的名称有冲突，需要在平台中拒绝该申请的信息项名称，并备注正确的信息项名称；若数据集及信息项名称皆符合数源部门本身的设置，数源部门应当确认需求。

需求审核确认情况如图 3-46 所示。

海南省数据资源管理工作平台

序号	数据集名称	应用信息系统名称	数源部门	状态	操作
1	船东互保承保责任类别数据	渔船统一管理平台	省海洋渔业厅	需求已提交	需求提交 修改 删除 详情
2	船东互保承保责任类别数据	渔船统一管理平台	省海洋渔业厅	需求待确认	详情
3	船东互保承保责任类别数据	渔船统一管理平台	省海洋渔业厅	需求已确认	详情 关联信息资源
4	船东互保承保责任类别数据	渔船统一管理平台	省海洋渔业厅	需求已提交	需求提交 修改 删除 详情
5	船东互保承保责任类别数据	渔船统一管理平台	省海洋渔业厅	需求未提交	需求提交 修改 删除 详情
6	船东互保承保责任类别数据	渔船统一管理平台	省海洋渔业厅	需求待确认	详情
7	船东互保承保责任类别数据	渔船统一管理平台	省海洋渔业厅	需求已确认	详情
8	船东互保承保责任类别数据	渔船统一管理平台	省海洋渔业厅	需求已确认	详情
9	船东互保承保责任类别数据	渔船统一管理平台	省海洋渔业厅	需求已确认	详情
10	船东互保承保责任类别数据	渔船统一管理平台	省海洋渔业厅	需求已确认	详情 关联信息资源
11	船东互保承保责任类别数据	渔船统一管理平台	省海洋渔业厅	需求已确认	详情
12	船东互保承保责任类别数据	渔船统一管理平台	省海洋渔业厅	需求已确认	详情 关联信息资源
13	船东互保承保责任类别数据	渔船统一管理平台	省海洋渔业厅	需求已确认	详情 关联信息资源

图 3-46　需求审核确认情况

5）确认与拒绝部门需求。数源部门在确认需求部门的需求之后，需要进一步与目录系统做对接关联，即在该部门确认需求后直接关联数源部门前期在目录系统中已经编目的信息资源。若前期所编目的信息资源中没有该数据集的信息，则需要重新在目录系统中进行编目（图 3-47）。

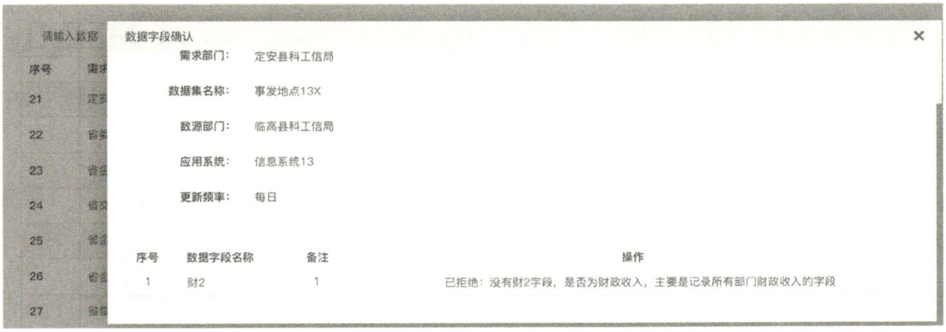

图 3-47　需求与拒绝部门需求

数源部门拒绝需求申请，有两种情况：一是数据集不存在于本部门，可推荐该数据集的数源部门至需求部门，两者供需对接请求到此结束；二是该数据集确实存在于本部门，但是信息项的信息有出入，数源部门确认了数据集但拒绝了该信息项的请求，请求部门根据反馈修改信息项名称，重新进行需求申请提交，直到需求被最后确认。

6）编制共享信息资源目录。已确认需求的数据集，若在目录系统中没有登记编目的，需要直接在目录系统上按照一定的标准与要求进行重新编目（图3-48）。

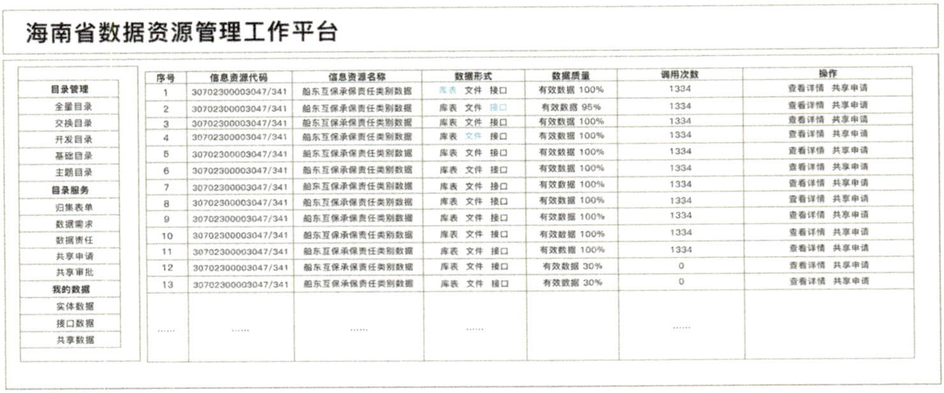

图 3-48 共享信息资源目录

在编目系统里新增的信息资源，一方面，实时更新至标准库、标签库，部门需要在更新信息资源后补充完善这些信息，并且归结到数据归集中清洗挂接，当数据符合一定的规则后，推送到共享平台中；另一方面，与供需对接系统进行关联，可直接反馈至需求方。实现两者的实时联动，保证数据的准确性与完整性。

信息资源关联到共享平台，在实现发布状态后，必须与实体数据进行挂接。挂接的方式可以分为中心数据库挂接及 API 接口对接，此两种挂接方式皆可在本系统中直接体现。信息资源挂接方式如图3-49所示。

7）可视化分析。按部门对数据集申请数量、数据集响应数量、开放接口数量、拒绝数量进行统计、排行，并提供可视化分析（图3-50）。

海南省数据资源管理工作平台

	序号	信息资源代码	信息资源名称	状态	关联实体数据
目录管理	1	30702300003047/341	船东互保承保责任类别数据	已发布	库表对接□ 发布接口□ 关联库表 关联接口□
全量目录	2	30702300003047/341	船东互保承保责任类别数据	已发布	库表对接□ 发布接口□ 关联库表 关联接口□
交换目录	3	30702300003047/341	船东互保承保责任类别数据	已发布	库表对接□ 发布接口□ 关联库表 关联接口□
开发目录	4	30702300003047/341	船东互保承保责任类别数据	已发布	库表对接□ 发布接口□ 关联库表 关联接口□
基础目录	5	30702300003047/341	船东互保承保责任类别数据	已发布	库表对接□ 发布接口□ 关联库表 关联接口□
主题目录	6	30702300003047/341	船东互保承保责任类别数据	已发布	库表对接□ 发布接口□ 关联库表 关联接口□
目录服务	7	30702300003047/341	船东互保承保责任类别数据	已发布	库表对接□ 发布接口□ 关联库表 关联接口□
归集表单	8	30702300003047/341	船东互保承保责任类别数据	已发布	库表对接□ 发布接口□ 关联库表 关联接口□
数据需求	9	30702300003047/341	船东互保承保责任类别数据	已发布	库表对接□ 发布接口□ 关联库表 关联接口□
数据责任	10	30702300003047/341	船东互保承保责任类别数据	已发布	库表对接□ 发布接口□ 关联库表 关联接口□
共享申请	11	30702300003047/341	船东互保承保责任类别数据	已发布	库表对接□ 发布接口□ 关联库表 关联接口□
共享审批	12	30702300003047/341	船东互保承保责任类别数据	已发布	库表对接□ 发布接口□ 关联库表 关联接口□
我的数据	13	30702300003047/341	船东互保承保责任类别数据	已发布	库表对接□ 发布接口□ 关联库表 关联接口□
实体数据	......			......	
接口数据					
共享数据					

图 3-49　信息资源挂接方式

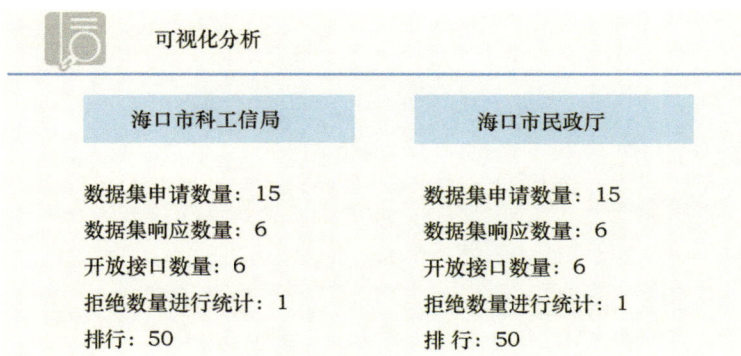

可视化分析

海口市科工信局	海口市民政厅
数据集申请数量：15	数据集申请数量：15
数据集响应数量：6	数据集响应数量：6
开放接口数量：6	开放接口数量：6
拒绝数量进行统计：1	拒绝数量进行统计：1
排行：50	排行：50

图 3-50　可视化分析

8）供需对接状态展示。供需对接状态展示，对需求申请状态进行监测并实时更新展示（图 3-51）。

对接公示

需求方	数源部门	数据集名称	日期	状态
省人社厅	省公安厅	身份证件号码	2018/05/11	已共享
省人社厅	省公安厅	身份证件号码	2018/05/15	已共享
省人社厅	省公安厅	身份证件号码	2018/05/18	拒绝
省人社厅	省公安厅	身份证件号码	2018/05/20	办理中
省人社厅	省公安厅	身份证件号码	2018/05/11	已共享

图 3-51　供需对接状态展示

第 4 章

业务协同

4.1 业务协同——流程再造与效能提升

4.1.1 事项标准化与主题事项优化

1. 政务服务事项标准化的提出

2016年9月25日，《国务院关于加快推进"互联网政务服务"工作的指导意见》（国发〔2016〕55号）首先提出了政府服务标准化的工作目标，要求各省（区、市）人民政府、国务院各部门要依据法定职能全面梳理行政机关、公共企事业单位直接面向社会公众提供的具体办事服务事项，编制政务服务事项目录，2017年年底前通过本级政府门户网站集中公开发布，并实时更新、动态管理。实行政务服务事项编码管理，规范事项名称、条件、材料、流程、时限等，逐步做到"同一事项、同一标准、同一编码"，为实现信息共享和业务协同，提供无差异、均等化政务服务奠定基础。同时要求"2017年年底前，各省（区、市）人民政府、国务院有关部门建成一体化网上政务服务平台，全面公开政务服务事项，政务服务标准化、网络化水平显著提升。"

2017年5月9日，《国务院办公厅关于印发开展基层政务公开标准化规范化试点工作方案的通知》（国办发〔2017〕42号）确定在北京市、安徽省、陕西省等15个省（区、市）的100个县（市、区），重点围绕城乡规划、重大建设项目、公共资源交易、财政预决算、安全生产、税收管理、征地补偿、拆迁安置、保障性住房、农村危房改造、环境保护、公共文化服务、公共法律服务、扶贫救灾、食品药品监管、城市综合执法、就业创业、社会保险、社会救助、养老服务、户籍管理、涉农补贴、义务教育、医疗卫生、市政服务等方面开展试点工作。其中，北京市包括东城区、西城区、朝阳区、海淀区、昌平区；河南省包括长垣县、济源市、汝州市、郑州市上街区、开封市祥符区、洛阳市洛龙区、安阳市汤阴县、信阳市潢川县；贵州省包括贵阳市南明区、遵义市播州区、遵义市凤冈县、六盘水市六枝特区、黔西南布依族苗族自治州兴义市、黔西南布依族苗族自治州贞丰县。

《优化营商环境条例》（以下简称《条例》）第三十五条从立法角度也规定："政府及其有关部门应当推进政务服务标准化，按照减环节、减材料、减时限的要求，编制并向社会公开政务服务事项（包括行政权力事项和公共服务事项，下同）标准化工作流程和办事指南，细化量化政务服务标准，压缩自由裁量权，推进同一事项实行无差别受理、同标准办理。没有法律、法规、规章依据，不得增设政务服务事项的办理条件和环节。"

2. 政务服务事项标准化的内容

根据《国务院办公厅关于印发"互联网＋政务服务"技术体系建设指南的通知》（国办函〔2016〕108号），政务服务标准化主要涉及政务服务事项清单标准化、办事指南标准化、审查工作细则标准化、考核评估指标标准化、实名用户标准化、线上线下支付标准化等。

1）政务服务事项规范标准：政务服务事项按照统一标准，实现不同层级相同的政务服务事项，其事项名称、事项类型、法律依据、基本编码等要素完全统一。为做好全市政务服务事项清单梳理和编制工作，制定事项要素填报手册。

2）政务服务事项办事指南规范：对办事指南要素、申请材料、办理流程图、结果样本的内容、形式、制作方法、咨询渠道、报送渠道等做出详尽规定，提出政务服务事项办事指南优化模板，使各政务服务实施部门能够顺利配合开展工作。

3）政务服务事项审查工作细则规范：明确审查工作细则要素，并对各要素做出详尽规定，发放给各政务服务实施部门，作为行政审批事项要素梳理的重要依据。审查工作细则要素包括：基本信息、政务服务人员、业务流程、申请、受理、审查、决定、证件制作与送达、决定公开、收费、咨询等。

4）政务服务事项申报材料规范标准：符合国家对省级网上政务服务评价的相关要求，形成的共享复用材料清单全面清晰、标准统一，可为推动部门联动、实现数据共享提供有效支撑。申请材料应当包括：材料名称、材料类型、材料样本、电子表单、来源渠道、纸质材料份数和规格、填报须知、受理标准、是否需要电子材料等信息。

所谓主题事项主要是指"一件事一次办"改革事项，是企业群众需办理的一个"事项"，既可以是单独的"一件事情"，也可以是需到多个部门办理或多件相关的"事"或"一揽子事"，可能涉及多个审批事项，需要跨层级、跨部门，经过梳理整合、流程再造，变成企业群众眼中或窗口统一办理的"一件事"。围绕"企业全生命周期"，加快从登记准入、经营变更到注销退出的"一件事"联办；或围绕"个人全生命周期"，梳理涵盖公民从出生、上学、就业、结婚、生育、置业、就医、退养、殡葬等"一件事""一站式"办理。

按照《国务院办公厅关于印发"互联网 + 政务服务"技术体系建设指南的通知》（国办函〔2016〕108 号）文件规定，主题事项主要包含面向自然人和面向法人两大类事项。

1）面向自然人的主要有：生育收养、户籍办理、民族宗教、教育科研、入伍服役、就业创业、设立变更、准营准办、抵押质押、职业资格、行政缴费、婚姻登记、优待抚恤、规划建设、住房保障、社会保障（社会保险、社会救助）、证件办理、交通出行、旅游观光、出境入境、消费维权、公共安全、司法公证、知识产权、环保绿化、文化体育、公用事业、医疗卫生、离职退休、死亡殡葬、其他（含个体工商户，按照人类生命周期排序）等。

2）面向法人的主要有：设立变更、准营准办、资质认证、年检年审、税收财务、人力资源、社会保障、投资审批、融资信贷、抵押质押、商务贸易、招标拍卖、海关口岸、涉外服务、农林牧渔、国土和规划建设、交通运输、环保绿化、应对气候变化、水务气象、医疗卫生、科技创新、文体教育、知识产权、民族宗教、质量技术、检验检疫、安全生产、公安消防、司法公证、公用事业、法人注销、档案文物、其他（按照法人生命周期排序）等。

而主题事项优化，是指立足政务服务工作实际，以公众需求为核心，围绕上述各个主题事项，通过国脉互联"数据基因"系统，开展围绕事项的关系分析与模型建立，包括事项与事项间的关系、事项与部门的关系、事项与服务对象的关系等，理顺事项前后的关系，提出切实可行的优化建议，形成对应主题事项报告和主题办事指南，确保集成度高、指引准确，从而达到流程再造和优化的目标。

4.1.2　要素之间的强关联与弱关联

要素之间的强关联与弱关联来源于社会学领域的社会网络理论框架。早在20 世纪 70 年代，Mark Granovetter（马克·格兰诺维特）就提出了连带强度的概念，并将两者关系（dyad）区分为强关系（strong tie）与弱关系（weak tie）。他在运用其对求职效果的影响分析中认为，强关系是同质性的个体之间发展起来的，有助于组织或群体内部重复雷同的信息传递；而弱关系则存在于异质性的个体之间，有助于个体获取组织或群体之外的新信息，从而在社会流动求职等方面占据优势，由此提出了"弱关系的优势"之命题（1973）。后经 Andrea L.Kavanaugh（安德烈娅·L·卡瓦诺）、David Easley（大卫·伊斯利）和 Jon Kleinberg（乔恩·克莱因伯格）等人的发展而逐步扩展到信息共享中的应用。

从信息传递来看，强关系是一种重要的可直接利用的信息来源，可作为社会融合的一种重要动力，那些拥有市场准入优势的人们可以通过强关系获益。强关系可以减少机会风险和促进复杂知识的转移，是更重要的知识传播渠道。例如：求职渠道更多的是通过强关系而非弱关系建立的，特别是当有关工作机会信息引起高度重视和不易得到时，强关系常常比弱关系更重要。

弱关系在促进信息传递方面也起到了非常重要的作用。这包括：①提供信息传递通道。个体可以通过弱关系从另一个群体中获得信息，在自己群体内共享信息后，再流向其他群体，从而提供一种信息传递通道，使信息传播范围无限扩大，很难被封闭在小范围内。②充当信息传递的桥（bridge）和本地桥（local bridge）。弱关系比强关系更能充当跨越其社会界限去获得信息和其他资源的桥，使人们接触不同的社会圈子，可以跨越更大的社会距离而触及更多的人，也可以通过本地桥创造更多、更短的路径，帮助人们获得他们不知道的信息，使其他群体的重要信息源源不断地流向本来不属于这些群体的某些个体，促成不同群体、组织之间信息的流动，对于社会系统中的信息传播比较重要。虽然所有的弱关系不一定都是本地桥，但能够充当本地桥的必定是弱关系。输送冗余度的新信息，对于个体而言，弱关系是造成社会流动的重要资源；更多的新信息通过弱关系而非强关系流向个体，弱关系利用桥或本地桥的作用可以给个体输送以前没有接触到的新信息，或帮助个体接收原本难以获取的信息冗余度低的信息。③形成信息传递的一种社会结构框架。与相似度高的信息网络相比，弱关系可形成一个允许信息在更大范围内广泛传播的社会结构框架。在此框架内，信息传递不仅速度极快，而且可获得低成本和高效能的传播效率。它是一个检视组织（或社会）是否得以凝聚/整合或分崩离析的强大分析工具，缺少弱关系的社会系统将是破碎的和不相干的。

强关系与弱关系在社会网络中扮演不同的角色。强关系在组织内部发挥的作用更大，弱关系在组织间发挥的作用更大。但是，信息传递达到最佳效果离不开强关系和弱关系的通力合作。在关系发生作用的过程中，并不是单一的某种关系在起作用，而是一个关系链在起作用，人们运用关系的原则是理性选择，寻找关系的路径是一个从强关系到弱关系的扩展过程。强关系和弱关系是对立统一、相辅相成的，对于促进信息共享和开放获取都具有重要作用。

互联网哲学书籍对强关系与弱关系说得半明半暗。海尔集团董事局主席、首席执行官张瑞敏先生换了一种说法，用了"温度"一词来表达这种关系。他认为阿里电子商务的盲区在缺乏温度，认为下一代电子商务主攻温度。套用温度这个术语，用以表明强关系实际是有温度的关系，而弱关系是没有温度的关系。这两种关系的市场"沸点"是不一样的。没有温度的交易，在 P=MC 时烧开；而有温度的交互，在 P=AC 时烧开。AC-MC，就是完全竞争零利润之上的，供双赢各方瓜分的利润。这门学问，可以说是未来 20 年互联网发家致富的核心学问，其中的强力（强关系）之学是重中之重。

强关系近于张瑞敏说的交互，弱关系近于张瑞敏说的交易。阿里巴巴的弱点，在于弱关系强，而强关系弱。从互联网实战中我们已能观察出，强关系有助于差异化提价与增进价值，而弱关系有助于同质社会化及降低成本。弱关系对应的就是传统的市场理论，下一步配置资源的核心问题转变为"网络何以可能"时，强关系就成为理论与实践同时的焦点。显然，从经验中，我们就可以找到一个强关系更有效率的理由，当人与人的关系有温度时，缔约交易成本就会直线下降。而这正是弱关系中一旦人际疏远，交易费用就上升的解药。这就等价于物质一旦粒子化，要联在一起，就会出现弱力那种"交易费用"（摩擦力）加大的情况。相反，找到"网聚人的力量"这种强力，无论从事 2C 还是 2B，都会顺畅许多。

在政务服务的流程优化与业务协同过程中，同样需要充分运用上述原理来厘清要素之间的关联关系。一方面，事项要素之间的强关联既可能是"整体"和"部分"之间的关系，也可能是上下、左右环节之间的关系，经由这种"强关联"可以很快找到事项之间的内在逻辑，从而为合并、删除某些冗余事项提供有力的技术支撑。另一方面，事项要素之间的弱关联也并不是没有意义，它只是意味着关系之间更加隐晦、触及的范围更广以及需要花费更多的成本和代价，可能是"条"与"块"的关系，也可能是"点"与"面"的关系。因此，当我们在聚焦于优化群众和老百姓所关注的难点、堵点问题时，还应从更宽的视野、更大的时空范围去思考和挖掘事项要素之间的关联关系，将"强关联"与"弱关联"有机结合起来，让流程优化和业务协同既能体现"强关联"的"温度"和"效率"，同时也能体现"弱关联"的"聚合"与"低成本传播"效应。

4.1.3　"减"与"加"的合理取舍

为贯彻落实党中央、国务院关于深入推进审批服务便民化的决策部署，创新审批方式，提高服务效率，优化营商环境，提升企业群众获得感，各个地方都开展了简化行政审批流程的改革。简化即意味着"删"与"减"，于是一系列减法活动铺天而来，减材料、减环节、减时限、减跑动、减费用……通过开展这些活动，进一步精简行政审批申请材料、减轻办事负担，优化审批流程、减少中间环节，压缩办理时限、提高审批效率，不断提升行政审批标准化、规范化、便民化水平，统筹推动审批服务理念、制度、作风全方位变革，更快更好地方便企业和群众办事创业，激发市场主体活力和创新创业创造动能。

1）减材料。针对原先保留的行政许可事项，全面梳理企业和群众办理过程中需要提交的各类申请材料，对材料的必要性进行清理论证，逐项明确取消、保留或暂时保留等清理减并事项；对属于兜底的"其他材料""有关材料"等模糊条款，应一律加以明确；对此前已清理取消的证明事项，不得要求申请人提供。经清理论证认为需要保留或暂时保留的申请材料，原则上须有明确的法律法规或部门规章依据，且现有条件下不能通过网络核验或其他申请材料来替代；对暂时保留的，还应同时明确下一步取消计划。

2）减环节。以企业和群众办事"少跑腿"和提高审批效率为目标，逐项梳理每项行政许可事项办理所需的各个流程环节（含承办司局、单位内部组织审查办理的细化流程环节），结合"互联网＋"技术应用和跨部门、跨层级信息数据开放共享等审批服务便民化工作手段，进一步完善管理制度衔接，优化减并审批流程，提出精简办事环节、提高审批运转效率的措施。

3）减时限。逐项梳理每项行政许可事项的法定办理时限、当前承诺办理时限，结合减材料、减环节等已经采取或即将采取的改革措施，提出压缩承诺办理时限的具体目标。审批过程需要组织现场勘验、技术检验、专家评审的，应对相关环节单独提出压缩时限的目标措施，尽量缩短审批过程时间，为激发市场活力、增强企业竞争力和创造力争取宝贵时间。

4）减跑动。传统行政审批的"一件事情"往往由一个或多个部门的多个"事项"构成，为了办成"一件事情"，群众往往要在多个部门间来回跑动。减跑动就是站在群众角度界定"一件事情"，基于"最多跑一次"民意和期盼，通过精简材料、简化流程、减少环节、优化服务等，促进办理事项从"跑多趟"转化成"最多跑一次"和"一次不用跑"，有效减少企业和群众办事跑动次数。

5）减费用。针对过去对企业和个人不合理收费或乱收费的现象进行系统清理，将实行政府定价管理的涉企行政事业性收费和涉企经营服务性收费全部列入地方实行政府定价管理涉企收费目录清单（涉企政府性基金由财政部门公布），基本做到一"单"在手，政策全知。清单外均为违规收费，一律不得执行，以进一步降低各类市场主体负担，为企业群众办事创业增添便利。

但实现政务服务的业务协同并不能完全靠做"减"法，如果说行政审批需要做减法多一些，则在优化服务方面更需要做"加"法多一些。只有做到"减"与"加"的合理取舍和有机统一，才能真正激发市场主体活力，提高便民利企水平。例如：在"加"的方面，首先应加大优化审批服务有关政策措施宣传和业务培训，总结推广好经验、好做法，巩固扩大改革成果，要充分利用 LED 显示屏和营业大厅屏幕宣传"优化企业开户服务 推动改善营商环境"，结合客户回访、账户年检、贷后管理等工作，对开户企业开展全面"进企入户"宣传，畅通申请人意见、建议的表达渠道，推动审批服务便民化纵深开展。在服务设施与服务渠道上要"加"，应进一步完善政务大厅便民服务设施，引进与企业群众办事紧密关联的银行金融、评估测绘、人力资源、印章刻制等中介服务机构等，同时拓展政务服务微信公众号、手机 APP 和自助终端便民服务功能，推动各类政务服务事项网上预约、办理、支付、查询等，实现政务服务事项"应上尽上、全程在线"，让群众少跑腿、信息多跑路。在服务提供方式上也可以做"加"法，如在政务服务中心设立企业服务专柜，对企业客户进行开办辅导，细心讲解开办政策、流程、注意事项等内容，并发放开办知识小册子，将企业开办的相关知识及开立的具体要求有效地传递给客户，真正做到体贴于心、细致于行。此外，在政务服务的监管方面也要做"加"法，上海市徐汇区通过落实"一户一档"数据监管、"多方联合"协同监管和"失信受限"诚信监管的"三个监管"，构建监管主体、监管对象、监管信息全覆盖的监管体系，实现"一库归集，时时监管；一次出动，人人监管；一处失信、处处监管"。

4.2 业务协同产品——营商通

4.2.1 "营商通"产品研发背景

1. 营商环境发展现状

根据世界银行的《2019 年营商环境报告：强化培训，促进改革》，我国在全球 190 个经济体的营商环境评价中排名第 46 位。尽管排名比 2018 年上升了 32 位，但我国与发达国家和地区相比仍然有不小的差距，也落后于一部分发展中国家。

2019 年 6 月 28 日，习近平主席在二十国集团领导人峰会上的讲话强调，合力打造高质量世界经济，应"持续改善营商环境"。2019 年 6 月，国务院总理李克强在全国深化"放管服"改革优化营商环境电视电话会议上指出，在当前的国际形势下，我们要提高国际竞争力，要保持和增强引资吸引力，就必须在深化

"放管服"改革上有更大突破，在优化营商环境上有更大进展，尤其要注重把握优化的方向：一是坚持市场化、法治化、国际化原则；二是坚持行"简约"之道，简政放权，管的过程中要删繁就简、透明高效、便民利企。

2019 年 10 月 8 日，李克强总理主持召开国务院常务会议，审议通过《优化营商环境条例（草案）》。该草案围绕市场主体需求，聚焦转变政府职能，将近年来"放管服"改革中行之有效的经验做法上升为法规，并对标国际先进水平，确立对内外资企业等各类市场主体一视同仁的营商环境基本制度规范。该草案首要明确更大力度的放权：①持续放宽市场准入，实行全国统一的市场准入负面清单制度，推进"证照分离"，压减企业开办和注销手续，各地要向社会公开企业开办涉及的证照、办税、银行开户、接入电力等的办理时限，超过时限的，办理单位要公开说明理由。②实行不动产登记、交易和缴税一窗受理，并行办理。③进一步精简行政许可和审批，对确需保留的许可、证明等事项推行告知承诺制。严控新设行政许可，凡要新设的，必须严格依法依规审查论证和批准。

目前，全国正在积极推进优化营商环境。由于我国经济发展不平衡，城市之间的差距较大。在经济较为活跃的城市中，投资需求较为旺盛，社会对开办企业的便利程度要求高，对开办企业时的服务效率要求更高，同时还有来自国际贸易的压力，迫使这些城市不断优化国际营商环境。但是对于经济较为落后的城市，由于缺乏多方面的压力和切实需求，营商环境的重要性不明显，亟须提高各级政府的重视程度和认识水平。

2. 营商环境存在的问题

营商环境作为一个国家影响力和竞争力的体现，已经引起社会各界高度关注。近些年我国营商环境排名有所上升，但上升速度与我国经济地位的提升程度不相匹配，发展势头仍然有待加强。目前，我国营商环境的发展仍有许多痛点和难点需要攻克。

（1）办事环节烦琐　办事环节的复杂性和重复性导致用户办理时间长、办事效率低。各部门急需进一步厘清事项流程，切实了解群众办事难点和痛点，整合梳理主题事项，最大限度利用互联网快捷和高效的特性，有效压缩办事环节和办事时间，并借助数字政府背景，为优化办事环节和流程提供技术支撑。

（2）办事系统繁杂　各条线部门、管理部门以及部门内部均建设了相应的办事系统，但由于系统缺乏统一的建设标准，使得各部门之间的系统不能互联互通，这直接导致同一事项涉及多个办事系统，数据无法准确整合搜集，数据流通慢，审批流转时间长。因此，需要统一系统建设标准，明确具体事项审批流程。

（3）事项标准不一　事项标准由各政府部门根据上级指示文件自行制定，具有主观性强、随意性大、地域性突出等特点，导致事项标准的建设参差不齐，事项审批流转不规范。因此，为了推行行政审批标准化，实现无差别审批服务，必须制定前后台流转标准、数据对接标准、物料流转流程规范等。

（4）数据共享不畅　在实践层面上，各部门普遍存在"不愿共享""不敢共享""不能共享"三个难题；在技术层面上，数据存放于多个部门系统中，不同部门间系统不能实现互联互通。因此，各部门应培养大数据思维，适当开放部门间其他成员数据管理权限，为实现数据共享打下基础。

（5）业务协同不足　以办事人为主体，不同事项之间的先后强关联性是优化营商环境的重要措施。但在实际业务办理中，办事人需要准备多份基础材料、跑多个窗口完成，不同部门业务间未形成实际关联，业务协同不足，导致办事人费时费力。因此，为加强部门间强关联事项协同，可以通过形成事项串或主题事项，减少材料、优化办事时间。

（6）服务方式传统　办事人针对不同事项，到专门窗口递交全面翔实材料进行办理，是传统的服务方式。随着互联网普及和政府有效性的提高，急需打破"摆摊设窗"的传统，施行"一窗式"集成服务改革，推行一次性告知、一表申请，最大限度压减自由裁量权。

3. 营商环境未来发展趋势

我国面临经济发展从"硬环境"向"软环境"转化。国家的核心竞争力不仅体现在硬件设施上，更体现在政府的办事效率和服务环境上，只有"软实力"才是可持续发展的。

当前，我国已经具备营造国际一流营商环境的基础。未来，应聚焦审批服务、创新创业、投资贸易、企业经营、市场公平、法治保障、社会服务、政商关系等领域，营造便捷高效的政务环境、开放便利的投资贸易环境、公平竞争的市场环境、宽松有序的经营环境。

因此，政府各部门应积极落实相关政策，在职责范围内做到最大限度简政放权，实现部门间数据共享、协同合作；同时，还应建立评价机制，客观反映我国营商环境建设现状。企业群众做好监督工作，切身感受办事难易度，积极献言献策，为营造良好营商环境共同奋斗。

4.2.2 "营商通"产品核心功能

1. 系统架构

"营商通"系统为促进事项标准规范统一，全面提升事项管理质量、能力、效率提供了有力的保障。其总体架构具有开放性，各模块内聚性高、耦合性低，可以按需求进行相应的扩展或改动，不会影响整体的应用稳定性（图 4-1）。

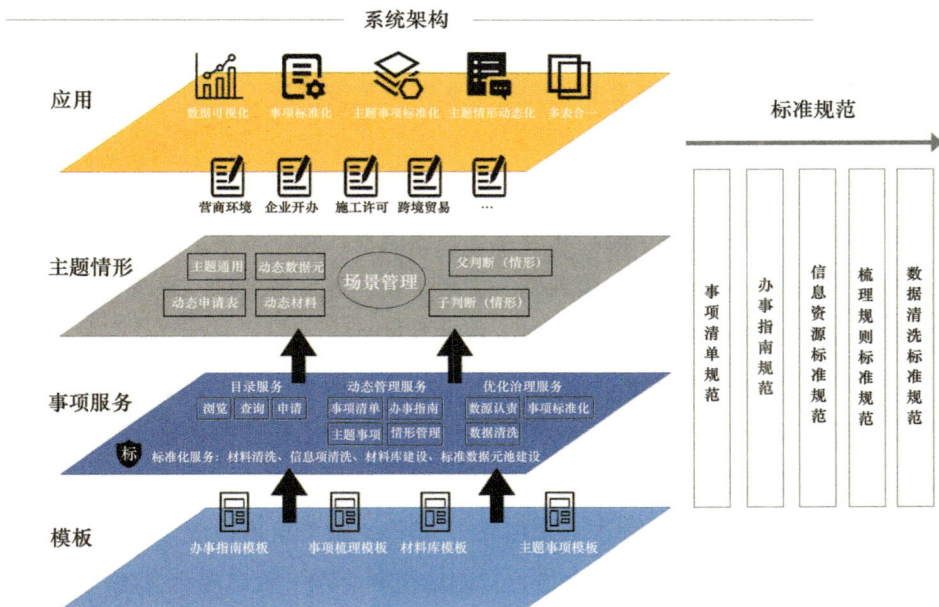

图 4-1　系统架构

2. 产品优势

（1）动态模板对比填写，实时更新　系统设有模板库管理功能，包含事项、办事指南、主题和材料库四种模板，在事项标准化模块进行比对，并排同步展示登记数据与模板数据，系统自动标红填写不当之处。登记完善的数据可由管理人员设定为模板，形成良性循环，不断完善和提高登记质量。

（2）系统登记标准事项，规范统一　依托国脉 10 余年专业数据治理沉淀和强大数据资源获取能力，提供标准规范系统、元数据规范、数据元标准化，内置系统字段库与自定义字段库，以标准的字段规则与数据字典格式约束全局字段与模型的创建过程，规范系统登记内容，实现登记时初步标准化，以满足系统内资源互联互通、共享及数据治理的需要。

（3）动态标准数据元，数据最小化　根据申请表单动态配置数据元信息，数据元存在多个类型（正则表达式），提高数据准确性。若存在多个相同的数据元信息则无须再次配置，直接复用其他申请表单中的数据元信息，从而，减少办件人的信息重复填写，减少办件人的办理时间，提高办事效率。

（4）申请表单动态编辑，方便快捷　创新申请表设计与管理功能，内置在线新增申请表单工具，支持随时编辑提交表单，增加数据元后自动生成事项申请表；配置标准数据元池，一个数据元能被多张申请表使用，提供强大的规范、标准信息项以供选择，方便快速创建在线申请表。

（5）多个事项统一主题，协同办理　系统针对办事流程不清、办事环节不明等问题设置了主题服务功能，从办事人角度出发，梳理办事人在某一需求下涉及的事项，整合多个强关联事项为统一主题事项。选定事项后，系统自动生成办事流程，多部门进行协同、联动办理，缩减办事时间。

（6）一个主题多个情形，快速办理　一个主题事项下存在多个办事情形，办事人根据自身情况选择相应的情形，系统自动判断出相应的数据元信息，且自动合并重复的数据元信息，减少办事人的填报信息。

（7）关联事项多表合一，一次填写　同一主题下事项梳理完成后，进入多表合一操作，勾选不同事项申请表进行自动清洗并将唯一信息项合并成一张表格，实现一次只填写一张表格就可办理主题下所有事项，有效减少重复字段，缩减填表时间。

（8）自动构建可视化模块，应用性强　提供可视化模型创建工具，加快建模效率；支持基于实际应用场景，构建数据服务模型，创新数据服务模式，加速数据应用变现；自主选择模型样式，连接系统内多个专业数据库，快速构建实用模型；模型通用性强，强大的自主建模能力能快速应对多种建模情况，解决数据繁多不便观测研究的问题。

3. 功能清单

功能清单如图 4-2 所示。

"一网通办核心支撑"系统主要功能清单

数据可视化	模板库管理	数据目录	事项登记	事项优化	主题服务	多表合一	场景管理
数据可视化	事项模板	数据元	事项清单	事项优化	主题事项	多表合一	场景管理
	办事指南模板	审核管理	办事指南管理	优化记录	审核管理	已合并表单	审核管理
	主题模板		申请表格	审核管理		审核管理	
	材料库		材料清单				
			审核管理				

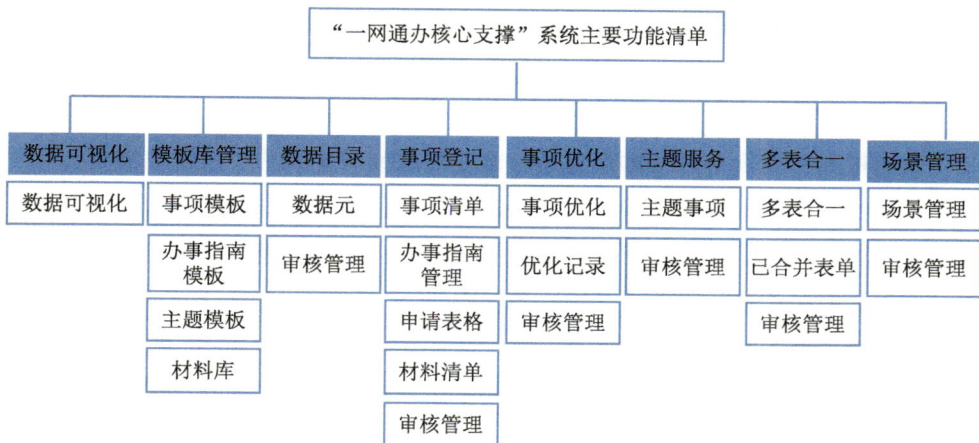

图 4-2　功能清单

4.2.3　"营商通"为组织带来的主要价值

"营商通"系统是国脉依托事项基因系统自主开发的针对营商环境的事项、主题、材料梳理和管理系统。该系统具有可通用、使用简单和可扩展等特点，能够有效解决营商环境中存在的诸多痛点、难点，具有高效的使用价值。

1. 建设应用成效快

系统整合大量落地项目、数据、专家经验，基于国家、省、市已有的标准、案例，深挖海量政务部门共性，有效适配部、省、市、县不同层次需求，实现城市数据资源目录体系的快速构建。以多种灵活的技术手段，实现数据的多样采集和同步更新，基于非侵入式数据库方式，从业务层面获取数据字段、数据资源，极大地缩短了各部门数据资产发布、数据归集的周期，使整个项目落地建设应用成效快。

2. 数据管理规范化

系统遵循国家和行业相关标准，依托元数据，对数据资源进行统一的分类、编目、注册、发布，实现了数据资源的灵活化、可控化、标准化管理。通过加强数据资源管理，进一步完善统一的数据模型、规范业务系统数据管理，从硬件、软件、数据等方面开展数据体系建设工作，实现数据全生命周期管理、编码统一管理、数据质量管理。

3. 数据管理智能化

系统通过对信息资源、信息项、业务信息进行动态化管理，实现全国信息资源按照标准规范实施管理,实现事项对信息资源管理的标准化、动态化、精准化、便捷化、平台化、协同化,能清晰、动态、直观地掌握全国数据资源的全局情况。

4. 数据管理标准化

系统根据标准规范对数据信息进行重复清洗或同义清洗。系统数据资源比对化繁为简,智能提示与比对清洗,加快数据标准化进程;打造唯一的标准数据资源,同名同义数据字段只有一个权威来源和标准;通过构建标准数据体系,实现并规范数据应用建设,最大程度发挥数据效益。

5. 数据资源共享化

系统为各个政府部门提供跨地区、跨层级、跨部门的数据共享交换支撑。实现政府数据资源供需动态化梳理与智能化管理;统一数据共享确认流程,规范确认原则与要求;智能生成数据责任表,实现数源责任清单化;通过规范流程,确认权威数据来源,保证数据标准的唯一性。

未来,数据将成为城市的体感指标,数据资源也将变成城市发展的战略性资源,"城市大脑"逐渐成为城市发展的数字基础设施"标配","营商通"将助力政府安放睿智的"城市大脑",让城市的"四肢"更加敏捷、"机体"更富活力。

4.2.4 "营商通"竞争力分析

"营商通"的竞争力可以通过几组数据说明和印证。例如,"营商通"能否实现"三减一优"?对政府人员而言,通过使用"营商通"可实现 70% 的事项登记一步到位,85% 的内容通过模板库自动填充。现在市面上有不少产品,登录本区的一个相关办事系统过程烦琐、待填写内容多,增加了工作人员的压力。通过使用"营商通",85% 的信息全部通过系统自动识别、导入,基本达到智能化水准。特别强调一下供需对接,供需对接是当前热议的"最多跑一次""不见面审批"的唯一出路,最终形成一整套多表合一的方式。

那么,"营商通"的用户是谁?如何用?特色是什么?"营商通"主要面向两大群体:一类是政府机构工作人员;另一类是国脉内部人员。政府人员运用"营商通"优化政府数据治理,发挥政务数据价值,提升工作效率,减轻工作负担;国脉内部人员在为客户提供服务时,还用"营商通"更快速便捷地提升整体服务效能。"营商通"的三大特色:第一个是新,是全国第一款;第二个是强,功能强大,整合了各地优势;第三个是好,服务好、见实效。"营商通"以"互联网+政务服务"模式为核心,利用先进技术,融合国脉智慧,助力建设更好的营商环境。

4.3 业务协同的优秀实践

4.3.1 上海市徐汇区"高效办成一件事"

1. 项目背景

为深入贯彻落实关于加大营商环境改革力度的重要指示精神和党中央、国务院决策部署，进一步优化稳定、公平、透明、可预期的营商环境，降低制度性交易成本，加快对外开放步伐，着力优化营商环境，加快构建开放型经济新体制。2018年11月，上海市发改委发布《上海市着力优化营商环境加快构建开放型经济新体制行动方案》；2019年2月11日，上海市委书记李强和市长应勇主持召开进一步优化营商环境全市大会，布置《上海市进一步优化营商环境实施计划》，在计划中明确要求以"一网通办"和自贸试验区制度创新为突破口，以"证照分离"改革和简政放权为实现路径，聚焦企业办事流程全流程便利。通过对服务流程和业务流程的革命性再造，以企业和群众办好"一件事"为标准，进一步提升审批服务效能。

在此背景下，徐汇区聚焦城市建管、市场监管、公共安全、民生服务等办理量大、企业和群众关注的重点领域重点事项，按照减环节、减材料、减时限、减费用的要求，逐项编制标准化工作规程和办事指南，推行一次告知、一表申请、精准推送。为最大限度地满足公众服务个性化、多元化和便捷化的需求，本方案基于移动端和自助端，聚焦政务服务流程的进一步优化和政务服务模式改革，进行"一件事"梳理和设计，为群众和企业提供更加丰富、规范、便捷的服务，打造全球卓越城区最优营商环境。

2. 国脉实践

（1）高效办成一件事

1）梳理"一件事"，形成"一件事"清单。

①明确"一件事"事项数据标准。出台"一件事"实施标准化指引，明确概念、事项范围、基本流程等数据，为本区开展"一件事"工作提供指导。分期分批对相关业务事项包含的数据项进行梳理，细化到最小颗粒度，明确各个数据项目的内涵、外延、格式要求及相关代码标准。

②制定"一件事"办事指南要素标准。对"一件事"范围内的事项进行办事指南要素标准化，进一步明确规范办理依据、受理范围、申请条件、申请材料、办理时限、基本流程等要素，实现材料清单化、办理条件透明化。

③梳理"一件事"事项。进行"一件事"事项梳理工作,对申请材料、办理条件的"兜底性条款""模糊条款"细化量化,清晰罗列申请材料的名称、样式、数量等,形成材料清单。通过全面细致的梳理工作,形成《徐汇区"一件事"服务事项目录》。

2)优化"一件事",流程再优化。

①"一件事"主题分类确定。在前期"一件事"梳理工作完成基础之上,从优化营商环境、惠民、利企等方面出发,结合徐汇区实际,选定若干个"一件事"主题,从而为后续便民、利企相关工作推进打下良好基础。

②"一件事"办理流程简化。以主题为单位,以数据互通共享为基础,全面开展"一件事"主题事项流程优化工作,涉及前后置关联的事项,在理顺前后置关系的基础上,编制完整的流程图,从而提高公众办事效率。

③"一件事"并联办理。进一步完善区公共服务综合信息系统功能,识别主题服务事项业务流程关系,深化实体大厅综窗服务功能,后台推进政府内部信息共享、自动流转、同步办理,实现主题服务事项"事项及材料一单告知,批量申请多个事项,申请材料一窗受理,审批过程并行协同,审批结果关联共享"。

④"一件事"办理材料、时限压缩。在前期"一件事"主题事项相关材料梳理工作完成基础上,统一规范材料名称,合并不同事项中的同一材料,形成主题事项"一套材料"清单,推进"一表制"综合申请表。进一步优化内部审批流程,减少审批层级,压缩审批时间,推进主题服务事项承诺办理时限较法定办理时限压缩50%以上。

3)办成"一件事","指尖办"产品设计。

①"指尖办"主题选取。以高效办成"一件事"为目标,结合当前营商环境、政务服务优化等热点,从前期梳理完成的若干个"一件事"主题中,初步选取3～5个主题作为"指尖办"产品的主要呈现内容。

②"指尖办"主题呈现。从线上线下一体化角度出发,将"指尖办"主题内容进行展现,从而方便公众办事。线上可采用将主题事项栏目嵌入网上服务大厅、微信公众号或微信小程序等载体中,实现个人和企业线上申请办理,"我的材料我上传";线下可将"指尖办"主题服务事项延伸至实体大厅现有的综合窗口以及自助终端上,从而真正实现线上线下服务一体化。

③"指尖办"产品设计。坚持以人为本、服务便民的原则，进行"指尖办"产品的设计。对选取的主题事项进行内容设计，包括整体页面、功能栏目、栏目层级等内容，确保页面简洁大方、功能完善、操作便捷。

（2）便民、利企"指尖办"

1）便民"指尖办"。

①民生类主题选取。在梳理好的若干个"一件事"主题事项中，从公众需求角度出发，选取3～5个民生类主题，进行主题事项的优化工作，并将主题事项进行产品化，从而实现"指尖办"，让公众享受到真正的"指尖上"的服务。民生类主题如图4-3所示。

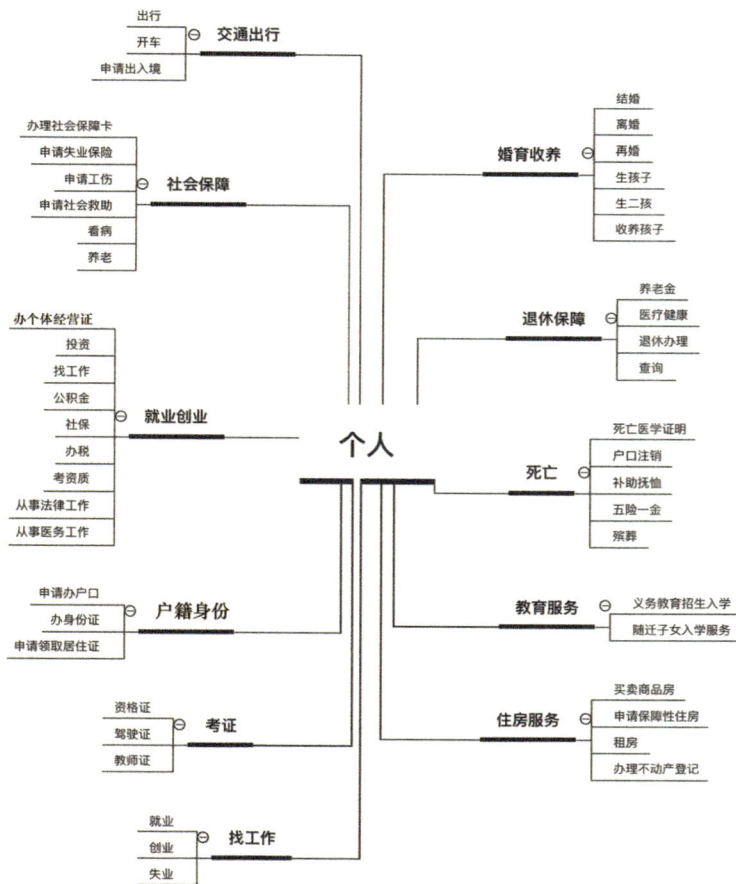

图 4-3 民生类主题

②主题产品设计。对选取的 3～5 个民生类"一件事"主题进行相关产品设计工作，使其更加高效地为公众进行办事服务，让公众享受到足不出户即可办理事项的便捷服务。线上通过将相关主题服务嵌入网上服务大厅、微信公众号、微信小程序等方式，为公众提供"指尖上"的便民服务。同时，实体大厅内的自助终端上也会嵌入同样的服务内容，综合服务窗口也可将"指尖办"主题服务纳入服务范围。

③便民服务延伸。可在徐汇区各个街道设立便民服务综合窗口和自助办理终端，将便民服务延伸至各个社区网点，必要时可根据实际需求增加若干个服务网点，实现服务就近办理，从而逐步达到去中心化的目的。

2）利企"指尖办"。

①线上精准利企。在数据互联互通、融合共享的基础上，在"中国·上海"门户网站上构建及时、高效的企业政策推送平台，从而实现企业政策的精准推送，提高企业对相关优惠政策的知晓度、感受度。同时，通过企业反馈功能，及时获知企业信息需求，从而进一步提升政策推送精准度。

②线下高效利企。进一步推动涉企优惠政策一窗通办，完善线下相关服务体系。在实体大厅或社区服务网点中设立招商引资企业优惠政策办理事项专窗，或在现有综合服务窗口基础上拓展功能，从而实现企业优惠政策相关事项"一口受理、一窗通办"。

3）企业"一站式"服务。

①"一站式"主题选取。以进一步优化营商环境为目的，选取若干个主题，打造企业"一站式"服务，提升办事效率，从而疏通企业办事过程中存在的堵点、痛点，让企业享受具有获得感的服务。企业类"一站式"主题如图 4-4 所示。

②"一站式"服务设计。进行"一站式"主题服务设计，线上通过将"一站式"主题服务嵌入网上服务大厅、微信公众号、微信小程序等方式，为企业提供"一站式"的高效服务。同时，实体大厅内的自助终端上也会嵌入同样的服务内容，还可增设相关综合服务窗口。

③企业服务延伸。可将"一站式"服务延伸至各个园区，通过园区试点先行的方式逐步增大"一站式"服务范围，企业通过园区内的办事窗口或自助办理终端即可办理相关主题事项，在"家门口"享受优质服务。

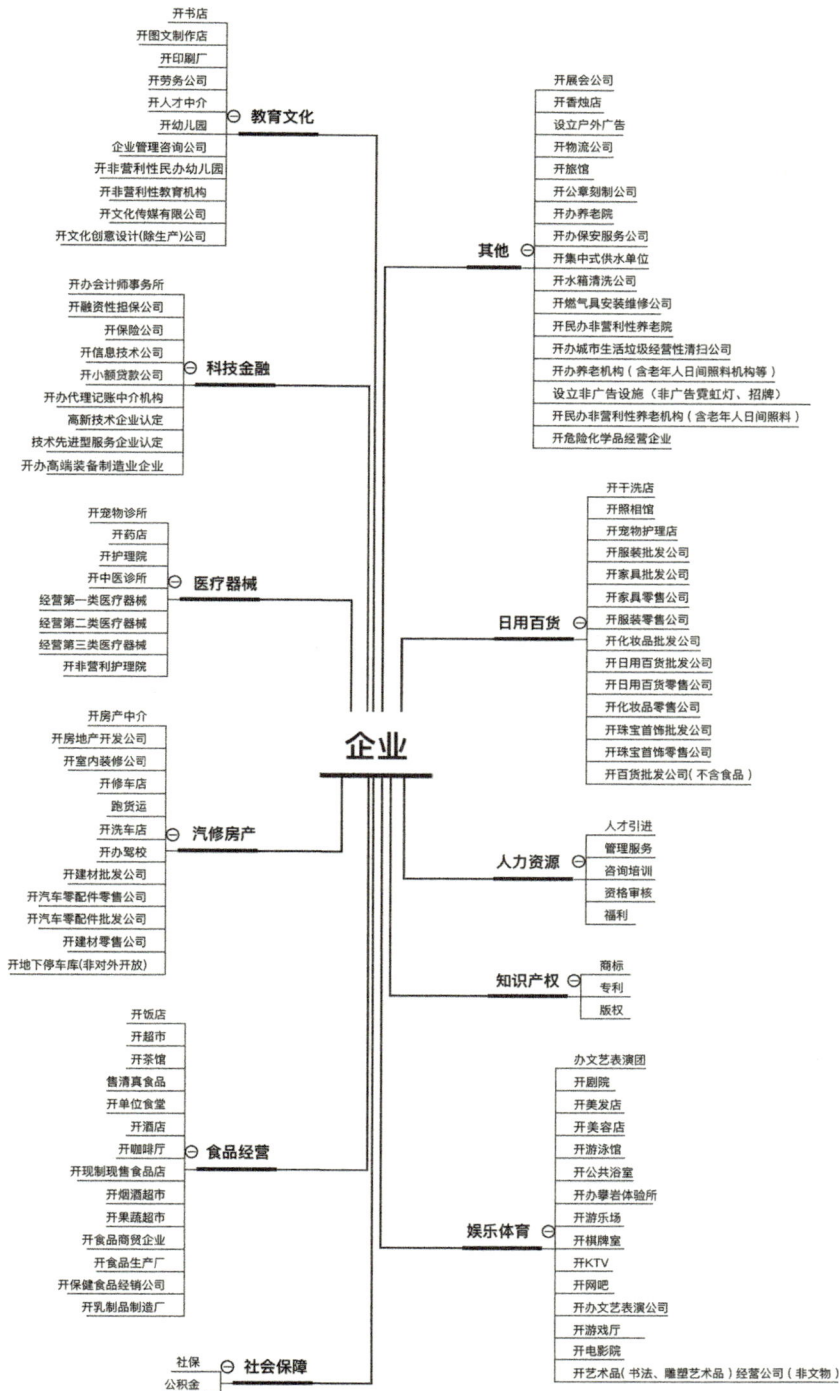

企业

- **教育文化**
  - 开书店
  - 开图文制作店
  - 开印刷厂
  - 开劳务公司
  - 开人才中介
  - 开幼儿园
  - 企业管理咨询公司
  - 开非营利性民办幼儿园
  - 开非营利性教育机构
  - 开文化传媒有限公司
  - 开文化创意设计(除生产)公司

- **科技金融**
  - 开办会计师事务所
  - 开融资性担保公司
  - 开保险公司
  - 开信息技术公司
  - 开小额贷款公司
  - 开办代理记账中介机构
  - 高新技术企业认定
  - 技术先进型服务企业认定
  - 开办高端装备制造业企业

- **医疗器械**
  - 开宠物诊所
  - 开药店
  - 开护理院
  - 开中医诊所
  - 经营第一类医疗器械
  - 经营第二类医疗器械
  - 经营第三类医疗器械
  - 开非营利护理院

- **汽修房产**
  - 开房产中介
  - 开房地产开发公司
  - 开室内装修公司
  - 开修车店
  - 跑货运
  - 开洗车店
  - 开办驾校
  - 开建材批发公司
  - 开汽车零配件零售公司
  - 开汽车零配件批发公司
  - 开建材零售公司
  - 开地下停车库(非对外开放)

- **食品经营**
  - 开饭店
  - 开超市
  - 开茶馆
  - 售清真食品
  - 开单位食堂
  - 开酒店
  - 开咖啡厅
  - 开现制现售食品店
  - 开烟酒超市
  - 开果蔬超市
  - 开食品商贸企业
  - 开食品生产厂
  - 开保健食品经销公司
  - 开乳制品制造厂

- **社会保障**
  - 社保
  - 公积金

- **其他**
  - 开展会公司
  - 开香烛店
  - 设立户外广告
  - 开物流公司
  - 开旅馆
  - 开公章刻制公司
  - 开办养老院
  - 开办保安服务公司
  - 开集中式供水单位
  - 开水箱清洗公司
  - 开燃气具安装维修公司
  - 开民办非营利性养老院
  - 开办城市生活垃圾经营性清扫公司
  - 开办养老机构(含老年人日间照料机构等)
  - 设立非广告设施(非广告霓虹灯、招牌)
  - 开民办非营利性养老机构(含老年人日间照料)
  - 开危险化学品经营企业

- **日用百货**
  - 开干洗店
  - 开照相馆
  - 开宠物护理店
  - 开服装批发公司
  - 开家具批发公司
  - 开家具零售公司
  - 开服装零售公司
  - 开化妆品批发公司
  - 开日用百货批发公司
  - 开日用百货零售公司
  - 开化妆品零售公司
  - 开珠宝首饰批发公司
  - 开珠宝首饰零售公司
  - 开百货批发公司(不含食品)

- **人力资源**
  - 人才引进
  - 管理服务
  - 咨询培训
  - 资格审核
  - 福利

- **知识产权**
  - 商标
  - 专利
  - 版权

- **娱乐体育**
  - 办文艺表演团
  - 开剧院
  - 开美发店
  - 开美容店
  - 开游泳馆
  - 开公共浴室
  - 开办攀岩体验所
  - 开乐场
  - 开棋牌室
  - 开KTV
  - 开网吧
  - 开办文艺表演公司
  - 开游戏厅
  - 开电影院
  - 开艺术品(书法、雕塑艺术品)经营公司(非文物)

图 4-4 企业类"一站式"主题

4）建设"利企数据平台"。

①明确数据需求。以"一件事"高效办理为切入点，分析处理过程中材料流、数据流的形成与传递路径。梳理出与具体办理场景相对的业务数据项的最小集，再通过对各数据资源的清洗比对、关联分析，建立业务逻辑，确保"一数一源"，不遗漏、无重复，为主题服务模块化整合与"一网通办"等奠定基础。

②沉淀分类数据。以"一件事"高效办理为基础，规划应用基础库建设。分类、分级建立一套对内适应业务变化和办理、对外快速响应多场景需求的数据资源体系，以增强数据在本区政务服务的内动力。

③构建利企数据平台。构建一个具备强大政策库、材料库的"利企服务平台"，从而实现内部材料获取更加真实有效、外部企业填报更加便捷、政策获取更加精准及时。平台构建以需求为导向，功能逐步完善，从而保障项目顺利上线和高质量项目交付。

④预留"一件事"数据接口。以打造高质量营商环境为目标，对本区设立企业、非本区设立企业所涉政府服务，预留上接"一网通办"规范接口，为跨区办理做准备。预留接通"全国一体化政务服务平台"接口，为业务协同、数据共享做基础。体现提前布局，适当超前意识。

（3）营商环境优化

1）主题场景服务。

①主题选取。以营商环境为主题，以优化营商环境为主要目的，进行相关主题事项选取，从而打造相关主题场景服务，增加企业获得感，提升企业办事便捷度。

②主题产品设计。根据所选取的若干个主题，结合各个主题所具有的特点，进行主题场景服务设计。在场景服务的模式下，增加仪式感、获得感，提升办事效率和服务质量。以企业开办为例，进行"鸣锣开市、拎包入驻"的场景服务，线上提供企业开办主题服务，办事人通过线上申请、材料上传即可完成企业开办事宜；线下服务窗口在事项办理完成后，为办事人提供企业开办"大礼包"，办事人只需到场领取"大礼包"后便可开工，企业开办手续办理完成。

2）营商环境评估。

①评估指标构建。

a. 构建原则。根据目前徐汇区营商环境发展趋势，结合国内外营商环境的评估指标构建方法，在科学构建徐汇区营商环境评估指标体系的过程中，主要遵循以下原则：

政策性原则。以国家、上海市推进营商环境政策作为指标构建的重要依据，紧密结合目前徐汇区营商环境工作要求，充分体现徐汇区在国家、上海市推进优化营商环境改革中的发展路径。

科学性原则。在对徐汇区营商环境发展进行评估时，坚持科学性原则，遵循科学的评估过程，保证评估的合理性，并且最大限度地满足评估的实际需求。

体系性原则。在制定徐汇区营商环境发展评估指标时遵循体系性原则，制定多因素、多变量、多层次的评估指标体系，保障评估指标的体系性与连续性，有效引导徐汇区营商环境优化工作的健康推进。

可操作性原则。徐汇区营商环境发展评估指标要具有可行性，指标的评估过程简单，数据易于采集，评估方法利于掌握和操作，使整个评估指标体系便于应用和推广。

b. 构建方法。营商环境评估是我国经济发展过程中解放生产力、推动竞争力的一项创新性课题，也是徐汇区目前的重要工作之一。因此，需要根据徐汇区营商环境的发展方向和建设重点，以及徐汇区营商环境发展实际情况，科学构建徐汇区营商环境发展评估指标，不仅能反映徐汇区营商环境发展现状，还能引领徐汇区营商环境发展。

构建指标体系方法：

借鉴国内外已有营商环境评估指标，紧紧围绕营商环境建设的核心特征构建一级指标，重点突出稳定、公平、透明、可预期的营商环境建设理念。

对一级评估指标进行分解，充分吸收国内外具有借鉴性的评估理念，结合国家、上海市对营商环境的战略部署，结合上海市作为长三角一体化的重要区域，进行二级指标的设计。

根据二级评估指标，进一步细化评估要点，评估要点简洁明确，在数据采集、统计分析等方面要具有可操作性，同时在横向、纵向具有可比性。设计一套完整的徐汇区营商环境评估指标体系，并邀请专家对该评估指标把关，按照专家意见进行修改，保证评估指标科学、合理、具有可行性。

②评估工作开展。

在徐汇区营商环境评估指标体系确定后，按照申请公开、平台搜索、电话调查、现场调查、材料报送等方式进行数据搜集、整理。

a. 试评估。按照徐汇区营商环境发展评估指标体系以及搜集的数据，对徐汇区营商环境发展进行试评估。在试评估过程中按照实际情况调整指标体系，形成最终版的徐汇区营商环境发展评估指标体系。

b. 正式评估。根据试评估调整后的指标体系，对徐汇区营商环境发展展开全面评估。

c. 评估结果分析。评估小组根据徐汇区营商环境发展评估指标体系形成徐汇区营商环境发展评估结果，并从以下两方面对结果进行分析。

整体分析：对徐汇区营商环境发展进行总体分析，客观、公正地剖析徐汇区营商环境发展的优点和短板。

按指标分析：从一级指标、二级指标分别对徐汇区营商环境发展展开分析，进一步细化徐汇区在营商环境发展中面临的问题、发展短板以及未来可改进空间，最终形成《徐汇区营商环境评估分析报告》。

4.3.2 江苏省江阴市"2440"企业开办流程优化

1. 项目背景

江阴市在"互联网＋政务服务"建设方面一直走在无锡市前列，各项改革试点也相继落在江阴市。市政务服务中心坚决贯彻市委、市政府统一部署，坚持群众导向、问题导向和效果导向，大胆探索，锐意创新，全面实施"互联网＋政务服务""一窗受理、全市通办"，加快实现办理"企业注册开业2日以内、不动产权证4日以内、施工许可40日以内"（以下简称"2440"）的目标，但因受制于数据资源整合度不高、业务流程烦琐等客观因素，困扰群众、企业的"办证多、办事难"现象仍存在。为切实解决这些问题，为群众和企业提供公平、可及的服务，对"2440"所涉三个领域的业务流程进行梳理与优化。

1）项目用户。项目用户主要包括申请政府服务的企业用户、服务相关的行政审批部门、银行等相关配套服务企事业单位以及行政服务中心相关人员。

2）业务部门。项目涉及的业务部门为江阴市"2440"中与"2"（企业开办2日内办结）相关的行政服务部门，包括江阴市市场监督管理局、公安局、国税局和地税局。

3）业务事项。项目涉及的业务事项为江阴市"2440"中与"2"（企业开办2日内办结）相关的行政服务类事项，包括企业名称预先核准、营业执照办理、公章刻制、CA证书办理、银行开户、涉税事项办理。

2. 实践

（1）流程优化思路　新办企业登记综合办理套餐将新办企业可能涉及的6个事项，整合成一个线上登记流程，将原先可能需填写的10张申请表单整合成一套综合申请表。新办企业申请人可在江阴政务服务旗舰店进行综合套餐申请，一次性填报单位登记信息、印章刻制信息、银行开户预约信息、CA 认证信息等。申请人根据提示携带所需资料前往行政服务中心进行实名认证并核实资料后，即可领取营业执照、印章、KEY 盘等。

1）一表填写。申请人到窗口之前，通过江阴政务服务旗舰店，进行企业设立登记申请信息的填报、刻章业务预约、CA 证书办理预约、银行开户预约，并上传相关证明材料。通过合并各事项申请材料中的共性字段，减少申请人填写信息的工作量，避免申请人反复登录不同的系统，反复填报信息的情况。

2）规范填报。精心设计线上填报表格，通过合法值校验、文字提示、提供示例等方式，使申请人清晰直观地了解表格的填报要求，同时市场准入窗口人员对申请人的填报情况进行检查，并给予指导，能够提高信息填报的完整度、规范度。系统根据申请人的填报内容，自动生成格式规范的申请材料文书，供申请人下载、打印，避免申请人自行编辑出现的格式不规范等问题。

3）过程追踪。引入条形码识别应用机制。使用条形码对申请材料进行标记，使每份申请材料在系统中具有唯一的对应标识代码。此种机制使每份材料在窗口之间的流转过程都有留痕，可追踪、可追溯，提升了材料电子副本的可靠性，为审批业务的全过程监督管控提供了支持。

4）时时告知。审批业务的每一个环节都经过平台办理，工作人员进行操作时，平台实时更新办理进度，并以短信、系统消息的方式告知申请人。如遇需要补正材料的情况，平台也将以上述方式通知申请人，并告知具体的补正要求。此举可提高审批过程的透明度。

（2）优化后效果

1）方便申请人。

①减少跑腿次数。优化前，申请人办理企业登记事宜，至少要跑腿 7 次（不考虑由于材料不合格被退件的情况）。

第 1 次：领取预核名结果，提交营业执照材料。

第 2 次：领取营业执照，提交印章刻制材料。

第 3 次：领取印章。

第 4 次：CA 信息采集，领取 KEY 盘。

第 5 次：到银行柜台提交材料。

第 6 次：领取开户许可证。

第 7 次：办理国税套餐。

在以上 7 次跑腿过程中，第 3、5、6 次不在政务服务中心办理，要到刻章公司、商业银行支行办理，增加了申请人的办事成本。

优化后，申请人办理企业登记套餐，只需要到政务服务中心跑腿两次即可，跑腿次数减少了 70% 以上。

第 1 次：提交营业执照材料，领取营业执照，领取印章，领取 KEY 盘，到银行柜台提交材料。

第 2 次：领取开户许可证，办理国税套餐。

此外，优化前，申请人第一次到窗口提交材料时由于材料不规范等问题，大概率会被退件，"收件—退件—再收件"的环节会往返几次。优化后，引入了网上预审机制，可以很好地避免这类问题。引入在线预审机制后，申请人到窗口提交材料时"有备而来"，申请的受理、通过率大幅提升。

②简化申请材料。优化前，营业执照办理、公章刻制、CA 认证三个事项共需要提交 17 份材料，经办人身份证、法定代表人身份证等材料在三个事项中均需要重复提交。

其中营业执照办理需要提交 7 份材料：企业名称预先核准通知书、公司登记（备案）申请书、指定代表或者共同委托代理人授权委托书、公司章程（全体股东签署）、股东的主体资格证明或者自然人身份证复印件、董事、监事和经理的任职文件及身份证复印件、住所使用证明。

公章刻制需要提交 4 份材料：承诺书、营业执照正副本、公司准予设立登记复印件、经办人身份证复印件。

CA 认证需要提交 6 份材料，为：营业执照副本、法人身份证复印件、经办人身份证复印件、公章、江苏 CA 电子证书业务申请单、服务协议书。

优化后，申请人只需要在营业执照办理环节提交 7 份材料，CA 认证、印章刻制环节的材料、数据主要通过平台流转，无须申请人重复提交纸质材料。相比较优化前，材料简化了 60% 以上。

③减少表格填写。优化前，申请人需要填写 10 份表格，部分表格中的字段存在较大程度的重复。例如：CA 证书业务申请表中的业务信息和公司登记（备案）申请书中企业基本信息重复；CA 证书业务申请表中的经办人信息和《指定代表或者共同委托代理人授权委托书》中的信息部分重复。

10 份表格包括：公司登记（备案）申请书，法定代表人信息，董事、监事、经理信息，股东（发起人）出资情况，财务负责人信息，联络员信息，刻章承诺书，指定代表或者共同委托代理人授权委托书，经营场所承诺书，CA 证书业务申请表。

优化后，通过平台建立共享库，申请人只需线上填写一表，便可以实现"一次生成、多方复用，一库管理、互认共享"，无须多次填写重复字段。

④简化办事环节。优化前，申请人办理企业登记事宜，要完成 6 个环节：名称预核准、营业执照办理、印章刻制、CA 认证、银行开户、办税。

优化后，通过平台申请新设企业登记，只需要完成 3 个环节：名称核准、套餐办理、开户办税。相比较优化前，将之前的串联事项改为并联审批，简化了审批流程，降低了办事成本，提高了办事效率。

2）辅助监管与决策。

①统一监督管理。推行业务流程网上办理，系统可对业务人员的办事效率进行督察，通过标准化的过程管理，可压缩部门在办理业务时的自由裁量空间。通过条形码实现材料流转的实时追踪，有利于提高文档管理效率。

②促进数据落地。申请人通过江阴政务服务旗舰店进行在线申请与填报，业务部门人员通过该平台进行受理、审核、打照，可实现相关数据的落地存储。平台沉淀的信息可用于数据挖掘分析，为政府管理和决策提供支撑。

③支撑电子证照库建设。在业务办理过程中，平台获取、留存申请人上传的、部门核发的证照电子副本，为电子证照库的建设奠定基础。

4.3.3　云南省"一部手机办事通"

1. 项目背景

自中国建设银行（以下简称"建行"）2017 年 12 月 26 日首次向云南省政府提出合作需求以来，在历时 8 个月的时间里，向省政府办公厅杨杰秘书长、陈明副秘书长汇报合作共建方案 2 次，与省政府督查室李微主任、省公共资源交易管理局李新平局长共同研究合作共建方案 7 次，与省政府督查室、省公共资源交易管理局相关处室进行具体对接、研讨、汇报 60 余次；陈中新行长向建行田国立董事长专题汇报云南项目推进情况 3 次，建行总行、云南分行协同召开各种研讨会、汇报会、电话会 36 次，得出"中国建设银行支持云南省"互联网 + 政务服务"建设的建议方案""一部手机办事通建设方案"两个方案。期间，国脉全程参与，提供全过程咨询，助力建行达成合作。2018 年 8 月 17 日，云南省政府办公厅与建行在昆明签署云南省"互联网 + 政务服务"建设合作协议。

云南省"一部手机办事通"项目是由建行依托国脉进入智慧政务领域里程

碑的项目，该项目从零到一、从无到有，于 2019 年 1 月 10 日正式上线，上线后受到广泛好评。全国各地政府机关省级单位纷纷到昆明市考察，随后建行智慧政府项目在全国各地"开花"。以往我们认为一件事政务 APP 是相对简单的，但该项目从启动到上线历时 110 天左右，参与人员有云南省政府办公厅、各厅局、建行几个开发中心、云南省建行分行、国脉、建行外包公司。项目开发上线前，长期在云南建行驻场人员超过 400 人，国脉参与人员超过 40 人。国脉主要承担 APP 设计、事项调研、需求撰写、功能测试及其他咨询服务工作，国脉湖南团队主要负责事项、需求方面的工作。

2. 实践

（1）项目思路　项目的 4 个阶段是事项调研、需求撰写、开发咨询、上线测试，见表 4-1。

表 4-1　项目的 4 个阶段

序号	项目阶段	工作内容	成果输出物
1	事项调研	对标分析 实地调研 事项梳理	事项调研情况表 事项梳理明细表
2	需求撰写	流程优化 需求书撰写 原型图设计	优化建议书 需求说明书
3	开发咨询	技术开发过程咨询	
4	上线测试	对事项进行功能、页面测试	测试案例 事项测试跟踪表

1）事项调研。步骤：明确事项的选取标准—确认调研事项清单范围—展开全面调研。

①事项选取原则（表 4-2）。

由于云南省人口总数及人员组成的特殊性，所以我们对全省年度办件量要求并不是非常高；手机端操作，字段、页面、申请材料过多会使办理对象失去耐心；使用手机端事项也需要办理对象必须上门，违背了手机端产生的初衷；纳入电子证照库是为后期建电子证照库做伏笔；手机端办理不超过 5 个工作日是为了达到及时响应的效果；事项办理标准必须全省统一标准，各个市不同标准时间不允许；使用全省统一的业务系统且优先选取已实现在线办理的事项，有基础上线对接会更节省时间。

表 4-2　事项选取原则

个人类事项	法人类事项
1.全省年度办件量需超过 10 万件	1.全省年度办件量需超过 3 万件
2.APP 填写字段不超过 30 个	2.APP 填写字段不超过 60 个
3.APP 填写页面不超过 4 页	3.APP 填写页面不超过 8 页
4.申请材料不超过 5 个，单个材料页数不超过 5 页	4.申请材料不超过 10 个，单个材料页数不超过 10 页
5.办理对象必须上门次数不超过一次	5.办理对象必须上门次数不超过一次
6.部门需认可申请材料拍照上传，并将办理结果纳入电子证照库	6.部门需认可申请材料拍照上传，并将办理结果纳入电子证照库
7.承诺办结时限不超过 5 个工作日	7.承诺办结时限不超过 10 个工作日
8.该事项办理标准必须全省统一标准，如受理条件、申请材料、办结时限等	8.该事项办理标准必须全省统一标准，如受理条件、申请材料、办结时限等
9.该事项如有业务系统需使用全省统一的业务系统	9.该事项如有业务系统需使用全省统一的业务系统
10.优先选取已实现在线办理的事项	10.优先选取已实现在线办理的事项

②事项确认。三看一沟通；一看是看现状（各厅局公布的事项清单、线上事项清单）；二看是看标杆（"浙里办""粤省事"等一些优秀先进政务 APP 或者小程序）；三看是看政策，初步拟订云南省需调研的服务事项清单，166 个事项为第一批上线数量。

③事项调研。以 166 个事项为基础事项，对应 22 个厅局，采用实地调研，再次对初步拟订的第一批上线清单进行核验，对事项情况、办理流程、涉及系统、数据项等详细摸底，并将调研成果梳理形成"事项梳理明细表"（表 4-3）。

表 4-3　事项梳理明细表

事项基本信息	事项运行系统基本信息	事项对接基本情况	电子证照信息	其他信息
部门名称、服务类别、事项名称、办理层级、办理条件、事项所在系统、办理结果、出证方式、材料名称、材料类型、来源渠道、包含的数据项、来源部门、备注	系统名称、系统地址、系统层级、系统架构、网络环境、是否与政务外网联通、登录方式、是否办事类系统、系统对接人与联系方式	是否开通云南省政务服务网上申报、是否实现单点登录、是否开通掌上办事、掌上办事移动端名称、掌上办事移动端对接人及联系方式	用证系统、制证系统、数据同步方法、存量数据处理	语音导航标签、智能推送标签、关联事项、智能提醒条件

事项基本信息：材料表单化，数据与厅级系统数据对接。事项在手机端快速办理，实时传送至厅级系统内，不需要厅级系统人员再次录入。

调研供给方为非本部门的字段：能够了解哪些部门供给哪些字段数据推动事项高效办理。

事项运行系统基本信息：APP 技术人员需要联调办事通系统与厅级业务系统，保证数据在两个系统都能流转。

事项对接基本情况：方便日后对接云南省网上办事大厅。

电子证照信息：为建立电子证照库做准备。

其他信息：设计每个事项的关键词、标签，方便精准摄像头、导航。

2）需求撰写。步骤：优化建议书—业务需求说明书。

①什么是需求分析。需求分析是产品设计的一个重要阶段，也是产品全生命周期中的一个重要环节，主要是分析产品在功能上需要实现什么，而不是考虑如何去实现，如何实现是技术开发人员应该考虑的。需求分析的目标是把用户对产品提出的要求或需要进行分析与整理，确认后形成一个描述完整、清晰与规范的需求文档，确定产品需要实现哪些功能、完成哪些工作。此外，产品的一些非功能性需求，比如产品的性能、可靠性、响应时间、可扩展性等，产品设计的约束条件，与其他产品的关系等也是需求分析的目标。

②事项优化—优化思路　两减一优一快：减环节、减材料，优化流程，快速办理（表 4-4）。

表 4-4　事项优化思路

流程	优化思路
1	数据共享 —— 通过建立全省统一数据共享交换平台，打通部间、层级间信息壁垒，实现各部门供给侧业务数据和需求侧业务数据的共享交换，并通过级联对接实现与国家共享交换平台的对接，获取国务院行业部门共享数据，实现政务服务信息共享共用、证明材料后台核验
2	电子证照共享 —— 基于"一次生成、多方复用，一库管理、互认共享"的建设思路，建立电子证照库，实现凡是通过电子证照数据共享复用的材料均不再要求企业和群众重复提交。同时，用户在网上办事过程中产生的电子证照也可自动存入电子证照库，反向促进证照库的建设
3	实名认证 —— 复用银行端实名认证体系和数据，实现刷脸、银行卡、数据校验等多种方式自然人、法人实名认证。通过自动调取实名认证信息，减少用户需要填写的内容，进一步提升用户操作的效率

流程	优化思路
4	流程调度——通过审批流程的自动调度取代原有纸质材料在厅局间的交换，实现群众"前台跑"变数据"后台跑"、群众"来回办"为部门"协同办"，最终达到全过程网上运行，减少跑动次数，提高办事效率
5	智能填单——充分利用数据挖掘、人工智能、机器学习等大数据分析方法，分析系统中的历史存量数据，系统智能自动填写表单信息，提高手机办事的可用性和便捷性

数据共享、实名认证、流程调度的作用是尽量使用户少填、少报、少跑；电子证照共享的作用是电子证照库内已有材料不需要重复上传；智能填单的作用是使用大数据分析方法，实现系统智能自动填写表单信息。

智能填单举例：投资项目业务领域、行业领域多且复杂，为确定公司投资项目业务领域、行业领域，使用省发改委系统历史数据，根据项目名称匹配关联性强的业务领域、行业领域，缩小范围进行选择。

③需求分析—优化建议书。内容：现状和问题、优化措施、优化效果、需协调工作。

现状和问题主要内容包含事项现有流程图、需填写的表单信息、提交表单、跑腿次数；优化措施主要内容包含具体明确少填哪些字段、少报哪些材料、增加邮政快递服务；优化效果主要内容包含减少填信息项数量、减少填上传材料、减少跑腿数量；需协调工作主要内容包含平台系统对接、数据共享（如公安部门实名认证信息）。

④需求分析—需求书撰写。内容：事项办理流程、信息明细表、APP 原型图。

事项办理流程主要工作通过调研梳理优化后确定的事项办理流程，理清普通用户、政务业务人员以及后台系统之间交互的逻辑关系；信息明细表主要工作包括用户申请信息明细表、返回结果信息明细表、申请材料信息明细表以及相关业务系统定位等，确认各个材料或字段的填写说明、上传方式、来源渠道等属性；APP 原型图主要工作确认不同页面的交互关系、功能操作、字段填写规则等，绘制办事通 APP 原型图，保证用户体验，方便群众办事。

⑤案例说明。会计专业技术资格考试报名属于财政厅事项，国家普通话水平测试报名属于教育厅事项，以下就这两个事项的相同点、不同点、堵点、解决办法做对比分析。对比分析案例见表 4-5。

表4-5　对比分析案例

事项	会计专业技术资格考试报名	国家普通话水平测试报名
相同点	公共服务事项、考试报名、部委业务系统、非报名时间不开通渠道、PC端办理	公共服务事项、考试报名、部委业务系统、非报名时间不开通渠道、PC端办理
不同点	不限名额、一年两次、需传照片、有资格审查	限制名额、每月一次、无须照片、无资格审查
堵点	PC端办理、填写字段较多、照片上传复杂、需购买教材、考前需审核考生资格	PC端办理、每月名额有限导致报名超额、缴费超额、中介线上抢占名额后高价卖出
解决办法	1.优化非必填字段，必填字段也得到优化，让用户少填信息 2.在APP中提供证件照检测功能，手机摄像头拍摄白色背景照片后由APP检测照片是否达标 3.去掉购买教材环节，提示链接给用户让用户自行购买 4.报考完考试后再审核资格，报考过程中用户不用跑一次	1.APP前端设定数量限制，只允许200人进入字段填写界面 2.给教育厅搭建一个管理端，用于考场时间与人数的设定，所有前端报名数据全部进入该管理端，教育厅工作人员在管理端将数据下载，手动推送到国家平台 3.报名成功后设定10分钟缴费时间，规定时限不缴费则自动退出名额，避免中介占名额售卖

3）开发咨询。

①辅助开发。就事项需求说明书和优化建议书，与技术方一对一进行沟通对接，说明整体优化思路，分析可行性，再逐一完善，形成可落地的事项方案。

②功能测试。编写测试案例，涵盖同一事项的不同情形；记录测试过程当中出现的任何非正常问题并及时反馈给技术方；持续跟踪已出现问题的整改或修复进度。

4）上线测试。

①按照测试案例文档进行测试的好处：一是形成内部统一的工作方法、每一个人都能清楚事项的操作流程；二是便于在海量的需求文档中整理出测试要点，避免案例的遗漏；三是为后期的测试提供依据，方便事项测试的跟踪。

②测试案例表（表4-6）。

表 4-6　测试案例表

* 测试案例名称	说明：案例名称中不可包含以下符号 \/:" ? ' <>|* %，必填项，该列导入 QC			办理－接迁落户 -003	
* 目录	说明：导入 QC 后的存放路径。便于使用和查看。上级与下级的路径间用 \ 符号隔开。格式：层级 1\层级 2\层级 3 1.避免存放路径的层次过深 2.建议不同案例类型的案例存放目录不同			办理\接迁落户\李慧	
* 案例性质	说明：填写案例正反案例标识，必填项，该列导入 QC			反	
* 案例设计人	说明：此案例的设计人员，填写登录 QC 的用户名，如 zhangsan.zh、lisi.bk，必填项，该列导入 QC			lihui.co	
* 测试概述	说明：体现出此案例的测试目的，一般形式可为"验证：×××"，必填项，该列导入 QC			验证：未选择与申请人关系，不能办理接迁落户	
* 操作步骤序号	说明：填写操作步骤的序号，建议按照一个页面的输入做为一个步骤，必填项，该列导入 QC	1	2	3	4
* 步骤描述	说明：每个步骤描述需占一行，与前面的操作步骤名称相对应。建议按照一个页面的输入作为一个步骤，必填项，该列导入 QC	用户登录 APP	用户选择接迁落户	输入常住户口登记地公安派出所信息（下拉选择州市、区县、派出所名称）	输入登记人信息，与申请人关系为空
* 预期结果	说明：针对本项步骤描述所对应的预期结果，必填项，该列导入 QC	登录成功	成功进入接迁落户页面	显示完整的、符合地域逻辑的派出所信息，系统没有出现报错信息	输出字段"提示 请选择 请选择与申请人关系"
* 运行结果	说明：此案例执行时的运行结果，分别为：未执行、成功、失败、执行中、放弃、无效。案例运行结果的初始状态为"未执行"，必填项，该列导入 QC			未执行	

（2）项目成果及亮点

①解决民生痛点，实现群众办事"少跑路"。按照"一网通办"要求优化政务服务流程，推动证照、办事材料、数据资源共享互认，持续提高办事材料线上线下共享复用水平。压缩办理环节、精简办事材料、缩短办理时限，实现更多政

务服务事项的申请、受理、审查、决定、证照制作、决定公开、收费、咨询等环节全流程在线办理，最大限度地让群众少填、少报，真正解决群众填报繁、填报难的问题，实现群众少跑腿、数据多跑路。

②创新服务模式，实现企业群众"好办事"。实现场景主题服务事项在线办理。"一键"办理同一办事场景下跨部门、跨层级的多个关联事项。变以往"我提供什么，用户接受什么"的供给侧机制为"用户需要什么，我就提供什么"的需求侧机制，增强政务信息服务的主动性、精准性、便捷性，提高公众办事的满意度。通过"一窗式受理、一表式登记、一站式审批"实现并联审批业务的办理，群众可以通过一键申请完成所需审批材料的递交申请，实现好办事、办好事。

③提升治理能力，实现科技支撑"慧决策"。利用大数据、人工智能技术提供政务大数据看板、舆情分析、焦点分析等功能，揭示传统技术方式难以展现的关联关系，极大地提升政府整体数据分析能力，为有效处理复杂社会问题提供新的手段。在此基础上探索"政务＋人工智能"的应用场景，通过建设政务智能决策支持系统，在广泛、大量数据的基础上进行模块化分析和政策模拟，为决策提供更为系统、准确、科学的参考依据，为决策实施提供更为全面、可靠的实时跟踪，提升决策的预见性、科学性和公平性。

④优化营商环境，实现社会创造"有活力"。基于企业开办、施工许可、不动产登记等商事材料重复提交，办理时间长等痛点、堵点，梳理、优化营商环境主题事项，对办事所需证明材料、数据填报项、服务流程进行全方位梳理，优化再造在线审批、并联审批、数据治理推进流程，简化程序，形成"企业开办""施工许可""不动产登记"等主题事项服务专题，为推行"一窗受理、并行办理"提供支撑，有效解决市场主体办事费时费力的问题，营造稳定、公平、透明、可预期的营商环境，激发市场主体活力和社会创造潜力。

第 5 章

组织进化

5.1 组织进化——打造智慧组织形态

5.1.1 组织的数字化转型

从 1980 年以来，全世界存储信息的能力大约每 40 个月翻一番，世界上的数据量呈指数性增长。国际数据公司 IDC 统计显示，全球近 90% 的数据将在这几年内产生，预计到 2025 年，全球数据量将比 2016 年的 16.1ZB（ZB，即十万亿亿字节）增加 10 倍，达到 163ZB。随着数据越来越多地参与到社会运行之中，社会发展更加数字化、平台化和智能化。数据成为组织发展的重要力量，数字化转型的最终目标就是实现智慧组织。

在组织的转型升级过程中，必须面对数据引发的挑战。当前，大部分制度、规则正在逐渐失灵，原因是数据作为一个新变量加进去后，以前的公式很难适用；数据的发展存在着失衡的问题，区域、领域、组织等的发展有快有慢；价值体系也逐渐失重，很多过去值钱的东西变得越来越不值钱，过去不值钱的东西现在被不断地挖掘价值。数据成为重要的生产要素，变得越来越重要，日益受到组织各部门、各领导的重视，但同时也面临一系列困难，包括难以获取、难以治理和难以应用。

政府组织自身也面临巨大挑战，过去的知识和经验正在加速失效。不是说过去的经验不对，而是在新的发展环境下，其自身的局限性造成了老经验用不上、不好用，因为工业时代的组织架构、思维方式、管理运营模式已不适应数据时代的发展，科层制很难面对庞大、网状的数据平台运行。

数字化转型是从"物理世界"奔向"数字世界"，从"工业时代"迈进"数据时代"。我国政府组织的数字化转型已经进入中场，过去主要是以软硬件建设为主，特别是数据中心、云的建设，现在重点是关注数据；过去主要以建设为主，现在重点关注整合、运营；过去存在数据与业务分离，现在要深入融合。政府组织数字化转型就是要用数字助力政府，做到整体一盘棋的"整体政府"，通过数据赋能组织，不仅是对外部的惠民惠企服务，还包括对内的协同联动、监督考核方面赋能。

数字化转型虽然已过了前半场，但仍有许多工作不到位，需要进一步落实，譬如数据治理不到位、目录不清晰、数据未关联等。在数字化转型的中场，必须进一步做好数据治理与应用，确保数据质量，充分发挥其价值，做好数据的资产化和运营工作；按照数据逻辑改造业务体系，将管理与运营同步；将过去的系统和软件进行整合优化，通过治理方法的数字化，促进组织结构、业务流程、服务方式、角色转型等方面的优化。

5.1.2　组织进化的方向

1. 组织结构与业务流程优化

组织的进化离不开对组织结构及其业务流程的优化，我国的政府组织结构优化是伴随着行政管理体制改革而进行的，从新中国成立至今已经开展了多次，取得了一定的成效。从历次改革内容来看，政府职能对于组织结构的设置和工作管理方式的安排起到决定性作用，对组织工作流程的优化有助于进一步厘清政府的职能。

我国传统的政府部门管理组织结构，往往是条块分割、层级明确地自上而下建立起来的，这与组织管理的历史发展路径有很大关系。早期初民社会的原始部落首领由于其管理的半径有限，往往可以承担大部分的管理职责。随着技术的积累、社会的发展、管理半径的不断扩大，地域的管理需要通过更多的地方政府、各级部门组织。这种机构的权责分配，往往是自上而下进行治理，中央统辖全国，再将不同的管理职能下派给不同的部门和区域，形成层层汇报、向上负责的金字塔式组织管理架构。

传统的金字塔式组织架构的优势在于，层级之间的衔接较为紧密，能够保证中央与地方的紧密连接以及对地方保持较强的控制力，有助于保证整个组织的稳定性。然而，由于在分配组织的管理任务、确定具体工作流程时，往往是基于过去的经验和中央政府对于其所面对的管理任务总体的认知和理解，所以当组织面临外部情况发生重大变化时，很难及时地调整内部的架构。组织机构与管理模式的僵化难以适应经济社会的发展方式，导致政府组织面对公民、市场主体的需求出现执行效率反应迟钝。在人类制造和产生数据变得越来越容易的时代，组织内部协同不力需要工作流程再造的问题变得更为突出，它会导致数据流转的不通畅，甚至出现数据不能流转的局面。反映在具体事务上，表现为办理一件具体的事务要经过许多不必要的流程，甚至出现流程不通、组织内部无法协同的情况。因此，建立协调性的管理方式，促进政府组织内部的协同变得尤为重要。

我国中央政府部门以及各地各级政府部门采取了相应的改革措施来应对。例如：浙江省最先提出的"最多跑一次"改革，对数据流转的边界做出了改革和调整。一改在传统的办事流程下，办事人员自己驱动数据在组织内部不同部门间流转，从而导致完成整个办事流程效率低而且目标不明确的情况。

当前政府组织政务服务的流程再造关键点有三个：①大数据技术中的云存储、Hadoop 技术为分散在不同部门、异构数据资源的集成共享提供了技术支撑；②大数据支持下的数据集成和信息整合为构建以数据响应为核心的跨部门政务协同提供了基础；③无缝隙的流程管理链条实现了以数据响应为核心的跨部门政务协同。经过"最多跑一次"改革之后，有些地区通过建立统一的系统平台，实现了数据在不同组织节点间的共享，完成了数据集成和整合的基础过程，缩短了一部分的数据流转过程，使数据流转更为明晰，从而有助于提升整个组织的运作效率，弥补组织结构造成的不足，促进跨部门的政务协同。

政府部门内部工作流程再造还体现在数据层集成结构化和非结构化数据，建立电子证照数据库、电子资料数据库、审批信息数据库和内部职责数据库等政府部门数据共享库○。通过对数据的整合运用，政府组织缩短了行政手续流程，提高了办事效率，连通了组织内部职能系统，虽然政府组织的结构以及各部门职权没有发生实际改变，但业务数据化使各部门之间的职能更加明确，提高了政府制订计划的能力，成功融合各部门之间的资源，可以避免资源大量浪费，使政策执行的能力显著提高，还能减少政府部门之间的冲突和相互扯皮的现象。

2. 组织服务方式优化与角色转变

党的十八大以来，我国全面推进政治体制改革，不断发展社会主义民主政治，建设社会主义政治文明。深化行政体制改革，推动政府角色和职能转变，是政治体制改革的重要组成部分，而政府角色和职能转变又是深化行政体制改革的核心。

在全球化经济背景下，中国政治体制改革的目标是建立服务型政府。服务型政府是指在公民本位、社会本位指导下，在民主制度框架内，把服务作为社会治理价值体系核心和政府职能结构重心的一种政府模式或政府形态。其内涵的要点包括四个方面：①服务型政府职能结构的重心在于社会服务；②服务型政府提倡公民参与，并健全公民参与机制；③服务型政府与公民间存在平等、合作的新型互动关系；④服务型政府是对传统政府模式的根本性改变。○随着政治体制改革的深化，基于经济发展新阶段的要求，建设服务型政府、实现政府角色和职能转变，已成为经济和社会发展的必然要求，也是体现我国政治体制优越性，继续助

○ 刘晓洋：《大数据环境下政府业务流程再造研究》，载《广州公共管理评论》2015 年第 3 期。

○ 施雪华：《"服务型政府"的基本含义、理论基础和构建条件》，载《社会科学》2010 年第 2 期。

推改革开放，加速转变经济发展方式，提高人民生活幸福感、获得感的切实需要。

在数据技术、数据库技术并不发达的时期，政府部门接收和处理的信息是分散而不成系统的，也未经"清洗和加工"。这样的客观基础，导致政府很难分析总结数据情况，汇总业务要求，发现业务背后的共性特点和隐藏的规律性，进而提供切实符合人民需要及能够解决企业难点、痛点的服务，对向服务型政府转变往往显得"心有余而力不足"。

如今与数据相关的技术飞速发展与落地应用，使得政府面对的大量信息能够被汇聚和整合起来，并通过数据分析技术发现信息背后的逻辑和规律，从而做到主动管理数据流，对数据进行研判，对服务对象给出画像，对服务要求做出归纳总结，对服务过程的重点和堵点进行归纳，从而变"被动"为"主动"。从服务对象 —— 也就是个人和企业的业务需求出发，调整政府自身的角色职能，以达到更佳的契合度，进而提升整个服务过程的效率，实现政府角色和职能的转变，优化服务模式。2020年我国政府在"数字抗疫"期间的表现，全面地体现了组织服务方式优化的实效。

由于新冠肺炎疫情发生，叠加经济下行压力，我国整体经济发展遭遇了很大的困难，包括各产业面临需求萎缩，正常的生产、经营无法开展，供应链环节缺失等。中共中央采取紧急措施，集全国之力在极短的时间内控制住了疫情的蔓延。进入疫情防控常态化后，在保证公共卫生安全的必要审批环节的前提下，各级政府尽可能地提升企业整体办事的效率，帮助企业克服复工复产过程中遇到的实际困难成为政府服务的重点。广东省政务服务数据管理局打造了"疫情防控服务专区""中小企业诉求响应平台""小微企业和个体工商户服务专栏"等频道，主动为人民、企业排忧解难。杭州开通了网上税收申报、在线复工申报审核等，助力企业复工复产；采用大规模远程教学、数字平台共享课程，助力"停课不停学"。政府数字抗疫的成果，正是组织服务优化的最好体现，服务由被动响应转变成主动服务。

3. 组织人员管理优化

小到一个家庭，中到一个企业组织，大到一个国家，不论管理者对人如何认识，做出什么假定，并据此为人的管理设计相应制度、采取相应措施，其出发点和落脚点即人力资源管理的根本目的都是要千方百计地把人"激活"。人是组织中最为重要的因素，一个组织的优化如果不能完成对其员工的观念和态度的改变，其组织优化的现实意义就无从谈起。人员的优化是指员工在态度、技能、期望、认知和行为上的改变，变革的主要任务是权力、利益等方面在组织成员间的重新分配。组织必须通过对员工的培训、教育等，使员工的观念、态度和行为等与组织保持一致。互联网、大数据等新技术，正如有些专家所预言的，可以使这个世界变得"赤裸裸"。这些技术在人力资源管理领域的应用实践，改变了人的思维视角，足可以帮助我们从"新"的角度，更加多维度地认识人，提出更加"实"的人力资源管理制度措施。这些制度和措施的实施更有助于"激活"人，让人发挥更大的积极性、创造性和能动性，同时优化组织的人员管理模式。

正是由于互联网、大数据、云计算等技术的深度应用和广泛普及，人力资源管理正经历一个从经验到科学、从定性到定量、从零散到系统、从肤浅到深入的过程，向数据化转型。

在数据时代，每一个人、每一个组织都可以由若干个数据组成。从人们与政府、公司建立最初的联系起，就产生了含有大量信息的各类数据。根据 Bersin & Associate 的一份白皮书⊖，人力资源基本数据可以由基础信息、工作经历、绩效、技能、薪酬、背景调查和社交等构成。除基本数据之外，人力资源部门可通过互联网爬虫技术爬取相关的其他数据，如网页浏览信息、购物信息。通过数据清理、数据集成、数据转换和数据规约等预处理操作，人力资源管理诸如人员的选择、人员的开发、人员培训、人员的配置等环节，都可以立足于人力资源数据采用数据库的形式，建立人才库，这样就可以使政府、企业的人力资源管理部门更好地对人才资源进行追踪与整合。人力资源的基本数据见表 5-1。

表 5-1　人力资源的基本数据

职能	数据类型
基础信息	年龄、性别、民族、语言、教育程度、学分
工作经历	详细的服务年限、工作职责、晋升、雇主或公司
绩效	绩效考核等级、业绩、项目成果、所获得各类奖励、专业成就
技能	证书、培训记录、考核考试结果、自我评估、外部培训记录、领导力培训项目
薪酬	以往的工资情况、奖金、奖励、荣誉、其他收入
背景调查	候选人在过往职业经历中的真实表现，特别是那些对于品行和业绩具有重要影响的事件和背后的原因
社交	博客、发表在维基百科上的文章、建议、其他人的评价、社会足迹等

⊖ Big Data.In HR，April 2012.http://home.Bersin.com.

基于人才库，人力资源大数据分析系统，用于根据预设的分析算法进行大数据分析。通过将非结构化数据——例如：内部协作环境的非结构化数据与更多事务性数据相结合，人力资源大数据分析主要体现在强化大数据为人力资源管理提供前瞻性的分析与洞察，可对人力资源的动态变化、未来趋势进行预测；为人力资源的决策与计量管理提供充分的基础数据支撑；从大数据中分析劳资关系与冲突的临界点，减少组织内部的矛盾与冲突，降低管控与交易成本，减少内耗；从大数据分析中寻求职位系统与能力系统的最佳效能匹配关系，剔除人力浪费，从而提升人才匹配决策的科学性；通过互联网和大数据系统对组织的价值创造过程即经营绩效进行客观公正的定量化评价，使人力资源的价值计量化管理成为可能。

4. 组织运行监督优化

政府监督是现代国家经济社会治理的重要组成，是维护经济健康发展和社会公平正义的必备内容，当前许多国家政府以及国际组织都在大力推进监督管理改革。近年，《国务院关于促进市场公平竞争维护市场正常秩序的若干意见》（国发〔2014〕20号）、《国务院关于取消一批行政许可事项的决定》（国发〔2017〕46号）、《国务院关于加强和规范事中事后监管的指导意见》（国发〔2019〕18号）等文件相继出台，我国持续推进以"简政放权、放管结合、优化服务"为主要内容的政府监督管理层面的改革，已取得了显著成效，很大程度上提升了营商环境。⊖然而，政府的监管不应当只是对外部市场、企业的监督，应该包括对政府组织内部运行情况的考核。

政府组织的绩效考核是世界公认的难题，也是对政府运行进行监督的重要方式，即便是功能相同的公共部门，也有规模大小的不同及地区性差异的存在。政府服务所涉及的事项十分复杂，具体事件的发生往往是即时性的，对其监管往往很难做到即时性的判断和反馈。与此同时，政府公共部门的事项目录、指标体系等非常复杂，没有统一标准，这也是困扰我国实施政府绩效管理的一个难题。由于即时性等原因，从公共部门的部分绩效测量看，有些是不能通过量化指标来测量的。如何结合定量指标和定性指标准确实施评价，是政务绩效考核的关键。通过渐进的发展与积累来打造透明政府，推动社会总体水平发展，保障公平、正义，真正从维护人民群众利益目的出发也是让人民群众满意的核心关键。

⊖ 武鹏、胡家勇：《政府监管的特征及其治理》，载《社会科学战线》2020年第9期。

只有将依靠群众、第三方监督纳入制度安排和现代管理方法路径，才能推进政府绩效管理进入科学发展轨道，实现群众参与政府绩效管理的制度化，推进政府绩效管理，坚持"一切为了群众，一切依靠群众，从群众中来，到群众中去"的群众路线，建立群众路线运行机制，不断提高群众参与政府绩效管理制度化、程序化与网络化水平。

要让群众充分参与到组织的绩效考核评价中，意味着很多政府职能可以下放到社会和企业，在公共产品及服务的生产和供给方面选择多样化机制，允许多样化的制度安排，如政府生产和政府供给、企业生产和政府供给、企业生产和企业供给等，而把政府的精力主要集中于规则的制定和实施上，并且进行有力监督，以此营造一个有利的激励环境，建设群众广泛参与的政府管理模式，促进市场的有序运行，其本质是要构建服务型政府绩效管理制度，这样的制度要求也促使政府组织由管理者转向服务者。

同时，打破政府对公共产品的垄断，给群众更多的选择空间。政府在供给公共服务时要重视质量和效果，建立政府绩效管理的公众参与机制。其背后的重要支撑是要建立一套健全的信息公开制度，在尊重公众知情权的基础上，促使政府及时向社会披露政务信息。把信息公开作为政府的一项责任和义务，既有利于建设"阳光政府"，又为公众监督政府创造了条件，克服了双方的信息不对称，有助于解决社会公众和政府之间的委托 - 代理问题。在实际运行过程中，政府要对社会公众的要求做出积极回应，并采取积极措施，公正地、有效率地实现公众的需求和利益。在这个回应过程中，政府及工作人员履行其在整个社会中的职能和义务，包括法律和社会所要求的义务。

要落实政府组织的绩效管理，具体的实施是关键。管理实施的主要任务在于监督管理者能够明确知晓政府运行的相关准则、目标和要求，进而利用各种有效手段全面收集绩效管理的有关信息，对所获得的有关绩效管理的信息进行整理、加工和处理，运用相应的各种分析方法去粗取精、去伪存真，由此及彼、由表及里，得出相应的结论。如果发生差错，或者绩效显示状况明显与实际体验不符，那么可以根据有关程序向管理主体提出意见或向上级机关提出管理申诉，管理主体或有关单位和部门应及时受理群众提出的要求或申请，复核或审查管理结果。群众参与既是管理的关键性方式，又是管理得以健康延续的基础，体现了以人为本的精神。实施过程中实现了管理的目的，人们可以根据管理结果，寻找差距、总结经验，促进政府服务能力的提高。同时还应看到，政府绩效管理基本程序的运行一环扣一环，依次递进，是一个不断循环的过程，前一次的绩效管理为后一次绩效管理提供参考和启示。政府绩效管理的程序循环不是周而复始的简单重合，而是在群众广泛参与的前提下螺旋式上升的逻辑进程。

当前，数据海量生产，数字技术发展日新月异，为群众参与政府监管、绩效评估提供了重要支持。可以说，推动组织数字化转型，是实现群众参与政府绩效管理的重要路径。近年来，世界各国以调整政策法规和促进政府服务数字化为突破口，加快了数字政府的建设步伐。数字政务是信息时代政府办公管理最基本和最普遍的技术手段，不仅在公共行政领域，同时也在人类社会生活的各个领域逐渐产生了影响。数字政务本质是对政府职能的转变和创新，通过统一的平台、透明的机制制度、便捷的使用方式，使群众广泛地参与推动政府管理水平的跨越，进而实现数据赋能组织，使政府组织智慧化。

构建一个服务型的数字政府，可以整体涵盖"法治政府""责任政府""服务型政府"以及"廉洁、高效、公正、透明政府"的价值追求。数字政务是信息时代各级政府不可缺少的工具。数字政务对政府绩效评价而言，改善了现有绩效管理的信息基础和信息通信手段，创立了全新的管理方法和管理措施，并且加强了监督的时效性、严谨性，推进了组织运行监督机制的优化。

5.2 组织进化产品

5.2.1 "运营通"

1. 产品概念

国脉的"运营通"系统平台，又称"数字政府智能化运营监督管理平台"。"运营通"实现对平台的运维体系、运营情况、服务体系和指标完成等情况监督，并实现对平台运行情况的可视化监督管理，建立了平台运营监督管理制度体系。对数字政府所涉项目的进度、质量、变更、服务等进行全面跟踪，确保"数字政府"所涉项目稳步推进。建立考核评价指标体系，利用监督平台，结合线上监测和线下审核的方式，对数字政府绩效进行常态化的监督、评价；通过政企合作、管运分离，提升组织政务治理能力；通过与第三方的合作，提升组织自我评价、审核、纠错等自省能力。

2. 产品架构

"运营通"充分利用平台数据，迅速联结、重组、反馈，将平台管理系统、运维监管系统、项目管理系统、接口管理系统、考核核算系统整体整合，形成完整的内部系统平台，结合需求清单、问题清单、建议清单"三清单"要求，进行监督管理，对服务质量、考核任务完成情况、平台运营能力等不同方面进行多角度的考核。"运营通"监督系统总体设计框架如图5-1所示。

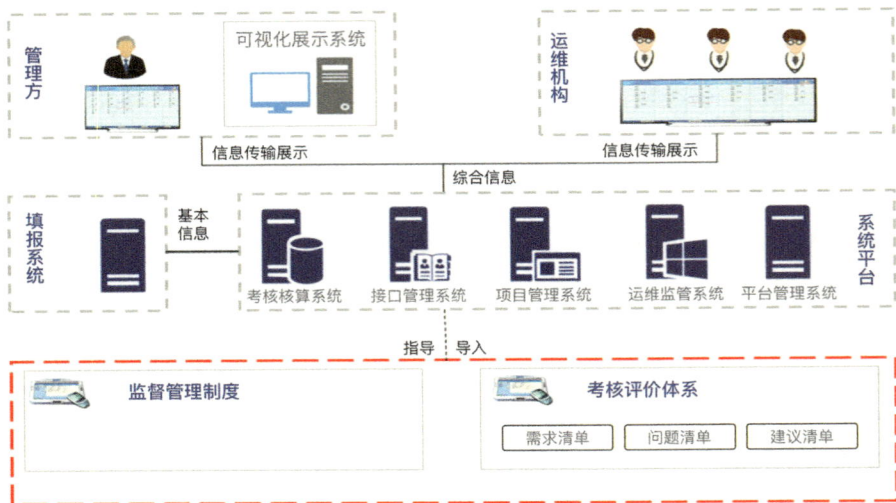

图5-1 "运营通"监督系统总体设计框架

在技术运用上，"运营通"采用多层服务模式设计，使表现层和业务处理层与数据通信层分隔。新增访问渠道时，交易处理和与后台的数据通信及处理不做任何修改，仅增加渠道驱动，改变内容展示格式。

业务层与数据通信层的分隔设计，可以在业务处理不做大量改动的情况下，连接到不同的后台。因此，分层设计可以使得系统更加灵活、易于维护。Web服务器只是作为所有服务的访问入口并管理静态的页面，所有的业务逻辑和后台数据的访问逻辑都交给Web应用服务器（Application Server）来处理，降低了Web服务器的负载，同时有效地将内容服务应用中的表示逻辑（Presentation Logic），业务逻辑（Business Logic）和对数据库的访问逻辑（Data Logic）有效地分离，极大地提高了应用的可扩展性，构造了一个完整的三层次（3-tier）或多层次（N-tier）应用；同时由于Web应用服务器在可靠性、可扩充性、可用性等方面的优势，保证了整个应用系统的总体可用性。

3. 产品应用

在数字政府建设过程中，"一网通办""一网统管"等概念已经深入人心，成为数字政府建设基本理念，政务 APP、政务服务网等平台的建设已经成为基本发展支撑，但是具体的应用、使用效果却良莠不齐，不能得到保证。

当前，各个城市普遍存在的城市数据应用难点，主要体现为四个方面：①集中难，数据管理的职责分散、权责不明确、数据管理边界模糊，缺乏统一的数据管理组织及数据管理规章制度；②管理难，缺乏对数据规范、流通流程、数据质量、数据安全等一系列数据全生命周期管理的统一标准和体系；③共享难，数据不愿共享、不敢共享、不能共享的现实情况普遍存在；④应用难，由于缺乏标准及沟通机制，各部门间数据往往"看不懂、难使用"，实现跨部门应用需要大量沟通成本。

"运营通"的应用，是与政务 APP、政务服务网、微信小程序等对应百姓生活方面所需要的政务服务、生活服务（如交通、医疗、教育、健身等支付服务）、住家服务（围绕住家的周边服务及小区治理）等方面深入融合的，平台建设注意统一入口、统一认证、统一支付、统一标准。

整个城市的一体化政务服务内容繁多、体系复杂，可能包含数百、上千的应用服务，比如毕业生接收信息查询、继续教育学时申报与验证、个人健康档案、药品和诊疗服务项目等，涉及多个单位/部门，在服务渠道方面包含官网、APP、小程序、自主终端等方式，为了保障整体协调运作，运营监管非常重要。

"运营通"的监督体系，按照"咨询 + 软件 + 服务"的指导思想进行设计，包括监督管理制度建设、监督系统建设、常态化监督考核服务建设、运营接口对接建设和可视化监督建设。

监督管理制度是指"运营通"建立健全客观、科学有效的平台运营监督管理制度体系，通过建立各种规则，对运营机构在具体执行过程和结果进行的监督，确保对政务平台运营、运维和日常管理进行全面跟踪，促使监督过程规范化、制度化。

监督系统建设是指"运营通"建立信息化系统，通过系统来监督相关的平台、提取相关的数据。具体而言，政府搭建智能化运营监督管理平台，实现政务平台的运维体系日常管理、运营情况数据监控管理和汇报、服务体系常态化管理、指标体系建立和考核指标完成情况等监督，并实现政务平台运行情况的可视化监督管理。

常态化监督考核服务是"运营通"依据政务平台的考核评价指标体系，利用监督平台，结合线上监测和线下审核的方式，并通过驻场监督服务的形式对政务服务平台进行常态化的监督、评价，以达到为组织"以评促建"目的。

运营接口对接和可视化监督指"运营通"根据不同端口的对接规范进行分别对接，并且实现对运营机构运维、运营、服务平台情况的数据可视化展示。

5.2.2 "政策通"

1. 产品概念

国脉"政策通"又称"国脉一体化惠企政策服务平台"，旨在解决各级政府政策服务中存在的政策难汇聚、难查询、不能送、难办理、效果不可知等痛点、难点，对标党中央关于"各项惠企政策落实到位、易于知晓、一站办理"要求，是打通惠企政策服务、优化营商环境的帮手级产品。以"惠企政策精准送、补贴申报一次办"为核心，提供政策"全面查、精准送、一次办、在线评、马上督"全套解决方案。从推动政策"最小颗粒化、数源标准化、数据共享化、组织协同化、业务融合化"五方面着手，实现群众与企业真正"知政策、懂政策、享政策"，依托政策红利更好地发展。

2. 产品架构

国脉"政策通"系统目前已有十大功能模块，包括政策库、事项库、事项精细化梳理、企业库、审核管理、数据统计、企业图谱、权限管理、系统管理、系统监控。"政策通"十大功能模块见表5-2。

表5-2   "政策通"十大功能模块

序号	模块	说明
1	政策库	主要对政策进行新增、编辑、发布等操作
2	事项库	主要对政策事项/条款进行新增、编辑等操作
3	事项精细化梳理	对事项进行精细化梳理，使前台事项申报实现精准的信息材料填报
4	企业库	主要记录企业的基本信息
5	审核管理	主要对政策、事项库等进行审核
6	数据统计	对政策进行可视化查看
7	企业图谱	企业信息展示
8	权限管理	主要对用户、角色、菜单、行政区划的管理
9	系统管理	系统管理
10	系统监控	服务监控、接口监控

1）政策库主要负责结合政策管理需求与系统操作需求，对政策库的管理字段、呈现排布形式、操作流程等管理存储方法进行有效调整与优化，并在系统内对应更新部署。对涉及企业的政策进行精细化梳理，包括政策的区域层级、扶持类型、资金类别等。从企业的性质、规模、行业类型等多维度建模，通过规范化要素，对政策库进行精细化管理，便于前端精准筛选和推送，推动涉企政策"精准达"建设。

2）事项库主要提供标准规范系统及事项要素，以标准的字段规则与数据字典格式约束全局字段与模型的创建过程，规范系统登记内容，实现事项登记标准化，以满足系统内部资源的互联互通以及政策与事项相关联的需要，同时将数据同步至事项精细化管理中。

3）事项精细化梳理的功能在于对同步的事项进行情形设计以及对应材料的新增；将事项所涉及申请表的所有字段最小颗粒化梳理，打破原有各事项各层级的业务数据属性，重构业务表单。

4）企业库模块通过接口调用的方式，与交换共享平台对接，选取所需数据字段，如统一社会信用代码、企业名称、注册类型、经营范围、登记机关等，进行数据调用和存储，接口调用频率可根据实际情况选择确认。

5）审核管理模块主要负责对提交上来的事项、企业、事项精细化、云表单等进行审核，可进行的操作包含审核、驳回两种。状态包括已审核、未审核、已驳回三种状态。

6）数据统计模块负责对政策数据实时统计、事项/条款数量实时统计、政策申报状态统计、发文部门政策发布排名、政策类型数量统计，便于更好地统筹落实工作。

7）企业图谱模块主要负责将企业基本信息、企业涉及的办理事项细化拆分以关系网状形式展示，单击一个标签可展示同类的企业等信息。

8）权限管理模块对系统内不同部门和不同角色提供不同角色的配置与数据权限管理。

9）系统管理模块内包含标签管理、日志管理、文件管理、字典管理、终端管理、秘钥管理、令牌管理七大功能模块。操作者可在标签管理中对标签进行管理，支持增、删、改、查等操作，便于对事项、企业以及政策进行标签化管理；可在日志管理中查看系统内操作日志，安全有效地监控系统正常运作；可在文件管理中共享查看放置在系统内的可视化文件，支持图片、Word 等文件类型；可在字典管理中查询系统已设置完成的所有字典数据,支持修改与删除。支持新增自定义字典,各部门各角色可根据实际业务场景新增字典。

10)系统监控负责周期性监测系统各指标情况,以保障系统良性运行。

3. 产品应用

政策落实是重构政府与市场关系、政府与企业关系的痛点和难点。①政策难汇聚,各地区、各部门发布政策的渠道来源不统一,未建立统一的政策平台,企业找政策要进"多张网";②政策难查询,政策分类不清晰,标签不准确,企业花费大量精力却难以找到匹配的政策;③政策不能送,政策未能及时准确推送给相关企业,导致企业不知晓扶持政策的发布;④政策难办理,办事指南不标准不规范,办理流程复杂,"一网通办、一窗受理"水平较低;⑤效果不可知,惠企政策落实企业的满意度和享受度如何,未建立常态化、动态化的评价反馈体系。

政策服务体系的结构与政府治理结构具有同源性,包含横向和纵向两个方面。在传统政府结构下,以部门为核心的横向结构和以层级为核心的纵向结构,均存在一定程度的分散状态。在政策实施推进过程中,分散性所带来的渠道、标准不一,直接影响了企业和老百姓办事的效率和质量。"政策通"产品以"惠企政策精准送、补贴申报一键办"为核心,提供政策"发布、汇聚、查看、送达、办理、评价、督查"全套解决方案。基于民生服务提质、营商环境优化和市场活力激发,从"最小颗粒化、数源标准化、数据共享化、组织协同化、业务融合化"五个方面着手打造,实现群众与企业真正"知政策、懂政策、享政策",依托政策红利更好地发展。

"政策通"产品的目标是建设数字网络化政府平台,让信息多跑路,让群众少跑腿。以人民为中心的发展思想,便民惠民。为人民提供一站式服务,全面查询政策信息事项,精准推送政策服务事项,一次办理享受政策服务权益。政策的分散性被集约化、平台化的互联互动结构所替代,形成了自上而下的政策体系,从部委、副省级、地市级直至县(市、区),从老百姓关注的金融财税、缓缴社保、租金减免、水电气优惠政策,以及卫生、医疗等公共领域的政策,均可在平台上进行获取,实现无缝对接、实时联动,为社会公众了解政策、运用政策提供极大便利。

"政策通"产品的平台框架是通过打造"一次办监控平台",架接政府与企业的沟通桥梁,实现政府与企业的信息交互和资源互动。"政策通"还可以通过O2O节点,拓展线下服务,让企业可以从线下、线上两端实现优惠政策兑现,通过"政策通"平台快速、高效地实现政策落地。

用更长远的眼光来看，"政策通"产品除了满足以上需要以外，还能从根本上帮助政府实现数字化转型，实现观念转变。

"政策通"促使政策执行管理从以部门为核心向多部门联动转变。各级政策落实的难点和痛点在于执行力，一方面，政策落地"最后一公里"还存在一定短板；另一方面，通过信息技术优化政策到达率还有较大探索空间。在数字政府建设 1.0 阶段，政策部署和执行大多依靠点对点方式，部门自建系统、自设渠道开展政策推送和服务，耗时耗力。以平台一体化、政务服务一体化和公共支撑一体化三个一体化为核心的在线政务服务平台基础上衍生政策服务一体化，通过多政策汇聚、大数据应用以及信息资源共建共享的构建，赋能政策的有效、精准传达，公众在一个平台即可查询所关注的热点政策，实现信息同源、资源同享、服务同根。

"政策通"促使政策服务从单一板块向多板块组合转变。长期以来，政策服务的条块模式成为一种约定俗成的习惯，在"放管服"改革、政务信息资源共享和政务服务跨领域、跨层级、跨系统的整体推动下，政府办事效率、制度性成本得到了极大改善。但是，政策服务以业务领域为核心的单一板块局面未得到实质性改变。从数字政府自身演变而言，亟待借助数字化、网络化和智能化应用，打好政务服务与政策服务的"组合拳"。例如："小微企业和个体工商户服务专栏"以一体化思维，涵盖"政策通""办事通""互动通"三大板块，实现各类相关便民利企政策的全口径联动，构建出多元化政府服务的新模式。

"政策通"促使政策推送机制从封闭渠道向开放生态转变。在传统的政府组织管理和政策落地过程中，政策透明度低、信息不对称等因素导致不少企业无法及时了解优惠政策措施。同时，中小微企业受到规模小、资金少、人才缺、创新能力不足等限制，无法完全依靠自身力量解决，因此政府提供精准、及时的政策服务变得更加重要。通过"政策通"全站检索，公众和企业可以了解到不同类型、不同领域的政策，有了获得政务信息的便捷渠道。政策服务的改革，推动政府从社会事务管理者角色转变为纳税群体服务者，从而促进了组织的进化。

5.2.3　组织进化产品为组织带来的主要价值

1."运营通"为组织带来的主要价值

在组织的经济效益方面，通过引入运营监督机构对数字政府平台的运营情况进行客观分析，对运维服务进行阶段性考核，对运维服务过程做出有效评估，形成可视化报告，通过数据、图表、分析结论能够直观、多维地展示运营机构的工作内容，帮助管理方有效掌握运营机构对数字政府平台的运营情况，为政府组织投资的合理性提供有力依据。

在组织的社会效益方面，运营监督推动了 IT 服务的整体进步，有效解决了运维工作面临的系统复杂、用户众多、部署集中、业务高度依赖、安全需求突出等问题，有利于规范化建设、管理、运营数字政府平台，进一步提升平台的公众服务能力。

在组织的结构优化方面，通过管运分离，深化了政企合作，精简了政府组织的人员工作安排，提高了组织的运行效率；通过第三方督查监管，及时反映了组织业务的运营情况，促进组织及时反思业务问题；及时有效的考核机制，有助于对组织相关负责人的任用考察；向公众公布相关信息，也有助于组织公信力的提升。

2."政策通"为组织带来的主要价值

在组织的流程优化方面。"政策通"产品的出现，促进了组织流程的再造和优化。政策的兑现过程，在过往的流程中，政府负责政策发布，企业咨询反馈，不负责政策兑现落地；企业自主查询，负责申报政策兑现的流程，两端信息流可能出现无法精确匹配的情况，结果就是政策不能兑现、落地。在"政策通"带来的新流程中，政府设计信息流的初衷就是从政策兑现的企业出发设计整个信息流，从而确保一个思路贯穿流程始终，确保了信息流的通畅和闭环，保证了政策的落地。

在组织的观念进化方面。"政策通"产品的实施过程，除了组织流程上的优化，政府组织的角色也在进化。在这一过程中，政府从传统的政策发布者、政策审批者，转变成为政策落地推动者、企业政策兑现的服务者，实现了从被动响应向主动服务的组织观念进化。这一角色进化，是适应政府数字化转型需要，也是适应新的经济发展需要的一项具体表现。政府在这一观念进化过程中，组织效率得到了提升，对于经济发展的促进作用也变得更加充分，逐步向服务型政府的国家治理模式迈进。

5.2.4 组织进化产品常见实战场景

1. 政策全面查

政府部门可以随时录入和更新政策，对原有政策进行调整，实现政策的智能管理，简单录入。在录入政策后，"政策通"平台后台会将政策进行标准化、结构化的数据处理，智能化关联，形成政策数据库，从而为之后的功能实现打下基础。

企业可以在"政策通"平台实时查询相关政策，通过增加地域、企业类型等进行筛选，精确找到与自己匹配的相关政策。

2. 政策精准送

政策精准送功能，可以实现既有政策与企业的精准、快速匹配，并且可以通过"政策通"平台主动向符合条件的企业推送惠企政策，在平台上实现政策兑现。

政策精准送的原理是，对数据进行最小颗粒化、标签分类和标签匹配。根据企业性质、企业规模、企业所属行业类型、企业特色等方面对平台注册企业打标签；对政府政策涉及企业的要求进行标签化处理，从而将政策和企业细分至最小颗粒度的数据，再根据最小颗粒化之后的数据对企业标签和政策标签进行智能匹配。

3. 政策一次办

政策精准送之后，通过"政策通"平台，还可以进一步简化政策兑现流程，实现政策一次办。因为在之前的政策精准送步骤中，已经实现了对相关企业的最小颗粒化数据的读取，这意味着许多关于企业的数据要素已经进入"政策通"平台，所以之后在政策兑现过程中就可以调用这些数据，避免企业再行填写更多的材料、跑更多次兑现政策，通过平台可以实现提交"一套材料"，填写"一张表格"，最终"一键申请"，实现政策一次办。

4. 政策在线评

"政策通"平台除完成整个政策兑现的流程外，还可以实现政策兑现的实时评价，从而为平台流程的优化提供支持，也可以用于评价不同政府部门政策兑现工作开展的情况，作为政府部门业绩评定的参考。通过"政策通"产品平台，转变政府组织角色，使其真正成为企业的服务者，促进服务型政府建设，完善现代国家治理体系。

5. 政策马上督

"政策通"平台还集合了工作督办功能。通过该平台，政府督查部门和外部专家可以在线开展实时的督办工作，对各部门政策兑现情况实时了解，对落实不到位的部门及时督办，确保相关部门的整改工作及时到位，政策兑现流程畅通、高效。

制订调研表，开展对各个部门的机房、服务器、应用系统及信息资源等的调研、梳理，并按照资产清单模板对各部门递交的材料进行整理及分析，形成相关部门信息资产清单，包括业务清单、机房清单、硬件清单、应用系统清单、基础数据库清单等。

6. 运行及时管

"运营通"平台依据国家法律法规、标准以及项目要求、设计方案等文件把控设备运维服务质量；通过对运行即时情况的监管，及时解决运行问题，保障运行效果；每周、每月、每季按项目软件运维服务情况对记录文档进行查阅审核，提供简报，对各项目进行量化考评，提出各项目工作的改进意见。

5.3 组织进化的优秀实践

5.3.1 "i厦门"运营监督系统

1. 项目背景

"i厦门"一站式惠民服务平台，是根据《厦门市创建国家信息消费示范城市总体工作方案》（厦委办〔2013〕75号）而启动建设的，于2014年5月正式上线，旨在实现全市统一服务访问入口、用户管理、安全控制，集成各部门服务系统，形成一体化信息惠民服务运行体系。截至目前，平台已有用户200余万人，整合厦门市20余个政府部门、30余个业务系统，实现200多项应用服务对接，市民可通过电脑、手机、平板等多渠道进行政务、生活、健康、社保、文化、教育、交通、诚信等领域事项"一网"办理。

随着《国务院办公厅关于政府向社会力量购买服务的指导意见》（国办发〔2013〕96号）文件部署，各地政府都在加快推进政府购买服务改革。根据《厦门市人民政府办公厅关于印发进一步提升"i厦门"平台实施方案的通知》（厦府办〔2018〕137号）文件精神，"i厦门"采用了购买服务的方式依托国有企业作为运营企业建设、运维"i厦门"平台。由于"i厦门"不仅是一个独立的系统，也是一个生态体系，其运维工作面临着系统复杂、用户众多、部署集中、业务高度依赖、安全需求突出等挑战。因此，"i厦门"的运维服务也向规范化、系统化转变，由事后处理向主动预防转变，建立专业化、分层次的运维组织体系。同时，为了及时考察运营的效果，对"i厦门"整合系统运维资源。"i厦门"确立了集中共享的三级运维模式，一级由管理方负责，负责下达"i厦门"平台各项建设指标和要求，二级由运营机构负责，负责"i厦门"的日常运维保障工作；三级由第三方监督机构负责，负责制定"i厦门"平台各项建设指标及运维考核标准，监督运营机构是否按照要求完成"i厦门"各项指标要求。实现以技术为中心向面向业务、以服务为中心转变，全面提高"i厦门"运维工作的整体有效性。

通过加入数据驱动的督办机制，将进一步保证"i厦门"整体运行的实效。

2. 实践

根据"i厦门"平台运营机构建设设计要求，国脉依照有关标准和法律法规及建设方需求，本着科学、公正、严格、守信、守纪、守法的原则，定制开发了"i厦门"运营监督系统，并做好"i厦门"一站式惠民平台的监督工作，对"i厦门"运营机构实施全面、精线条、全过程的监督管理。

"i厦门"运营监督系统建设以评价体系业务需求为向导，采用层次化、开放式、SOA耦合架构，组件化模式开发建设，按照统一组织规划建设、统一系统架构设计、统一总体服务功能、统一管理安全体系的原则建设。结合具体的业务需求，在"i厦门"平台的监督管理系统中建设了监督体系、考核评估体系以及可视化体系。

（1）监督体系

1）运维监督体系（图5-2）。"i厦门"平台的监督管理系统建设了科学完善的运维监督体系，通过监督督促运营机构利用科学规范的体系运行管理"i厦门"平台。依据相关要求和技术标准，审查、监督、控制"i厦门"的运维服务主要包括：对应用软件、硬件设备、数据管理、网络安全等方面的日常巡检；对闽政通、升级改造、各业务条线系统的接入；对各业务环节、技术开发/对接环节等的故障处理；监测各环节文档完整性、规范性和落实性等情况；根据监督运维过程中存在的实际性问题提出合理性解决办法。具体内容如下：

①依据管理方要求和有关技术标准，审查、监督、控制该项目的运维服务全过程服务质量，主要包括各类业务应用系统运维服务、操作系统和数据库运维等服务，检查服务方对各项设备的维护服务情况，并做记录，控制各项服务的工作质量；业务应用系统维护服务主要包括数据维护、操作辅导、系统性能监控、日志分析管理、故障分析处理、安全管理、用户流程规范变更、系统升级与优化、对服务进行分析而提出改善方案、对业务系统制订运行维护手册等工作内容。

②采取事前预防、事中控制、事后纠正的方式，依据国家法律法规、标准以及项目合同、设计方案等文件控制设备运维服务质量；每周、每月、每季按项目软件运维服务情况对记录文档进行查阅审核，提供简报，对各项目进行量化考评，提出各项目工作的改进意见。

③按照各大业务应用系统的运行服务内容，包括例行操作服务、响应支持服务、优化改善服务、咨询评估服务和使用培训等方面，每周、每月、每季向项目

建设方进行软件运维服务情况的汇报。

④建立故障处理制度和流程，及时处理软件运维服务过程中出现的软件故障，提交处理意见。

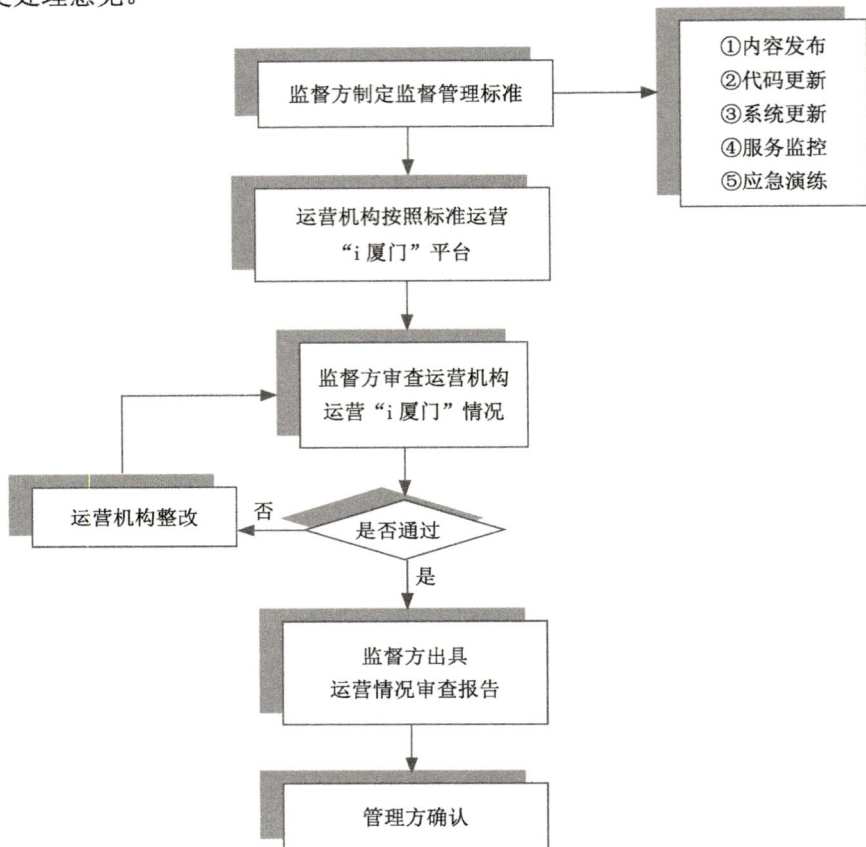

图 5-2　运维监督体系

2）运营监督体系（图 5-3）。"i 厦门"平台的监督管理系统以科学完善的运营监督体系来监督运营机构是否按照要求完成平台建设指标，定期记录"门、网、线、端"访问量，定期记录各 PC、APP、微信等注册数，定期汇报平台各子系统业务量，与各单位对接情况以及各应用接入情况等，通过各维度分析"i 厦门"平台运行和使用情况，优化提升"i 厦门"平台服务能力。对"i 厦门"平台的运营情况监督主要通过实时监测平台运营各项指标以及监督审查平台与各部门对接度来实现。前者通过安装针对"i 厦门"平台系统监测与统计模块，对"i 厦门"平台各项运营指标进行实时监测，并形成周、月、年度报表提供给监督方和管理者；后者按照平台建设指标内容，定期对"i厦门"平台系统与各部门对接进度进行监督并给予审查意见，如发现偏离指标，立即发出整改通知。

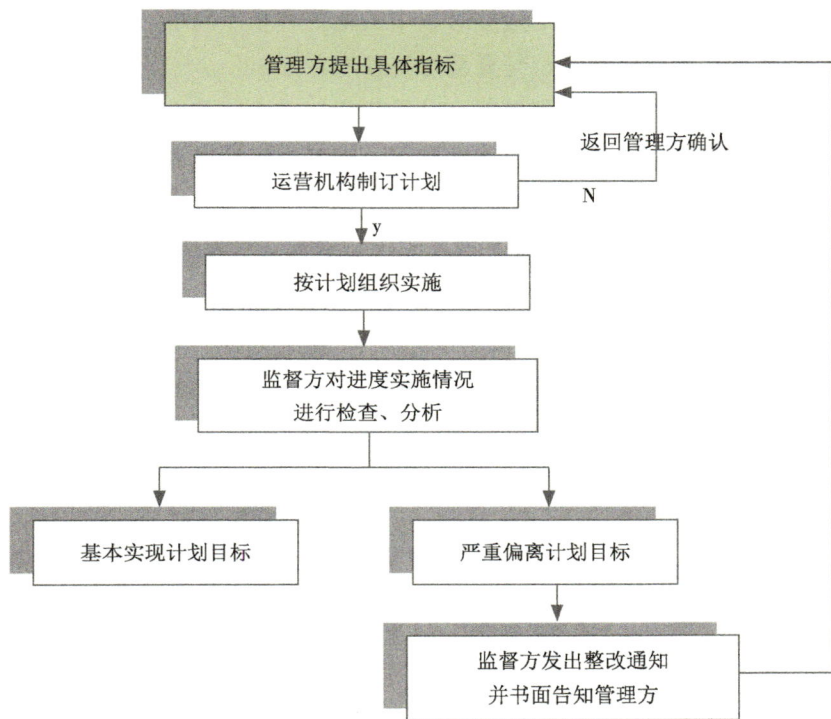

图 5-3　指标监督体系

3）服务监督体系。通过建设科学完善的服务监督体系，"i厦门"平台的监督管理系统监督运营机构在平台服务过程的规范性和合理性，包含呼叫中心服务、信访、市长专线等系统的投诉建议反馈情况等。呼叫中心服务考核办法分为话务部分和业务部分两类，其中话务部分考察服务次数、服务及时率、问题解答率、解答正确率等；业务部分考察座席员业务能力，通过对座席员处理的问题进行分类，统计分析业务堵点、系统突出问题，进而分析原因，为修改、升级系统提供依据。

4）指标监督体系。"i厦门"平台的监督管理系统构建了科学完善的指标监督体系，监督国脉或上级单位发布的各项考核指标完成情况，通过指标的确立，明晰"i厦门"平台服务应用各环节的边界，兼容各类指标要求，及时反映反馈。例如：省绩效考核要求针对"i厦门"的考核指标、闽政通考核指标等，同时也

179

包括指标执行计划、质量标准、完成进度、费用支出、风险管理等。

运营机构针对管理方发布的指标做出具体计划之后，监督方需要组织召开进度协调会议，解决运营机构完成进度过程中的重点和难点问题，并协调各部门配合完成指标计划。会后，将会议纪要及时签发给各方。

通过安装指标管理模块，能够对运营机构指标完成情况进行实时跟踪，并能够及时针对运营机构的进度进行协调和整改。管理模块根据多维度指标计划，多级指标分解，形成具体事项计划；通过多个指标管理模式，满足指标间纵向和横向对比；以工作日志、周报、月报多层次等进度数据，全方位反映指标完成情况，并且详细记录指标计划调整过程，随时追溯历史计划数据；对即时或者全方位的计划偏离通知预警。

建立基于"i厦门"现有服务的动态体系监督，包含但不限于表5-3所述指标。

表 5-3 动态监督指标体系

一级指标	二级指标	指标说明
服务效果	平台访问量	考察市民通过多个渠道、入口等访问平台的数量是否达到指标要求
	微信关注量	考核平台微信客户端的用户关注数量是否达到指标要求
	支付宝服务窗渠道关注量	考察市民通过支付宝服务窗渠道完成服务的服务次数是否达到指标要求
	APP 下载量	考核平台手机应用的用户下载量是否达到指标要求
	普通注册用户	考察市民通过手机号码完成注册的用户量是否达到指标要求
	实名注册服务	考察市民通过多个服务渠道完成平台实名认证，获得平台实名登录的权限和方法的服务次数是否达到指标要求
	实名使用服务	考察市民通过多个服务渠道，每月至少2次登录平台，且在线时间不少于3分钟的服务次数是否达到指标要求
	个人空间服务	考察市民享用个人空间提供的服务次数是否达到指标要求
	市民邮箱服务	考察市民激活并使用市民邮箱的服务次数是否达到指标要求
	基础事项服务办理量	考察市民通过多个服务渠道完成基础服务的办理次数是否达到指标要求
	融合服务实现效果	以交通、教育、卫生三个领域融合服务的实施效果
	融合服务办理量	考察市民通过多个服务渠道使用融合服务的办理次数是否达到指标要求
	政民互动服务办理量	考察市民通过多个服务渠道在平台上享用投诉、咨询类服务的提交次数是否达到指标要求

一级指标	二级指标	指标说明
服务效果	政民互动服务时效性	主要考察平台咨询、建议、投诉等互动信件是否能在指标要求时限内处理或答复用户
	市民满意度服务	考察市民通过多个服务渠道完成基础服务、融合服务、政民互动服务等后，对服务质量评价为满意的服务次数比例是否达到指标要求
	可用性程度	考察平台服务的可用性： 1.考察市民获取网站服务是否便捷 2.平台各页面是否实时可访问，有无页面无法访问、空白页面等情况 3.栏目内容与栏目命名是否吻合，有无空栏目等情况
	宣传推广	考察平台在宣传推广方式及活动等方面取得的效果

（2）考核评估体系　考核体系主要强调其完备性，它是运营机构对"i厦门"平台整体管理能力的体现。考核指标完成度主要是审查运营机构是否按照要求完成国脉或上级单位发布的各项考核指标。监督运营机构是否对指标进行多级多维分解、任务分配、出具具体执行计划，及后续指标管理和跟踪改进计划。

在监督和考核的基础上，通过对运营机构工作情况的监督考核，阶段性做出有效评估，并给出整改和优化建议，可以保障"i厦门"平台建设稳步推进。针对运营机构工作内容的多样性，对不同的工作采取有区别的评估方式和评估手段。按照管理方要求，提供各流程的月度报表、年度报表，根据报表进行发展趋势的判断及纵向绩效的比对，由此判断运营团队的工作质量。对取得长足进步的，评价为优；对维持现状的评价，评价为良；对不进反退的，评价为中以下。通过评估以鼓励进步、惩戒倒退，并在报告上提出整改和优化建议，督促其完成任务，达成指标，有效建设"i厦门"平台。

评估报告的具体实施路径如下：

1）月度评估。每月定期评估是对当月运营机构的运维情况进行评估，包括以下内容：本月投入人员情况、出勤情况；基础设施和应用系统运维服务有监控类服务，如异常报告及时率等；日常维护类服务，如维护作业计划的即时完成率、故障隐患发现率、问题解决率等；维修保障类服务，如服务响应及时率、故障修复及时率；内容信息服务，如检索成功率、响应及时率；网络接入服务，如平均响应时间、问题解决率等；安全管理服务，如漏洞扫描覆盖率、安全报告呈报及时率、安全事件次数等。

检查和评估当月产生的巡检报告、故障/问题记录单、上门服务或电话支持服务记录统计表、设备升级记录、安全产品维修记录等运维的过程文档。

对每月运维情况的考核，参照表5-4采取打分制，根据最终得分提出调整或优化建议，形成月度运维服务质量评估报告并及时上报给管理方，审核确认后通报给运营机构，督促运营机构在下一阶段工作中对于指标度完成良好的事项继续保持，着重关注未达标的运维事项。

表 5-4　月度运维考核指标

1	"i厦门"平台的运维体系监督	监督运营机构是否利用科学规范体系的运行管理"i厦门"平台。包括但不限于内容发布、代码更新、系统更新、服务监控、应急演练、压力测试、安全防御等方面的运维
2	"i厦门"平台的运营情况监督	主要是审查运营机构是否按照要求完成平台建设指标，定期记录注册数、与各单位对接情况、应用接入数等
3	"i厦门"平台的服务体系监督	监督运营机构在平台服务过程的规范性和合理性，包含呼叫中心服务、信访、市长专线等系统的投诉建议反馈情况等
4	"i厦门"平台的指标完成情况监督	主要是审查运营机构是否按要求完成管理方或上级单位发布的各项考核指标

2）月度例会。根据管理方要求，每月第一周的星期五下午举行一次项目月度例会，运营机构的项目经理及有关人员参加。运营方根据会上管理方提出的意见以及上月考核结果，对存在的问题在会议后两天内向管理方及第三方监管机构递交《整改报告》，整改报告内容应该包括整改计划、整改内容、预期效果等，此次整改报告为当月考核指标之一。

3）年度评估。第三方监管机构每年年末在月度评估的基础上，综合考察本年内运营机构在完成运营指标方面是否达标、运维效果和用户满意度是否符合预期，以年度考核结果作为运营公司平台运营情况的一项依据。

（3）可视化体系　在管理方不介入运营机构日常工作的情况下，为了提高管理能力，有效体现第三方监督机构的作用，建设可视化体系。

国脉作为第三方监督机构，通过对运营机构进行实时监督、阶段性考核，做出有效评估，形成可视化报告，帮助管理方有效掌握运营机构工作情况，从数据中提取信息，分析运营、运维过程中遇到的问题，提出优化建议，提高管理方的管理能力。可视化体系分为实时数据可视化以及分析报告可视化两类。

1）实时数据可视化展示　实时记录并保存运营机构工作过程数据，可供随时溯源查看。按考核时间段形成各个维度的统计图表，直观反映运营机构阶段内工作情况、指标完成度，并可进行横向纵向分析比对，及时发现问题。

2）分析报告可视化展示　可根据需求直接拾取系统生成的分析图表，进行格式化的排版，手动增加分析评估内容、优化整改建议，形成完整的分析报告，可在系统中即时生成展示，也可导出 Word 文档，便于管理方直观地掌握"i 厦门"平台建设情况，提出针对性的意见或建议。

5.3.2　深圳市"深 i 企－精准服务企业"项目案例

1. 项目背景

2020 年年初新冠肺炎疫情暴发，对我国的经济社会发展产生重大的影响。为了遏制疫情，各类企业停工、停产，我国付出了巨大的代价。2020 年 2 月 26 日，中共中央政治局常务委员会。强调要提高复工复产服务便利度，取消不合理审批；要把各项惠企政策尽快落实到位；在一体化政务平台上建立小微企业和个体工商户服务专栏，使各项政策易于知晓、一站办理。2020 年 3 月 3 日，国务院办公厅印发《关于进一步精简审批优化服务精准稳妥推进企业复工复产的通知》，强调要进一步压实责任，以问题、需求、效果为导向，为企业提供个性化服务，确保企业疫情过后平稳恢复正常运行。当前，企业复工复产面临不同程度的困难和问题，主要表现在交通物流、员工返岗、资金链压力等方面。政府出台大量的政策帮助企业渡过难关，通过将政策服务化、标签化，有助于企业按需快速查询，与服务办理同步推进。疫情对国家治理体系和治理能力现代化建设是"大考"，在疫情期间的经济社会正常运行、有序复工复产方面，政策发挥出引领性作用。

为了达到帮助企业复工复产的目的，就必须实现政策服务从"公开发布"到"在线申办"的转变，促进政策落地，提升企业获得感；以政策全面复盘、精细化梳理为手段，大力推进全量政策汇聚、需求精准匹配，实现政策服务从"大水漫灌"到"精准滴灌"的转变，推动政策触达，强化服务能动性；着力破解企业享受政策红利中的痛点、难点，使政策服务从"难懂难办"到"易办好办"的转变，促进企业高效获取政策服务。实现"政策全面查""政策精准送""政策一次办""政策在线评"和"政策马上督"，以新理念、新路径、新模式推动惠企政策全面落实。"深 i 企－精准服务企业"平台正是基于这样的服务目标而诞生的产品。

2. 实践

在深圳市委、市政府的统一部署下，深圳市政务服务数据管理局继"深 i 企－精准服务企业"平台之后，依托"i 深圳"政务服务平台又推出"深 i 企－抗疫惠企政策精准办"，实现抗疫惠企政策"一站汇聚、精准查询、在线办理"，能够让企业更全面、更简单地精准查询到深圳市和各区出台的惠企政策，需企业申请的实行线上办理，无须企业申请的予以明确指引。这一平台由国脉负责开发实施。

深圳市"深 i 企－抗疫惠企政策精准办"通过数字化、智能化手段，将政策文件分解成政策点，录入政策库，每个政策点对应一个办理事项或服务内容，按照区域层级、单位性质、单位规模、行业类型、扶持类型等类别为政策点打上标签，企业根据自身情况选择相应标签即可精准查找到可享受的所有优惠政策。需企业申请的政策，可直接在线申请，真正让惠企政策"找得到、看得懂、办得了"。

一方面，"深 i 企－精准服务企业"平台积极发挥信息化技术优势，助力疫情防控和复工复产有序高效开展，强化惠企政策输出与精准落地，满足开展政策服务的基本要求。另一方面，运用数字化技术开展政策落地，增强政策执行力，保障提升政策执行的效果。除对政策进行汇聚、梳理外，还对公众接触政策的流程进行模拟，通过流程简化、功能友好、通俗易懂的专栏，让群众和企业真正知政策、懂政策、享政策。

（1）多渠道入口　为满足不同人群的使用习惯和特点，系统开发了微信小程序、手机 APP、政务服务网多种渠道接口，确保各类企业、各种使用习惯的人群均能通过平台触达优惠政策，将政策落在实处。

1）渠道一："i 深圳"微信公众号菜单栏单击"深 i 企－惠企政策精准办－抗疫惠企服务"。通过"i 深圳"微信公众号接入，通过单击"深 i 企"下的"惠企政策精准办"栏目，进入企业服务专区，再单击"抗疫惠企服务"即可查询抗击疫情有关惠企政策。"i 深圳"微信公众号菜单栏如图 5-4 所示。

2）渠道二："i 深圳"APP"深 i 企－企业服务"专区单击"抗疫惠企服务"。通过"i 深圳"APP，进入"企业服务"项目，单击"抗疫惠企服务"，即可查询与企业情况相匹配的抗击疫情惠企政策。"i 深圳"APP 界面如图 5-5 所示。

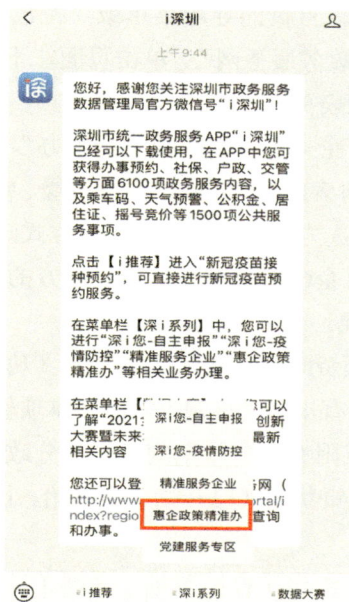

图 5-4 "i深圳"微信公众号菜单栏

图 5-5 "i深圳"APP界面

3）渠道三："广东政务服务网深圳站"首页的导航菜单或"特色创新"版块单击"抗疫惠企服务"。通过 PC 端"广东政务服务网"，单击页面左下方的"抗疫惠企服务"，即可进入相应的惠企政策列表页面。

（2）政策精准送　进入深圳市"深 i 企－抗疫惠企政策精准办"界面后，企业可通过"输入关键字"的方式进行自行检索政策，或通过区域层级、单位性质、单位规模、行业类型、扶持类型等多条件勾选方式实现标签式、定位式政策查询。

符合条件的政策会在"深 i 企－抗疫惠企政策精准办"首页下方的"为您查找到（××条）细化政策"中予以集中展现。

企业可直接获悉相应政策条款，而无须费时阅览政策文件全文（功能上支持政策全文阅读）；需依申请办理的政策点附有申报"指南"（部分事项暂未开通，后续将陆续完善），无须申请办理的政策点附有"实施细则"（部分政策点已达到细则深度，细则为文件本身）、标注有政策状态（已开始、未开始、已结束），可避免政策看不懂、政策过期等问题。

单击"指南"，针对具体政策项的申报给出了办结时限、受理条件、办理流程、窗口办理、许可收费、材料清单等说明。

（3）申请在线办　选定对应政策，单击"申请"或从"办事指南"页中单击"立即办理"，完成信息填报并上传相应材料。根据系统提示或短信指引完成后续申报过程。后续将持续动态更新全市惠企政策文件，推动更多惠企政策在线办理。

（4）惠企 16 条　为了让企业全面了解、便捷享受深圳市"惠企 16 条"政策优惠，"深 i 企－抗疫惠企政策精准办"还专门开设了"惠企 16 条"精准办板块（相关内容也已包含在全部抗疫惠企政策内）。进入深圳市"深 i 企－抗疫惠企政策精准办"界面后单击"惠企 16 条"，企业可根据需要，通过勾选政策条款的方式，检索到每一条政策包含的政策点，精准地定位到相应的服务事项。

5.3.3　南山区"政策兑现一次办"项目

1. 项目背景

当前，各级政府把简政放权、放管结合、优化服务作为全面深化改革的第一步，持续发力、不断加力。2018 年 5 月，中共中央办公厅、国务院办公厅印发了《关于深入推进审批服务便民化的指导意见》，以企业和群众办好"一件事"为标准，以更快更好方便企业和群众办事创业为导向，进一步提升审批服务效能。2018 年 11 月，《国务院办公厅关于聚焦企业关切进一步推动优化营商环境政策落实的通知》（国办发〔2018〕104 号）要求加快打造市场化、法治化、国际化营商环境，增强企业发展信心和竞争力。2019 年 1 月，广东省人民政府办公厅印发《广东省深入推进审批服务便民化工作方案的通知》，指出推动审批服务理念、制度、作风全方位和深层次变革，着力打造"宽进、快办、严管、便民、公开"的审批服务模式，要切实解决影响企业和群众办事创业的堵点、痛点，努力打造优质高效的办事和营商环境。2016年8月，《深圳市推进互联网＋政务服务暨一门式一网式政府服务模式改革实施方案》提出，要科学划分服务主题，推动"一窗"受理。然而随着各项工作的推进，各级政府针对企业、个人的扶持政策相继出台，扶持力度不断加码，但政策兑现却依旧是重构政府与企业、政府与个人关系道路上的绊脚石。一是已发布的政策未能及时、准确地推送给相关企业、个人，导致企业、个人不知晓已发布的扶持政策；二是申报政策内容众多，企业、个人看不懂政策；三是申报政策到达扶持对象手中时存在过期或即将过期的风险，企业、个人未能享受到政策。

2. 实践

南山区作为深圳市政务服务改革的前沿，以做强、做优政务服务，实现企业、个人知政策、懂政策、享政策，提升南山区"营商环境　赢在南山"——争做全国一流营商环境水平为目标。国脉互联围绕企业最为关心的申报条件、申报流程、扶持金额、所需提交资料等内容，通过"政策兑现一次办"政策梳理、标签库建设、流程优化再造、效果展示等措施，为企业、个人在政策查询、政策兑现服务方面提供规范化、便捷化、专业化服务，着力破解企业、个人享受政策红利中的痛点、难点，实现服务内容更加集约、服务流程显著优化、服务模式更加多元、服务渠道更为畅通，助力企业和人才成长壮大，激发创新创业信心，坚定扎根南山区发展决心。

南山区"政策兑现一次办"项目主要通过聚焦优化营商环境、加强惠企政策落实，按照"最小颗粒化－数源标准化－数据共享化－组织协同化－业务融合化"的实施路径与推进方式，建立四体系（事项管理优化体系、材料复用创新体系、数据最小颗粒度与标准化体系、政务服务流程再造管控体系）、五大库（政策库、事项库、材料库、数据项库、标签库），促进政策落地见效，让更多的企业、个人享受更多的政策红利，以推动南山区各企业新一轮大发展、大提升。

（1）项目调研　项目分三个方面进行调研，分别是标杆调研、部门调研和企业调研。标杆调研是通过线上搜集关于政策扶持相关的建设案例，选取3～5个标杆样本，从涉及的政策发布、资金申请、效果展示等多个维度与南山区政策扶持现在进行对标分析。部门调研是针对南山区目前扶持政策资金申请工作开展调研，理清部门办理资金扶持的现状，整个办理流程以及办理过程中存在的难点、痛点、堵点以及好的建议，深入摸清每类扶持政策资金申请的业务流与数据流。企业调研分别选取部分已完成申请、正在申请、从未申请扶持资金的企业，通过电话、问卷、现场提问等方式，对南山区企业针对南山区扶持政策兑现情况开展调研，了解企业在政策兑现过程中存在的问题，以及对政策兑现的意见及建议。

（2）五大库梳理　为了实现"政策兑现一次办"，项目团队结合调研情况，对政策、所办事项、条款等进一步梳理，包括政策库、事项库、材料库、数据项库和标签库。

政策库梳理是指开展南山区惠企政策梳理，以细化到最小颗粒度为标准，对惠企政策包含的要素项进行梳理，包含管理部门、资金类别、政策条款、支持条件和标准、不受限条件等。

事项库梳理指依据南山区惠企政策，开展南山区"政策兑现一次办"事项梳理，以细化到最小颗粒度为标准，对相关业务事项包含的要素项进行梳理，包含管理部门、事项编码、业务类别等内容。

材料库梳理是依据"政策兑现一次办"涉及的事项清单，对每个事项的申请材料、办理条件的兜底性条款模糊条款细化量化，清晰罗列申请材料的名称、样式、数量等。

数据项库梳理主要是为了理清"政策兑现一次办"事项相关环节所需填写的表单，通过对申请表进行细化到最小颗粒度，形成信息项库，包含管理部门、所属材料名称、信息项类别、信息项名称、标准数据元编码、数据格式、数据类型等。

标签库梳理则是根据每个政策的条款内容，完成标签库梳理，包含标签类别、标签名称、标签对象。

（3）流程优化再造　流程优化再造是指对事项进行优化，编制可以"一次办"的材料要求、设计核心支撑工具等工作。

1）编制"一套材料"，梳理所有事项的申请材料并对其进行优化，形成"一次申请、一套材料"。具体的优化方式遵从以下原则：①凡是没有法律法规规定的申请材料一律取消；②明确"法律法规、规章规定的其他批准文件""法律法规规定的其他条件所需材料""其他有关证明"等兜底性条款；③推广使用电子证照库，凡能从电子证照库调取的材料，一律不再要求办事人提交纸质材料；④健全数据共享机制，凡能通过数据共享获取的材料，一律不再要求办事人提交；⑤合并一次申请中相同的材料；⑥材料内部流转，减少重复提交。

2）设计"一张表格"，理清"一次申请"事项相关环节所需填写的表单，利用"多表合一"工具，清洗各表单间的重复内容，按照一次申请事项对应一张表的形式进行整合设计，实现"一次申请、一张表格"，从而达到提升办事效率的目的。表单优化方式遵从以下原则：①将重复的数据项直接去重，原则上同一数据项只需要填写一次；②已提交其他类材料（如证件证照）复用的字段，不再要求填报；③凡是能通过数据共享获取的数据项，建议直接调用，不再要求填报（个人公民身份证号码、法人统一社会信用代码等身份验证类数据项除外）。

3）实现"一键申请"，通过一次办核心支撑系统，以一次申请事项作为一个整体，理清事项间共性、差异性关系，将"一事一申请"整合为"多事一键申请"。

（4）一次办核心支撑工具设计　为快速、便捷完成五大库梳理，针对"政策兑现一次办"，编制一套材料、设计一张表格、实现一键申请，项目团队设计了一套低成本、高效率、强标准、活数据、创应用的核心支撑工具。主要用于五大库梳理，同时将部门、事项、流程、材料、数据项等进行关联，快速、精准地定位；流程优化再造期间用于一套材料、一张表格、一键申请快速实现；优化确认后将优化前后的信息比对，并进行可视化展示，以便于领导及部门人员清晰知晓各部门政务服务改革政绩。

（5）成果配置

1）各终端配置。通过做好与广东政务服务网深圳市南山区板块、各类自助终端、PC 端配置对接，实现群众企业可根据自身各类属性自助勾选条件项，并智能筛选申请表单内容，真正实现表单一表填报、减少申请人填报；通过材料一次告知，事项材料单次准备。

2）标准数据项对接接口设计。通过做好优化后填报的表单与原系统表单相关数据对接，真正实现填写的相关字段自动推送到原事项办理系统表单，在不改变原有办理系统的同时，确保群众和企业真正实现一键申报、一表填报、一次办成（核心支撑工具设计标准数据项对接接口代码，具体数据项对接，由所需系统自行开发接口代码、自行对接）。

（6）其他相关项目　除了南山区"政策兑现一次办"项目、"深 i 企 - 精准服务企业"，"政策通"产品还有多个成功实践的案例。如国家一体化服务平台"政策通"、江西省"赣服通"、成都市"蓉易享"、镇江市"镇策通"、临沂市"政企直通车"、徐汇区"惠企政策精准送"等。

1）杭州市：政策数据监控服务。通过"政策通"产品为杭州开展政策数据监控服务，支持政策智能检索、筛选比对、订阅推动等功能，方便用户从 PC 端、移动端、微博等平台快速获取最新、最热的政策信息。平台提供政策检索与筛选功能和订阅与推送服务，用户可在移动端、PC 端等对政策进行检索与筛选，同时，系统会根据用户个人信息表单及系统行为留痕为用户自动匹配政策并进行精准推送；系统会将用户订阅政策及关联政策实时推送到用户手中。

2）佛山市：政企通平台。通过为佛山市政企通平台进行调研设计、规划咨询、开发建设及政策库运营推广，汇集、解读并推送政策，获取用户政策评价。平台对企业资源库的企业进行精细化分类管理，并对政策进行标签化，有针对性地进行精准推送，确保每家注册企业能获取相关的政策信息，并就政策内容进行评分及评论，按企业类型精准获取该产业对政策的意见与建议。

3）浦东新区：打通政策服务"最后一公里"。为帮助企业切实享受政策红利，开展政策服务"最后一公里"工程，通过政策发布与推送、检索与订阅、线下培训方式，着力解决企业对于政策"找不到、看不懂、难操作"的三大问题。通过注册成为企业用户，可享受两期"上海企业政策动态"达邮箱服务，同时，群众和企业可在上海市服务云和 APP"政策知识库"栏目享受政策检索与订阅服务。

从多项"政策通"产品的应用成果来看，政策服务将成为政府服务的重要内容。政策服务推动政府与企业间政策信息的"精准对接、无缝衔接"，既要通过信息技术应用提高企业对政策的知晓率，也要政府职能部门创新政策的送达标准。"政策服务即平台"，通过在平台中进行分类梳理、加工、重组、标签、优化等，使公众不仅能得到政策原文，还可以进一步获取与之相关的政策解读、政策要点、申报指南、关联政策，汇总各类政策的解读和图解，为企业申报各类扶持争取更充足的时间，实实在在减轻企业负担。

政策服务能力将成为检验各级政府履职能力的关键指标之一。政策服务时效性、精准性、智能化程度，是未来数字政府在政策服务中的核心内容，也是服务型政府、整体型政府的题中之义。要达到以上目标，需要各级政府将政策服务能力建设放在当前重要工作任务部署中，同时借助信息化技术和应用工具，对企业全生命周期进行"标签"化，构建企业画像，对不同企业精准定制政策套餐，从"人找政策"转变为"政策找人"，改变政策资源碎片化状态。

围绕政策服务的应用场景将越来越丰富、多元。政策服务与政务服务是数字政府在服务领域中的"一体两面"，通过两者联动，有助于实现政务信息资源整合共享，打造更专业、更集约、更便捷的政务服务平台。同时，通过各类政策的分类、分层、分级汇聚，在实现政策服务精细化的同时，能够推动多屏、多级的服务终端形态，从屏幕到指尖、从"网上政府"到"掌上政府"成为现实，让企业、公众随时随地享受政策数据资源全面释放的红利，进一步深化政府数字化转型，走向智慧组织。

第 6 章

数据赋能实现组织
转型的保障体系

6.1 数据赋能实现组织转型的五大体系

6.1.1 数据赋能保障体系

全球知名咨询公司麦肯锡最早提出了"大数据"时代的到来。麦肯锡称："大数据已经渗透到当今每一个行业和业务职能领域，成为重要的生产因素。人们对于海量数据的挖掘和运用，预示着新一波生产率增长和消费者盈余浪潮的到来。"随着信息技术、信息行业、互联网的发展，原本只在物理学、生物学、环境生态学等领域以及军事、金融、通信等行业应用的"大数据"越来越受到人们的重视，在商务领域被广泛应用，也被政府视为促进自身治理能力提升的重要方式和手段。"数据赋能"成为企业发展和政府转型升级的热词。

"赋能"从字面意义来理解，就是给予人力量或者能力，使其能达成原来受到权力或者能力制约而做不到的事情。在当代的管理学中，"赋能"是指企业由上而下地释放权力，尤其是员工们自主工作的权力，从而通过去中心化的方式驱动企业组织扁平化，最大限度发挥个人才智和潜能。"赋能"的概念在我国变火，主要是源于互联网大厂的推崇与推动。阿里巴巴总参谋长曾鸣认为，未来组织最重要的功能在于赋能，而不再是管理或者激励。不再局限于管理，是因为我们身处的世界变化很快，出现了太多的可能性，很难面面俱到地进行有效的事前规划，与一般的物质奖励、激励不同，赋能不是强调对于成功的利益分享，而是侧重激发人的兴趣与动力，迎接挑战，是对人心理、精神层面的激励。京东在 2016 年就提出要"赋能"管理主体，使"战斗"在一线的人会决策、敢于决策，让更多的业务人才脱颖而出。

对于政府组织的赋能，集中在社会治理、政务服务等方面，这也往往是政府领导力的体现。Uhl-Bien（尤尔 - 拜因）在 21 世纪初就使用复杂动态系统的研究成果，"把焦点集中在复杂动态系统的互动性与适应性上，对组织复杂性做出定义，并指出组织领导要采取行政性领导、适应性领导与赋能性领导，并使三者完美交融，特别是提出复杂动态系统与科层制等级结构之间的交融及其赋能性功能在交融中的作用，提出组织领导不可专制地决定组织的未来。"[⊖]随着经济、社会的飞速发展，参与治理的主体之间的界限已经变得模糊，除政府外，企业、社会组织等也都能参与治理，影响政策的制定。同时，面对复杂的环境，政府组织在领导中也意识到向服务型政府转型的迫切性。在政府组织领导政务服务、社会治理时，采取协同、合作等策略，促进了其领导过程中的学习、改革、优化，这样的领导力可以称之为"赋能领导力"，当前数字技术的发展为"赋能领导力"的增强提供了极大的助力。

必须强调的是，"数据赋能"并不只是把"数据"和"赋能"简单地组合在一起描述数据给人带来的能力增强或者认识提高，它将对整个社会系统和价值体系常态升级产生冲击，给人们赖以生存的组织系统带来前所未有的变化。孙新波、苏钟海等认为"数据赋能是特定系统基于整体观视角创新数据的运用场景以及技能和方法的运用以获得或提升整体的能力，最终实现数据赋能价值的过程。这意味着数据赋能的主体和对象将作为一个整体被考察，而数据赋能的过程是赋能主体和对象以价值创造为导向而协同的过程，其价值产出也会被双方所共享。"[⊜]对数据的深入分析与运用，使曾经被遮蔽在组织运行过程中的种种弊端、弱点、困境得以凸显。数据赋能的基础在于把过去的数据整合、盘活成数据资源，通过促进工作效率提升、业务升级、组织创新来应对过往的不足。实现这一基础的前提是，人们能够获取好的数据、可解读的数据、有意义的高质量数据。

能驱动组织转型升级的高质量数据是相互关联、点面结合、上下互通的，它们的高质量表现是有序地流动、有效地连接，在组织系统中被充分利用，运用于各种现实的场景。为了营造良好的数据应用基础，保证数据生成、应用的高质量，使更多的组织部门、个人接触、接受数据的赋能，进而实现组织的转型进化，必须配之以数据赋能相应的保障体系。

6.1.2　保障数据赋能实现组织转型的五要素体系

在我国当前的实践中，从政府侧来看，数据赋能组织主要体现在强化政府部门之间、地方政府之间的协同，各级政府政务服务能力的提升，政府运行效率的

⊖ 罗章、王蓓：《赋能领导力：地方治理中政府领导力结构的关键要素》，载《领导科学》2014年12月中期。

⊜ 孙新波、苏钟海、钱雨、张大鹏：《数据赋能研究现状及未来展望》，载《研究与发展管理》2020年第2期。

提高等。从企业侧来看，数据赋能主要运用在与员工、顾客等的价值共创，促进制造升级（包括提升复杂产品的制造敏捷性、大规模的定制技术等），对弱势群体的援助和对于社群问题的关注。与政府组织的数据赋能侧重于组织自身的进化不同，企业在数据赋能过程中更关注组织对于个体的赋能。虽然不同的组织有不同的发展路径与具体情况，但是数据赋能组织转型的基本要求是相似的，都是通过数据的应用、驱动来促进组织及其成员的能力提升，鉴于政府和企业数据赋能的特征以及行为必要，本章对政府和企业数据赋能保障的论述也将有所侧重。

基于数据赋能组织转型的具体实施要求，需要构建保障数据赋能实现组织转型的"五要素体系"。在"五要素体系"模型中，"技术平台"要素为数据赋能实现组织转型提供了运行的基础，搭建了框架；"制度规范"要素为数据赋能实现组织转型确定了依据，避免实际运行过程中的权责不明、资源的损耗或浪费等情况的发生；"评估考核"要素推动数据赋能的运用逐步深入人心，融入工作、生活场景，为数据赋能实现组织转型提供了认识支持，使组织成员能够更多地参与数据赋能的建设，也分享数据赋能组织的成果；"安全运营"要素既是对数据运行本身的安全考察，也是对数据赋能实现组织转型整体过程机制的保证；"人才培养"要素是数据赋能实现组织转型重要的运行支撑，为平台搭建、安全运营等工作能够有效开展提供了人力资源保证。

1. 技术平台

技术是土壤，孕育着未来的各种可能性。技术的耕耘是将人类的知识不断累积、打磨、传承，技术的收获是把知识视为驱动力量并提供贡献的价值实现。在信息时代，没有组织或者个人能够回避数字技术而独立地运行或生活，技术框架被广泛地应用到企业管理、政务平台中，"组织的语言"通过数字技术搭建的网络平台传递给我们，成为我们了解组织、接受服务的核心场域，由于技术的加持，其传递效率是远超人的想象的。随着数字技术的发展，作为一种组织语言、一种组织沟通渠道，它能够高效集合组织成员、组织部门从而成为"大系统"，引领组织转型之路。

（1）技术重构组织　数据赋能是伴随着政府的数字化转型过程而展开的，建立数字平台成为数字政府建设的主要内容。为了打通数据壁垒，深化"放管服"改革，全国一体化在线政务服务平台上线，同时，国家"互联网＋监管"系统也已初步实现与各地各部门平台互联互通，逐步为地方、部门政务服务提供了平台支持。数字平台促进政府部门间各类数据、信息共享，将会实现政府组织业务流程再造，优化政府的政务服务能力，使我国庞大的政府行政体系能够迅速联动响应。

对于企业而言，依靠数字技术搭建的企业信息系统将承担以前由中层管理人员所负责的许多沟通、协调和控制方面的职能，从而使企业中层管理人员减少，缩短了组织的高层与基层之间的信息传递距离，加速了信息的传输，提高了组织结构的效率，降低了管理费用，使信息污染和失真的概率大大降低，而且极大地减少了信息处理的模糊性和不确定性。信息技术的应用使传统组织结构中的中层管理人员失去了存在的基础，失去了其结构的意义，企业将成为高效的扁平化组织。

（2）数字驱动发展　　在线一体化政务平台的建设促进了政府政务事项库的整合，对于事项、标准、编码等的统一促进了政务服务的规范化发展。跨地区审批的实现，进一步优化了营商环境；依托平台，如"只进一扇门""最多跑一次""不见面审批"等创新政务服务模式不断涌现，极大地提升了政府的政务服务能力。

企业技术平台能对员工行为和工作、企业业务的管理过程和数据进行采集、整理、分析，能对企业的运营效率和运营成本进行分析。企业能够利用这些信息和数据进行大数据分析，了解员工工作状态、企业运营情况、市场动态、消费者需求、技术发展方向等内容，从而做出全面和精准的决策，让数据驱动业务、驱动企业发展。

（3）共创共用　　组织成员既是平台的信息管理者、应用者，又是信息的提供者、享用者。公务员通过共享数据的调用提高工作效率，为办事人员提供优质服务，也促使个人的工作便利化。各种来源、多种形式的知识文档上传或下载，实现了知识的积累、共享、利用和创新，可根据文档、目录的权限，实现多维度搜索资源库内信息，为不同需求的成员提供个性化的信息。组织成员可以将有限的时间用在分析信息、判断信息、解释信息、采取行动及创新上，而非最基础的收集信息上。

2. 制度规范

制度规范是治国安邦的圭臬、准绳。具体来说，组织制度是人们的思想行为和具体行动的约束和规范，是确保政治、经济、文化等方面行动目标实现的具体措施和保障规定，具有指引方向、规范行为、提高效率、维护稳定、防范化解风险等重要作用。

对于数据赋能组织转型来说，构建合法合理的制度规范作为其有力后盾，有利于统一各级政府、各部门的思想来建设统一的标准，建立联通互动的服务渠道；有利于体现时代的新要求，以习近平新时代中国特色社会主义思想为指导，重建政务服务与公民之间的关系，保障社会公众的知情权、表达权、监督权，提供更加完善、人性化的政务服务；有利于紧扣实践的经验，总结各地各部门积累的经验，从实际经验提炼出新的政策规划，将行之有效的实践经验上升为法律法规；有利于统筹中国特色和世界经验两个视野，将中国的发展置于全球的环境当中，既能够充分考虑中国国情，又能够积极对标国际。

企业的发展离不开创新，技术创新已经成为人们的共识，然而制度创新还未引起企业的重视。人类是习惯性的动物，由于生存的惯性使然，人们一般不愿意改变现有的制度。科技的发展使企业的生存环境变化速度增快，如果企业没有配以相应的制度规范建设，新的生产力将无法在旧的制度上得以发挥，相反还有可能造成企业发展的困境。

员工是企业的重要生产力，也是企业最宝贵的财产，对于员工的财富合理分配是激发员工工作热情的重要手段，亦是员工生产力的重要组成部分。在数据赋能企业时代，打造数据管理系统，利用大数据分析，能更为科学地展现员工在企业整体的工作表现。在这样的发展要求下，企业必须基于有效激励、公平分配、长短期效益结合的原则构建制度规范体系，形成一套动态分配制度设计流程和工作流程，建立基于大数据时代的组织管理、分配和激励机制，形成企业与员工利益分配机制及员工职责和权限分配机制，包括确定角色定位、权限配置、规则设计、数据流程、动态考评机制等，从而确保财富分配这项高层次的规划性管理活动能够合理、有序地开展，促进员工更加稳定、自觉地为自己和公司做出努力和贡献。

3. 评估考核

评估考核是保障制度落实的根本。建立明确的考核制度，实际操作中可根据不同组织的具体情况，建立相应的针对组织运行情况、组织成员工作表现、财富分配等方面的考核办法。

对数据赋能政府进行评估考核，其理由根植于政府组织自身的考核评估系统内部。政府组织的评估考核，以政府部门依法履行职责、完成绩效目标、加强自身建设情况等方面为重点考评内容，开展以行政业绩、行政质量、行政效率、政府公信力为基本内容的综合绩效考评，实行多层面的满意度评价。行政业绩考评侧重从业务工作的维度对政府部门履行主要职责、落实重点工作情况进行绩效考评；行政质量、行政效率、政府公信力考评侧重从共性工作的维度对政府部门加强自身建设、提高行政效能情况进行绩效考评。

当前，政府组织积极运用现代信息技术创新绩效考评工作，以数据赋能考核，按照绩效数据标准化、考评内容表单化、业务处理信息化、统计分析可视化的要求，建立政府督查考评系统，实现数据采集、交换、分析、共享、预警工作全程网上运行，推动绩效考评数字化转型，为智慧绩效管理夯实基础。因此，对于数据赋能政府的评估考核与政府惯常的评估考核具有同一性，它既是评估考核的手段，本身又是考核内容。数据赋能大大提升了组织的行政质量、行政效率、政府公信力等，数据赋能成果的考核也为政府行政能力、政务服务能力等提升提供了监督和保障。

企业对于员工的考核，是按照一定的标准，按照相关岗位的职责、内容等提取科学的指标，衡量与评定员工完成岗位职责任务的能力与效果的管理办法。通过对员工的考核，有助于管理者发现员工的优势、劣势等方面的情况，做到人尽其才；也有助于企业对员工给出公正的评价与待遇，包括奖惩以及职位升迁、公司财富分配等方面。数据赋能企业转型的相关考核，主要在于对员工关于数据赋能的价值、工作管理目标、任职能力、定量目标等方面的考核。

数据赋能价值行为评估是指结合企业性质、目标、经营方式的取向做出的数据赋能相关选择，是对是否为员工所接受的共同观念和行为准则，并对员工在数据赋能过程中的认同情况的评估；数据赋能工作目标管理评估指通过量化的指标对周期内的常规工作、定期工作和产品工作做出描述，考核其利用大数据、数字平台等信息技术的程度；数据赋能任职能力评估指企业对于相关职位工作的能力要求，员工能否胜任数字化的工作环境，或者能否充分利用数字平台进行工作，一般包括对员工数字化工作行为、经验、关键知识、关键技能等内容的考核；数据赋能定量目标考核指，企业业务团队的所有员工和非业务团队的各级管理者均需在绩效评估模块中加入数据应用业绩定量考核部分，确保数据赋能在企业成员中全面开展。

4. 安全运营

当前，政府、企业等组织的发展都离不开数字化，无论从业务流程，还是产品设计都会基于大数据、云计算的架构为组织发展确定方向、目标。政府的信息共享安全、企业员工财富动态分配及安全治理都是数据安全治理过程的一部分。

对于数据安全，需要首先建立一些基本认识。在大数据时代，人们时常担心数据使用者、拥有者或者处理者不能保护好数据或者滥用数据。今天我们谈到隐私保护的时候，不应该只关注法律层面的隐私条款和限制信息采集，而应该更加关注如何提高所有拥有我们数据的组织的数据安全水平，确保数据不会被窃取或者滥用。"用户画像""精准营销"不一定会侵犯隐私，关键是要看具体实现的方法和管理措施，数据本身是无罪的。必须建立数据信任的认同，缺乏信任将造成糟糕的用户安全状况。越来越多的人似乎倾向于"谁都不信任"，甚至一些研究也在朝着这个方向发展。然而，人类社会是相互联系、相互作用的，没有人能够遁身于大数据时代，对于数据的不信任将会令人陷入更多的不安中。因此，企业应当树立自身数据安全意识，以高效优质的服务取得客户以及员工的信赖。大数据的汇融能够反映出人们的兴趣偏好、消费方式等情况，并且能使人们得到更好的医疗服务、购物体验等，保障了人们的人身安全。因此，数据赋能企业转型发展时，数据的安全在于数据是否能够被有效合法利用，个体层面的数据保护是企业数据赋能的核心要务。

数据赋能政府组织进程中，数据安全更是涉及国家安全层面的关键。在数字政府建设过程中，必须严格执行和落实网络安全法及相关网络安全工作条例，按照各地各级政府符合地方实情的决策部署，加强基础设施安全建设和防护，建立基础共性、关键技术、安全管理、重点领域等方面的数据安全标准体系，鼓励创新技术成果向标准转化，切实保障政务数据共享、公共数据开放、数据融合应用过程安全，构建一体安全防护体系，维护国家安全和社会公共利益，保护公民、法人和其他组织在网络空间、信息通道上的合法权益，为数字经济高质量发展保驾护航。

5. 人才培养

无论是对政府还是对企业，要实现数据赋能组织的目标，都需要大量的人才作为支撑。

对于政府而言，数据赋能的人才培养，必须建立适应数字技术领域特点的人才管理制度，着力打破体制界限，实现人才的有序顺畅流动。建立完善科研成果、知识产权归属和利益分配机制，制定人才入股、技术入股以及税收等方面的支持政策，提高科研人员特别是主要贡献人员在科技成果转化中的收益比例。聚焦信息化前沿方向和关键领域，依托国家重大人才工程和人才项目，加快引进信息化领军人才。开辟专门渠道，实施特殊政策，精准引进国家急需的特殊人才。加快完善外国人才来华签证、永久居留制度。建立数字技术领域海外高端人才创新创业基地，完善配套服务。建立健全信息化专家咨询制度，引导构建产业技术创新联盟，开展信息化前瞻性、全局性问题研究。推荐数据赋能方面的优秀专家到国际组织任职，吸取海外先进理念，分享中国经验。支持普通高等学校、军队院校、行业协会、培训机构等开展数字信息素养的培养，加强职业数据分析、运用技能培训，开展农村信息素养知识宣讲和信息化人才下乡活动，提升国民整体信息素养。

对于企业而言，成就他人不再是理念上的口号，而是以组织行动来实现，数据赋能人才培养的核心在于更广泛地整合资源、创造价值。一是要做到牵引陪伴。利用数字平台建设了解人才，以事业吸引人，以环境温暖人，以待遇留住人，以政策激励人，以环境优、机制优、服务优作为人才引进、人才使用、人才流动、人才激励、人才保障的"软实力"，实施用事业留人、用感情留人、用感恩留人的大智慧、大格局、大战略。二是要做到协同管理。通过数字平台，利用科学的数据分析方法，加快建立有利于留住人才和人尽其才的收入分配机制，努力从制度上保证各类人才得到与他们的劳动和贡献相适应的报酬。利用系统监督与评价，推行效率优先、兼顾公平，按劳分配，把管理、技术、专利、发明等要素纳入收益分配体系，重实绩、重贡献，向优秀人才和关键岗位倾斜。三是要做到协助赋能。构建科学的人才管理机制，有赖于数据赋能与此相配套的评估机制、培养机制、责任机制、运行机制等，做到人尽其才，才尽其用。为人才营造良好的生活环境、学习环境、工作环境；由制度管人提升为文化管人、育人、用人、留人，改革户籍制度、档案管理制度、用人制度等，打破人才身份、条块分割、所有制等限制，为人才流动创造一个公开、平等、宽松的环境。

6.2 要素一：技术平台为载体

6.2.1 组织的技术平台建设

随着数字政府、智慧城市建设的推进，我国的信息化发展水平进一步提升，人们能够如此迅速感受到数据赋能的魅力与政府注重数据基础平台建设紧密相关。各地的数字政府转型规划、智慧城市建设行动计划等都强调对数据云资源的统筹利用，通过云端平台打通数据的流通使用。

各地政府或购买云资源服务或通过利用已有的数据中心（含机房）、计算、存储、网络、安全、应用支撑等资源，运用云计算技术，发挥高可靠性、高可扩展性及快速、按需、弹性服务等优势，承载各政府辖区非涉密信息系统和政务数据，为各地各部门各单位提供基础设施、支撑软件和信息安全等云服务。各省级政府部门将建设"1+N+M"政务云基础设施。其中，"1"为以省、直辖市、自治区为主要基座支撑而打造的，且一般由省级大数据局运行的政务云；"N"为省、直辖市、自治区各部门各单位依托该主政务云提供的云资源而建设的行业云；"M"为各市建设的市云。以此为架构，向上联通国家政务服务平台（全国一体化在线政务服务平台），向下联通各地市部门。除了省市的数据中心，一般不再建数据中心。数据中心逐步将非涉密信息不断地整合上云，利用5G等新技术促进技术协同创新，建设政务服务网络，打造政务网络主动脉。上海市大数据中心打造了"促进城市管理精细化、保障城市安全有序运行"的"一网统管"和"带动政务服务改进，推动营商环境优化"的"一网通办"，互为支撑的"两张网"是数据赋能政府组织的优秀实践案例。这是依靠大数据中心对于数据整合与应用，协调各区各部门形成合力，突破数据汇聚共享的瓶颈才得以实现的。

企业要完成数字化转型，需要构建支撑云计算、物联网、人工智能等新技术应用的工业创新平台，并联合相关的系统、设备、通信、服务商等资源，共同形成完整的解决方案，帮助企业实现产品和商业模式创新。相较于政府政务平台的建设，企业个体要完成整体的数据赋能工作，必须通过相互合作才能实现。陈继忠和朱海波认为，在新的信息化浪潮推动下，云计算、物联网、大数据、增强现实等新技术不断爆发，通过构建数物互联、虚实映射的工业创新平台，帮助企业推动产品创新和运营优化，实现由原有的"产品至上"理念向"服务至上"理念转变，已经成为企业转型的必由之路。⊖

无论是政府的政务网建设、数据云端迁移，还是企业的工业创新平台构想，都是利用技术平台为数据的应用提供可能性。不能忽视的是，平台的技术将对数据的采集、清洗、应用等做出相应的判断和反馈，从而进一步认识业务与组织成员的个人表现。平台不仅是提高数据的运用、共享和帮助成员学习、提高的场域，也是孕育组织服务意识、服务能力提升的母体。

6.2.2 技术平台赋能路径

鉴于企业数据赋能平台种类较为繁复、路径各一，在有限的篇幅里很难完整阐释，而且针对政府侧的数据赋能有更多的研究和探索，所以下文主要介绍政府侧的数据驱动平台赋能组织的路径。

⊖ 陈继忠、朱海波《工业创新平台助力企业数字化转型》，网页参考：https://www.huaweicloud.com、journal/detail_15.html，2020年9月24日。

各级政府都依照中央的政策要求进行数字政府建设，也意识到数据赋能组织所能带来的成效。各地的技术平台建设路径多有共性，下文以省级政府数字平台建设为参考框架，揭示数字平台赋能政府组织建设的一般路径，各地的路径可能根据当地的情况各有不同。

1. 内部信息整合清理

要构建坚实的数据赋能云网基座，政府各部门各单位首先要组织开展政务信息化资产普查工作，全面摸清政务信息系统底数，制订本地本部门本单位政务信息系统整合共享清单，对政务信息系统建设应用情况进行全面自查，内容包括但不限于信息系统数量、名称、功能、使用范围、使用频度、审批部门、审批时间、经费来源等。原则上要将分散、独立的信息系统整合为一个互联互通、业务协同、信息共享的"大系统"，杜绝以二层机构和处（科）室名义存在的独立信息系统。各部门各单位原则上通过整合现有政务信息系统，保持本部门本单位系统数量"只减不增"。

2. 建立统一标准的数据共享交换体系

省级政府主导升级改造全省统一的数据共享交换平台，面向各地各部门各单位提供统一的政务数据调度、共享交换服务。政府各部门各单位现有信息系统原则上通过省级数据共享交换平台与其他部门共享政务数据，原有跨部门数据共享交换系统应统一接入省级数据共享交换平台，并逐步取消部门间直连方式，建立政务数据资源共享交换体系。各市政府可根据本地实际情况建设覆盖市、县、乡、村的市级数据共享交换平台，按照统一标准规范与省数据共享交换平台实现级联，也可申请使用省数据共享交换平台，原则上县级及以下单位不再建设本级数据共享交换平台。

3. 建立统一标准的公共数据开放体系

省政府面向社会公共提供统一的公共数据开放服务。各地各部门各单位原则上不再新建或者改扩建公共数据开放平台。已自建公共数据开放平台的，按照统一标准规范整合迁移。

4. 推进政府网站的集约化发展

建设全省统一的省政府网站集约化平台，要求原省政府网站原则上全部迁移至省政府网站集约化平台。各地各部门各单位原则上不再新建或改扩建政府网站集约化平台。对已建的市级政府网站集约化平台，本辖区范围内的全部政府网站要迁移至本级平台，实现与省政府网站集约化平台对接；对未建市级政府网站平台的，本辖区范围内的全部政府网站要迁移至省政府网站集约化平台。

5. 打造政务服务平台总枢纽

省级数字政务一体化平台是全省政务服务的"总枢纽"，纵向连接国家政务服务平台和市级政务服务平台，横向接入各部门专业业务办理系统（含国务院部门、省级部门、市级部门垂直业务办理系统、智能审批系统、政务服务审批的办公系统），实现省、市、县、乡、村五级全覆盖，为各地各部门各单位提供公共入口、公共通道、公共支撑、核心应用、全流程监管等服务。

具体平台的赋能工作为：

1）政务服务事项库整合。省级一体化平台提供全省统一的政务服务事项库，各级政务服务部门依托政务服务事项库整合自建业务办理系统事项库，统一管理全省政务服务事项，实现统一事项、统一标准、统一编码。未依托政务服务事项库自建的业务办理系统事项库，原则上不得发布。

2）政务服务门户整合。省数字政务一体化平台提供全省统一的政务服务门户，按照统一入口、统一申报、统一查询、统一邮寄、统一评价等要求，各级政务服务部门原自建的政务服务门户与统一的政务服务门户进行对接，面向自然人、法人和非法人组织提供统一在线办事入口。

3）业务办理系统整合。省数字政务一体化平台提供全省统一的通用业务办理系统（包括通用的智能审批系统）。对已建专业业务办理系统的部门单位，按照统一标准和适用的业务场景，根据实际情况确认对接模式，实现与省级平台对接整合，进一步解决"二次录入"问题，提升数据采集效率；对未建专业业务办理系统的单位部门，统一使用通用业务办理系统。对建设市级平台的，实现与省级平台对接整合。县级及其以下一般不能另行建设，要统一使用上级平台。

4）政务服务移动端整合。省数字政务一体化平台移动端（包括APP、微信、微博、小程序等）作为全省移动办事、便民应用、公共服务的统一入口，各级政务服务部门自建的移动端原则上按标准接入省级数字政务一体化平台移动端，实现更多政务服务、公共服务"掌上办、指尖办"。

5）并联审批系统整合。省级数字政务一体化平台提供全区统一的通用并联审批系统，为全省提供跨部门、跨地区、跨层级的并联审批应用，不再新建其他级别的并联审批系统。对已建并联审批系统的，按照统一标准规范接入省级数字政务一体化平台；对未建并联审批系统的，统一使用通用并联审批系统。

6. 打造"互联网＋监管""总枢纽"

省级"互联网＋监管"系统依托省数字政务一体化平台，通过归集共享各类监管数据，构建规范统一、协同联动的"互联网＋监管"体系，与国家"互联网＋监管"系统联通对接和数据共享，实现监管业务协同联动。各地各部门各单位执法监管系统（含国务院部门、省级部门、市级部门垂直执法监管系统、智能监管系统）要按照国家、省级统一的标准规范与省级"互联网＋监管"系统对接整合，实现规范监管、精准监管、联合监管和对监管的监管。

7. 推进公共支持一体化

加快推进公共支持一体化，促进政务信息化建设跨地区、跨部门、跨层级数据共享和业务协同，构建统一的公共基础支撑体系。具体包括统一身份认证、统一电子印章、统一电子证照、统一公共收付、统一邮寄系统和统一电子归档系统。

除了上述所列的数据赋能平台建设路径之外，还有关于"12345"政府热线的平台整合，构建政务数据和公共数据，以及前文已经提及的"1+N+M"政务云基础设施建设，也都是数据赋能政府促进政府组织进化的重要举措。

以上列举的数据赋能路径的原型来自于某省级政府的规划，通过对内部信息系统的整合清理，建立统一标准的数据共享交换体系，建立统一标准的公共数据开放体系。看上去是为政务服务平台的构建做基础的准备工作，事实上在做这些准备工作的同时，政府各部门的整合已经开始。要达到数据赋能的效果，在平台运行之前，已经促进了政府主体的内部整合。随着政务平台的运行使用，围绕着该平台不断生成的创新应用，将不断促进数据的流转、应用，不断耕耘平台的土壤，使其为组织带来更强的活力。

6.3　要素二：制度规范为前提

6.3.1　数据赋能下的制度规范

组织制度是对组织客观运行规律的模拟，只有遵循规律，组织才能得到持久的健康发展。组织制度主要包括权力运行机制、分工协作机制、利益分配机制、制度制约机制、委托代理机制等。

为了全面、准确、及时地了解企业和群众对政务服务的感受和诉求，接受社会监督，有针对性地改进政务服务，提升政府工作效能，优化营商环境，建设人民满意的服务型政府，国家出台了《国务院办公厅关于建立政务服务"好差评"制度 提高政务服务水平的意见》（国办发〔2019〕51号）（以下简称《意见》）。

《意见》指出，要在 2020 年年底前，全面建成政务服务"好差评"制度体系，建成全国一体化在线政务服务平台"好差评"管理体系，各级政务服务机构（含大厅、中心、站点、窗口等，下同）、各类政务服务平台（含业务系统、热线电话平台、移动服务端、自助服务端等，下同）全部开展"好差评"，线上线下全面融合，实现政务服务事项全覆盖、评价对象全覆盖、服务渠道全覆盖。确保每个政务服务事项均可评价，每个政务服务机构、政务服务平台和人员都接受评价，每个办事企业和群众都能自愿自主真实评价，每个差评都得到整改，形成评价、反馈、整改、监督全流程衔接，企业和群众积极参与、社会各界广泛评价、政府部门及时改进的良性互动局面，促进政务服务质量持续提升。该制度体系明确地夯实了政府政务服务的责任，同时促进各级政府部门厘清政务服务事项，规范政务服务要求，使数据赋能政府组织的建设有了更为明确的依据与方向。

虽然企业的制度不像政府文件那样有广泛的影响力，但是对于企业内部成员而言也有其强制性。它是让企业所有成员能够清晰感知并遵守的规定，通过对制度的遵守，企业中的每一个个体才能共同实现经营的理念和目标。具体来说，企业的管理制度，使管理人员能够有效地指挥和组织生产，进而使企业各个职能部门分工明确、职责清晰、提高工作效率，它包括基本制度、经济责任制度、内部管理工作制度等。数据赋能企业，既要在原有的企业制度框架内开展，也要对原有的框架、成员有所改善和帮助。

接下来介绍的是在数据赋能下，基于新时期的财富分配特点，员工财富动态分配制度，对传统的组织财富分配制度规范的补充及修正。通过了解此制度规范路径的实施、历史发展，让我们更易感受数据赋能组织成员的方式。

6.3.2 制度规范的实施路径

员工财富动态分配的制度规范主要包括财富动态分配激励制度、财富动态分配薪酬制度。

1. 财富动态分配激励机制

（1）激励机制设计

1）激励机制设计的出发点是满足员工个人需要。设计各种各样的外在性奖酬形式，并设计具有激励特性的工作，从而形成一个诱导因素集合，以满足员工个人的外在性需要和内在性需要。

2）激励机制的直接目的是调动员工的积极性，最终目的是实现组织目标，谋求组织利益和个人利益的一致，因此需要一个组织目标体系来指引个人的努力方向。

3）激励机制设计的核心是分配制度和行为规范。分配制度将诱导因素集合与目标体系连接起来，即达到特定的组织目标将会得到相应的奖酬。行为规范将员工的性格、能力、素质等个性因素与组织目标体系连接起来。行为规范规定了个人以一定的行为方式达到一定的目标。

4）激励机制设计的效率标准是使激励机制的运行富有效率。效率准则要求在费用相同的两个备选方案当中，选择目标实现程度较好的一个方案；在目标实现程度相同的两个方案中，选用费用较低的一个方案。而决定机制运行成本的是机制运行所需的信息。信息沟通贯穿于激励机制运行的始末，特别是组织在构造诱导因素集合时，必须充分进行信息沟通，将个人需要与诱导因素连接起来。随着信息技术在企业中的广泛运用，可以大大降低激励机制运行过程中很多环节的信息处理成本。但是，连接诱导因素集合与个人需要之间的信息沟通是无法省略的。

5）激励机制运行的最佳效果是在较低成本的条件下达到激励相容，即同时实现员工个人目标和组织目标，使员工个人利益和组织利益达到一致。

（2）激励机制模型中的三条通路

在激励机制模型（见图6-1）中，分配制度将诱导因素集合（奖酬资源）与组织目标体系连接起来，行为规范将个人因素集合与组织目标体系连接起来，信息交流将个人因素集合与诱导因素连接起来。因此，可以把分配制度、行为规范和信息交流称为激励机制设计模型的三条道路。通过三条道路的连接作用，使三个支点所包含的内容相互对应，形成一定的逻辑关系，相关信息的采集、筛选、整合、分析，则由企业内部数字平台完成。

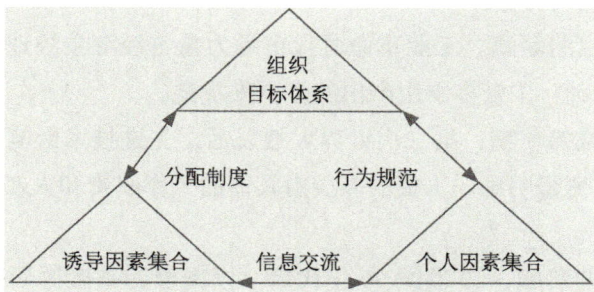

图 6-1　激励机制模型

1）分配制度。分配制度之所以称为诱导因素集合与组织目标体系之间的通路，是因为对奖酬资源（诱导因素）的分配是通过分配制度与个人完成目标的程度（绩效水平）相联系的，而个人正是通过分配制度看到了自己努力工作后得到奖酬的可能性及其多寡和具体内容。组织分配行为的分配对象是奖酬资源，其依据是个人完成目标的程度。

2）行为规范。个人能力是在一定的制度环境中发挥作用的。遵守一定的行为规范，是个人加入组织的一个重要前提。一个组织，也只有通过一定的行为规范，才能将不同个人的努力引向组织的目标。行为规范是建立在对个人素质和能力水平的正确认识的基础上的，个人通过遵守行为规范可以实现一定的组织目标，进而得到自己所期望得到的奖酬资源。同时，行为规范也作为控制和监督员工工作的依据。因此，行为规范成为个人能力和素质与组织目标之间的一个通路。

3）信息交流。机制设计所涉及的信息交流，一方面使组织能及时、有效、准确地把握员工个人的各种需要和工作动机，从而确定相应的奖酬形式；另一方面，通过信息交流，员工个人可以了解到组织有哪些奖酬资源，以及怎样才能获得自己所需要的奖酬资源。因此，信息沟通是连接个人需要与诱导因素的通路。

2. 财富动态分配薪酬体系

（1）薪酬分配体系设计前置条件　薪酬分配体系设计前置条件包括：确定企业战略、确定企业关键成功要素、包括人力资源战略、确定人才理念、组织利益心理分析以及确定薪酬战略。

设计一个完整的薪酬福利分配体系是企业人力资源系统中最重要的部分之一。这一系统能帮助企业吸引、回报和保留最优秀的员工。

（2）薪酬模式的选择

1）基于产出的薪酬。工业革命时代市场力量占经济主导地位，工资以产品的边际收入为基础，工资多少由产出的多少来决定。

2）基于岗位的薪酬。第二次世界大战以后，先进技术影响工作流程，工作变得复杂，分工变得明确，工资的多少由具体的工作职责和人在组织结构中的位置来决定。

3）基于人的薪酬。20世纪90年代后，以岗位为基础的后工业经济演变为以信息为基础的信息经济，组织架构扁平化，人员流动性增强。员工工资的多少由业绩和贡献来决定。

（3）薪酬体系设计的内容

1）薪酬设计要考虑以下问题：①薪酬定位，是以岗定薪还是以人定薪；②薪酬水平，是看整体水平还是局部水平；③薪酬差距，需要考虑企业外部差距与企业内部差距；④薪酬名义，发薪酬的意义；⑤薪酬的结构，是单一薪酬还是全面薪酬；⑥薪酬发放时间；⑦薪酬发放方法，是考核制还是固定制。

2）付薪要素。①最常用的薪酬因素：责任、贡献、能力、职位、工龄；②对应的常见薪酬形式：岗位工资、技能工资、职务补贴、工龄工资、奖金与提成。

3）要素指标的设定与组合（表6-1）。

表 6-1　要素指标的设定与组合

能力	责任	职位	贡献	工龄
学历	工作量			
职称	工作强度		工作责任	总工作时间
工作经历	工作风险度	职位级别	工作完成效果	本单位工作时间
素质测评	工作环境	岗位差别	工作重要性	某岗位工作时间
业绩体现	工作规律性		计件量	
技能等级	工作难度			

3. 与薪酬配套的激励体系构架

与薪酬配套的激励体系构架，主要包括以技术为基础的绩效考核，以战略目标为核心的职位岗位体系，明确的责任分工体系能够打造治理有序的企业运营环境，以评估体系为手段促进企业形成规模化发展。

财富动态分配评价结果不与组织成员工资直接挂钩，但可以影响浮动工资，绑定员工的利益。因此，传统分配方式的平均主义导致的激励单一、公平性受制约和效率低下的问题在财富动态管理激励机制中得到了很好的解决，其科学性和灵活性合理地完成了管理中的效率激励和公平平衡，在组织中发挥着现实而广泛的作用，是管理效率与管理公平性相契合的驱动力。

以上罗列的各种关键要素，对于财富动态分配的判定起着至关重要的作用。在依靠人力判断的年代，是很难产生这样的制度设计并进行实际运用的。可以说薪酬分配体系的运作，依赖于企业对于各项员工数据指标的掌握，数据驱动是财富动态分配的有力保障，制度的顺利实施也确定了数据赋能方式在组织进化发展进程中的地位。

6.4　要素三：考核评估为手段

6.4.1　数据赋能的评估考核

　　数据赋能下的评估考核，是对数据赋能在组织进化中的运行效果的考核。组织各类资源是否标准化与数据化、关联化；组织各种行为是否有效记录、激励或奖惩；所有组织、流程与角色可否动态配置与优化；数据赋能是否精细化到每个组织部门和个人，是否有助于其工作、决策和管理等都是评估考核关注的内容。

6.4.2　评估考核的实施内容

1. 评估目的

　　完善数据赋能组织转型升级的机制，激发组织部门间的竞争、学习和组织成员的积极性与参与深度，推动数据赋能平台的持续健康运行，建立日常监测与集中考评相结合的绩效考评机制，提升各组织在数据治理过程重大任务的配合程度，建立数据治理良性运行机制，形成共识和管理惯性。通过智慧赋能平台的数据治理与评估系统，确定角色数量及每个角色的功能定位，赋予其数据治理权责，使其发挥管理和实施作用。

2. 评估方法

　　（1）工具与人工相结合　对于可以通过工具采集的数据，使用工具采集；对于无法通过工具采集的数据，采用人工方式采集。

　　（2）同一指标平行测试评估　每个评估对象的每项指标由同一个人全部完成，同一轮评估中每个评估对象会有三组次同时评估，并在同一个时间段内完成数据的采集工作，确保每个评估对象每项指标的评测标准和评分尺度、评测时间相同，从而确保每个评估对象的指标评估标准一致。

　　（3）问卷调查法　问卷调查法是通过书面形式间接收集研究材料的一种调查方法，主要通过向调查对象发放统一设计的调研问卷来了解被选择的调查对象了解的情况或征询意见的方法。

　　（4）对比分析法　对比分析法是将两个或两个以上的数据进行对比，分析差异进而揭示这些数据所代表的规律。

对比分析法包括横向比较及纵向比较。横向比较即同一时间下不同总体指标的对比；纵向比较是不同时间条件下同一总体指标的对比。

3. 评估流程

（1）组成项目组　　明确本次评估范围、内容、流程，全面了解员工财富动态分配现状，对总体情况进行摸底，制定绩效评估指标体系和问卷。

（2）形成具体工作方案　　向各相关单位发放工作方案、评价指标体系和意见反馈问卷，同时通过试评估完善指标体系。

（3）建立评估材料库　　通过对系统报送和人工报送两种方式分别收集的材料进行整理汇总，建立评估材料库，梳理分析数据，对现状进行绩效考核评估。

（4）撰写初评报告　　通过对采集数据的分析，初步形成评估报告。

（5）评估成果应用　　整合初评报告的数据材料，最终形成绩效考核评估总报告，并根据汇总数据，在智慧赋能平台进行可视化呈现，进一步支撑组织决策。

6.4.3　积分考核：以行为量化奖励

数据赋能一般都是通过平台实现的。无论是政务服务平台，还是企业数字平台，作为数据赋能的载体，都能通过实行"积分制"管理考查其情况。"积分"管理跳脱了传统管理的桎梏，拓宽了管理的核心维度，将组织部门的表现、公务员/企业员工能力和行为的方方面面囊括其中。"积分制"管理模式彻底解决了传统管理只能管员工做事、不能管员工行为的问题，也增强了政府组织的自我监督。在"积分制"管理模式下，政府部门的政务服务，不仅包括提供，也涵盖其服务质量、创新能力。企业"积分制"管理体系不仅涵盖了员工的工作考核层面，也涵盖了员工应该具备的公德和道德素质水平层面。"积分制"管理在没有完备的预设的规章框架下，可实现横向到边、纵向到底、全方位、无边界、无死角的管理，具有无限延伸性。

平台借助积分这一虚拟激励工具避免了只重视劳动力价值创造的问题，多方面认可人的贡献和价值，也让数据赋能的成效能够被量化、被直观地认识。从横向上看，"积分制"管理是组织管理效率与管理公平性相契合的驱动力。

1. 效率的促进器

"积分制"管理很好地做到了目标管理和过程控制并重。"积分制"管理细化到目标任务完成的量化考核上。工作目标和任务对应积分，任务按期完成则奖分，任务超期完成则扣分；完成任务则奖分，没有完成任务则扣分。组织部门对组织成员的劳动成果应按标准进行积分量化。通过积分进行反馈和评价，为了获取更高的积分，组织成员会自觉改进生产方式，提高产品质量。有了积分量化作为保障，管理者可以在目标设置的基础上对组织部门、成员进行过程控制和结果考核。

在数据赋能的"积分制"管理中，积分的奖励和扣罚不会直接与组织管理成本挂钩，很大程度上节约了组织用于考核的人力成本、物力成本和激励成本。积分作为衡量组织成员各项素质的数字而使用，取之不尽，用之不竭。通过积分直接影响组织成员能力、行为和综合表现，可以更大限度地发挥他们的工作动力。透过积分的排名，组织可对表现优异的部门进行褒奖，将待遇向高分成员倾斜。运用"积分制"管理可以有效控制管理成本，尽量为组织运作的每个环节减少阻力，促进成员与组织的共同发展。

"积分制"管理基于一套完善的积分管理体系，依据组织成分，制定部门和成员详细的奖扣分规则，并时刻更新跟进。此外，透过"积分制"管理，组织不仅做到了及时激励、短期激励，还通过积分永久性和长效性激活了长效激励。及时激励成员完成好短期的任务目标，长效激励与未来的各种福利、奖励挂钩促使成员不断提升个人技能，让工作充满动力，实现更多工作目标。

2. 公平的平衡仪

"积分制"管理中，通过积分的总额排名对组织部门或者成员的工作和综合表现进行全方位的客观评价，同时也是对数据赋能情况的评价。管理者不需要直面评价成员的业绩和综合表现的好坏就可以体现管理的威慑力。

"积分制"为组织成员提供了更多的追求自身价值的途径和渠道。"积分制"管理通过奖分的方式肯定每个成员的能力和部门的工作质量，赋予每个组织成员个人价值感和荣誉感，并促进他们不断提升自己的综合能力。这种管理方式将使组织成员对自己越来越充满信心，不断发掘自己的潜力，体会到自身的价值。

6.5 要素四：安全运营为保障

6.5.1 数据赋能的安全运营

数字政府建设过程中，政府高度重视安全保障体系，几乎在每一个规划方案中都会强调安全保障体系。数据安全、安全机制是保障数据赋能组织安全运营的基础。数据安全包括防窃取、防滥用和防误用，而安全机制则能够及时展现平台的实时安全态势、为安全决策提供数据依据，并在故障发生的第一时间报警和通知，这其中包括预警监测、应急响应、安全控制、报表分析等安全运行机制。此外，安全人员的能力也是安全运营的重要因素。

6.5.2 安全运营的实施路径

1. 数据安全

数据安全包括三方面的内容：防窃取、防滥用和防误用。

在防窃取方面，来自内部的安全威胁总体上占三分之二左右，要远大于来自外部的威胁。根据电子商务生态安全联盟的统计，在电商生态中这个比例的差距更加悬殊。因此，即便是系统安全，也不能仅仅把防止外部攻击导致的数据窃取作为全部工作，防止来自内部的入侵和数据窃取反而更加重要。

防滥用指的是防止数据被不正当使用，如拥有数据的组织内部员工在无工作场景的情况下访问用户个人敏感数据。防滥用也包括一个组织对外进行数据披露、数据共享、数据转移等过程中的安全审核，这些审核工作确保这些行为合法，并且不会导致用户或者组织自身的利益受损。

防误用指的是防止数据在加工过程中出现过失性泄露。人类正在进入定制化生产的时代，这个时代的基础之一是基于大数据的加工计算。大数据加工计算的过程中如何做到不侵犯用户个人隐私，就是典型的防误用问题。显然这个问题已经成为今天的典型突出问题了。实际上人们今天谈之色变的"用户画像""精准营销"等，早已经在普遍使用了，而且这些都是未来数字经济、智慧城市和治理等工作必不可少的技术。只是到具体的实现层面，有没有采用合适的制度和技术手段确保这些过程中不会泄露特定用户的隐私，是今天每个组织需要回答的数据安全问题。在技术上这并非无法做到，有很多比较成熟的方法可以做到让用户感觉有一名贴身秘书在为自己服务，但是实际上没有人能够在数据加工的全过程中窥探到特定用户的隐私。可是，恐怕现在绝大多数组织在意识方面还需要提高，特别是企业的数据防误用。

数据安全治理三原则 搞清楚数据安全要解决哪些问题，大数据时代下解决这些问题所面临的主要挑战，就可以梳理数据安全治理的核心思路了。简单来说，数据安全治理可以遵循"以数据为中心、以组织为单位、以能力成熟度为基本抓手"的原则。

1）以数据为中心。以数据为中心，是数据安全工作的核心技术思想。人们比较习惯的是以系统为中心的思想，即围绕着一个数据库、一个产品、一个网站、一个服务器等评价其安全性。这种思路主要适用于保护一个特定系统的正常工作状态。但是在今天,数据在多个系统、产品、业务环节中频繁快速流转,这种以系统为中心的思想已经不能满足数据安全的需求了。以数据为中心的安全,是将数据的防窃取、防滥用、防误用作为主线,在数据的生命周期内各不同环节所涉及的信息系统、运行环境、业务场景和操作人员等作为围绕数据安全保护的支撑。这时候,某个系统被入侵,并不等于数据安全的目标遭到最终的破坏,反之某个单一环节的安全能力再强,也不代表整体数据安全保护的能力够好。

在数据生命周期的不同阶段,数据面临的安全威胁、可以采用的安全手段有可能很不一样。例如,在数据采集阶段,可能存在采集数据被攻击者直接窃取,或者个人生物特征数据不必要的存储面临泄露危险等;在数据存储阶段,可能存在存储系统被入侵进而导致数据被窃取,或者授权用户无应用场景支持访问用户敏感数据,或者存储设备丢失导致数据泄露等;在数据处理阶段,可能存在算法不当导致用户个人信息泄露等。把不同阶段从不同角度面临的风险放到一起进行综合考虑,建立强调整体的而不是某个环节的安全能力,是以数据为中心的数据安全工作核心思想。

2)以组织为单位。以组织为单位,是数据安全治理的核心管理思想。

根据前文的论述很容易就能理解,一个服务器很安全、一个手机应用产品很安全都不能代表数据的安全。数据在不同的服务器、产品、业务中流转,才能显示它的实用价值。而且从法律的角度来说,拥有或使用数据的组织才是承担数据安全责任的主体。因此,虽然在大数据时代还有数据共享、数据转移、数据交易等各种复杂的情况,但拥有或者处理数据的组织是所有这些活动的基本单元,因此也是数据安全治理的基本单位。

以组织为单位的数据安全治理,具体指的是数据在特定组织内全生命周期的安全,这个组织要对其负责。不论数据在这个组织中的生命周期涉及多少产品业务或人员,那些单个系统、单个业务的安全都不能说明问题,能说明问题的应该是被最终衡量的这个组织的数据安全。一个组织的数据安全水平,可以作为其是否符合法律要求,特定事件中具备怎样的责任,面向用户赢取信任、面向行业适合处理的数据类型和规模等的参考依据。换句话说,政府或者行业可以以组织为单位进行数据安全管理,而不是某个产品的安全,一个组织要证明的是整个组织的数据安全水平,而不是其某个应用的安全。从政府层面来说,数据的安全还包括信息的保密,这同时攸关国家利益、国家安全等问题。不同级别的组织,面对的数据安全保护责任也会不同。数据赋能组织的同时,组织也必须构建相应的数据安全保障体系，才能使数据顺利赋能组织进化。

3）以能力成熟度为基本抓手。用什么来衡量组织的数据安全呢？数据安全的能力成熟度可以作为基本抓手。

能力成熟度是一种经过考验的方法，目前在越来越多的领域被应用，美国甚至制定了网络空间安全能力成熟度战略。数据安全能力成熟度模型，是借鉴能力成熟度的核心思想，结合数据在组织内的生命周期以及构成安全能力的关键要素而构建的。一个组织的数据安全能力成熟度等级，说明了这个组织在数据安全保护方面的综合能力水平。而这个水平的高低，则可以用于数据安全治理的各种相关工作。例如，相关政府部门或行业主管部门，可以根据本行业的数据敏感度特点决定哪些数据类型或者多大的数据规模需要多高的数据安全能力成熟度水平，进而让数据安全能力成熟度足够的组织能够处理特定数据，从而实现本行业安全与发展的平衡；在数据共享、转移、交易等过程中，法律可以规定数据拥有者有义务要求数据接受者提供自己足够的数据安全能力成熟度水平，从而避免数据在流动过程中进入安全性更差的组织，以减少数据流动导致的安全失控；根据特定行业、特定数据类型以及特定时段数据安全威胁的具体情况，国家主管部门可以设定和调整特定领域数据安全能力成熟度的衡量标准和等级要求，从而实现整体数据安全状态的可控；组织可以通过自己的数据安全能力成熟度水平，让消费者用更加客观量化的方法衡量自己是否值得信任。

数据安全治理的核心目的，是实现安全与发展的平衡，让大数据时代的发展能够健康地持续下去。数据安全治理最需要避免的情况就是用安全的名义扼杀了发展（这是更大的不安全），这会导致谁重视安全谁吃亏，最后产生劣币驱逐良币的现象。

数据安全治理要避免过去那种自上而下的"管家式"管理模式，因为每一个企业、每一个组织都离不开数据，数据安全问题并不是只需要关注那些大企业、大产品就行了。可是政府从上而下管理数千万家企业、数千万个组织是不可能有好的效果的，更不要说这是在业务产品超级复杂并且快速变化的新时代。因此，需要建立的是自下而上的制度，让组织有提升和证明自身数据安全能力成熟度水平的积极性，让数据安全能力成熟度高的组织拥有更大的发展空间和竞争优势，让规范的第三方数据安全服务产业发展起来实现专业的数据安全服务和测评认证体系，由此形成良好的数据安全治理生态，提升全社会的数据安全水平。

2. 安全机制

1）预警监测机制。组织数据赋能平台需建立完善的预警监测机制。通过强大的预警监测能力，为组织提供数据参考和决策支持，实时了解信息系统的运行情况和安全状况、安全态势，在海量数据的基础上，对安全事件和安全态势进行综合监测与分析，及时做出故障响应，为组织提供强有力的数据参考和决策支持。

2）响应处置机制。组织数据赋能平台要具有系统安全事件的响应和处理能力，结合监测中发现的问题及对自身脆弱性的了解，为应急响应的处理提供依据，同时依据自身及行业特点，建立故障解决方案知识库和专家库。鉴于目前多数单位并不具备独立处理安全事件的技术实力，需要专业安全服务厂商提供安全事件的预警、响应、处置和数据分析以及必要的技术支持，提高组织的故障安全事件响应与处理能力。

3）安全运维保障机制。组织数据赋能平台应具有完备的系统运维安全机制及运维手段，保障运维工作可控可审。运维阶段中，应保证运维人员身份真实性，及时发现异常行为，有效防范违规运维情况，实时掌握运维态势，即时分析及展现运维数据。

人员管理制度。人员管理制度主要从人员的选拔、工作责任的落实和安全运作必须遵循的基本原则制定相应的工作制度。

保密制度。电子商务系统涉及企业的市场、生产、财务、供应链以及政府部门等多方面的机密，这些方面都需要很好地划分信息安全级别，并确定安全防范重点，提出相应的保密措施。

跟踪审计制度。跟踪制度就是要求企业建立网络交易的日志机制，来记录网络交易的全过程。而审计制度是对系统日志的经常检查、审核，及时发现对系统有安全隐患的记录，监控各种安全事故，维护和管理系统日志。

网络系统的日常维护制度。网络系统的日常维护包括硬件的日常维护和软件的日常维护。硬件维护主要是对网络设备服务器和客户机以及通信线路进行定期、规范的巡查、检修；软件维护主要是对支撑软件进行定期、规范的清理和整理、监测、特殊情况处理以及应用软件的升级等。

数据备份制度。数据备份主要是利用多种介质对信息系统数据进行存储，定期为重要信息备份、系统设备备份，并定期更新，以减少安全事故发生时造成的损失。

3. 安全人员能力要求

数据并不会仅仅存留在某个应用软件、某个设备或者某个数据库中，传统的以系统为中心的安全思路并不能满足企业的数据安全需求，而是必须转到"以数据为中心的安全"上来，即要对一个组织掌握的数据全面负责，无论这些数据是从哪些应用、设备、系统、业务中产生、存储或处理，或者涉及哪些不同的业务及人员。一种可能的办法是按照数据在组织内的生命周期进行梳理，实际上这会涉及多个部门、多个岗位人员的支撑及互相配合。

参考数据安全能力成熟度模型（DSMM）标准的描述，组织内的相关岗位大概涉及数据管理岗、开发岗、信息安全岗、合规岗、人力资源岗、运维岗、审计岗及其他数据安全岗位等。根据不同的数据生命周期阶段的安全需求，对可涉及岗位的数据安全能力要求有所不同，大致描述见表 6-2 ～表 6-8。

表 6-2　数据采集阶段的数据安全人员能力要求

数据生命周期阶段	安全需求	可涉及岗位	数据安全人员能力要求（标 * 的为基本应对 DSMM 级要求）
数据采集	数据合理分类分级	数据管理岗	*1. 理解组织结构内数据所处的业务场景，及数据一旦发生泄露所造成的风险 2. 能够定制化制定适用于组织的分类分级制度标准，能够根据数据重要敏感程度等对数据落实合理分类分级
	数据采集安全管理	数据管理岗/开发岗	*1. 能够充分理解数据采集的法律合规要求、安全和业务需求，并能够根据组织机构内的业务场景提出针对性的解决方案 *2. 能够制订数据采集的信息共享方案，并不断提升组织机构内相关人员对合规要求以及对业务场景的理解
	数据源鉴别及记录	数据管理岗/开发岗	*1. 具备对数据源鉴别标准的一致性理解和执行的准确性 *2. 能够制订数据源鉴别及记录的技术方案并执行落地
	数据质量管理	数据管理岗/数据质量管理岗	*1. 具有数据质量管理的相关理论基础，并能够基于组织结构的实际数据质量管理需求开展相关工作 *2. 具备对数据质量标准的一致性理解能力、建立数据质量管理过程的有效性和效率目标能力、在组织结构层面实现数据质量管理的持续优化能力等 3. 制定统一的数据质量管理规范，并可以对各业务的数据管理人员进行规范的培训

表 6-3　数据传输阶段的数据安全人员能力要求

数据生命周期阶段	安全需求	可涉及岗位	数据安全人员能力要求（标 * 的为基本应对 DSMM 级要求）
数据传输	数据加密传输	开发岗 / 安全岗/数据管理岗	*了解市场主流的安全通道和可信通道建立方案、身份鉴别和认证技术、数据加密算法，并能够根据具体的业务场景选择合适的数据传输安全管理方式
	网络可用性安全管理	网络管理岗 / 运维岗	*1. 精通网络安全基础技术知识，具备网络安全管理经验 *2. 了解网络安全对可用性的安全需求，并根据不同业务对网络性能需求制订有效的可用性安全防护方案

表 6-4　数据存储阶段的数据安全人员能力要求

数据生命周期阶段	安全需求	可涉及岗位	数据安全人员能力要求（标 * 的为基本应对 DSMM 级要求）
数据存储	存储介质安全	运维岗 / 数据管理岗	*熟悉介质使用的相关合规要求，熟悉不同存储介质访问和使用差异性，能够主动根据政策变化更新管理需求
	逻辑存储安全	数据管理岗/开发岗	1. 明确整体的数据逻辑存储系统、存储设备安全管理要求，并能够推进相关要求的落地实施 *2. 熟悉相关的数据存储技术架构，并能够基于安全管理的原则判断出相关的风险，从而能够保证对各类数据存储容器的有效安全防护
	数据备份和恢复	运维岗 / 数据管理岗	*了解数据备份介质的性能和相关数据的业务特性，能够确定有效的数据备份、恢复工作开展的方式

表 6-5　数据处理阶段的数据安全人员能力要求

数据生命周期阶段	安全需求	可涉及岗位	数据安全人员能力要求（标 * 的为基本应对 DSMM 级要求）
数据处理	敏感数据脱敏	数据管理岗	*1. 熟悉常规的数据脱敏技术，能够分析数据脱敏过程中存在的安全风险，基于数据脱敏的具体场景，保证业务和安全之间的需求平衡 *2. 具备对数据脱敏的技术方案定制化的能力，能够基于组织机构内部各级别的数据建立有效的数据脱敏方案 3. 管理岗人员还需具备定期对数据脱敏工作人员的脱敏操作能力进行考核评估的能力（DSMM 4 级要求）

数据生命周期阶段	安全需求	可涉及岗位	数据安全人员能力要求（标 * 的为基本应对 DSMM 级要求）
数据处理	数据分析安全	数据分析岗	*1. 能够基于合规性要求、业界标准对大数据安全分析中可能引发的数据聚合的安全风险进行有效的评估，并能够针对分析场景提出有效的解决方案 *2. 精通对大数据分析的安全技术，能够及时跟进先进的最佳实践，以保证对相关技术的合理应用（DSMM 5 级要求）
	数据正当使用	权限管理岗 /安全运营岗	*1. 能够建立有效的身份及访问管理方案 2. 具备对数据正当使用的相关风险的分析和跟进能力（DSMM 4 级要求）
	数据处理环境安全	数据管理岗 /信息安全岗	* 了解在大数据环境下的数据处理系统/平台的主要安全风险，并能够在相关的系统设计、开发阶段通过合理的设计以及运维阶段的有效配置规避相关风险

表 6-6　数据交换阶段的数据安全人员能力要求

数据生命周期阶段	安全需求	可涉及岗位	数据安全人员能力要求（标 * 的为基本应对 DSMM 级要求）
数据交换	数据导入导出安全	数据管理岗	* 充分理解组织机构的数据导入导出策略，并根据数据导入导出的业务场景执行相应的风险评估，提出实际的解决方案
	数据共享安全	数据管理岗 /信息安全岗	* 理解组织机构的数据共享策略，并根据数据共享的业务场景执行相应的风险评估，提出实际的解决方案
	数据发布安全	数据管理岗 /合规岗 / 信息安全岗	* 充分理解数据安全发布的制度和流程，通过岗位能力测试，并能够根据实际发布要求建立相应的应急方案
	数据接口安全	信息安全岗 /开发岗	* 充分理解数据接口调用业务的使用场景，具备充分的数据接口调用的安全意识、技术能力和风险控制能力

表 6-7　数据销毁阶段的数据安全人员能力要求

数据生命周期阶段	安全需求	可涉及岗位	数据安全人员能力要求（标 * 的为基本应对 DSMM 级要求）
数据销毁	数据销毁安全	运维岗 / 数据管理岗 / 开发岗	* 熟悉数据销毁的相关合规要求，熟悉不同业务对数据销毁需求的差异性，能够主动根据政策变化和技术发展更新相关知识和技能
	介质销毁处理安全	运维岗 / 网络管理岗 /	*1. 整体把控组织机构内部数据销毁的原则，并明确各类数据销毁的规范做法 *2. 能够依据数据销毁的整体需求明确使用的介质销毁工具

表 6-8　全生命周期基础通用支撑阶段的数据安全人员能力要求

数据生命周期阶段	安全需求	可涉及岗位	数据安全人员能力要求（标 * 的为基本应对 DSMM 级要求）
全生命周期基础通用支撑	制定数据安全策略规划	数据管理岗 / 高级管理层	*1. 具备制定数据安全顶层方针、策略的能力，了解组织机构的业务发展目标，并能够将数据安全工作目标和业务发展目标进行有机的结合 *2. 精通信息安全管理体系建设的基础知识、数据安全相关技术知识和规范撰写的能力 3. 能够及时评估策略规划的实施效果，根据实施效果修订数据安全策略规划文件，并制订数据安全策略规划的提升计划（DSMM 4 级要求） 4. 具有一定的业务趋势洞察能力，能够洞察业务变化、行业的变化对安全带来的挑战（DSMM 5 级要求）
	人力资源安全	人力资源岗	*1. 能够充分理解整体数据安全建设策略及工作目标，有定义数据安全职能部门 / 岗位的能力，并能够根据组织内部情况合理设定岗位并确定职责及分工 *2. 职能岗位设计时能考虑职责分类原则，合理建立组织机构内部监督管理职能部门，对组织机构内部的数据安全管理相关职能岗位的操作行为进行安全监督管理 3. 能够持续优化组织结构的数据安全岗位及职能设置，以实现整体业务目标的优化 *4 负责人力资源安全管理的人员应充分理解人力资源管理流程中可对安全风险进行把控的环节 *5 固化针对员工、第三方人员入职过程中的数据安全教育环节，通过培训、考试等手段提升整体的数据安全意识水平 *6 负责执行数据安全职能设置的人员能够明确组织机构的数据安全工作目标
	合规管理	合规岗 / 法务岗	* 具备对数据安全合规要求的解读能力和对数据安全合规现状的理解力

数据生命周期阶段	安全需求	可涉及岗位	数据安全人员能力要求 （标 * 的为基本应对 DSMM 级要求）
全生命周期基础通用支撑	数据资产管理安全	数据管理岗	1. 充分了解所管理的数据资产的相关信息，并具备判断对数据资产的相关使用是否能够保证其价值不受损害的能力 *2. 负责组织机构统一的数据资产管理工作人员了解组织机构内部数据资产管理需求，以及对数据资产所涉及业务范围的整体理解，能够建立适用于组织结构业务实际情况的可落地的管理制度
	数据供应链安全	供应链管理岗 / 外包管理岗	* 对组织机构上下游数据供应链有整体了解，熟悉供应链安全方面的法规和标准，并具备推进供应链管理方案落地的能力
	元数据管理	数据管理岗	* 了解元数据管理的理论基础，理解组织机构的元数据管理的业务需求
	终端数据安全	主机管理岗 / 数据管理岗	* 了解终端的数据出入口以及相应的数据安全风险，可利用相应的工具实现整体的安全控制方案
	监控与审计	审计岗 / 运营岗	* 了解数据访问和操作涉及的数据范围和合法性，具备安全风险的判断能力，并能制订合理的监控审计方案

要说明的是，DSMM 本身按照能力成熟度分层，这里主要描述的是 3 级要求，而当前能达到 DSMM 3 级要求的组织其实还很少。

6.6 要素五：人才培养为支撑

6.6.1 数据赋能的人才培养

在数据赋能组织人才培养方面，无论是政府还是企业都必须正视我国数据相关人才缺口大的问题，特别是拥有熟练数据运用能力的人才，如数据科学家、分析架构师等。无论是企业还是政府都面临相同的窘境。

有课题研究机构收集工作场景中的相关数据，对这些数据分析后发现，绝大多数的样本人员表示希望有灵活的工作地点和工作时间，相比安全感和稳定感，人们都选择了幸福感和自我实现。这样的现实状况为培养数字化方面的相关人才带来了困难。从事数字政府建设的从业者面临的工作强度大、面对的物质诱惑多，由于当前人才流动的方式、渠道越来越多，组织能不能提供给成员相应的价值空间、心灵空间，成为当下吸引人才、留住人才、培养人才的核心要素。组织需要正视这个问题并积极应对，不能囿于传统的观念，否则无法适应现实环境的要求。

从政府方面来看，首先要制订科学的人才发展规划。紧密结合当下国家、企业发展中对数据赋能的需要，扎实调研有关领域的人才现状、缺口和需求的趋势，并在此基础上，从培养、引进等方面全方位、系统化地规划人才发展的计划；设立相应的奖励机制，鼓励人才进入相关领域发展；优化人才引进的制度，构建人才共享的机制；改革组织本身的工作机制，以适应当下人才发展的要求，做到以人为本。

同时，通过数字平台的监督，也能帮助组织解决当下人浮于事和虚假忙碌的问题，使员工工作不再碎片化，促使员工能够在工作时间充分发挥自身的能动性、积极性，创造个人的价值，也为组织奉献自己的力量。在组织管理中，需要能够认知责任、认知权力、认知利益，了解工作路径方法，充分了解业务情况，以帮助员工应对工作上的挑战。数据赋能的管理不再是对成员进行道德教育、技能指导，而是通过员工认可的方式来激发员工工作的欲望。

6.6.2　人才培养的实施

1. 目标引领

组织有序发展的关键因素是具有明确的发展目标，因此，组织对于数字化人才的培养，必须制订一个长远的计划，科学设定目标并且分步落实进行，逐步实现数据赋能组织。明确的目标有助于帮助组织克服现实困难，面对挑战。

政府部门应当积极出台政策，使数字化人才培养从被动适应现实环境走向主动引领、主动面向国家数字化转型的战略需求，主动引领数字化行业产业发展的需求，主动引领我国公民数字化素养培养，营造数据赋能组织文化生态。进一步发展职业教育，重塑职业教育的形象，让职业教育能够对接现代化强国建设、对接科技进步要求，全面系统地提升数字技术技能人才培养的质量。

注重产学研结合，加强企业、科研院所和高等学校之间的合作，以企业的技术需求促进教育、研究的方向性选择，注重数字化复合型人才的培养，为数据赋能组织不断提供高端人才的支撑。

对于企业的数据赋能而言，必须自上而下地开展相关数字化知识学习，形成一个企业数字人才培养体系。作为组织的领导者，企业家要率先学习数字化转型相关的知识，进一步制定适合企业的数字化策略；中高级管理者必须积极了解、掌握相关数字化技术；相关数字化人才不能仅将自己视为技术专家，同时还要了解企业的业务情况并锻炼自身的管理能力。以上述企业组织中的要素推动数字化组织的形成，进而最终实现组织全员的数字化思维，善于利用、分析数据，使人人都能利用数据赋能组织。全系统数字化人才体系的建立固然不易，它是一项充满挑战性的任务，但正如20世纪的人类登月计划，正是因为有了明确的目标，而且能够充分调动参与者的主动性，把所有人的努力汇聚到一点，形成强大的合力，最终达成目标。在企业组织构建这样的数字化人才培养体系过程中，组织的凝聚力也将会得到充分的提升，可以更好地迎接未来世界的不确定性。

2. 需求导向

目前的人才缺口就是数字人才培养的真实需求所在，明确的需求有益于措施的制定。

InfoQ 网站的《数字化转型中的人才技能重建》介绍了当前数字化人才特征、建立数字化人才个性能力模型等方面的情况。报告指出，即使是全球顶尖的互联网企业，也宣称没有"最好的人才"。在人才培养过程中，企业应当更多地鼓励员工发挥自身的潜力，提升自身数字化发展相关的技能水平，不断实现自我价值。报告指出，由于政府提出大力发展新基建，数字化人才的需求进一步扩大，北京、上海、广东等地积极开展新基建，造成数字化人才需求持续增加。由于人才的短缺，数字化人才的流动性增强，具备规模优势的企业对人才的需求不断增加，也吸引更多人才。从职业和岗位来看，具有管理能力的数字化人才最具竞争优势，产品开发类职位越来越受到人才重视，企业对于数据库开发、通信研发等方面人才需求旺盛。同时，我们必须留意，当前最为火热的人工智能和大数据人才缺口特别大。造成这种情况的主要原因是对人工智能和大数据领域人才素质的要求比较综合，包括算法、互联网、人工智能等方面的知识和技能，以及数据分析、产品研发、市场营销等关于产品、市场的知识储备，是需求复合型的人才。

除了人才的缺口，在人才培养的刚性需求方面，当前还存在缺少数字化人才培养系列教材、缺乏实践案例等问题，亟须将基础理论、最新产品与业务实践紧密结合。同时，需要建立相应领域的师资培养与认证，鼓励组织内部资深成员能够共享经验，进行数据赋能。

3. 激发活力

数据赋能组织会使组织成员全体都有面对外部服务的可能性。以企业为例，数字化企业的研发、采购、生产、销售、服务等环节全部直面客户，因此人才在组织中的状态对于企业发展的重要性不容忽视。

人才是在组织当中工作和生活的，对他们的培养不能仅仅是专业方面的。组织成员是体现组织的一池水，要使组织充满活力，这池水就必须被激活，成为活水。这就要求组织的领导者能够把人的因素放在首位，重视用人之道。哈罗德·孔茨与海因茨·韦里克把构成领导者的要素概括为四种综合才能：

1）有效地并以负责的态度运用权力的能力。

2）对人类在不同时间和不同情景下的激励因素加以了解的能力。

3）鼓舞人们的能力。

4）以某种活动方式形成一种有利的气氛，以此引起激励并使人们响应激励的能力。

任何一个组织或群体都是由许多不同个性和品格的个人所组成的，尤其是在互联网时代，个性很容易彰显出来，也有很多机会显现出它的作用与价值，因此对于领导者来说，具有更大的挑战性和更高的要求。

领导这一职能从定义上来说，是指影响人们为组织或群体的目标做出贡献的过程。具体而言，领导工作就是要让不同个性和品性的个人，能够在特定组织或群体中和谐相处，发挥出群体合作的影响力量，以实现组织或群体的目标。这样看来，领导实质上就是一种影响力，它是艺术性地影响人们心甘情愿地、满怀热情地为实现群体的目标而努力奋斗的过程。

许多著名的企业已经意识到这一因素，目前正在积极地探讨，3M 公司就是一个很好的例子。长期以来，3M 公司都因为开发和销售有利产品的创新精神而受到广泛关注，公司制定了一个新的行动方针，希望能够把它的人力资源管理体制建立在它的战略性发展计划上 —— 可能这是一种最具雄心的创新精神，并确保它在将来有能力继续创新。这个计划的实质，就是生产部和人力资源部之间的传统关系可能会被一种新的共同合作与领导关系所替代。

4. 打造企业柔性团队

为了跟上数字时代的变革步伐，企业纷纷投资打造必需的工具和技术。不过领先企业已开始根据自身的宏伟目标，重新关注一个常常被忽视的因素 —— 员工队伍，进而实现企业内部协作化、企业价值数据化、企业产品创新化、企业资源利用最大化、企业发展高效化。

实现企业与员工资源高效融合互动。其中，动态管理、高效对接是技术目标，为员工赋权、赋能、赋值是管理目标，技术目标和管理目标如果都得以实现就可以达到企业的效益目标。

5. 构建人才价值管理体系

人才价值管理体系主要包括人才价值配置、人才价值评价、人才价值实现、人才价值增长四项基本功能。这四项基本功能以能力素质为基础，配置在客户价值形态的各项业务流程上（图 6-2）。

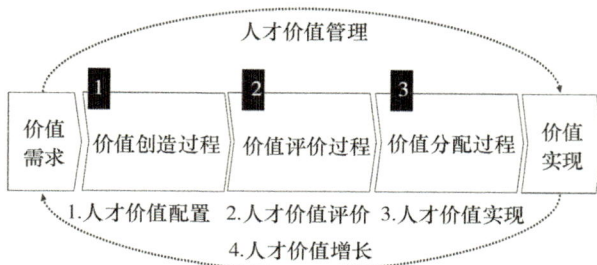

图 6-2　人才价值管理体系

对于流程型组织的人力资源管理系统，准确一点来说应该称之为人才价值管理系统。因为在客户价值形态，人才的资本特征越来越明显，人才的价值越来越清晰，与其称为人力资本管理不如称为人才价值管理更合适。

从人力资源管理到人才资源管理（也可称为二元人力资源管理），再到人才价值管理，可以清晰地看到组织进化的轨迹，无论是对政府还是对企业都有其参考价值。

（1）人才价值配置　随着全球市场的瞬息万变和越来越激烈的竞争，组织需要以更灵活的方式在组织范围内更广泛地配置人才。通过建立企业数字平台的人才地图及人才池直观反映现任岗位人员与岗位要求匹配情况和各类人才发展潜力，使人才的表现机会和流动性最大化，并为他们创造有利于发挥和施展自身专长的工作机会来增强其竞争优势。

（2）人才价值评价　对人才价值的评价主要从组织文化认同度、人品与职业操守、能力（管理能力和专业能力）、业绩四个方面评估。人才评估要坚持分层分类的思路，不同层级和不同职位系列的评估重点、标准、工具有所不同。

（3）人才价值实现　有效的资源配置意味着人才价值的释放，因为它能够让人才流向更好的机会，尤其是那些通过找到能够培养独特新技能和知识的工作使自己得到进一步发展的机会。而人才池的建立从数据层面支撑了人才价值的实现，其包括内部精英储备池、预备役储备池、外部人才储备池。其中，内部精英储备池即现岗位胜任力良好或表现突出、发展潜力突出的人员；预备役储备池即有计划地从高校招收优秀应届毕业生，并将有管理能力潜力的毕业生纳入重点培训范围，进行有计划的培养；外部人才储备池即业内既懂管理又有专业能力的复合人才和专业人才，掌握其联系方式、职务、能力状态等信息，以便需要时能定点借挖，进而缩短人才引进周期、提高质量、降低风险。

（4）人才价值增长　组织通过数据赋能使人才价值的分层分类评估这一过程更加高效、可视化，评估结果的运用更为精准有效，针对人才的不同评估等级，推送相应价值增长策略，并作为选拔、留任、调岗等人事决策的参考。

第 7 章

组织战略转型评价指数

7.1　评价目的及意义

7.1.1　全面了解现状，激发内生动力

数字技术是数字时代的基础，是进行数据赋能的必要条件。当前，无论是政府还是企业，都在从各方面深化应用数字技术，提高组织信息化水平，通过建设数字化政府、数字化企业，优化自身组织服务能力、组织结构、组织运行流程等。数据赋能成为大数据时代组织发展转型必须直面而且使用的重要手段，可以说只有做好数据赋能、利用好数据赋能，才有可能赢得未来。正是因为意识到了这一点，所以政府、企业等组织都在加紧进行数据赋能工作。数据赋能为工作带来便利、为生活带来惊喜，这是有目共睹的现实，是现代化发展中不可或缺的一部分，这样的理念现在已经得到了普遍的认同。然而什么是数据赋能，如何使数据赋能组织，组织通过数据赋能会有什么样的变化，却都尚在摸索阶段。因此，对数据赋能组织的发展情况进行及时了解、评估，并以此作为组织发展的重要参考，是当代组织发展的要务。

开展数据赋能组织转型的评估，首先要通过对组织发展情况摸底调查，把定性分析和定量分析的方法结合起来，了解数据赋能组织的发展现状，进一步发掘组织目前发展的难点、堵点，精准定位组织发展过程中的阻力点，全方位、多角度反映问题以及需要在下步建设中需注意的要点。通过数据赋能组织的评估，能够全面、系统、科学、有效地揭示目前组织数字化转型的情况，从源头出发，以需求为导向，为组织战略转型找好突破点，助力全面提高组织工作效率，激发组织转型内生动力。

7.1.2　建立评估体系，支撑组织决策

优质的评估体系是通过科学的方法建立的，采用主观指标和客观指标结合的综观视角，同时确保评估指标的全面、可量化。评估体系既要贯彻影响组织发展的政策和制度的精神，也要囊括当前科技发展、服务体验等影响组织发展的要素，通过评估体系细致的评价，对评估结果进行系统性的分析，可以清晰、客观地展现参评政府部门、企业单位等的实际情况，通过分数、等级、排名等树立先进典范，从而达到以评估促进建设的目的。评估体系的指标将在未来的一定时间内，指导、引领组织进行数据赋能。

具有导向性、指引性的评估体系，会帮助组织了解其当前发展的具体状况，同时也能看清自身在同类组织当中的优势与劣势，找出数据赋能发展中存在的问题和不足，有针对性地探寻解决问题的手段，把握发展的方向，有个性、有计划地开展数据赋能的工作，让科学、有效的评估结果分析成为指导决策工作的重要数据支撑。

7.1.3 整合组织资源，满足创新需求

通过数据赋能组织评估体系，可以充分展示组织自身各部门以及成员的状态，根据既有的数字化基础，通过学习、借鉴先进的经验，逐步打造适合组织自身的数字化基座，按需培养组织自己的数字化人才，发掘组织自身的数据赋能工作特色，树立或者调整组织自身的发展目标（包括短期目标、中期目标和长期目标），弥补发展过程中的疏漏，进而整合组织自身的业务资源，促进组织逐步优化。

通过对数据赋能与组织发展各要素的深度整合与关联，以模型化、可视化手段对评估结果进行科学、全面的分析，深入挖掘数据，有效利用数据，让数据成为组织"活的资源"，从而进一步满足组织对于数据信息、经济社会环境的创新性需求。

7.1.4 完善组织体系，突显组织优势

强调全面性的数据赋能组织转型的评估涉及对组织多方面的考察，包括其执行、协同、创新等，不仅是对组织业务、组织成员的评估，也是对组织结构、组织潜力的洞察。数据思维拓展组织认识自身的视野，通过比较分析，总结提炼组织数字转型的经验，帮助组织不仅在组织架构上逐步完善，也在业务结构、业务流程、成员培养、安全保障等方面形成整体性数字化意识，拓展数据处理应用，逐步推动组织数据化治理的实现。

基于数字化的发展基点，着重突出组织的优势，妥善弥补组织发展的短板，进一步设计描绘组织未来发展态势整体规划，推进改革深化，打造数据赋能组织成功转型的典型的引领效应。

7.2 评价指数的应用

7.2.1 国外组织数据赋能评估案例

1. 高德纳企业信息能力成熟度模型

高德纳（Gartner）创建了一个包含六级的企业信息管理成熟度模型（EIM Maturity Model），将企业的信息管理水平分为无认知阶段、认知阶段、被动回应

阶段、主动回应阶段、已管理阶段和高效阶段。高德纳 EIM 模型没有针对每个阶段给出评估标准，而是从宏观意义上对整个企业在该阶段对于数据管理的认知进行定义。各阶段的特征定义如下：

1）无认知阶段：组织由于未加管理的信息承受较大风险，如合规率不高、较低的顾客评价和生产率。

2）认知阶段：在该阶段，组织产生管理信息的意识。

3）被动回应阶段：组织领导者要求业务系统间的信息传递有衔接性、准确和实时到位。

4）主动回应阶段：组织将信息管理作为提升业务表现的重要影响因素，信息管理从项目层级提升至企业整体层面。

5）已管理阶段：组织将信息管理作为提升业务表现的关键因素，组织已采取大量信息管理措施，包括稳定的信息架构。

6）高效阶段：组织对整个信息供应链中的信息加以管理及应用，信息管理成熟度模型推动企业生产效率、合规程度的提升和风险的降低。

2. IBM 数据能力成熟度（DMM）模型

2010 年，IBM 公司发布《数据治理统一流程》，将数据管理划分为 11 个领域，分别为：风险管理和合规、数据价值创建、组织机构和感知、数据照管、策略、数据质量管理、数据生命周期管理、数据安全和隐私管理、数据架构、数据分类和元数据管理、审计信息日志和报告。IBM 数据治理委员会分别将这 11 个领域分为五个等级（初始阶段、已管理阶段、已定义阶段、量化管理阶段、持续优化阶段）的数据能力成熟度评估，以此了解组织的数据能力发展阶段和能力建设的需要。对五个成熟度等级的描述如下：

1）初始阶段：工作通常为临时的，反映组织内个人的能力。组织在该阶段尽管会生成产品和服务，但通常会超出预算和项目执行时间。

2）已管理阶段：基于项目或业务层级的管理，组织能够跟踪成本和时间，可以基于项目时间的计划和执行的经验开展复用，但仍缺乏组织层级的数据能力管理。

3）已定义阶段：在该阶段，组织已形成覆盖整个组织的标准、流程和规程管理机制，能够适应组织内业务职能或项目的需求。

4）量化管理阶段：组织能够通过数据分析和统计，对项目或业务的目标进行量化管理。

5）持续优化阶段：组织明确建立量化目标，且会随着业务目标的变化持续进行修订。

3. 卡耐基·梅隆数据能力成熟度（DMM）模型

数据能力成熟度（Data Management Maturity，DMM）模型是美国卡耐基·梅隆大学旗下的研究机构于 2014 年 8 月发布的整合能力成熟度的各项基础原则的评估模型。该模型帮助公司管理层制定与公司商业目标相一致的数据管理战略，确保通过更好地管理和运用关键数据资产来实现公司的商业目标。DMM 包含六大职能领域：数据管理战略、数据质量管理、数据操作、数据平台和架构、数据治理、支撑流程。

4. EDM 数据管理能力评价模型（DCAM）

数据管理能力评价模型（Data Management Capability Assessment Model，DCAM）是由北美地区的企业数据管理协会（EDM Council）于 2015 年 2 月发布的。DCAM 从战略、组织、技术和操作等方面描述了数据管理的最佳实践，并结合数据的业务价值和数据操作的实际情况对数据管理的原则进行定义。DCAM 将数据管理划分为八大职能领域：数据管理策略、数据管理业务案例、数据管理程序、数据治理、数据架构、技术架构、数据质量、数据操作。

5. 国标数据管理能力成熟度评估模型（DCMM）

数据管理能力成熟度评估模型（Data Management Capability Maturity Model，GB/T 36073—2018）是我国数据管理领域正式发布的国家标准，是一个全方位评估组织数据能力的模型。其结合数据全生命周期各阶段特征，提炼出八大组织数据管理能力域，分别为：数据战略、数据治理、数据架构、数据应用、数据安全、数据质量、数据标准和数据生存周期。该模型又将八大能力各自拆分为 29 个二级能力项，并对能力和评定标准做出明确规定。

依据数据管理能力成熟度的评定结果，将企业的数据能力成熟度分为五个等级：Level 1 初始级、Level 2 受管理级、Level 3 稳健级、Level 4 量化管理级、Level 5 优化级。各等级的定义如下：

Level 1 初始级：组织对于数据重要性的认识缺乏，在制定战略决策时未获得充分的数据支持；组织没有正式的数据规划、数据架构设计、数据管理组织和流程等；数据需求的管理主要在项目过程中得到体现，缺少统一的数据管理流程，主要是被动式管理；各业务系统间的数据不一致会对公司产品质量造成负面影响，导致高额的人工维护成本。

Level 2 受管理级：组织对数据资产的概念有了初步的认识，已根据公司管理策略的要求制定了数据管理的流程，并指定相关的人员进行了初步的数据管理；组织已意识到数据质量和数据孤岛是重要的管理问题；组织尝试整合各业务系统的数据，设计了相关数据模型和管理岗位。

Level 3 稳健级：数据的重要性在组织中得到进一步强调，数据已经被当作实现组织绩效目标的重要资产，组织制定了一系列标准化数据管理流程，对数据需求按规范依照流程处理；数据的管理及应用能结合组织的业务战略、经营管理需求及外部监管需求展开；组织在日常的决策、业务开展过程中能获取数据支持，工作效率明显提升。

Level 4 量化管理级：数据是组织获取竞争优势的重要资源，组织对数据在流程优化、工作效率提升方面的作用有清晰的认识；组织通过对数据管理岗位进行关键绩效指标（KPI）考核、对数据管理过程进行监控和分析等方式对数据管理制度和流程进行优化；组织在数据管理和应用的过程中充分借鉴行业案例和国家标准、行业标准，促进组织本身数据管理能力的提升。

Level 5 优化级：数据被认为是组织生存和发展的基础，组织利用数据创造更多的价值和提升改善组织的效率；组织能主导国家、行业等相关标准的制定工作；组织能将自身数据管理能力建设的经验作为行业案例进行推广。[⊖]

某通信企业于 2015 年 9 月成立了大数据中心，统一负责某地区大数据相关业务。为更好地应对大数据环境下数据能力提升和数据相关业务拓展的需求，该企业于 2016 年 4 月开展了数据能力成熟度的评估。评估组依据数据管理能力成熟度评价模型对该企业进行各数据管理能力域的分析与评分，评分情况如下（各数据管理能力领域满分 5 分，总分 40 分）：数据战略 2.5 分、数据治理 2.0 分、数据架构 2.7 分、数据标准 2.2 分、数据生命周期 3.1 分、元数据 3.1 分、数据质量 2.1 分、数据安全 2.0 分，总分 19.7 分。

评估结果表明，该企业在数据战略、数据架构、数据生命周期和元数据领域得分较高，说明该企业制定了以数据推动重点工作任务的发展战略，并结合数据架构、元数据、数据标准等实现了数据的全生命周期管理。同时，该企业通过评估暴露了在数据治理、数据标准落地、数据质量考核、数据安全保障方面的弱项，

⊖ 中国国家标准化管理委员会 . 中华人民共和国国家标准 GB/T 36073—2018: 数据管理能力成熟度评估模型 .2018。

需要该企业在大数据中心的后续优化工作中给予重点关注。[○]

6. 联合国经济和社会事务局数字政府调查报告[◎]

联合国经济和社会事务部（UNDESA）在其主导开展的《数字政府调查2008：从数字政府到联通性治理》（United Nations e-Government Survey 2008：Frome-Government to Connected Governance）评估报告中，根据网络测量、基础设施与人力资本等方面指标，对 192 个国家电子准备度情况进行了排名。在该报告中，联合国经济和社会事务局强调数字政府有助于推动政府朝更具前瞻性、有效、透明和服务导向的方向迈进。2008 年开展的评估的焦点是联通性治理（Connected Governance）。此外，该报告还关注了数字政府发展的两个重点领域：通过数字政府提高公共服务质量和电子参与程度（从参与层级的角度将电子参与区分为电子信息、电子协商和电子化决策参与）。经过分析对比和综合考查，北欧瑞典、丹麦和挪威等国家政府是该领域的领跑者，可谓是最早受益于数字化转型的政府组织。

7. 联合国电子政务调查报告[◎]

联合国最具影响力的数据赋能政府评估，同样是由其经济和社会事务部（UNDESA）主导开展的电子政务调查评估。

自 2001 年启动至今，以 2 年为期连续发布了 10 次报告，已成为全球电子政务领域最权威的报告。《2020 联合国电子政务调查报告》（以下简称《报告》）已于 7 月 10 日正式发布，主题是"数字政府助力可持续发展十年行动"。《报告》以电子政务支撑 2030 年实现 17 个可持续发展目标为核心，从全球视野和全球思维的角度，剖析全球电子政务发展实践，总结国际电子政务发展趋势。《报告》对未来十年电子政务发展的前瞻，也就是对数据赋能组织进化的预判。

《报告》对于电子政务发展的最新趋势判断是根据对电子政务发展指数所反映的价值的评估而总结出的，电子政务发展指数（EGDI）是一个标准化的综合指数，由在线服务指数（OSI）、电信基础设施指数（TII）和人力资本指数（HCI）三个部分组成。构成指数体系的每一个指数自身都是一个可以被独立提取分析的综合指标。电子政务发展指数（EGDI）是电子政务三个最重要方面的标准化得

○ 李冰、宾军志：《数据管理能力成熟度模型》，载于《大数据》2017 年第 3 期。

◎ 第 6 个以及第 8 ～ 12 个案例都来自孙志建：《数字政府发展的国际新趋势：理论预判和评估引领的综合》，载于《甘肃行政学院学报》2011 年第 3 期。

◉ http://www.egovernment.gov.cn/art/2020/7/11/art_477_6290.html。

分加权平均数，它被用作确定联合国成员国电子政务发展数字排名基准。虽然电子政务指数的方法框架在联合国电子政务调查的各个版本中保持一致，但每一期调查都进行了调整，以反映电子政务战略的新趋势、电子政务最佳策略的不断发展、技术变化和其他因素。

在线服务指数的调查由148个问题组成，每个问题都要求做出是或否的回答。每一个积极的回答都会在模式内部和模式之间产生一个"更深入的问题"。结果是一个强化的定量调查，其点数分布范围更广，能够反映联合国成员国之间电子政务发展水平的差异。

为得出《报告》在线服务指数值，总共有14名联合国工作人员、18名实习生，以及来自98个国家、涵盖69种语言的212名联合国在线职员研究人员以母语评估了每个国家的网站，包括国家门户网站、电子服务门户网站和电子参与门户网站，以及相关的教育部、劳动部、社会服务部、卫生部、财政部和环境部的网站。其中，联合国的支援人员包括来自公共行政领域大学的高水平研究生和志愿者。数据收集和调查研究从2019年6月开始，到2019年9月底结束。

电信基础设施指数是四个指标的算数平均综合指数，通过国际电信联盟于2019年12月23日采集相关信息，其中包括：

1）每百名居民的互联网用户估计数，指调研时间节点过去的3个月中从任何地点使用互联网的个人。

2）每百名居民的移动电话用数，指调研时间节点过去的3个月中移动服务的用户数。

3）每百名居民的无线宽带用户数，指数据和语音移动宽带用户与只使用数据的公共互联网移动宽带用户的总和，包括用于以宽带速度接入互联网用户，而不包括潜在接入用户，即使后者可能拥有支持宽带的手机。

4）每百名居民的固定宽带用户数，指固定订购高速接入公共互联网或TCP/IP连接，下行速度等于或大于256kbit/s，包括电缆调制解调器、DSL、光纤到户/楼宇、其他固定/有线宽带用户、卫星宽带和地面固定无线宽带。

人力资本指数同样由四个部分组成：

1）成人识字率，指15岁及以上的人，在理解的情况下，既能阅读又能写出关于日常生活的简单短文的百分比。

2）初等、中等和高等教育综合毛入学率，指小学、中学和大学入学的学生总数，不分年龄，占学龄人口的百分比。

3）预期受教育年限，指某一年龄段的儿童在未来可望接受的教育总年限，假设其在任何特定年龄段上学的概率等于目前的入学率年龄。

4）平均受教育年限，指一个国家成年人口（25 岁及以上）完成教育的平均年数，不包括留级年数。

《报告》数据显示，我国电子政务发展指数从 2018 年的 0.6811 提高到 2020 年的 0.7948，排名比 2018 年提升了 20 位，取得历史新高，达到全球电子政务发展"非常高"的水平。其中，作为衡量国家电子政务发展水平核心指标的在线服务指数上升为 0.9059，指数排名提升至全球第 9 位，国家排名位居第 12 位，在线服务达到全球"非常高"的水平。分析发现，本次联合国电子政务调查报告中我国在线服务指数（OSI）全球排名的大幅提升，与我国不断深化"放管服"改革和大力推动全国一体化政务服务平台建设的决心与行动密不可分，并且在抗击新冠肺炎疫情的过程中产生了显著成效。

《报告》明确指出要"实现以数据为中心的电子政务"，可见以数据赋能组织已经成为国际共识。几十年来，政府对于数据的收集、利用等一直是各国政府和学界关心的问题。由于近年来的数字技术发展、数据技术革命，使数据的创建与使用方式产生了巨大的变化。各种类型和形式的数据（包括大数据、实时数据、地理空间数据等）应用数量激增。数据已经被视为一种政府的关键资源与战略资产。随着数据发展的新趋势以及数据安全的风险与挑战的增加，政府必须主动改变，主动作为，因为政府面对的是企业的数字化发展、人民生活的需求改变、社会公共卫生事件等的突发，这些治理要求都迫使政府要更为有效地利用数据治理框架和以数据为中心的电子政务战略，用数据对组织赋能。

《报告》也指出了数据赋能政府组织的现存问题。政府数据的许多优势尚在理论层面而未落地实现，特别是一些情况特殊的国家。阻碍数据赋能的最大障碍包括普遍缺乏对数据和数据科学的理解，政治上的低优先级和缺乏数据领导力，资源限制，以及对数据质量、数据安全、数据隐私等方面的担忧。从数据中获取公共价值需要组织长期的探索，需要掌握数据治理和管理的经济与政治，并且有效地驾驭不断变化的数据安全和隐私环境。数据治理体现的不止是技术功能的实现，各国政府必须采取整体政府的办法，在国家数据战略、数据生态系统等的支持下，发展建构一个总体数据赋能框架。

为了适应数据赋能组织的发展，许多国家政府已然建立或者调整了组织结构。在 193 个联合国会员国中，有 145 个国家设有首席信息官员或者同等职位。新的组织结构的补充同时也改变了各级政府的组织文化，发展了公共部门和组织成员的个人能力。数字抗疫的实践，离不开政府在应对疫情过程中的中心作用。数字抗疫对通信、领导力以及政策制定者与社会的合作至关重要。在疫情特别严重的困难时期，信息通信技术体现了其联动政府内外的重要性。

关于数字化转型，《报告》认为数字政府的数据赋能所推进的是治理转型和文化改变，以便支持国家的总体发展战略，实现可持续发展的目标。数字政府的赋能转型，要强调整体性，明确政府转型的共同愿景，以及如何使用数字技术实现社会目标。在赋能转型中要确保改进落实、监管到位，建立相应的评估机制。确保所有人，包括弱势群体可以使用新技术，享受新技术带来的福音。为此，《报告》专门提出了数字政府转型的九个重要支柱：

1）领导力、思维模式：加强转型领导力，改变个体的思维方式和提高数字能力。

2）机构和监管框架：在法律和监管的综合框架下发展整合的机构生态系统。

3）组织机构和文化：转变组织机构和文化。

4）系统思维和整合：提升系统思维，发展整合的方法来制定政策和提供服务。

5）数据治理：确保对数据进行战略性和专业性管理，除其他数据获取和使用优先事项外，通过开放的政府数据进行数据驱动的决策和信息获取。

6）信息通信技术基础设施：技术的可负担性和使用。

7）资源：调动资源，符合优先事项，做好计划和预算，包括通过公共部门和私营部门的伙伴关系。

8）能力培养：提升公共管理学院和其他机构的能力。

9）社会能力：发展社会能力，不让任何人掉队，填补数据鸿沟。

以上九个重要支柱也正是数据赋能政府组织进化所要着重关切的方面。

8. 世界经济论坛评估

世界经济论坛（WEF）在《全球信息技术报告 2008 － 2009：网络世界的灵活性》中，重点从数字政府的环境、准备度与使用情况三大方面对全球 134 个国家的网络化准备度（Networked Readiness）情况进行评估。WEF 报告重点强调了移动与通信技术对政府管理创新的颠覆性意义，认为移动电话构成了世界经济增长、社会发展与现代化的使能者（enabler），也是各个国家重塑政府、获取并维持竞争优势的重要支撑。此项评估的主题是数字政府的"灵活性"（Mobility）。围绕这一主题，该报告分别从无所不在（Ubiquity）的宽带接入的技术层面和移动政府的政务层面展开。"无所不在"意味着"网络紧随使用者而不是使用者去寻找网络"。这就需要从时间（无时不有）和空间（无所不在）两个角度进行基础设施建设。移动数字政府（Mobilee-Government）则构成了无所不在的、移动性的公共服务的基本方式，它包括多层含义：为流动人口提供无所不在的接入和多渠道的可能性（如短信危机预警；短信征询意见等）；为移动型组织提供移动服务（为特殊环境下政府合作伙伴，如NGO、国外机构等，提供信息实时共享服务）；移动治理（在环境保护、自然灾害、群体事件的处理中提供实时信息收集与发布）等。WEF报告重点强调了移动电话的意义。与基于个人电脑的网络不同，语音驱动的信息门户（如移动电话、呼叫中心等）能惠及世界上数十亿的边缘民众，尤其是那些不识字的群体、贫困群体、边远地区民众等。该报告显示，丹麦、瑞典和美国的网络化准备度的综合实力最强，相比较而言，我国网络化准备度还有较大上升空间，排在第46名。

9. Darrell M.West 团队报告

布鲁金斯治理研究所 Darrell M. West 团队于2008年发表了题为《改善全球数字政府中的技术利用2008》的研究报告，他强调将ICT作为一种激发长期系统转化的工具，促进政府绩效和民主参与的改进。该报告覆盖198个国家或地区的1 667个政府网站，主要关注在线信息、电子服务、隐私与安全、残障群体访问、多语言访问、是否有广告、使用者费用或其他费用等18个主题。其主要发现包括：①许多国家（或地区）数字政府的整体绩效一年内变化明显；②在全球，约有50%的政府网站提供完全在线办理的服务，其中28%以上自上一年开始；③仅有30%的政府网站提供隐私措施，仅有17%的提供安全措施；④只有16%的政府网站为残障群体提供某种形式的登录方式；⑤只有57%的政府网站为非原驻民提供语言翻译功能；⑥15%的政府网站依据访问者的兴趣提供个性化的政府网站，而仅有3%允许掌上电脑登录。从评估结果来看，韩国、美国、新加坡、加拿大等国家或地区在网站建设和应用上得分较高。

10. 埃森哲数字政府调查报告

埃森哲在2009年数字政府最佳实践调查报告《从数字政府到电子治理：利用新技术改善政民关系》中强调，一个积极的、基于政府与民众相互信任的关系是非常重要的。为了促成这种关系，他们提出"公共服务价值治理框架"。该框架强调治理应当注重：

1）结果。应当重点关注公民社会与经济环境的改善，如卫生、学习与安全等，而不是仅仅服务提供量或效率。

2）平衡。在基于公平的选择性、灵活性与公共福利之间进行平衡，须注意到对任何一方的偏废都会加大从服务改进中受益群体和不能获益群体之间的差距。

3）参与。通过激发观点、澄清看法以及帮助公民充分利用政府资源改进其生活质量等方式，来吸引、培育公民成为公共价值的共同制造者。

4）问责。澄清责任，并使政府的行动与绩效更为透明；通过为政府及公共服务提供便利的手段来使公共资源更易获取。该报告提出了10条电子政务战略，用以促使这个框架付诸实践，并详细分析了各个领域的最佳实践。

11. 经济学人智库（EIU）电子准备度排名

经济学人智库（EIU）在其发布的《2009年电子准备度排名》中运用连接性与技术基础设施、商业环境、社会与文化环境、法律环境、政府政策与观念、消费者与企业的采用等指标对全球70多个国家电子准备度进行评估。EIU认为，"电子准备度是指对一国ICT基础设施的质量以及消费者、企业与政府应用ICT去实现目标的能力的测量。"

该报告突出强调了一些"新"领域，如系统的连接性（Connectivity）与可用性（Availability）；社会整体上的ICT使用情况（Usage）；加入了电子参与指标等。评估结果显示，丹麦、瑞典、荷兰、挪威、美国等在电子准备度方面综合实力最强。

12.Marc Holzer世界城市网站评估

Marc Holzer团队的数字政府评估集中关注全球主要城市的数字政府。在《世界市政数字政府2007：对世界各城市网站的纵向评估》中，MarcHolzer等重点对全球100个主要城市政府网站的安全与隐私、可用性、内容、服务与公民参与等方面进行了考察。Marc Holzer特别提到了政府网站设计中的"电子公告板"（Online bulletin board）使公民可对政府政策、活动、预算等提供在线评论、意见反馈和揭露问题，成为"收集关于公共问题的意见"的工具。在全球各大城市中，首尔、香港、赫尔辛基、新加坡、马德里、伦敦、东京、曼谷、纽约、维也纳位居前十。其中，首尔、赫尔辛基和伦敦三个城市政府网站的隐私和安全问题处理得最好；马德里、伦敦与首尔等在可用性方面表现颇佳；香港、马德里与首尔等政府网站的内容做得最好；首尔、香港与马德里等在在线服务方面表现突出；首尔、新加坡和曼谷等在电子参与方面成为全球的领跑者。通过调查和最佳实践分析，该团队特别强调提供高质量的在线市政服务、数字市政治理中的隐私与安全问题以及城市政府网站的可用性。

13. 早稻田大学国际数字政府评估排名研究报告

早稻田大学数字政府研究所与国际 CIO 学会（IAC）联合发布的《国际数字政府排名评价报告》是国际具有影响力的数字政府评估，能够比较集中地体现数字政府的建设情况，指引数据赋能组织的未来实践。

以第 13 届《国际数字政府排名评价报告》为例，早稻田大学 -IAC 的数字政府排名依赖于综合指标，以便对参评各国国家信息通信技术领域的最新进展做出精准的评估。该评价体系包含 10 个一级指标用于数字政府排名调查。

一级指标分别为网络防范/基础设施（NIP）、管理优化/效率（MO）、在线服务/功能应用（OS）、国家门户网站/主页（NPR）、政府首席信息官（GCIO）、数字政府推广（EPRO）、电子参与/数字融合（EPAR）、开放政府（OGD）、网络安全（CYB）和新兴通信信息技术的使用（EMG）。

1）网络防范（或数字化基础设施）是评估一个国家数字政府发展的一个基本指标。在这个排名中，数字化基础设施是通过信息通信技术的发展来衡量的，如互联网用户的数量、手机用户或宽带连接的百分比。网络防范还包括中央政府与地方政府通过主干网络系统的整合连接到一起，以及通过核心政府主干网络连接各局和各部门的能力。

2）管理优化指标反映了信息通信技术（ICT）在改进政府工作流程和内部流程（每个组织的后台）方面的应用。它是数字政府发展的一个重要指标，因为它与优化认知、企业架构（EA）和行政管理系统有关。

3）在线服务是五大重要指标之一。早稻田大学在 2005 年的第一次排名调查中就对它进行了评估，并提到服务提供商和客户之间的互动。在线服务或电子服务（e-service）指的是将业务过程、政策、程序、工具、技术和人力整合，以方便使用互联网和其他网络上提供的辅助和非辅助服务的客户。电子服务是数字政府发展的主要指标。数字政府的最终目标是政府向公民引入电子服务或产品/服务，使电子服务成为数字政府的一个入口。

4）国家门户网站（"一站式服务"）是政府整合所有电子服务并通过一个入口便可访问。它也是利益相关者以电子方式访问政府网站的基本界面。通过国家门户网站，政府为公共服务用户（包括公民、企业和公共管理人员）提供了许多益处，以及更快、更廉价和更优质的服务。在公共部门，"一站式服务"

是公共行政服务中最具前景的服务概念之一，大多数国家都将其纳入数字政府战略之中。

5）自 2005 年早稻田大学第一次发布数字政府排名以来，政府首席信息官（GCIO）就在数字政府实施中起着重要作用，它也是评估数字政府的五个指标之一。首席信息官（CIO）的职能在于将管理战略与信息通信技术（ICT）投资相结合，以实现业务战略、组织改革和管理改革之间的平衡。因此，政府首席信息官被许多政府认为是数字政府实施成功的关键因素之一。首席信息官作为组织的重要构成，将能在效率上实现跨越式发展，展现之前闻所未闻的能力，集中不同的数据创建可操作信息，提供快速、准确和用户友好的公民服务，使公众对政府的信任度达到历史新高。

6）数字政府推广指标衡量的是政府推广数字政府及向公民、企业和其他利益相关者提供电子服务的活动。它支持包括实施数字政府的各种活动，如法律框架和机制（法律、立法、计划、政策和战略）。换句话说，政府开展这些活动是为了支持电子服务的发展以及整个数字政府的发展。这个指标是早稻田大学 -IAC数字政府排名的主要指标之一，因为它体现了每个国家数字政府相关建设主要的组织机制框架。

7）电子参与指标是指信息通信技术支持参与政府管理和治理过程。流程可能涉及管理、服务交付、决策制定和政策制定。

在此指标的评比中，加拿大排名第四。电子服务或在线服务、在线信息和在线公民参与按类别分类，而不是按部门分类，这使得它对公民的需求具有友好性并能快速响应。为了衡量其服务效力，政府在个人和家庭办事的情况下采用加拿大独特的成果分析方法即"公民优先"法，在公司办事的情况下使用"照顾企业"的方法，所以它使每个人都能很容易地使用电子形式的服务。加拿大政府在线提供了各种应用程序、账户、工具和服务，使公民能够在线完成相关事务。阿拉伯联合酋长国政府认可电子参与的重要性，并让其公民参与决策过程。政府门户网站明确鼓励公民和客户参与包括政策和倡议的政府决策过程。门户网站中的"联系政府"部分专门提供了许多重要工具，包括 Web 2.0 工具和直接与客户在线沟通工具。阿联酋政府推出了新的联邦门户网站，并重新设计，提供了许多电子参与渠道，包括数据开放等先进做法，并成为阿联酋政府提供诸多在线服务的一个更加统一的门户网站。

8）开放政府指标是评估政府的开放性和透明度。在这个指标中排名第一的国家为公民提供了一个应用程序接口（API），可以帮助开发人员和研究人员创建具有创新性的以公民为中心的应用程序。在这方面，智能手机和平板电脑上有一些小规模的应用案例和应用程序。在发展中国家，开放的政府数据是提高透明度和帮助企业提高创造性的关键。

9）网络安全指标中，信息通信技术和安全的新兴趋势在排名系统中反映出来，因为网络安全指标中排名前10的国家都有一个相对完善的立法框架、有效的网络犯罪对策解决方案和强大的安全组织。

10）新兴通信信息技术的使用这一指标是指政府想要将最新的技术应用于政府工作，比如用云计算提供服务，创建数据库（大数据）以便在政府机构之间实现数据共享，并利用物联网的优势通过许多设备分散提供服务。

7.2.2 国内组织数据赋能评估案例

1. 孙松涛电子政务绩效评估的 DPS 模型[一]

DPS 模型是苏松涛等人于 2014 年在国家电子政务相关政策文件的指导下，以科学发展观、项目管理、用户体验等理论为基础，从综合发展和服务水平、项目建设和管理、应用推广和用户满意三个维度出发，提出的电子政务绩效评估模型。

DPS 模型即综合发展和服务水平评估、项目建设和管理评估、应用推广和用户满意评估。"D"是综合发展和服务水平（Level of Comprehensive Development and Service）的简称，"P"是项目建设和管理（Project Construction and Management）的简称，"S"是应用推广和用户满意（Application, Promotion and Customer Satisfaction）的简称，其中综合发展和服务水平评估包括区县政府和市政府委办局的综合服务水平评估。

DPS 模型的设计是围绕促进电子政务发展的目标展开的，"是一个从全面把握现阶段电子政务发展水平，到对电子政务各个项目进行全过程的监管，然后到对电子政务建设结果与影响的评估，再用评估的结果促进未来电子政务发展水平全面提升的闭环体系。"

DPS 模型的创新之处在于"2+1"模式的评估指标体系。"2"是指综合发展和服务水平、项目建设和管理评估指标，"1"是指应用推广和用户满意评估指标。"2"是从两个维度分别对电子政务的整体发展情况、电子政务项目的建设和管

○ 孙松涛：《电子政务绩效评估——思考与体系构建》，人民出版社，2014 年版。

理进行规范和引导，"1"则是从应用和价值导向角度对"2"的结果进行最终检验和判断。其中，"1"既可以作为"2"指标的补充开展配套评估，也可以作为一套独立的指标开展评估。三个维度的指标体系共设置三级指标，11个一级指标、42个二级指标和73个三级指标，根据各指标的特性设卓越、达标、不达标三个等级标准。

综合发展和服务水平指标包括5个一级指标：对外服务、对内应用、共享协同、综合保障、创新改善。项目建设和管理包括4个一级指标：立项文档、过程文档、验收文档、影响。应用推广和用户满意包括2个一级指标：应用推广、用户满意。

DPS模型的指标设计采纳了国际上有影响力的指标，并根据国情集成了"创新型国家"评价体系的主要指标，适应了电子政府发展需求。指标体系"突出以人为本、综合单向并重""注重可比可得、普适简约可行""兼顾类别差异、注重分类指导""突出工作导向、力求全面客观"以及"注重衔接协调，动态可调"，对当前的数据赋能政府组织转型很有参考价值。

2. 西门子数字化企业评估工具[一]

2018年，西门子联合智能制造评估咨询机构赛迪灵犀共同推出全新"数字化企业画像"——数字化企业能力评估模型（Digital Enterprise Portrait）。西门子（中国）有限公司数字化工厂集团总经理王海滨表示："我们希望依托西门子在全球数字化领域的丰富经验，与不同行业、不同发展阶段的企业共同打造量身定制的数字化路线图，以帮助客户切实收获数字化红利。"

西门子在中国推出的数字化企业评估工具，是针对中国工业客户的，在此评估工具中引入了"数字化企业指数"概念。该工具旨在帮助中国企业从战略规划、组织管理、系统集成、生产现场、数据管理、数字化应用六大维度深入了解自身的数字化发展进程中的相关情况，同时获得西门子具有针对性的实施建议、改进措施，找到数字化转型升级的最佳切入点和行动方向。

近年来，数字化、智能化慢慢从理论走向落地，伴随着市场竞争的日趋激烈，越来越多的企业意识到转型升级的重要性，数据赋能成为企业自我提升的不二选择。西门子数字化企业评估工具把数字化企业发展程度以"数字化企业指数"的形式，分别在六个维度中按0～4.0分为五个层级。首批参与评估的企业整体数字化企业指数为2.1，仍处于发展阶段，升级潜力巨大，而不同行业的企业数字

○ 朱建芸：《西门子在中国推出数字化企业评估工具》，载于《轻工机械》2019年第1期。
王海滨：《西门子：全面助力企业数字化转型》，载于《电气应用》2019年第11期。

化程度各异。航空航天和汽车制造等领域的部分企业的数字化企业指数达到 3.5 以上，已经具备向"工业 4.0"愿景迈进的实力。

评估结果显示企业对数字化转型需求迫切，提高运营效率、降低成本、提升产品质量和实现个性化定制的柔性设计及生产是企业转型的主要驱动力。西门子认为企业在数字化转型中遇到的最大挑战在于如何进行早期、系统的规划，以结合业务制定符合企业自身的数字化战略与路线图，并通过企业管理和组织架构有效推进。

2020 年，西门子对"数字化企业能力评估模型"进行了升级，升级之后的"数字化企业画像"依托西门子支持全球数千家不同行业客户的数字化转型经验和自有数字化生产运营管理体系，结合智库机构的智能制造评估经验，从战略规划、组织管理、系统集成、生产管理、数据治理和前沿应用六大维度为企业全面评估数字化能力与发展现状，帮助企业精准把握实施数字化的最佳切入点和行动方向。

在新的评估模型中问题数量增加到了 20 题，并提供更加具体、专业的问题说明，使企业能更清晰地理解问题的含义，从而帮助各行各业的客户更快速、简便地认识到企业自身在战略、组织、技术、落地及数据治理等方面所处的现状和短板，找到实现数字化转型的可行方向，对数据赋能组织起到引领的作用。

3. 王益民数字政府评估框架⊖

大数据、云计算、社交媒体、移动互联网以及 AI 等新技术的应用改变了政府政务服务的方式，改变了政府自身的服务流程，也改变了人们看待政务服务的方式。王益民认为，政府数字化转型的过程中不断提高公共管理的效能、创新服务模式、满足透明化和问责的需要，实现有效资源配置与管理、刺激经济发展、增强社会包容性，但各地发展水平很不平衡，通过数字政府发展水平的评估，评比对象可以找到自己的差距，明确发展方向，创造性地为本地公众和企业提供服务的模式和价值，缩小地域之间的数字鸿沟，把数据赋能落到实处。王益民设计的数字政府的评估体系分为数字基础准备度、数字环境支撑度、数字服务成熟度、数字协同治理度、数字公众参与度和数字技术使用度六个方面。

1）数字基础准备度主要考察政府数字化转型必备的基础：各地或部门的数字化投入和数字文化环境，政府对公务员的数字技能培训的频次与投入，统一数字身份认证、电子印章和电子证照库等数字化基础设施。

⊖ 王益民：《数字政府整体架构与评估体系》，载于《中国领导科学》2020 年第 1 期。

2）数字环境支撑度主要考察各地或部门的数字政府规划的战略引领，数字管理机构的统筹推进作用，政府数据资源的管理、标准、架构等的整体规划，数据共享交换、开放数据的使用、数据安全管理和隐私保护等政府开放和使用数据的程度等方面。

3）数字服务成熟度主要关注数字化环境下政务服务办理事项信息的基础提供情况，针对个人和企业要办理的一件事的所有流程中服务集成与交付情况，基于数据分析的主动服务、定制服务，以及跨部门、跨层级的服务交付等。

4）数字协同治理度主要关注数据驱动下部门协同推进政务服务使得企业的流程缩减、营商环境优化，市场主体信用体系建设情况，数据驱动的政策需求预测、自然灾害应对，以及网格化管理和安全等。

5）数字公众参与度主要关注数字服务的设计过程中以及数据开放过程中公众的参与情况，对终端用户、提供服务的公务员以及其他支持最终用户访问服务的中介等需求的调查情况，对公众数字服务满意度的调查及反馈，以及政策咨询的公众在线参与度。

6）数字技术使用度主要考察各地政府在创新服务交付的过程中对云计算、大数据、物联网、人工智能和区块链等数字技术的采纳情况，包含云平台的集约化建设与使用、大数据应用创新、新技术推动环境治理等。

4. 何国军新闻出版企业数字化转型升级进展情况评估指标体系[⊖]

为了全面了解新闻出版单位数字化转型升级的进展情况，科学制定新闻出版组织机构数字化转型引导政策，深入推进新闻出版单位数字化转型升级的进一步发展，何国军构建了新闻出版单位数字化转型升级进展情况评估指标体系，全面考察了行业的数据赋能组织情况。

该评估体系采用层次分析法进行指标设计、权重分配和得分模型设计。层次分析法是一种定性和定量相结合的系统化、层次化的多目标分层次决策方法。项目评估各级指标和权重由行业专家、新闻出版管理者和从业人员代表根据自身行业经验提出初步意见，经反复调整校正并修正完善后最终确定。

指标的设置，结合了新闻出版单位数字化转型发展情况，充分考虑指标的合理性、科学性和动态性等因素，初步确定一级、二级和三级评估指标，构建初级评估指标体系。而后，综合运用层次分析法和专家评价法，基于定性和定量相结合的原则，对拟评估对象进行科学分类，形成相应的多级评估层级，逐步修正并

⊖ 何国军：《数字化转型升级进展评估指标体系构建》，载于《中国出版》2019 年第 20 期。

完善评估指标体系。同时，对于定性指标，采用数字统计方法进行量化转化。针对不同指标的重要程度，设置不同权重赋值合理区分。最后，在评估数据标准化的基础上，结合指标权重赋值，通过选定的评估方法开展评价并获取评估结果。

结合新闻出版单位数字化转型升级发展实际情况，将定性分析和定量分析相结合，选取数字化转型升级进展情况评估指标，主要包括一级指标 4 个、二级指标 9 个、三级指标 24 个，初步构建数字化转型升级进展情况评估指标体系。同时，在进一步深入调研的基础上，通过召开专家评审会和课题组研讨会等方式，对评估指标体系进行不断修正和完善。

新闻出版单位数字化转型升级进展情况评估指标主要包括数字资源转化、组织队伍建设、技术投入创新、综合效益实现 4 个一级指标。①数字资源转化主要指新闻出版单位在数字化产品开发以及各种出版存量和增量资源转化方面的进展情况。该指标包括数字化产品项目和数字化内容资源 2 个二级指标。②组织队伍建设主要指新闻出版单位在为数字化转型升级而进行的组织制度和人才培养改革方面的进展情况。该指标包括数字化组织管理和数字化人才配备 2 个二级指标。③技术投入创新主要指新闻出版单位在数字化技术改进、资金投入和创新革新等方面的进展情况。该指标包括数字化技术应用、数字化资金投入和数字化转型创新 3 个二级指标。④综合效益实现主要指新闻出版单位数字化转型升级在经济效益和社会效益方面的实现程度。该指标包括数字化社会效益和数字化经济效益 2 个二级指标。

5. 中国数字政府建设指数报告

2019 年，中国社会科学院信息化研究中心、国脉研究院发布《首届（2019）中国数字化政府建设指数报告》，提出中国数字政府建设指数评估指标体系。该体系是在借鉴国内外指标体系和参考国脉业务探索的基础上，根据数字政府建设发展方向与特征，并按照评估指标设计原则与思路进行构建，包含"数据体系、政务服务、数字管治和保障体系" 4 个一级指标、26 个二级指标和 42 个评估要点。

评估范围共选取了全国 157 个样本地区，涵盖 31 个省、自治区、直辖市（除港澳台）、32 个省会以及计划单列市和 94 个地级市。在充分利用国脉多年来在政府网站、"互联网 + 政务"和数字政府等项目实践与评估、评选工作形成的数据库基础上，通过公开申请、电话访问、网络调查、实地走访和需求调研等多渠道数据采集方法，搜集获取相关数据和信息。评估结果显示，从行政区划总体分析，省级数字政府建设水平略高于省会及计划单列市；省会及计划单列市相对于总体水平而言建设情况较好（在平均水平以上）；地级市得分低于总体平均水平，建设情况较为落后，有待提高。

市级总体分析，城市数字政府建设指数平均得分为 51.68 分，总体来看当前我国数字政府建设水平不高，建设力度有待加强，且各地发展水平参差不齐，仍处于建设起步阶段。深圳凭借其在数据体系、政务服务和保障体系等领域的综合发展优势位列第一，与杭州、广州、宁波和厦门共同领跑前五。据数据分析，地市级数字政府建设与数字经济发展水平基本一致。

省级总体分析，31 个省级样本单位指数平均得分为 57.58；浙江以指数得分 80 排名第一；上海、广东、北京和贵州指数得分均高于 70，占据整体排名的第 2 ～ 5 名，整体处于快速发展、追求提升阶段。区域间数字政府发展水平还存在一定差距，省级第一梯队先期完成了顶层设计、基础设施建设和数据资源的整合和创新；第二梯队和第三梯队政府数字化转型意识比较强烈，经济基础较扎实，发展较快；第四梯队意识形态比较保守，基础建设相对落后。城市发展理念、经济水平和信息基础设施建设等参差不齐，导致区域间数字政府建设指数呈现高低不均状态，其中华南区、华东区建设情况相对较好。同时，区域内城市发展也存在不均衡现象。

7.3　评价指数的构建

7.3.1　构建原则

1. 科学性原则

科学性原则是设计评价指标体系的基础，评估指标体系要从数据赋能组织的基本原理和需要出发，在科学理论的指导下，选取能够体现数据赋能组织主要内涵与内容的适当指标，运用科学思维的方法进行设计。在评估时，要坚持科学性原则，遵循科学的评价过程，保证评估的合理性，最大限度地满足评估的实际需求，客观准确地反映数据赋能组织进化的特点和方向。

2. 全面性原则

要全面搜集数据赋能组织相关信息，制定多因素、多变量、多层次的评估指标体系，利用数据思维，尽可能考虑到数据赋能组织的方方面面，而不能片面强调评估标准的某一方面。

3. 可操作性原则

设计的评价指标体系具有可行性和代表性，能够比较全面地反映数据赋能组织某一方面的总体发展水平，指标的评估过程简单，数据可获得且易于采集，评估方法易于掌握和操作，使整个评估指标体系便于应用和推广。

4. 导向性原则

数据赋能组织是一个发展的过程。正确的导向能确保期望可实现，能够根据实际情况变化进行动态调整。评估指标体系的设计，从数据赋能实现组织战略转型的重点出发，把握发展方向，能够对组织数字化转型提升起到导向作用。

7.3.2　构建方法

充分研究企业数字化转型趋势及痛点，参考各行业的评估指标构建方法，遵循指标设计的逻辑主线和基本原理，通过数据思维、整合思维、创新思维去构建指标，主要思路如下：

1. 数据思维

是对决定组织实现战略转型涉及的主要因素进行数据化，对其现状做出判断，基于判断结果反映当前组织环境状况的一种逻辑思维方式。也就是从数据搜集到数据分析，再到数据分析后的反馈都做到尽可能被量化。以模型化、可视化手段对评估结果进行科学、全面的分析，让数据成为"活的资源"，从各模块得分水平来分析，每一个要素处于哪种状态、突破难点在哪，每一点都进行数据分析统计，这样组织在实现战略转型的推进上就可以有的放矢。

2. 整合思维

将决定组织实现战略转型涉及的各个要素看作一个由众多要素有机结合起来的体系，从整体看待各部分和各部分之间的关系，通过对各部门资源的整合、组织成员行为的整合、主体业务数据的整合、管理运行规则的整合，以达到评价标准化、资源集约化管理的目的。

3. 创新思维

是以现有的组织运行模式为基础，以有别于常规做法的理念为导向，利用现有的资源和经验，结合该组织特定的发展行业环境，为满足企业发展需求，而进行的一些数字化改革的举措，并获得一定有益效果的做法。因此，会考核到组织服务创新、理念创新、管理创新等举措。

7.3.3　指标体系

在借鉴国内组织战略转型发展趋势的基础上，依据"五力模型"，结合组织数字化转型建设实际情况，从数据赋能执行力、资源活化协同力、平台体系支撑力、开放价值创新力、数据驱动竞争力五个维度提出评估指标体系，简称"五力"。其中，数据驱动竞争力是"里子"，是数据赋能实现组织战略转型的核心；开放价值创新力是"面子",是应用成果的展示效果;数据赋能执行力、资源活化协同力、平台体系支撑力是"底子",是数据赋能实现组织战略转型的基础。"五力"评估体系见表7-1。

表7-1   "五力"评估体系

一级指标	二级指标	评估标准
数据赋能 执行力	数字化战略思维就绪度	是否已制订数字化的组织战略规划
	标准保障	与组织战略规划相对应的标准规范保障配套建设情况
	数据资产登记	是否对本组织数据资产开展评估
	数字化人才管理	高付费数字人才每年增长速度,高管薪资与数字化管理目标相关度,重复交互工作人工智能替代率
平台体系 支撑力	大数据基础设施	大数据基础设施建设情况,网络、机房、配套专员
	数据机制建立	日常数据采集、共享机制、整合渠道、数据质量等系列机制建立
	数据赋能平台	数字化运营平台体系建设情况
	平台可视化	平台数据可视化程度
	平台数据应用	平台数据利用次数
资源活化 协同力	任务协作组织	资源对接速度,团队协作模式数字化
	市场机会对接	区域匹配能力
	角色责权到位	岗位角色、辅导角色、分享角色、投资角色、管理角色等多角色是否权责到位
	资源分享推荐	资源共享程度
	战略协作组织	各个分支机构合作、联系的紧密度
开放价值 创新力	数据开放程度	组织不涉商业机密的各类数据公开透明度
	数据加工能力	通过对组织数据进行加工,推动管理、业务、运营、绩效考核等方面的应用创新
	组织成员价值成长	知识图谱完备度、智能标签关联度、信用等级评价、组织成员画像
	数据成果	基于数据资产创造的产业链或产品的质量与数量
数据驱动 竞争力	满意度	用户使用数据的满意度
	治理效果	数据赋能实现组织转型后所带来的组织管理效率提升率
	可持续化	组织数字资产投入与收益比值

1. 数据赋能执行力

数据赋能执行力考察组织是否利用数据手段对各种行为进行有效记录、激励与奖惩；是否利用数据手段实现流程与角色的动态配置与优化；是否利用数据手段赋能组织每个个人，有助于其工作、决策和管理；是否利用数据手段实现组织资源的最大限度优化和任务有效协作。一级指标数据赋能执行力包括 4 个二级指标：数字化战略思维就绪度、标准保障、数据资产登记和数字化人才管理。

1）数字化战略思维就绪度考察组织是否已制订数据化的组织战略规划，是否已确定了数据管理愿景、目标、任务作战图及优先级顺序等，如政府是否制订了数字化建设的规划、企业是否有数字化建设的计划。

2）标准保障考察组织与数字化战略规划相对应的标准规范、组织保障、职能架构等配套的建设情况，如政府在组织架构上是否有首席信息官之类的职能设置、企业是否制定了相应的规章制度来确保数据赋能的执行。

3）数据资产登记考察组织是否对自身数据资产开展普查评估，梳理数据表、数据库和资源目录以及对部门数据、基础数据、主题数据等进行分类等。

4）数字化人才管理考察组织是否有专门的数字人才引进培养制度、数字人才的年增长速度、管理层薪资与数字化管理目标的关联度，以及高重复性工作被人工智能所替代的可能性等。

2. 平台体系支撑力

平台体系支撑力考察为组织业务提供基础支撑和决策支持的大数据平台建设的完善度，具体表现为大数据的采集、传输、存储、共享、运营管理和应用情况。一级指标平台体系支撑力包括 5 个二级指标：大数据基础设施、数据机制建立、数据赋能平台、平台可视化、平台数据应用。

1）大数据基础设施考察政府是否打造了数字基座、政务云等充分开展新基建情况，企业自建或通过购买 IaaS 服务获得的物理基础服务器、存储设备和虚拟数据资源池等建设情况。

2）数据机制建立考察组织的日常数据采集、数据共享机制、数据整合渠道、数据质量把控等一系列数据机制的建立与完善程度。

3）数据赋能平台考察数字化运营平台体系的建设情况，政府是否能做到一网通办、一网统管，企业是否有高效的内网协同办公等。

4）平台可视化考察组织是否将组织运营各项数据集成并进行实时直观展示，以鲜活的可视化图像辅助领导层进行运营与决策，政府的城市大脑、企业的绩效考核平台等都是可视化评估的重要考察对象。

5）平台数据应用考察组织对平台数据的利用频率、利用方式的多样性、利用领域的创新性等，政府是否以数据促应用开发、以应用促开放；企业是否能利用平台数据充分发挥员工的能力、公平地分配企业财富等都是数据赋能组织的体现。

3. 资源活化协同力

资源活化协同力考察组织是否通过资源共享和组织协同活用有形和无形资源，将资源价值最大化。一级指标资源活化协同力包括 5 个二级指标：任务协作组织、市场机会对接、角色权责到位、资源分享推荐和战略协作组织。

1）任务协作组织考察组织中的不同部门、不同团队在协作执行任务时是否能采取数字化手段保障任务落实情况和消除部门、团队融合壁垒，如考察资源对接速度、任务完成效率等指标，政府是否能通过数字平台完成"一件事，一次办"，企业员工是否能通过数字平台协同办公，审批办事。

2）市场机会对接考察组织各分支间的市场细分能力与区域匹配能力，从政府侧来看，对于市场机会的把控就在于是否构建优化了营商环境。

3）角色权责到位考察岗位、辅导、分享、投资、管理等角色是否对角色全责全面知悉并依据职责发挥能效，通过数据平台，对政府部门、企业员工个人等的工作进行即时监督是考察此项指标的重要方式。

4）资源分享推荐考察个人与个人、团队与团队、分支与分支、组织与组织间的资源共享程度。从政府侧来看，就是考评是否形成了各部门间的数据共享；从企业侧来看，就是考评业务资源是否能通过内网整合分享，避免信息不同步造成的工作失误。

5）战略协作组织考察位于同一数字化战略框架下各分支机构间合作、联系的紧密程度，政府需要消除信息孤岛，是否通过数字平台形成了区域一体化的格局，企业各部门是否能通过数据赋能打通不同项目、不同部门之间的信息分享、借鉴和更新。

4. 开放价值创新力

开放价值创新力考察组织是否积极地与外部环境进行知识和资源的交互，从而打破封闭的组织边界、提升组织整体学习水平和发挥员工价值、降低组织运营成本。一级指标开放价值创新力包含 4 个二级指标：数据开放程度、数据加工能力、组织成员价值成长和数据成果。

1）数据开放程度考察组织对于各类非涉密数据的公开透明度，数据开放对于政府来说是建设透明政府的要求，可以通过是否通过数字平台主动推送政策、及时公开信息来考察。

2）数据加工能力考察组织通过数据挖掘加工，在管理、业务、运营、绩效考核等方面的创新应用情况。其中，政府侧可考察能否通过数据的管理加工建设更多的主题、场景；企业侧可考察在研发新产品、新业务时是否运用了数据赋能。

3）组织成员价值成长考察组织利用数据发挥成员价值的情况，如知识图谱完备度、智能标签关联度、成员信用等级评价、组织成员画像等。

4）数据成果考察基于数据资产产生的成果。企业基于数据资产创造的产业链或产品的数量与质量，政府通过政务办事成功率等。

5. 数据驱动竞争力

数据驱动竞争力考察组织是否通过发挥数据价值为组织在数字化转型的社会中赢得更大的竞争力。一级指标数据驱动竞争力包括 3 个二级指标：满意度、治理效果和可持续化。

1）满意度考察组织用户使用公开数据的满意度，可通过政府门户网站、企业官网等渠道收集用户的满意度。

2）治理效果考察组织通过数据赋能实现组织转型前后的组织管理效率的提升率，可通过组织办事的流程简化率来考察此项指标。

3）可持续化指标可以考察企业数字资产投入与收益的比值，政府是否建立了数据赋能的评价机制、开展了相关课题研究。

7.4 评估数据采集

7.4.1 线上采集

为更好地提升评估工作的高效性及专业性，同时加强评估数据与政府制造业企业政策补贴发放工作关联性，强化评估结果的利用，有关部门根据需求建立了镇江市企业数字化转型动态管控平台。借助智能平台，将评价指标和评估主体等录入系统，通过企业填报、数据自动抓取、问卷采集等多维度自动分析，生成可视化评估报告。

以镇江市企业数字化转型动态管控平台为例。该平台功能主要围绕"1+2"模式开展建设，"1"即一个数据展示可视化门户，"2"即数据资产普查及智能评估两大功能模块，具体如下：

1）数据展示可视化门户。提供全面、科学、准确的资源统计和分析功能，并通过对系统内企业数据资源普查、评估数据的关系分析，围绕应用主题设计开展可视化分析模型，为治理主体提供可视化的数据展示桌面，助力主体层快速、清晰地了解业务对象的现状与需求。

2）数据资产普查模块。数据资产普查管理以梳理企业信息化系统、软件资产、硬件资产建设及部署现状为切入点，借助平台全面开展镇江市制造业企业数据资产关联化、动态化、常态化管理工作，助力政府在全面掌握企业数据资产的基础上，开展惠企政策制定、补贴政策落地等工作，同时也助力企业实现科学化治理。数据资产普查主要包括系统普查和软硬件资产普查。

①系统普查。系统普查模块提供企业应用系统在线填报登记和管理。系统通过新增填写与模板导入的方式对各企业建设、管理、使用的企业信息系统数据进行登记和统一汇集，实现对应用系统的动态化、常态化的管理。支持以数据库连接的方式导入新增数据库信息，自动读取数据库中的数据表和数据字段，构建出数据资产关系地图并以图形展示关系，为更有效地利用和挖掘数据资产提供技术支撑。

②软硬件资产普查。软件资产包括物理数据库、应用软件、使用的中间件等软件类资产的登记、管理与记录。硬件资产主要包括两方面：一方面是企业服务器、虚拟机、网络设备、安全设备、存储设备等工业数据存储、传输相关硬件资产；另一方面是涉及工业数据利用类硬件资产，如工业机器人、数控机床、智能设备等。通过系统梳理、登记、管理，最终形成制造业企业软硬件资产清单，实现动态化、清单化管理。

3）智能评估功能模块。围绕指标、数据采集、指标评分、结果分析等评估工作全流程开发设计平台功能，主要包含指标管理、指标库管理、公式管理、问卷管理、评分管理、智能评分、系统管理七大功能，详情如下：

①指标管理：对指标体系进行设计及系统录入和管理，并动态设置指标级别（一级、二级、三级等）、权重及指标细则，可复用指标库中数据。

②指标库管理：可存放多个优秀指标体系，指标体系可设为模板并存储在指标库，设为模板的指标体系可进行复用，多维度对指标体系进行对比。

③公式管理：动态生成公式，能对公式中的变量和运算符号进行随意组合，形成可用的运算公式。公式能被定量的指标使用，自动计算出指标值。

④问卷管理：提供问卷创建相关功能，并针对问卷发放提供问卷填报权限、在线填报、问卷数据调用等功能。

⑤评分管理：可以通过"人工＋系统"的方式，根据指标体系生成评分，实时计算出体系的评分及完成率，并能根据企业填写的问卷内容实时生成指标的评分数值。

⑥智能评分：根据指标体系的评分，实时生成该指标的得分和得分率。

⑦系统管理：可实现权限管理、接口管理等功能。

7.4.2　线下采集

通过组织走访调研、政府侧数据获取、电话调查、专家座谈调研等方式了解组织数字化转型相关情况、获取相关数据。

1）走访调研。根据指标考核需求编制调研表，开展组织走访调研活动，说明所需数据情况，填写调研表、收集相关材料。

2）电话调查。通过电话沟通的方式，直接与各个样本企业的相关主管部门进行沟通，说明所需数据情况，并获取相关数据与材料。

3）政府侧数据获取。结合指标考核点数据需求，了解政府部门内部掌握的数据，并进行相关数据收集、整理，获取第一手准确的官方数据。

4）数据抓取工具。通过第三方数据抓取软件抓取数据，如八爪鱼、百度、搜狗、豆丁网、百度文库等数据采集方式。

7.4.3　评估结果拓展应用

1）促进组织转型及科学制定政策方面。基于指标模块数据分析，挖掘智能制造企业在数字化、智能化、网络化等方面的建设现状、问题、挑战，以及在数字化转型方面的创新应用情况，分析组织下一步发展的重点方向。一方面，有效引导和促进了镇江市制造业企业数字化转型进程；另一方面，为政府下一步制定制造业企业数字化转型扶持政策提供了有效支撑。

2）助推扶持政策和企业需求精准匹配方面。根据数据资产评估结果，深入分析并挖掘智能制造企业数字化转型中的痛点难点、转型项目需求、数字化资产优势、发展潜力等，建立企业标签库。在此基础上，借助政策精准查询、补贴申报一次办相关平台对政策开展最小颗粒度梳理及政策标签分类，助力企业政策精准推送，提高企业政策知晓精准度。同时，政策以细化到与企业库相匹配的标签为标准，与企业数字化转型需求进行匹配，基于扶持政策形成政府侧与企业侧双向精准定位。

3）赋能政策补助精准规范落实方面。在数据分析挖掘的基础上，对以往补贴政策及补助企业进行分析，依托评估结果中以往补贴企业实际数字化项目建设、开展及应用效果，评价以往补贴资金利用效率，撰写补贴企业建议书，为政府侧提供建议，辅助补贴资金精准规范落实，助力政府决策更加科学。

4）助力政策精准送、补贴一次办方面。通过企业数字化转型及数据资产评估结果分析，对照"政策通"平台，针对符合资金补贴政策条件的企业，全面开展"补贴申报一次办"工作，推进"政策库""事项库""材料库""数据项库""标签库"五大库梳理工作。对涉及补贴申报的事项进行梳理并关联相关政策，最终完成补贴申报政策精准送达并实现直接在线申报。

第 8 章

未来发展展望

2020 年，一场突如其来的新冠肺炎疫情给全球经济带来前所未有的冲击。当前，全球疫情出现反弹，疫情"长尾"特征更趋明显，主要经济体衰退程度超出预期，外部需求大幅萎缩，一些国家保护主义和单边主义盛行，经济全球化遭遇逆流。面对这一复杂局面，党的十九届五中全会通过的《中共中央关于制定国民经济和社会发展第十四个五年规划和二〇三五年远景目标的建议》提出："要加快构建以国内大循环为主体、国内国际双循环相互促进的新发展格局"。立足国内大循环、畅通国内国际双循环是党中央积极应对世界百年未有之大变局和当前国内外经济形势变化的战略之举，对于推动我国经济行稳致远、实现高质量发展具有重大意义。

今后一段时期，我们将面对更多逆风逆水的外部环境，必须做好应对一系列新的风险挑战的准备。我国经济长期向好的基本面没有变，经济韧性强、潜力足、回旋空间大的基本特质没有变。从需求看，我国拥有 14 亿人（中等收入者有 4 亿多人）所形成的超大规模市场优势，不断升级的商品需求和日益多元化的服务需求将持续释放，国内市场的总体规模将加速扩大，巨大的内需潜力将转化为经济持续发展的内生动力。从供给看，我国拥有全球最完整、规模最大的工业体系和不断增强的科技创新能力，疫情防控期间数字经济异军突起，产业数字化、智能化水平加快提高，将在满足消费结构升级中增强产业的市场竞争力，提升供给体系质量和效率。

据国际权威研究机构预测，到 2022 年，我国数据总量将超过 8 万亿 GB，占全球数据总量的 20% 左右。我们要把握规模化数据优势，充分挖掘大数据资源价值，创新供给侧改革，精准匹配用户需求，释放内需动力，把推进经济数字化作为实现创新发展的重要动能，助力构建国内国际双循环发展格局。

中国有力应对新冠肺炎疫情，得到国际社会赞赏，充分彰显出党的政治领导力、思想引领力、群众组织力和社会号召力优势。其中，新一代信息技术和大数据资源开发应用在抗疫阻击战中也扮演了重要的角色："健康码"是利用大数据、移动互联网等手段加强疫情防控的一项创新举措；人工智能技术在筛查传染源、实现红外智能 AI 测温等方面，为有序推进社会复工复产提供了有力支撑。通过此次抗击疫情，人们充分认识到组织数字领导力、大数据资源开发利用水平、智能治理水平以及敏捷应急反应能力的重要性。

8.1 从数据共享到数据资源的开发利用

数字经济成为我国经济高质量增长新动能，数据要素资产化是推动数字经济发展的基石。2020年3月，《中共中央　国务院关于构建更加完善的要素市场化配置体制机制的意见》（以下简称《意见》）印发。《意见》首次将"数据"作为一种新型生产要素，与土地、劳动力、资本、技术等传统要素并列。人们对数据的认识是一个不断深化的过程，从"大数据"概念到"数据资产"概念的演化，是对（大）数据存在的必要性及其内涵、价值的认同。

当下，实时高速的数据流技术、数据湖和分布式储存等数据储存技术可存储任何形式的原始数据，包括文本数据、音频数据、视频数据和图像数据等各类格式的半结构化数据或非结构化数据，并对其进行数据清洗、管理和综合处理。用于数据挖掘分析的机器学习和深度学习技术的进步，也使得语音识别、图像和视频识别等技术可直接对这些非结构化数据进行操作。在业务实践中，通过分析和利用各种数据，可以分析顾客行为、锚定潜在客户和优化组织决策，从而为组织带来更大的经济收益。数据作为新的生产要素，驱动着智能化生产、网络化协同、个性化定制等新模式新业态不断涌现，使得数据资产化成为必然趋势。因此，数据资产化是技术发展背景下数据价值被社会普遍认同的结果。了解数据资产化的过程，建立对数据要素管理体系和数据要素市场体系的认知，是未来充分利用数据要素的前提。

8.1.1 经济高质量增长推动数据要素资产化

1. 数据的价值进阶

生产力的发展以价值创造作为重要目标，生产力发展规律包含科学技术和社会生产组织两大因素，二者共同作用于生产力的发展，推动着价值创造的不断发展。数字文明时代产生了全新的价值形式，数据成为这个时代最突出和最核心的价值载体，其自身也正经历着从资源到资产再走向资本的过渡过程（见图8-1）。数据资源化，数据只是记录、反映现实世界的数据资源。数据资产化，数据不仅是资源，还是资产，是个人或组织资产的重要组成部分，是产生财富的基础。数据资本化，数据资产与价值进行结合，价值通过交易和流通等活动得以体现，最终数据变为资本。

可再生
无污染
无限性
不可替代性

可控制
可计量
可变现

长期性
体验性
非竞争性

数据资源化

数据资产化

数据资本化

图 8-1 数据的价值进阶

数据资源化。界定数据是资源，首先要界定数据是一种生产要素。生产要素是经济学分析的一个根本问题，数据是否是资源要看数据在既有决策下是否有利于降低成本、提高收益，是否参与了价值创造。大数据与云计算、物联网等新技术相结合，正在快速地、日益深刻地改变人们生产生活方式……大数据时代，如同 19 世纪到 20 世纪的石油和金矿，数据正成为一个国家提升综合竞争力的关键资源。数据不仅有利于人们精准决策，而且对某项具体决策下的成本和收益也会产生影响，即参与了价值创造。因此，数据是一种新的生产要素，即数据是资源。数据资源具有可再生、无污染、无限性三大特性。数据资源化是使用数据资源、释放数据价值的逻辑起点。简单来说，数据资源化的过程就是数据使用的过程，即在开放的基础上，通过先进的数据技术对数据加以提炼、加工与整合，实现数据资源的纯化，使其可以被调用和应用，以及从静态的"原矿状态"变为动态可用的数据资源。在这个过程中，无论是供给知识、信息，还是提供服务，本质上都是将数据资源化，并对其进行持续深入的数据挖掘，进而帮助管理者决策，实现经济效益。

数据资产化。资产是指由组织在经营交易中或各项事项中形成的、由组织拥有或控制的、预期会给组织带来经济利益的资源。同理，数据资产是由组织或组织拥有或控制的且能带来经济价值的数据资源。在这个阶段，数据既是资源也是资产，是组织或组织资产的组成，是产生财富的基础，既具有应用价值，也具有独立的经济价值。但是，并不是所有的数据都是资产，只有可控制、可计量、可变现的数据才可能成为数据资产。实现数据可控制、可计量、可变现的过程，就是数据资产化的过程。数据资产按其归属可以分为个人数据资产、组织数据资产、政府数据资产。数据资产会催生以数据资产为核心的新商业模式，目前以数据资产为核心的商业模式主要有租售数据模式、租售信息模式、数据媒体模式、数据使能模式、数据空间运营模式和大数据技术模式（表 8-1）。相信不久就会出现更多的新的商业模式。从数据到数据资产化需要解决一些根本性问题，如资产属性、数据确权、数据价值的评估、个人信息保护和数据资源的会计核算等，这些方面需要国家相关政策法规的规范和进一步的确认。同时，在数据资产交易方面，为降低目前数据资产交易中高昂的成本、促进数据资产的流动，也需要国家尽早制定合理公平的交易准则和定价依据。

表 8-1 以数据资产为核心的 6 种商业模式

商业模式种类	特点
租售数据模式	主要是出售或出租原始数据
租售信息模式	出售或者出租经过整合、提炼、萃取的信息
数字媒体模式	主要是通过数字媒体运营商进行精准营销
数据使能模式	代表性企业诸如阿里巴巴公司，其通过提供大量的金融数据挖掘及分析服务，协助其他行业开展因缺乏数据而难以涉足的新业务，如消费信贷、企业小额贷款业务等
数据空间运营模式	主要是出租数据存储空间
大数据技术模式	针对某类大数据提供专有技术

资料来源：张驰。数据资产价值分析模型与交易体系研究［D］．北京：北京交通大学，2018.

数据革命使"用数据生产信息和知识"成为可能，而这一过程也促使数据资产转化成可以直接推动生产力的数据资本。"我们正在进入数据资本时代。"英国帝国理工学院数据科学研究所所长郭毅可将数据经济的发展比喻为四个阶段：数据的"前天"，即数据资料阶段，数据仅仅是记录度量物理世界的资料；数据的"昨天"，即数据产品阶段，当数据被用来组成服务时就会成为资源，就会成为产品，于是就诞生了腾讯、百度等一系列的数据产品和服务；数据的"今天"，即数据资产阶段，人们已经意识到对数据的所有权界定使其成为资产，这时数据是产生财富的基础，是其个人总资产的一个重要组成部分；数据的"明天"，即数据资本阶段，是使数据资产连接其价值的时代，对数据资产进行流通和交易以实现其价值，使其转换为资本。

数据资本不同于实物资本的特性，主要反映在三个方面：一是非竞争性，实物资本不能多人同时使用，数据资本则不存在这个问题；二是不可替代性，实物资本是可以替换的，如你可以用一桶石油替换另一桶石油，数据资本则不行，因为不同的数据包含不同的信息；三是体验性，如电影和书籍等体验性商品只有在体验后才能体现其价值，数据也是一样，只有在使用后才能知道其意义所在。数据资本的价值需要在数据交易和流通中体现。数据资本化就是将数据资产的价值和使用价值折算成股份或出资比例，通过数据交易和数据流通活动将数据资产变为资本的过程。2015 年 4 月 14 日，全国首家大数据交易所 —— 贵阳大数据交易所正式挂牌，并完成了卖方为深圳市腾讯计算机系统有限公司、广东省数字广东研究院，买方为京东云平台、中金数据系统有限公司的首批数据交易。2015年 5 月 27 日⊖，中关村数海数据资产评估中心有限公司作为我国第一家主营数据资产盘点、整合、登记、确权、价值评估的服务机构正式登记成立，开启了数据资本化的序幕。

2. 数据资产管理体系的建立

数据资产管理是规划、控制和提供数据资产的一组业务职能，包括开发、执行和监督有关数据资产的计划、政策、方案、项目、流程、方法 和程序，从而控制、保护、交付和提高数据资产的价值。

根据国内外先进、成熟的数据资产管理知识体系，结合组织业务特色和业务需求，从组织体系、管控体系和系统平台三个方面开展数据资产管理研究（图8-2）。其中，组织体系是基础保障，确保组织能够形成统一的数据标准，以正确的方式实施数据资产管控。管控体系以数据资产全生命周期为主线，涵盖数据资产管理核心职能活动，落实数据资产管理的具体行为，各项职能活动须遵照组织体系的要求执行。系统平台是全业务数据中心，是组织数据资产管理体系的落脚点，提供统一 IT 支撑，为数据资产管理与应用提供相应的环境和工具。

⊖ 朱志刚：《"大数据智贵阳"——记全国首家大数据交易所》，载于《产权导刊》2015 年第 6 期。

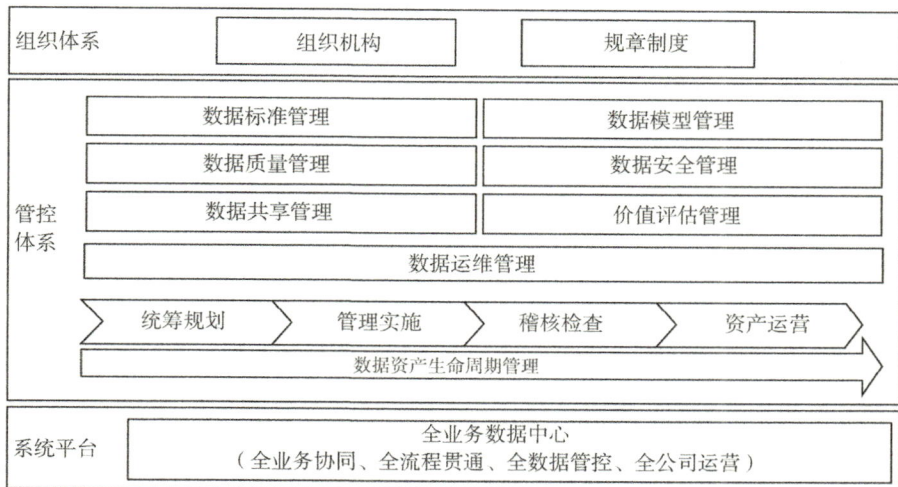

图 8-2　数据资产管理体系的主要内容

8.1.2　数据要素市场体系的培育和发展

2020年4月，《中共中央　国务院关于构建更加完善的要素市场化配置体制机制的意见》发布，要求扩大要素市场化配置范围，健全要素市场体系，推进要素市场制度建设，实现要素价格市场决定、流动自主有序、配置高效公平。数据流通是"数据社会化"的核心，只有让数据流动起来，让各个需求方（政府、商业、行业、创客等）像购买商品一样按需提取、交易数据，把数据变为商品，人们才可能全面以数据化思维来组织生产和生活，使数据由资源变为资产，成为人们生活、生产的必需品，真正发挥出数据的市场价值。数据要素市场化配置改革的目标，就是要通过市场在资源配置中的决定性作用，充分发挥数据这一新型要素对其他要素效率的倍增作用，培育发展数据要素市场，使大数据成为推动经济高质量发展的新动能。数据要素市场体系的培育和发展，需要重点关注数据隐私保护、数据确权、数据资产价值评估和定价、数据资产交易和数据资产安全管理等核心问题，加大数据资源的有效流动，提升社会数据资源价值，充分释放数据要素红利。

1. 数据资产化中的隐私保护

在数据资产化过程中，隐私保护成为关键问题。数据所有权和隐私权问题长期以来都是信息产业的核心问题。隐私可视为用户对信息流通程度和方式的控制权。传统隐私保护研究较关注访问控制及数据发布前去除个人信息，并防止多个数据源融合之后恢复所去除的个人信息。而随着大数据、移动采集设备和机器学习等技术的发展，在数据收集阶段进行隐私保护，是一个新问题。

由于数据对于构建高效模型越来越重要，数据收集中的隐私保护应该处在一种权衡取舍状态。解决隐私保护问题，并不能将其孤立地看待，而是应该放在一个更大的框架中，即从用户的隐私权利和从用户数据中获得服务与资源之间进行权衡取舍，使之在当前情境达到最优。因此，需要建立一个能支持多方共赢的隐私保护机制：一方面，保障用户隐私可控而促进数据交易和流通；另一方面，促进数据驱动业务模式和生态健康发展。

数据收集作为开发创新及个性化、情境化应用的关键环节，从隐私角度来看，处在"法律灰色地带"，当前，大部分应用程序只标明了其市场价格，而对收集数据的范围和颗粒度并没有明确的协议。例如：一个导航软件应用系统可以在用户不知情的情况下，在后台持续大量收集该用户数据。以移动应用程序为例，有关统计显示，91% 的 iOS 应用程序和 83% 的 Android 应用程序存在至少一种泄露用户隐私的风险行为。Facebook、Apple、Twitter、Yelp、Path 组织都曾因被指控发布侵犯隐私的移动应用程序而成为诉讼的焦点。

隐私保护与数据效用之间需要妥协和平衡，也要在技术方案上构建一种生态环境。在这种情况下，各国政府出台了一系列政策法规。例如：欧洲的《通用数据保护条件》General Data Protection Regulation（GDPR）于 2018 年 5 月开始实施；Determann 讨论了 GDPR 与其他国家隐私保护规范的差异；Post 分析了 Google 在西班牙受到隐私侵犯调查及此事件带来的深远影响，以及引起欧盟后续的法律环境变化；2017 年 6 月 1 日正式实施的《中华人民共和国网络安全法》（简称网络安全法），强调了中国境内网络运营者对所收集到的个人信息所应承担的保护责任和违规处罚措施，但专项个人信息保护法尚在制定中。

如何在培育宽松数据资产化市场环境的同时，加大对于个人数据隐私的保护，成为制约释放数据红利、促进社会经济发展新旧动能转换的关键因素。通过总结众多专家和学者的研究结果得出：加大对个人数据隐私的保护，一方面，依赖于完善法律法规，加快数据治理体系建设；另一方面，通过技术手段，如隐私保护安全技术、云计算数据隐私保护技术、人工智能以及区块链技术等，在不泄露用户个人隐私的前提下，促进数据共享、技术赋能，破解数据孤岛和数据隐私保护的两难困境。

2. 数据资产化中的数据确权

（1）数据权的提出

大数据战略重点实验室在《数权法2.0：数权的制度建构》一书中提出数据权的概念。随着数据不断朝着资源化、资产化、资本化趋势推进，从数据到数权成为人类迈向数字文明的必然趋势。数据权利化、权力化、制度化是大势所趋，数据秩序将成为未来社会的第一秩序。数权的提出，是建立数据规则的前提条件，是"把握好数字化、网络化、智能化发展机遇，处理好大数据发展在法律、安全、政府治理等方面挑战"的重要基石。

"数据不仅可以成为法律调整的对象，还可被权利化为新的权利形态，当前面临的问题是选择何种元概念作为数据确权所使用的概念。"数权在整个权利体系中具有独立的地位，包括数据权、共享权和数据主权。按照类型划分，数据权通常可以分为个人数据权、组织数据权和政府数据权。因而，界定不同类型数据，探讨合理的数据权属安排形式，并分析相应数据法律保护体系，以寻求一种平衡显得十分必要。

数权具有私权属性、公权属性和主权属性。在私权属性范畴，数据权按数据掌握主体分为个人数据权与组织数据权，个人数据资源与组织数据资源被视为数据权客体。数权的公权属性具有丰富的公共性和集体性意涵，是以国家和政府为实施主体，以公共利益最大化为价值取向，强力维护公共事务参与秩序的一种集体性权力，具有自我扩张性。数权的主权属性体现为数据主权是国家主权的重要组成部分。作为国家主权的必要补充，数据主权丰富和扩展了传统国家主权的内涵和外延，是国家主权适应现代化虚拟空间治理、维护国家主权独立的必然选择。

（2）数据权利的法益厘定

"权利就是法律规范授予人的，旨在满足其个人利益的意思力，即享受特定利益的法律之力。"权利是法律体系中最成熟的范畴，深刻揭示权利与事实利益之间的内在联系，权利地位的变化说明了现今国家与个人的关系正向权利主导式的方向发展。西方经典权利理论认为，在抽象意义上，权利与自由、利益和正义相关，甚至可以说私权利直接就是自由、利益和正义。私权利是指以满足个人需要为目的的个人权利，以体现和维护个人利益为主，这种"个人"从根本上是私人性质的。因而，"从私权利角度看，数据权是组织、其他组织和公民拥有的对依附于自身的数据和自己获取数据的所有权。"

20世纪70年代以来，有关个人数据保护的立法已经成为全球范围内最受瞩目的立法运动之一。各国对于个人数据的保护与使用，都采取了公法规制与私法赋权双管齐下的治理模式。1970年，德国黑森州制定的《数据保护法》成为世界上第一部个人数据保护法，并设立数据保护委员会，专门监管黑森州政府官方文件的存储、传输，防止非法获取、修订和破坏。1973年，瑞典从保护个人数据的角度通过世界上第一部明确限制个人跨境数据转移的法律——《瑞典数据保护法》。1974年，面对个人数据的滥用，美国议会开始考虑保护个人数据，并最终通过《隐私法案》。在区域或全球合作层面，1980年，经济合作与发展组织（OECD）就有关数据保护的各国国内法进行协调或统一，并颁布了有关隐私保护以及数据跨境流动的相关指引——《隐私保护及个人数据跨境流通指导纲领》，旨在建议保护个人资料的隐私与自由。20世纪70年代，欧盟开始号召各国进行数据立法，并随着技术和社会的不断变化持续推进有关个人数据保护的立法工作，特别是2018年实施的《一般数据保护条例》更是重新定义了个人数据授权及赋予数据主体拥有对自身数据的被遗忘权和删除权等内容。

个人数据权体系是对现实诉求的理论回应，必然要经历从"应有权利"到"法定权利"再到"实然权利"的历史转变。"个人数据权体系从应然到实然的过程，仰赖应有权利对个案的熏陶唤起个别主体的权利自觉意识进而发展为社会绝大多数人的权利诉求共识。在此基础上，应以立法形式肯定这种权利诉求，并将之以相应制度设置确定下来。"在我国，随着数据化进程的推进，《中华人民共和国刑法》修正案、《中华人民共和国消费者权益保护法》修正案及《网络安全法》等基本或主要法律引入了个人数据保护相关规则。关于个人数据保护具有基础地位的《中华人民共和国民法典》（简称民法典）第一百一十一条，确立了自然人的个人信息受法律保护的权利，突出了个人信息获取及使用的合法性原则。

（3）数据确权的途径

数据确权既是权利运用和保护的基础，也是利益保护的重要手段。"数据相关的利益主体分为个人、组织、其他组织与国家，不同的利益主体对数据权益的享有范畴与属性又存在差异。"大数据产业的发展催生了数据主体、数据控制者、数据利用者等相关的新型权益主体。在利益驱动下，不同的利益主体必然会对相关权益的保护和法律制度提出新的诉求。当出现新的权利关系时，传统的法律关系面临不可逾越的体系障碍，要构建一套切实有效的数据规范与治理体系。

2016 年，欧盟率先制定了《通用数据保护条例》（General Data Protection Regulation，GDPR），在法律上为鉴定数据所有权和保护个人在数据上的权益迈出了重要的一步。在欧盟之后，美国加州也通过了《加州消费者隐私法案》（CCPA），于 2020 年开始实施。我国贵阳大数据交易所、国信优易等也提供了确权服务，数据确权既是对相关主体权利的保护，也是对数据使用的保障。目前在数据交易领域较多关注数据主体所享有的权利，却忽略了其责任和义务。因此，可以引入数据交易登记机制，鼓励全社会借助数据交易机构实现数据的合法合规交易，在满足市场对于数据流通强烈需求的同时，确保数据及交易过程的可追溯、可审计。

在法律上明确了数据的所有权之后，还需要运用技术手段让数据在不损害所有权的情况下发挥作用。区块链可能会在这方面发挥巨大的作用，区块链从根本上确保了其上数字对象的唯一性，可以防止数据被无成本地复制。区块链数字对象在任何状态下均有清晰的所有权权属，也就是说，任何一个区块链对象一定绑定了自己的所有者账户（地址）。这两点是区块链能够突破数据确权瓶颈，成为数字生产要素化基础平台的技术保障。

3. 数据资产化中的数据价值与定价

（1）数据价值评估

价格是价值的表现，是商品的交换价值在流通过程中所取得的转化形式。数据作为一种特殊的商品，数据价值需要用一定的数据价格来表现，以反映数据作为商品交换的本质。然而，由于数据的生产、交换、消费、再生产具有与一般商品完全不同的特性，不能沿用一般商品的价格体系，需要正确认识数据的价格形成机制，"发挥出价格在市场资源配置中的本质作用，有效调节和促进生产"[1]，形成合理的市场价格，从而促进社会数据资源的有效配置。

探索以数据为关键要素，以分析量化数据价值为核心目标，建构一套数据价

---

[1] 田先华：《变故鼎新、砥砺前行，构建适应时代发展的价格机制》，载于《价格理论与实践》2015 年第 11 期。

值指标体系，是度量数据价值的前提，也是保障数据交易的基础。依据数据的定义、基本特征、来源、分类与构成，我们试图提出"数据价值结构"这一概念来研究和分析数据的核心价值，并综合考虑数据价值的影响因素，建构一套数据价值结构体系来量化数据的价值。数据价值结构可以由颗粒度、多维度、活性度、规模度和关联度五个特征维度组成。颗粒度是指数据价值对数据质量、共享性的反应程度，多维度是指数据资产价值对数据类型多样性和可访问性的反应程度，活性度是指数据价值对活性、再生性和使用效果的反应程度，规模度是指数据价值对数据规模和价值密度的反应程度，关联度是指数据价值对关联性的反应程度。通过这五个特征维度可以较全面地衡量数据的价值（表 8-2）。

表 8-2　数据价值结构

一级指标	二级指标	三级指标	价值影响因素
数据价值	颗粒度	数量、类型、精度、准确度、长度、完整度、合规性、维护频率、格式、编码方式、标准、命名规则	数据质量、共享性
	多维度	来源渠道种类、来源数量、来源方式、来源类型、覆盖范围、重复率、一致情况、采集方式	可访问性、多样性
	活性度	更新间隔时间、访问间隔时间、存在时间、更新差异度、访问系统数量、常用属性数量、累计访问次数、累计更新次数	活性、再生性、使用效果
	规模度	数据条数、资产大小、增长速度、使用范围、获取难易程度、独占程度	数据规模、价值密度
	关联度	流入数据数量、流出数据数量、流入数据频率、流出数据频率、流入数据大小、流出数据大小、流入数据关联强度、流出数据关联强度、数据依赖程度、数据独立程度	关联度

资料来源：张驰. 数据资产价值分析模型与交易体系研究 [D]. 北京：北京交通大学，2018.

　　数据的价值可以通过颗粒度、多维度、活性度、规模度和关联度这五个特征维度的共同作用衡量，且这五个特征维度具有相同的权重。基于特征维度的数据价值分析模型框架，模型包括输入层、计算层、输出层与价值计算层。输入层由特征维度对应的细分维度指标构成；计算层是对输入的细分指标数据进行计算的过程；输出层是基于细分指标数据计算得到的五个特征维度的评价结果；价值计算层是依据五个特征维度的评价结果数值，代入数据价值计算公式，可以计算得到数据的价值（图 8-3）。

价值计算层

输出层

计算层

输入层

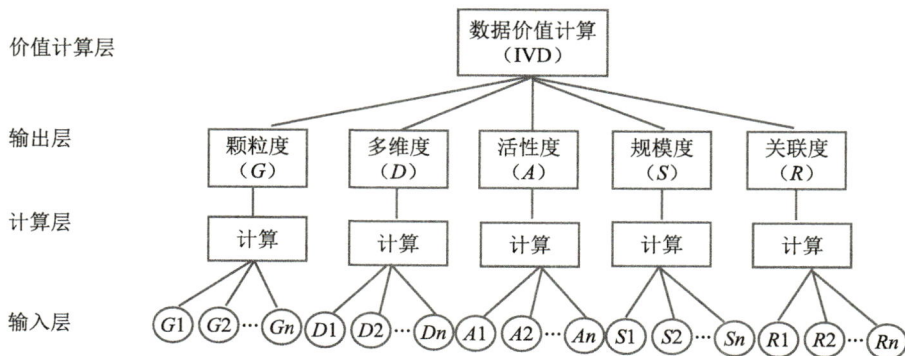

图 8-3　数据价值结构

注：IVD=（1+G）×（1+D）×（1+A）×（1+S）×（1+R）－1

IVD—数据的价值，G—颗粒度，D—多维度，A—活性度，S—规模度，

R—关联度。代码对应指标名称见表 8-3。

资料来源：张驰．数据资产价值分析模型与交易体系研究，2018 年。

表 8-3　代码对应指标名称

代码	指标名称	代码	指标名称	代码	指标名称	代码	指标名称
$G1$	数量	$G12$	命名规则	$A3$	存在时间	$S6$	独占程度
$G2$	类型	$D1$	来源渠道种类	$A4$	更新差异度	$R1$	流入数据数量
$G3$	精度	$D2$	来源数量	$A5$	访问系统数量	$R2$	流出数据数量
$G4$	准确度	$D3$	来源方式	$A6$	常用属性数量	$R3$	流入数据频率
$G5$	长度	$D4$	来源类型	$A7$	累计访问次数	$R4$	流出数据频率
$G6$	完整度	$D5$	覆盖范围	$A8$	累计更新次数	$R5$	流入数据大小
$G7$	合规性	$D6$	重复率	$S1$	数据条数	$R6$	流出数据大小
$G8$	维护频率	$D7$	一致情况	$S2$	资产大小	$R7$	流入数据关联强度
$G9$	格式	$D8$	采集方式	$S3$	增长速度	$R8$	流出数据关联强度
$G10$	编码方式	$A1$	更新间隔时间	$S4$	使用范围	$R9$	数据依赖程度
$G11$	标准	$A2$	访问间隔时间	$S5$	获取难易程度	$R10$	数据独立程度

资料来源：张驰．数据资产价值分析模型与交易体系研究［D］．北京：北京交通大学，2018.

　　采用数据价值计算公式计算数据的价值有以下优势：一是可以计算出 5 个特征值的整体效应，即包含 5 个特征维度对数据价值的共同作用；二是既可以保证每个特征值的效应是对称的，即每个特征对数据价值的作用是相同的，又可以保证各个特征之间的相互作用是同等重要的，即相互作用项是各个特征值的对称多项式；三是可以避免单个特征值零化的影响，即某个特征值趋于零时，可以弱化该特征值对其他特征值的干扰。

（2）数据定价

数据定价是数据交易的逻辑起点，是数据价值的货币化表现形态。目前国内外数据定价机制尚不完善。对数据来说，因其易复制、易传播、估值困难等区别于普通商品的特性，不能完全参照金融交易所和商品交易所的定价模式。传统交易所的竞价模式一般是连续竞价和集合竞价，涉及的是多对多的关系，而数据交易一般是一对一或者一对多的关系。不同类型的数据需要设计不同的交易机制，比如有的数据是一次性交易完成，有的数据需要卖方一段时期的实时供应，有的数据容易采集且同类型数据多，有的数据不易采集且同类型数据很少。数据交易需要平台的集中撮合，既要考虑到买方的利益，又要考虑到卖方的利益，同时还需要能够活跃市场，维护市场的正常秩序。

1）预处理定价。数据定价的双向不确定性问题是阻挠数据科学定价策略形成的重要原因。因此，对数据进行预处理后再进行交易，实质上是将数据从一般性数据信息转化成真正可以为客户所直接使用的商品。对客户而言，经过预处理的信息属于可以直接给出购买价的信息，这无疑会大大减少数据买卖双方在价格谈判中的分歧，提升数据交易的成功率。预处理定价策略不仅有利于实现双方的定价信息对称，而且有助于保护隐私和元数据，进一步增加数据交易所的交易动力。当然，这种定价策略也存在一些问题，主要是会受到数据交易所自身数据挖掘与分析技术的限制，数据应用可能会出现错误等。预处理定价策略下，其应计算的成本除了常规成本外，还包括数据预处理成本。虽然预处理定价策略有助于缩小数据理论价格的区间，但由于用户还需考虑实际使用效果，即数据使用前后的效用差，往往会与其他定价策略同时使用。

2）拍卖定价。即使是经过预处理的数据，其价值依然具有很大的不确定性，即难以科学地给出数据的合理定价。特别是在数据交易之前，买卖双方对于使用数据究竟可以带来多大效用其实没有把握。在此情况下，一些交易者更倾向于通过拍卖决定价格，这既符合市场原则，也可以让买方更好地进行对比。为提高拍卖定价的科学性，可以采取多种方式进行。例如：为了提高买卖双方对数据信息及其价格的认可度，可以采取多次拍卖的方式进行。买方在使用数据并获得利益后，愿意付出的拍卖价格肯定更高，而卖方也可以从上次的拍卖中吸取教训，从而取得双方都满意的结果。再如：使用买方竞拍、反向竞拍等多种形式进行，让双方在诚实的基础上就数据价格达成最大一致性，促进数据交易可持续发展。当然，数据拍卖定价也有其局限性。如，需要有多个购买者参加，且每个购买者都想自己拍得的数据使用权是独一的、排他的。也就是说，拍卖定价策略失败的可能性比较大，容易出现多个客户合伙竞拍一个数据的道德风险。

3）协商定价。协商定价策略是商品交易中十分常见的一种定价方法。一般而言，只要买卖双方对商品价值有比较接近的认可度就可以使用协商定价策略。在数据交易中，交易双方对数据价值的认可度是协商定价的基础。通常卖方认为自己所出售的数据是非常有效用的，可以让买方获得巨大收益；买方会理所当然地低估数据价值，且会尽可能地将风险因素考虑到协商定价中去。在协商定价的过程中，数据买卖双方会尽可能地摸清对方的底价，即买方想知道卖方的最低交易价格，卖方则想知道买方到底能够出多少钱来购买数据。虽然协商定价策略可以充分体现双方的意愿，但是这一定价策略仍然存在较高的风险。一是时间成本很难得到控制。双方都希望最后达成的定价有利于自己，同时出于对对方底价的小心试探，可能会让整个协商过程变得十分漫长，进而导致时间成本过高。二是对协商话语权的争论可能会影响数据协商定价的结果。对买卖双方而言，一次协商成功的概率非常小，在未能达成一致意愿的情况下，由谁来提出下一个价格以及价格差距有多大，都会对最后的协商价格产生不小的影响。

4）反馈性定价。数据具有高速变更的特征，这是数据交易中不可忽视的因素。因此，在数据定价实践中，出现了反馈性定价策略，即在原有协商定价、拍卖定价基础上，克服其静态价格的不足，在客户使用数据后及时反馈，买卖双方再对价格进行调整。例如：买方在通过其他定价策略获得数据使用权后，发现其实际效用与预期效用存在差距，这个差距就可以成为今后数据定价的重要参考因素。卖方可以根据实际效用对售价进行调整，避免出现价格过低的情况。在不断反馈、不断修正后，数据定价的合理性就可以得到最大限度的保障，为数据买卖双方的长期合作夯实基础。需要注意的是，谁来反馈实际效用、什么时间进行反馈等都是反馈性定价策略面临的难题。即便如此，反馈性定价策略因其可以提高大数据定价与市场实际的匹配度，对促进和保障数据可持续交易具有积极的作用。

5）数据定价标准。建立数据资产评估标准，制定通行的数据价格指标体系，是数据生态体系中重要的链条。定价模型中除了数据实时性、数据样本覆盖面、数据完整性、数据品种、时间跨度与数据深度等特质因子外，还需考虑与数据特质相关的其他因素，如数据产品专利、数据来源与内容是否侵权等，以及为确保数据产品无权利瑕疵而需要支付的成本及预算。我国应尽快建立一套全国通行的数据交易定价指标体系，这套指标体系包括两个部分，即基本价格指标（是成本价，也是最低价）和调整价格指标，最终结果是实现数据产品的科学、高效、自动计价。

6）数据价值影响因素。数据是一种特殊的商品，影响数据价值的因素有很多，主要包括数据质量、数据规模、可访问性、鲜活性、关联性、使用效果、价值密度、数据类型、共享性、再生性 10 个方面（见表 8-4）。数据质量有多方面的体现，主要体现在准确度、完整性、广度、延迟性和颗粒度等方面。数据规模主要考虑数据集的大小，数据价值会由于数据规模的变化折价或者溢价。可访问性直接影响数据的使用频率，数据价值随着数据使用频率的增加而增加。鲜活性是指数据的新鲜程度，即从数据产生的时间来看，是否为最新的数据，越新的数据其价值越高。关联性反映数据与其他数据间的关联关系，关联性越高的数据，越容易被整合与使用，其价值越高。使用效果主要取决于数据拥有者运用数据的能力，运用能力越高，则数据价值越高。价值密度是由高价值的数据在总体数据中的占比决定的，数据的价值与该项数据的价值密度成正比。数据类型多样性是指数据包含众多不同类型的数据，可以满足不同主体的需求，表现为数据类型越多，数据资产的价值就越高。共享性是指数据可以在多个用户、业务领域和组织之间共享，而不会对每一方造成损失，一般来说，数据共享会增加数据的价值。再生性是指数据具有非消耗性，数据使用得再多，数量也不会变少。

表 8-4　数据价值的影响因素

影响因素	对数据价值的影响
数据质量	数据的价值会随着数据质量的提高而增加
数据规模	数据的价值会随着数据规模的扩大而增加
可访问性	数据的价值会随着访问、使用的便捷程度的提高而增加
鲜活性	数据的价值会随着时间的推移而降低
关联性	数据的价值会随着关联数据数量的增加而增加
使用效果	数据的价值会随着使用效果的增强而增加
价值密度	数据的价值会随着价值密度的增大而增加
数据类型	数据的价值会随着数据类型的增多而增加
共享性	数据的价值会随着多用户的共享而增加
再生性	数据的价值不会随着数据的使用而消耗

资料来源：张驰 . 数据资产价值分析模型与交易体系研究［D］. 北京：北京交通大学，2018.

4. 数据资产化中的数据交易

大数据时代，数据成为各行各业的核心资源，政府部门、科研机构、互联网产业、金融机构等在运行过程中产生了海量业务数据和运营数据，数据的存储和计算已经不再是唯一目的。对数据的分析挖掘和再利用，从而产生巨大的商业价值是大数据时代数据的真正意义所在。因此，数据交易成为大数据时代创新的商业模式，推动着 DT（数据处理技术）时代的来临。DT 时代是 IT（信息技术）时代的演进，在 DT 时代，数据成为组织的重要资产，数据从组织内部的独享走向组织间的共享。由于缺乏规范的数据共享渠道和统一的交易规范，数据交易平台和数据交易所的出现是时代的趋势。

国外数据交易平台中比较知名的有美国的大数据组织 Factual。该组织成立于 2008 年，面向大、中、小组织提供其所需数据，小规模的数据是免费的，大规模的数据需付费使用。其数据涵盖了政府数据及教育、医疗、服务和娱乐等多方面的数据，其客户有 Facebook、美国电话电报组织、美国本地搜索服务商 Citysearch 等。大数据组织 Infochimps 早期也主要从事数据市场的服务，为用户提供数据上传的场所，用户可以让其他人免费下载，或者定价销售。此外，Infochimps 平台提供 API（应用程序编程接口），在用户超过免费 API 调用额度后收取使用费。微软提供的数据交易和分享平台 Microsoft Azure Marketplace 拥有数万亿个数据集，用户也可向该平台出售数据。日本富士通组织的数据交易平台 Dataplaza 的数据来自流通业、制造业等各行业的组织产生的数据、智能手机的位置数据、社交网站内容数据等个人数据，数据中涉及的个人信息在进行匿名处理后可在平台上进行交易。

国内的数据交易平台从 2014 年开始呈现蓬勃发展的良好态势。2014 年 2 月，中关村数海大数据交易平台成立，这是我国首个大数据交易平台，该交易平台为政府、科研单位、组织乃至个人提供数据交易和数据应用的场所。2015 年 4 月，贵阳大数据交易所由贵州省政府批准成立，通过自主研发的电子交易系统面向全国提供数据交易服务，实现 7×24 小时不休市交易，截至 2018 年 3 月，已接入 225 家优质数据源，发展的会员单位数量突破 2 000 家，经过脱敏脱密，可交易的数据总量超 150PB，可交易数据产品 4 000 余个。伴随着大数据的浪潮，上海、湖北、河北、浙江等地的数据交易平台也纷纷成立。

数据交易一般会涉及数据卖方、数据买方、数据交易平台三方主体。

1）数据卖方即数据提供者，其参与数据交易一般是出于对现有数据变现的需要，如物流组织、银行、电商平台、支付平台、证券组织、保险组织、金融组织等；或出于其自身社会责任的需要，如政府监管部门、工商税务部门、安全部门、法院等。这些组织或机构都会成为数据提供者，通常政府部门的数据会免费开放，其余部门的数据需要进行交易。

2）数据买方即数据购买者，其购买需求可能源自对现有数据扩充的需要，也可能源自对自身运营风险控制的需要，还可能源自对新型数据产品或服务研发的需求。通常，互联网组织、银行、消费金融组织、保险组织、证券组织、网贷组织、各类服务业组织等都会成为主要的数据买方。

3）数据交易平台是对整个数据交易体系进行运营和管理的一方，是连通数据卖方（数据拥有者）和数据买方（数据购买者）的桥梁，为交易双方提供一个安全、可靠、公平的交易环境，提高交易双方的交易成功率。数据卖方先将自己的数据按照规定进行预处理，交由数据交易平台审核，审核通过后在数据市场上挂牌待售。数据买方可以直接进入数据交易平台，浏览上面的数据及数据产品，选择自己需要的进行交易，也可以在数据交易平台上发布需求，经由数据交易平台对需求进行审核后，等待符合条件的数据卖方来应标，完成交易（图8-4）。

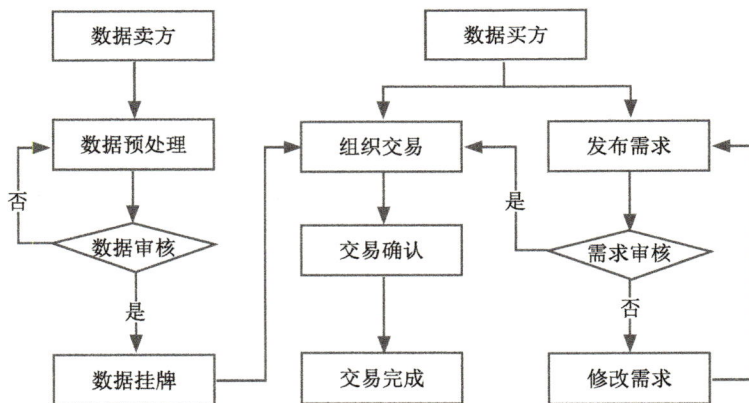

图 8-4　数据交易平台交易流程

5. 数据资产化中的数据资产安全管理

在数据资产化过程中，一个重要组成部分是通过安全策略实施保障资产的安全。一旦数据资产出现安全漏洞，是十分有可能对组织造成毁灭性打击的。这也是为什么在数据中台运营效果评估模型中，将此类组织归为"昙花一现"。《数据中台：让数据用起来》一书中从资产的分级分类管理、脱敏和加密、监控和审计三个层面来阐述数据资产的安全管理。

（1）分级分类管理　按照信息分类保护的思想，从安全考虑，将系统中所存储、传输和处理的数据信息进行分类，并将每一类数据信息对应一个确定的安全保护等级；对数据的安全级别进行等级划分，保障数据的使用安全。可以从业务应用倒推资产重要程度，对资产实行分级管理。资产分级分类方式一般包含以下三点：①按资产与核心业务的关联程度。如果某数据资产是核心业务流程中对转化最为关键的，它的等级就会很高。例如在营销系统中，订单表、客户信息表、财务流水表是和核心业务紧密相关的数据。除了核心数据外，还有部分是核心数据所衍生出来的统计或关联数据，它们的等级相比于核心数据就要低一些。②按资产敏感程度。已分类的数据资产由业务部门进行敏感分级，划分为 C1、C2、C3 或 C4。其中，C1 为完全公开，表示该数据对内、外都公开；C2 为内部公开，表示该数据对内部人员公开，对外不可见；C3 为保密，表示数据对特定人员公开；C4 为机密，表示数据对平台管理员公开。③按资产更新周期划分。根据数据资源更新的频度，分为实时、每日、每周、每月、每季度、每年等。

（2）脱敏和加密　数据脱敏是为了防止人员非法获取有价值数据而加设的数据防护手段，从而保证用户根据其业务所需和安全等级，有层次地访问敏感数据。当业务访问系统数据时，该模块对数据进行实时筛选，并依据访问者的角色权限或数据安全规范对敏感数据进行模糊化处理。

资产脱敏管理主要包含两部分：数据屏蔽和存储数据加密（服务器敏感数据隔离）。屏蔽可分为全部屏蔽、部分屏蔽、替换、乱序，加密可支持 DES、RC4 算法进行加密。

脱敏设置提供屏蔽、替换等多种脱敏方式对查询和透出的数据进行转换。脱敏为不可逆操作，数据经过脱敏后不能反推出原始数据，可防止数据泄露，实现数据可用不可见的效果。数据加密是对数据存储的操作，配置加密后数据存储的是密文，实际使用数据时需要先解密再使用，数据加密可防止通过"拖库"类操作直接从存储层泄露数据。

（3）监控和审计　资产监控包括对资产的存储、质量、安全使用等进行监控。监控规则一般按照通用和自定义的稽核规则进行校验和检查，并配合可视化工具对问题数据和任务进行记录和展示，对有问题的数据资产需要提供多种处理方式。

常见的质量、存储、安全监控主要包含以下六个方面：①表记录数的波动监控。对指定表分区的行数和历史数据进行比较得出波动值，判断是否超出了设定阈值。②字段的统计值波动监控。对指定表的一列进行统计计算，然后和历史数据进行比较得出波动值，也可以和用户指定的期望值进行比较。③数据量监控。对整张表或者表的分区和历史数据进行比较得出波动值，判断是否超出了设定阈值。④数据资产各种质量类指标监控。通过对各标签的质量指标设定最低阈值，判断质量绝对值是否下降到设定阈值；或通过对质量指标设定阈值并与历史数据比较波动值，判断是否超出了设定阈值。⑤数据资产分级分类监控。定期扫描数据资产是否按照标准规范进行分级分类，并监控数据资产使用人员是否按照其权限范围访问、查询、使用、同步、下载数据资产，是否有违规操作。⑥数据资产脱敏监控。定期扫描数据资产是否按照标准规范进行了脱敏加密，是否有人访问、查询、使用、同步、下载了未脱敏数据，是否有违规操作。

8.1.3　数据资产价值应用

数据资产价值应用是进行数据资产管理和数据要素市场体系培育的出发点和落脚点。通过深挖数据要素的应用场景与价值，赋能组织数字决策力、用户需求洞察力和个体潜能激发力，提高组织管理效能和服务水平。

1. 重塑决策范式

数字化决策运用先进的信息技术手段和工具，从数据中快速及时地发现并挖掘提取出有价值的知识，从而使决策尽可能"来之有据""行之有因"。相较于凭经验、拍脑袋的决策方式，数字化决策能够切实有效地提高决策质量，减少决策中的风险和隐患。

组织是最具活跃度的数字经济参与者，也是最积极将数字化运用于决策过程的实践者。时至今日，很多组织已经开启或迈入数字化决策阶段。正如 Gartner 所指出的，所有组织都将成为 IT 组织，首席信息官（CIO）也将和首席运营官（CEO）同样重要。这表明，数字化决策正在或已经进入组织的战略决策层面。未来数字化决策渗透将呈现多主体、多渠道、多维度特征。

由于信息交换的数字化、生产和工作流程的数字化、社交和生活服务的数字化、公共服务的数字化，政府、组织、专家、科研人员、民众共同参与形成了多主体的数字化决策群体，互联网页数据、政务数据、业务流程数据、社交生活数据等共同构成多渠道的数据体系，通过网页爬取、调查分析、计量分析、大数据挖掘等实现多维度的数字化决策。

数字化决策为政府推进供给侧结构性改革和资源优化配置提供了新的手段和

高效工具。通过采集更加全面、准确的宏观调查数据拓展公共服务渠道，实现更加精准、高效、公平的治理效果。

数字化决策将从领先组织向更多组织普及。如图 8-5 所示，利用数字化决策，将帮助组织实现决策的精准化、科学化、个性化，以数据分析和预测直接支撑组织重大战略决策，甚至帮助组织进行重大战略转型。同时，大数据等分析技术有助于实现组织对用户信息的有效分析，结合数字化制造、智能制造等先进生产方式，实现产品和服务的个性化、高端化，实现对客户价值的二次发掘。

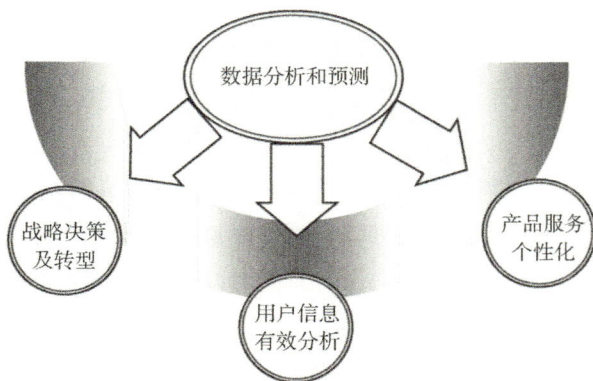

图 8-5　组织数字化决策价值

2. 精准洞察需求

在互联网步入大数据时代后，用户行为给组织的产品和服务带来了一系列的改变和重塑，其中最大的变化在于，用户的一切行为在组织面前是可"追溯""分析"的。组织内保存了大量的原始数据和各种业务数据，这是组织经营活动的真实记录，如何更加有效地利用这些数据进行分析和评估，成为组织基于更大数据量背景的问题所在。随着大数据技术的深入研究与应用，组织的关注点日益聚焦在如何利用大数据来为精细化运营和精准营销服务，而要做精细化运营，首先要建立本组织的用户画像。

用户画像，即用户信息标签化，通过收集用户的社会属性、消费习惯、偏好特征等各个维度的数据，进而对用户或者产品特征属性进行刻画，并对这些特征进行分析、统计，挖掘潜在价值信息，从而得到用户的信息全貌。用户画像可看作组织应用大数据的根基，是定向广告投放与个性化推荐的前置条件，为数据驱动运营奠定了基础。

3. 提升人力资源管理认知

通过大数据对所收集的全部样本进行相关性分析，推动人力资源管理内容向更加精细化和高效化方向发展。

一方面，结合现有的人事制度及人力资源管理系统，从现有数据入手，不断汇集、整理、分析和挖掘各项人事业务及组织人事信息，不断探索人力资源管理系统的大数据，量化"人员匹配"的具体要求，进行客观分析和观察。查看这些量化的条件之中哪些方面是关键性驱动因素，哪些是可变因素，建立模型，并使招聘工作尽可能做到"全面搜索"，形成全面的招聘人员三维信息，实现准确的"人员匹配"。整个招聘过程，不仅能使组织实现低成本、大范围的人才猎取，同时应聘者能够更加公平、透明地了解到招聘过程和状态，以及自身与招聘岗位的符合度。

另一方面，大数据能够帮助组织获得可以推动变革的洞察力。大数据所收集的关于员工的多维度信息不仅可以全面反映每一个岗位上的员工现有的工作能力，还可以反映组织员工除本职工作所需能力以外的其他内在潜能和价值创造能力，为组织提供了潜在人力资源的类型与范围。通过收集、分析隐性信息来了解组织中所蕴藏的具有创造性和开发性的人力资源，为组织开发和进行新的业务提供了启发。

同时，基于工作的人力资源管理模式转变为基于能力、能力和地位相结合的人力资源管理模型，以便组织中的人员、事和业务三者之间关系由人事匹配、人岗匹配向人、事、业务三者之间协同促进关系转变。

充分尊重员工的知情权和"主人翁"地位，在加强其与组织之间的共识与联系的同时，强化员工的组织归属感和情感体验。如今，人们的行为可以数字化和虚拟化，利用大数据可如实记录员工的生产和生活活动，客观切实地反映员工的缺陷与不足，从而更好地利用数据来调整和完善行为动作。使用大数据为员工开发各种服务功能将为员工服务带来全新体验。同时，信息的对称性使每个人都可以随时随地使用数据，并做出更好的决策。主动地为职工提供"私人定制"的组织人事服务，不仅有利于提高组织人事管理的效率和增加员工的体验，而且还有利于驱动员工的自主经营与自主管理，让员工能够更好地在组织中有控制地自我成长和自我实现。此外，大数据的客观性与透明化，不仅能使员工获得所需的实时信息，还能够获得他人的切实数据。这种有关他人数据的外部性，能够促进员工的自我调节，如通过对组织中他人投入与获得比值同自己投入与获得比值进行比较，反馈调节自我的行为。

8.2 从业务协同化走向业务智能化

2020年9月21日，国务院办公厅印发的《关于以新业态新模式引领新型消费加快发展的意见》（国办发〔2020〕32号）指出：近年来，我国以网络购物、移动支付、线上线下融合等新业态新模式为特征的新型消费迅速发展。特别是新冠肺炎疫情发生以来，传统接触式线下消费受到影响，新型消费发挥了重要作用，有效保障了居民日常生活需要，推动了国内消费恢复，促进了经济企稳回升。促进线上线下消费深度融合，努力实现新型消费加快发展，推动形成以国内大循环为主体、国内国际双循环相互促进的新发展格局。

以新业态、新模式为特征的新型消费对供给侧提出了更高的要求，传统的业务服务模式和服务内容已经不能够满足人们消费结构升级后的需求。提升供给体系质量和效率，很重要的任务是要提高应用和技术创新能力，转变业态，理顺供给侧升级改革背后的供求关系，找准着力点。

升级供给侧结构的关键是促使组织业务数字化和智能化，以"业务数据化和数据业务化"为驱动，以新一代信息技术为手段，推动业务协同模式跃迁，实现业务智能化，锤炼洞察力，有效捕捉市场先机，在满足需求的过程中优化供给，在优化供给的过程中创造需求，在供给侧结构性改革中促进我国经济的转型发展。

8.2.1 新需求推动业务协同模式跃迁

新需求推动供给侧模式改革，同样供给侧可以通过新技术、新模式来创造新的需求。需求和供给之间相互促进的"正反馈"回路，对供给体系质量和效率提出了新的要求，促使组织协同模式跃迁，逐步从业务协同向社会化协同升级，拓展业务协同边界，扩大组织可整合和利用资源范围，重塑组织合作范式。基于数据分析及数据智能技术的应用，可以发现组织提供的服务与需求之间在哪些方面和领域不匹配，通过数据化决策，快速反应、快速适配需求变化，创新组织业务流程，提高组织反应敏捷度，增强对市场需求变化的捕捉能力，在满足消费结构升级中增强产业的市场竞争力，提升供给体系质量和效率。

1. 新需求催生新关系

刘润（润米咨询创始人，中国著名商业顾问）提出，系统＝要素 × 关系，要素是指个别因素，关系是指系统中各个要素之间的关系。新需求的产生会影响由需求和供给共同构成的系统中的各个要素之间的关系，这里的"关系"即"场景"。

得益于移动技术和社交媒体，消费者的消费习惯和需求发生了巨大的改变。当下，消费者的购物行为受到"微需求"的驱动，也就是他们会选择自己认为很重要或有价值的特定产品或属性。一直以来，零售行业生产和销售的产品在不同地区之间只有轻微的差异，主要取决于销量、气候和竞争强度等宏观因素。而现在，提供特定质量的产品来满足消费者需求成为一大关键考虑因素，如经过认证的有机、新鲜、环保的产品等。新需求的产生，调整和升级消费需求结构，促使组织的业务流程再造。

举个例子，数字化时代，传统的保险产品和购买方式已无法满足消费者，国内第一家互联网保险公司众安保险就洞察了用户的新需求，实现了产品的创新。众安保险根据数字化对人们生活的影响，推出了一系列针对性产品，比如保障智能手机碎屏的碎屏险，保障用户网络购物退货的退货保障险，保障用户线上购买食品的食品安全责任险等。另外，众安保险还与小米手机、淘宝网、美团外卖等合作，把保险购买整合到用户订购的过程中，不仅购买方便，用户体验也好。众安保险例子很好地说明了，新需求的诞生会促使组织业务内容调整、流程改造和社会化协作模式的创新。

数字化时代，无处不在的互联网渗透至公众生活的方方面面，在方便人们生活的同时，也改变了人们的消费观、时空观，并对人们的世界观产生了重大影响。人们的需求呈现多元化、个性化的特点，只有勇于突破原有科层制结构限制，打开视野，更新合作观念，才能在需求日益变化的时代找到立足之地。

2. 业务协同模式跃迁路径

新需求推动业务协同模式跃迁，本书采用致远互联协同研究院的"协同五环"模型（图8-6）说明业务协同模式的跃迁路径。

第一环是工作协同，组织内部的工作协作，助力组织提升组织效率，加强内部协作，特别是针对中大型组织，如何完成复杂组织形态下的高效协同至关重要。第二环是业务协同，工作和业务相互融合，助力组织结合应用场景和业务需求，定制独有的业务应用，并结合用户所在行业，定制各具特色的业务应用场景。第三环是集成协同，助力组织打通信息流、数据流，消除组织信息孤岛，联动组织业务系统，保持组织信息口径统一，辅助组织管理者进行管理决策。第四环是产业链协同，组织要在生态中完成协作，如供应链、订单、交易、分享的协作，组织的生态和上下游之间要完成相互协作，由组织"管理"走向组织"运营"。第五环是社会化协同，通过构建组织信息化生态、整合社会资源、联动前后系统、广泛积累数据，助力组织实现创新营销及创新服务。

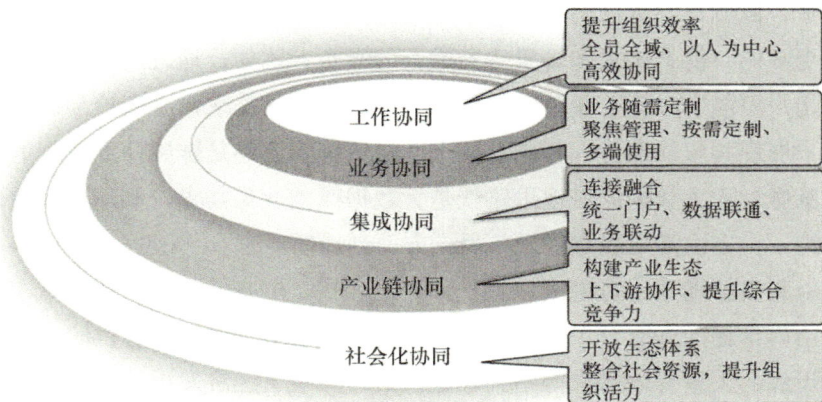

图 8-6 "协同五环"模型

8.2.2 大数据赋能业务需求洞察

获得"麦克阿瑟天才奖"的系统动力学家德内拉·梅多斯，在她的成名作《增长的极限》中提出："真正深刻且不同寻常的洞察力，来自观察'系统'如何决定自己的行为。"

所谓洞察力，就是透过表象，看清"系统"这个黑盒子里的要素以及它们之间连接关系的能力。大数据和数据技术会帮组织戴上这副"洞察力眼镜"，看到市场需求的本质，深刻洞悉需求的变化，把握未来。海尔的首席执行官张瑞敏提到互联网时代的商业模式，是基于跟用户的深度交互，建立与用户之间的深度连接，取决于组织对于用户需求的定位、需求变化的洞察。

任何一种规模化的商业变现成立，需求和场景是两个前提条件。如果只是单纯的"大数据"变现，大部分都很难形成规模化的商业价值。比如，一家招聘网站可以获取、沉淀、呈现大规模的用户简历和各种信息，但因为去招聘网站的用户目的和预期都很明确，动机和结果之间的反馈链条非常短，用户很难会被其他的诉求以及相关度不太高的信息打动。因此，这种模式很难吸引到除了招聘之外的公司和品牌来投广告。

以脉脉平台为例，脉脉在需求和场景这两个维度上都给用户提供了充分的铺垫。用户对脉脉的最大预期是职业品牌建设，而脉脉也提供了非常多和用户所处的行业极其相关的内容，同时采用多种形式来展现这些内容，用户在浏览这些消费行业内容的时候，有点类似于购物的消费场景，所以品牌广告之类的变现方式就显得水到渠成。

未来，脉脉最需要做两件事：①不断强化需求、场景这两个商业变现前提；②找到更多的、能把需求和场景完美融合的卖点。比如，通过用户的行为分析，预测出用户可能有学习、跳槽、招聘、合作、融资的需求，并在恰当的场景下，为该用户展现相应的服务。招聘、培训、融资等，这将是脉脉商业变现的更高级形态。脉脉对于大数据的变现思路就是大数据赋能业务需求，利用大数据赋能创造新供给，一方面满足现有需求，另一方面创造新需求。

1. 以新供给满足现有需求

就国内市场的现有需求而言，消费需求已经普遍升级，社会供给未能及时跟上时代步伐，大量有效需求得不到合适供给，影响了经济发展的速度和质量。在我国建设高铁之前，人们对交通的需求多停留在可达性阶段，只要能够达到目的地，便认为满足了自身需求，而对速度要求较高的乘客会选择乘飞机出行。高铁的出现大大催生了人们对速度的需求，乘客感受到高速度带来的便利性之后，便很难再从普速列车中得到充分的满足。人们对高铁的需求越来越高，而我国目前开行的高铁还满足不了人们日益增长的需求。人们对高端电子产品的需求越来越大，而在高端电子产品领域，外国品牌一直占据中国市场的主导地位，手机、相机、电脑等数码产品市场被欧、美、日的企业占领。中国电子产品组织在市场竞争中主打价格优势，尽管近些年其产品质量和竞争力不断提升，但要与欧、美、日组织相竞争，将欧、美、日产品的顾客转变为自己的顾客，仍然任重而道远。环保产品领域也面临着有效供给不足的问题。随着人们生活水平的提高，人们的健康意识也越来越强，空气质量成为人们普遍关注和关心的问题。空气净化器虽然可以起到空气净化的作用，但长期在封闭的室内使用会产生大量的二氧化碳；在室外空气质量较差、无法时常开窗换气的情况下，空气净化器无法起到净化空气的作用。与空气净化器相比，新风净化系统的净化效果更佳，但国内的技术尚未完全成熟，且价格昂贵，无法满足人们的需求。

为了实现对现有需求的有效供给，就要寻找新的出路。借此，推动经济增长的一条有效途径是：调整供给结构，把相当一部分已经落后的、不适应市场需求的"中国制造"转向"为中国人制造"，在满足已经升级了的国内市场需求中促进经济发展。传统"中国制造"理念指导下的供给多为已经老化的供给，无法跟进市场需求的发展和升级，如果继续按照老思路走下去，势必会加剧产能过剩和有效供给短缺。"为中国人制造"以国内需求升级为依据，摒弃不能适应新环境和新形势的生产理念，针对有效需求提供有效供给。

2. 以新供给创造新需求

新供给产生新需求的典型案例之一是苹果手机。对智能手机有所了解的人都知道，手机品牌当中有一个佼佼者 —— 苹果。在苹果手机问世之前，没有几个消费者能明确知道自己的需求，许多消费者对手机的功能认识停留在打电话和发短信的阶段，是苹果手机改变了人们对手机的认识。消费者不敢想和没想到的被苹果想到了，而且成功地做到了。理念创新和技术进步推动苹果以及越来越多的组织开拓人们的新需求，占领市场新领域。中国组织在这一创造新需求的潮流中扮演着何种角色呢？中国消费者的新需求更多是被外国组织挖掘还是被中国组织挖掘？中国组织在占据东道国优势、深谙中国文化的前提下，能否在挖掘中国人的新需求中发挥主导作用？这些问题的答案可以为中国经济的转型升级提供新的视角和思路。

以阿里巴巴和京东等为代表的电商组织在过去几年中取得了极大的发展，它们的成功一定程度上也是一种创造需求的结果。网上购物这种消费模式在互联网技术进入中国的初期并不被消费者广泛接受，而随着中国电商组织的发展，网上购物逐渐成为中国消费者的主流消费模式，并促进了快递等物流服务的快速发展。电商组织的刺激消费活动激发了消费者的消费热情，特别是阿里巴巴率先推出的"双十一"购物狂欢节更是激起了中国消费者，特别是年轻消费者的购物狂潮。随着电商组织的崛起，与之相关的物流配送和互联网金融等产业也迅速成长。但在值得欣慰的同时，也需要注意，互联网经济的发展需要制造业的支撑才能持久且健康。如果产品品质得不到保障，假货和残次品霸占网购市场，那么互联网经济的繁荣则是一个"劣币"驱逐"良币"的过程，最终不利于中国经济的持续健康发展。因此，制造业的转型升级是推动中国经济发展的根基和关键，也是供给侧改革的重点支持领域。

8.2.3 业务智能："业务数据化、数据业务化"双轮驱动

业务智能是要用智能商业的思路来重新审视自己所有的业务和流程。业务数据化和数据业务化，其实是一个螺旋式上升的过程，通过业务产生的数据实现对业务的状态感知，通过数据分析实现对业务的洞察和创新，再由数据应用产生新的业务模式或业务价值。

1. 业务数据化

业务数据化的前提是业务相关环节或流程以数据方式反映与表达，这是起码的也是最直接的表现。不过，如果只是数据表达，还没有完成数据化，数据化必须经由第二个阶段即数据运营，才能真正称为数据化。这里主要包括数据监测、分析、数据智能、数据创新等环节，即让业务本身变得可分析、可改进，除了数据可视化，更重要的是管理数据、运用数据解决实际问题。

2. 数据业务化

数据业务化是业务数据化的自然延伸，也可以说是一种升华，即将收集的数据用于业务或产品本身，利用积累的数据开展新业务。这里主要包含两个途径，数据智能和数据创新。前者主要利用大数据技术提升产品体验，如态势感知、风险预判、资源优化等。数据业务化的另外一个含义是管理数据、应用数据成为一项业务工作。数据业务化改变了数据供应链的结构与方式，也是数据供给侧的创新。通过数据共享实现业务人员自助式分析是业界的共识，数据业务化是实现数据共享的直接成果。

8.2.4 业务智能的典型特征：向精准升维

互联网时代的到来，使业务衍生出了一种全新的模式，这就是智能业务。但是，智能业务和传统业务到底有什么本质区别？曾鸣教授在《智能业务》一书中提到了一个可以概括这两个概念根本差别的词语——精准。精准，就是精确和准确，分别对应着网络协同和数据智能。服务想要做到精确和准确，就需要不断地互动，不断地迭代优化，通过数据智能不断加深对用户的理解。未来的社会必然会向服务型转变，而那些无法为用户提供精准服务的组织，则很快会被淘汰。

进入互联网时代后，线上平台处理信息的效率和匹配能力几乎被无限提高，全世界的数据相互连通，每个消费者都可以在无数个可选项中做决策。因此每个通路，无论是广告、推荐、电商、社交还是工具，都必须优先向用户呈现最精准的选择，才有可能被选中。所以在新业务时代，精准是业务的核心要求，这是产品和服务能否有机会与用户连接的先决条件，更是组织能否存活并做大做强的关键所在。

精准业务要建立在和用户的持续性互动关系之上，在这种持续性互动中，对产品（服务）进行迭代和优化，从而更加精准。在这种模式下诞生的产品是一种"活"的产品，而要创造一个"活"的产品，就必须以数据智能作为产品的核心。

这是因为，一方面，产品的价值很大一部分来源于**数据智能**在其中的应用；另一方面，产品本身又是收集数据的渠道，形成反馈闭环、学习优化的基础。

同时，要与用户建立持续性互动关系，就必须以个性化、一对一的方式来实现与用户的连接，这样双方才有可能互动起来。但是想要同时能够与海量用户进行持续互动，就必须依赖于一个协同网络，只有协同网络才能支撑这样个性化的服务体系。

总而言之，在未来的业务文明中有两个基石：网络协同和数据智能。我们所追求的最终目的是实现精准的、不断优化的个性化服务。

1. 精确：数据智能的背后，是业务逻辑的根本改变

"精"指的是精确。过去 10 年，有一个词语出现得愈加频繁 —— 个性化。在工业时代，个性化被当作业务的至高追求目标。彼时的基本逻辑是标准化大规模生产，按照同一个标准的模型来生产产品与提供服务。在这样的环境下，人的个性必然被抹杀。但个性、自由是所有人共同追求的目标，每个人都希望获得个性化服务。

但是个性化并不能完全代表精确，否则早在多年前，腾讯公司为用户推出的每个人拥有专属号码、可自由变换头像和签名的 QQ 企鹅就已经满足了精确的所有需求。在新业务时代，想要做到精确，个性化只是一个起点，精确的颗粒度可以被无限划分。

如今的精确，不但要求组织根据不同的用户提供个性化服务，还要掌握用户是在何地、何时、何种场景之下需要服务。这个道理其实说起来简单。一个人在早上 9 点和晚上 9 点时的心情可能大相径庭；在家和在公司的需求也不一样；酒醉与清醒的不同状态下，又会产生截然不同的需求。所以精确要追求的方向，是在极度颗粒化的场景下，依然能找到具体时间点的需求，然后按需服务。

实现精准，核心是通过协同网络的不断扩张，获取一个人在不同场景、不同状态下的更多数据。只有协同网络才能完成个性化服务，只有当一个网络能满足千万人需求的时候，才能真正满足一个人的需求。这是一次非常有趣的业务突破，它实际上是突破了一个传统的供给悖论 —— 用网络上大规模的方法完成个性化服务。相对于一个固定的线性供应链结构，网络结构才有弹性来支持任何一点的需求，满足低成本、柔性化、模块化等要求，这些都是过去被认为业务上不可能实现的组合。

从工业时代到数据时代，无论是基本逻辑还是指导思想都在发生着变化。工业时代要解决供给不足的问题，核心就是标准化，只有标准化才能进行流水线生产，实现大规模和低成本。由于中国中产阶层的不断扩大、消费需求的日益增加，产能需求进一步扩大，对标准化又提出了更高的要求。这个正向循环的整体逻辑是线性的，是以控制为核心。精确的系统一定要能有效控制，一旦失控，整个系统就面临崩溃的局面。

互联网时代之后，一切都发生了变化。新时代对组织的要求是一切以客户为中心，以 C 端为中心，C2B 模式成为主流。这种模式强调个性化和差异化，追求的是价值而非成本。由于供给过剩，商家必须强调将给客户带来何种额外价值，客户才会愿意为此埋单。因此，互联网时代强调的是网络和社会化协同，看重的是自组织生长，这是一种生态思路、网络思路和演化思路。

曾鸣教授认为，降低准入门槛，扩大生态容量，以协同为核心的不断演化是构建协同网络的关键。

2. 准确：数据智能的背后，是业务逻辑的根本改变

当下这个时代，已经从短缺经济变成了过剩经济。其实早在 20 世纪 90 年代，美国就已出现物质极大丰富的现象，绝大部分的商品都处于过剩状态。我国近几年也出现了产能严重过剩的情况，大部分标准化产品的竞争都无比激烈，因为标准化产品的市场已经饱和了。未来竞争的核心，将从满足显性的标准化需求变成挖掘潜在的个性化需求。

这是一个根本性的差别。在传统工业时代的逻辑下，广告和标准化的生产是相匹配的，先有标准化的产品，然后通过广告去激发需求，再通过渠道把这个激发的需求与产品匹配起来。进入互联网时代之后，我们能够做的是更好地挖掘潜在需求，而不是用标准化的服务去满足某种被广告激发的需求，这就回到了我们本节的关键词 —— 准。

"准"指的是准确，而这只有通过智能化才能实现。依靠牛顿经典力学为代表的现代科学所发展起来的工业时代，是追求确定性的时代。在那个时代，人的信仰是科学能够发现一切规律，依靠规律就可以将一切事情做得准确。最近 50 年，随着量子物理和计算机科学的发展，新时代最大的特点就是开始接受不确定性，尝试用统计的方法来逼近准确性。所谓的机器学习和人工智能，就是先从一个非常粗糙的目标开始，逐步迭代、优化，最后可以达到非常准确的高度。

未来服务的准确度是去挖掘潜在的需求，我们要用一套全新的方法论去指导这种思考。而这个方法论想要变成一套完整的运营体系、业务流程，就需要拥有

一个互联网化的支撑系统，才能提供更加准确的服务。

想要完成这个目标，唯一的方法是通过持续的互动进行产品的迭代和优化，需要数据智能引擎的支撑。只有用机器决策取代人力决策，才能在足够短的时间内快速学习、提升和逼近可能的潜在需求，这样得出的判断才是准确的。用工业时代的思想无法企及准确这一高度，只有用数据时代的思想，人们才能用渐进的方法来快速迭代、试探。其实这种试探是双方的，只有经过多次的摸索、互动，才能找到一个当时足够满意的服务。既然要靠试探和摸索，那便离不开数据智能的自我学习能力。

如何提高数据智能的自我学习能力，以淘宝网为例可以总结为三方面：①在线记录数据；②收集所有的数据（需要把一切业务在线化、软件化）；③用机器学习的逻辑贯穿整个业务过程。

8.3 从组织进化到共生型生态环境构建

当今世界正经历一场百年未有之大变局，全球秩序正经历一个长周期的重塑过程。受全球新冠肺炎疫情冲击，世界经济严重衰退，产业链、供应链循环受阻，国际贸易投资萎缩，大宗商品市场动荡。国内消费、投资、出口下滑，就业压力显著加大，组织特别是民营组织、中小微组织困难凸显。同时，疫情防控期间数字经济异军突起，成为支撑国内消费恢复、促进经济企稳回升的支撑。数字经济已成为驱动我国经济实现又好又快增长的新引擎，数字经济所催生出的各种新业态，也将成为我国经济新的重要增长点。

以万物互联、软件定义、数据驱动、智能主导为典型特征的数字经济时代，信息交互、资源配置、市场交易等方式正发生根本性变革，内外部环境变化正推动组织模式深刻变革。信息技术应用极大地改变了交易方式，有效提升了交易速率和质量，从而使得组织内外部交易成本呈现明显下降趋势，从根本上动摇了传统科层组织存在的基础，从组织的构成形态、管理机制、运行方式等不同角度观察，越来越多的组织呈现出网络化、扁平化、柔性化等基本特征。基于以上特征，本书提出构建共生型组织生态环境的观点，以说明数字经济时代组织未来演化方向，主要从共生型生态组织模式、共生型生态组织模式典型特征两个方面进行阐述。

8.3.1 数字经济催生共生型生态环境构建

根据交易成本理论，工业经济时代的组织之间有非常明晰的界限，随着数字经济时代交易成本的降低，组织通过市场交易来获取产品的比例越来越大，也说明组织的有效可能性边界（即组织的内边界）在不断缩小，外边界在不断扩大。换句话说，组织的结构更加网络化。以前的组织有一个比较高的壁垒，外面的资源很难进去，里面的资源也很难与外部融通，交易成本的降低使得组织的边界产生了很大变化，组织开始从封闭型向开放型转变，组织内外部形成一个网状的交融，形成组织边界更加模糊化、弹性化、无边界化的共生型生态组织模式。

1. 自然生态

1935 年，英国的 Tansley 首先提出了"生态系统"的概念，经过几十年的时间，自然生态系统的概念逐渐被人们接受。

一般来说，生态系统包括以下几个部分：

导流者（Producer）—— 是从无机环境到生物群落的桥梁，在生态系统中起着基础作用，维持着生态系统的稳定。它们主要是各种绿色植物和光合细菌，利用太阳能进行光合作用合成有机物，负责将无机环境中的能量导入生态系统。

分解者（Decomposer）—— 是从生物群落到无机环境的桥梁。它们主要是各种细菌、真菌，也包含屎壳郎、蚯蚓等腐生动物，将生态系统中的各种无生命的复杂有机质（尸体、粪便等）分解成水、二氧化碳、铵盐等可以被生产者重新利用的物质，完成物质的循环。

收割者（Consumer）——指以动植物为食的异养生物（以吃其他生物为生的），收割者的范围非常广，包括几乎所有动物和部分微生物（主要有真细菌），它们通过捕食和寄生关系在生态系统中传递能量。其中，以导流者为食的收割者被称为初级收割者，而以初级收割者为食的收割者被称为次级收割者，以此类推。

一个自然生态系统只需导流者和分解者就可以维持运作，形成一个最简单的能量循环——"导流—分解—再导流"。而数量众多的收割者将有生命的动植物变成无生命的有机质，以供分解者分解为无机物，进而被生产者再造为有机物，在生态系统中起加快能量循环的作用，可以看成是一种"催化剂"。或者说，收割者名义上是在"掠夺"，但实际上却"繁荣"了生态。

2. 商业生态

事实上，从 1993 年 Moore 提出商业生态（Business ecosystem）的概念开始，管理学界已经无数次使用了生态作为隐喻。但那个工业经济时代，还有各种各样的其他概念，如组织网络、无边界组织、模块化组织等，生态只是若干可以被使用的选项之一。

进入互联网时代后，由于传统的商业逻辑被大大颠覆，生态隐喻逐渐成了商业世界的唯一强力解释。

在互联网世界里,组织所处的环境越来越呈现"生态特征":

导流者——是将"泛需求"转化为"用户"的桥梁,这一步形成了"用户资产",是互联网商业生态系统的基础。具体角色是"功能终端"(硬件或 APP)或"情感社群"(线上或线下),这能够吸引"有需求的路人"进入,形成"稳定的用户"。此时,商业世界最大的"太阳能"——用户需求,就进入了生态系统。

分解者——是将"用户"转化为"深度需求"的桥梁,这一步是对用户的再次深度开发,是将"用户资产"变现出更大的价值。具体角色是"互联网运营",简单说就是基于数据,通过若干运营动作(用户运营、产品运营、平台运营等),分析出更多的用户深度需求。由此,又可以由导流者通过功能终端或情感社群来满足需求,形成更强的用户黏性,完成一个"导流→变现→留存"的简单循环。

收割者——对用户深度需求进行深度转化,这一步将引入超越产品(Product)的若干解决方案(Solution),形象点说,是产品"升维"了。具体角色是商品提供者、信息提供者、技术提供者、资金提供者等,依次形成了电子商务(如阿里巴巴、京东)、新媒体(如今日头条)、O2O 服务(如河狸家)、互联网金融(如各类线上 P2P、P2B 组织)。有的解决方案会吃掉(包含)导流者提供的产品,如"卖服务,送硬件"的模式;有的解决方案会吃掉(包含)各类供给要素,如某些电商网站既卖家具,也提供物流安装,还提供针对这类商品的小额贷款服务。

3. 组织的共生型生态

把生态系统放在组织管理里面看会发现,在 20 世纪 70 年代的时候就有了一个学派,叫组织生态学。它完全把生态系统的概念用到组织管理理论里面去,把一种高度依赖外部合作与资源管理的组织形态称之为"基于网络的组织形态"。把这种组织形态和科级制度的传统组织进行比较,最大的区别在于边界是否明确、是否依赖于市场交易、是否高度封闭。

对于现在的组织而言,需要拥有一种能力,链接上下游的合作伙伴,链接相关产业的合作伙伴,还需要和其他产业、资本、顾客组合在一个共同生长的网络中,这由"共生逻辑"统和而成。一方面,要打破"部门墙";另一方面,要链接价值链上下游组织、相关产业、顾客、资本,顾客在哪里,组织的边界就在哪里。共生型生态模式的核心在于构建并管理广泛及多层次的合作关系,构建一个紧密联结的多业态系统。

8.3.2 共生型生态环境构建核心要素

1. 精神底座：党建引领、共识、共担、共创、共享

曾鸣教授曾说，未来的组织形态会是志同道合、自由联络、协同共创的合伙人之间形成的智能演化的生态体。一致坚守的价值观提供了组织最基本的凝聚力和内驱力，并定义了组织创新的目标和演进方向。

共生型生态环境中的组织，需要秉持党建引领、共识、共担、共创、共享的精神。坚持党建引领是我们在基层治理方面的独特优势，组织进化首要的就是坚持党建引领。共识就是使命与价值驱动型的组织，组织中各个主体一定要有战略共识，有共同的使命和价值观，只有减少组织内部交易成本，才能真正建立信任机制。共担就是共担风险，共担治理责任。共创就是在人力资本最大限度上进行变现。共享就是剩余价值共享、信息与知识共享、资源与智慧共享，不是简单的利益共享。

2. 战略指引：生态战略

生态战略的目标是构建一个充满活力的生态系统，但生态系统的形成却并不依赖于生态战略。因为生态系统是一种客观存在，而生态战略是一种主动选择。

比如一家上游化工组织把化工原料交给初加工组织做成服装面料，然后交给服装加工组织做成服装，服装加工组织再交给渠道，渠道卖出去到了消费者手上，其实这构成了一个系统。但是你会发现，这样的系统是以交易为连接环节的。它的活力并不是生态驱使的，并不是一个主动趋势。

而我们所讲的生态战略是主动的。它是什么样的方式呢？比如一个卖户外用品服装的商家主动向上游的原材料延伸，向终端消费者延伸。通过对消费者的把握，组织一些探险活动把消费者聚集在周围，再整合一些专业装备、路线规划、保险等服务于他们的机构。这个时候我们是在积极主动地构建生态，这叫生态战略。

3. 人才培养：协作能力、知识体系、数字应用、数字开发、思维模式、学习敏锐度

（1）协作能力 利用数字技术，拓展横向、跨领域的人际或者人机协作，通过资源共享和整合达成工作目标。

数字化对于人类协作模式最突出的影响在于网络化。20世纪末，互联网技术把全球PC连接为网络，21世纪以来移动互联技术飞速发展，人与人之间已经越来越显著地通过网络相互连接，协作是人类文明发展的主要原因；在数字化时代中，正是远超以往网络化的协作关系，让人类的能力、文明实现新的飞跃。能够"入网"已经成为在数字化时代生存的必备技能，透过"入网"这种表象，我们看到的是利用新技术建立或者参与人际网络的能力。

从组织要求上看，刚性的层级性组织变成扁平、矩阵型组织，突破专业深井，甚至成为网络型组织，这些都意味着更复杂、更加动态的人际关系越来越多。在工业化时代的层级组织中，由于每个人的工作高度专业化，上下级汇报关系简单清晰，每个人只需要完成自己份内的工作，向一两个上级负责，就可以完成自己的工作任务。而数字化时代带来的高度扩展的人际关系对于人才的挑战就是：谁更擅长管理这些人际关系，包括上下左右的内部关系和外部变动着的上下游关系以及与市场上人才的关系等，谁就更能在数字化时代胜出。

（2）知识体系　建立广博的知识面，并在某一两个领域中拥有坚实的知识基础，具备工作所需的数字技术知识。

数字化时代需要的是敏捷适应客户、目标的需要，拓展宽度、协作。这就需要新模式下的人才在某一两个领域专深的同时还要横向拓展知识面，突破专业深井带来的壁垒。敏捷、动态、网络化的组织也需要人才具有跨领域的知识体系，成为复合型人才。仅仅专注于自己的专业领域，不了解其他知识的人难以和他人协作，工作的适应性就更低。组织越柔性、工作模式越多变，人才就越需要一专多能、越善于"跨界"。这种纵向和横向一起拓展的知识体系是数字人才区别于前辈的特点。

（3）数字应用　对于数字人才在数字知识方面的要求不能局限于基本的"数字识字"，而需要他们进一步在工作中熟练应用各种数字化工具，这是职场中大部分数字人才需要具备的数字知识和技能，包括搜索数据和信息的能力、数据挖掘的能力、数据分析的能力、基本的数理统计知识，以及熟练使用工作所需的软硬件的能力。在基础知识层面，数字人才也需要对于当下的大数据、云计算、区块链、智能制造、人工智能等有基本的了解。应用层面的数字知识特别需要侧重数字知识和本职工作的结合以产生新的应用场景。

（4）数字开发　数字应用的开发者，需要更进一步熟悉常用的编程、数据库、软件架构、算法、系统分析、OS 和 APP 的有关应用、数字媒体等知识。2019 年，人工智能在高科技行业中进入快速发展期，我国政府将其上升为国家战略。人工智能基础层、技术层逐渐成熟，应用落地成为发展的重点。根据科锐国际《2019年人才市场洞察及薪酬指南》报告，中国在 AI 和车联网领域的人才缺口主要在于深度学习、计算机视觉、语音识别、机器学习等方面；物联网、数字化转型领域的人才缺口主要在数字战略管理、深入分析、数字化产品研发、智能制造、数字化运营、数字营销等方面；区块链领域的人才缺口聚焦于掌握源码技术的核心开发人员；大数据领域的人才缺口主要是数据底层开发、数据应用产品开发和数据上层分析。

（5）思维模式　具备适合数字化时代的思辨和创新思维模式，善于并勇于独立思考，不被经验或者既定的习惯想法束缚，另辟蹊径找到更好的解决方法。

批判性思维（Critical thinking）有时候被称为思辨能力，进入 21 世纪以来在人才培养领域被普遍重视，这和 21 世纪需要对传统思维模式（Way of thinking）进行颠覆、迭代不无关系。对于习惯性思维方式的否定、迭代、重新定义逐渐影响各个领域，引起了教育学家的关注。很多专家都认为这种新的思维模式在新的转型阶段是人才的基础。20 世纪 80 年代以来，美国、英国、加拿大、澳大利亚、新西兰都把具备"批判性思维"作为高等教育的目标之一。"世界高等教育会议"（巴黎，1998 年 10 月 5—9 日）发表的《面向 21 世纪高等教育宣言：观念与行动》，提出了"教育与培训的使命：培养批评性和独立的态度"，教育方式应该向培养批判性思维和创造性思维（Creative thinking）转型。

数字化时代的思维模式体现在以下两个方面。

1）批判性思维：面对大量信息知道如何取舍，聚焦于相关的重要信息，对之分析、评估、推论，勇于质疑、确证，改正权威、传统的推论或结果。

2）创造性思维：以新视角观察事物，创造、发明出新的技术、产品、服务、问题解决方案或者新的流程、观念或者理论。

（6）学习敏锐度　将各种新的体验迅速内化而获得新的能力素质，并将所得有效地应用于新实践中的能力和意愿。

学习敏锐度（Learning agility）是一个在数字化时代之初，由美国的人才和领导力素质管理专家提出来的概念，指"将各种新的体验迅速内化而获得新的能力素质，并将所得有效地应用于新实践中的能力和意愿"。这个概念与软件开发领域的"敏捷"（Agility）概念几乎在同一时期提出，前者侧重关注人才的能力素质，后者侧重关注业务的流程和团队的协作模式。这两个概念同时发展，并获得许多管理者的高度认可，因而近 20 年来被非常多的业务广为应用。

4. 领导力：布道者、坚持、成为变革者

拉姆·查兰曾说过："面对当今时代的结构性不确定性，要想引领组织走向成功，需要全新的领导力。过去的常规套路已经无法适应当今时代的要求，需要组织领导者彻底改变思路，全面更新自己。"的确如此，在互联时代，信息与技术组合，特别是移动技术的出现，让变化变得更加巨大、更具复杂性以及不确定性，组织仅仅适应变化已经变得远远不够，组织必须让自己成为创造变革的领导者，才可以应对以及利用这个变化的环境。面对复杂多变的外部环境，组织领导者必须有能力在不确定性中做出判断，并能够引领大家在不平衡与不确定性中确定一条道路，然后果断地带领组织在这条路上走下去。

（1）布道者　互联时代所具有的不确定性，使得组织成员受到很多信息的干扰，员工价值观的多元化也让组织管理遭遇到前所未有的外部影响，一些是正向的，一些是负向的，还有一些是似是而非的，这就需要领导者能够让组织成员明确并获得坚定的价值判断。在与每个人交流的时候，寻找每个人的正能量。爱默生说过："缺少热情不可能成就伟业。"而对于员工热情的激发，正是领导者需要做到的事情。

对于组织所要面对的不确定性和变化的复杂性，要求领导者具备坚定的信念和明确的价值判断。尤其是面对组织转型、业务转型以及产品与技术的创新，每一次变化，都蕴含了一个关于未来增长趋势的信息。如果能够不拘泥于我们每个人原有的经验和习惯，不拘泥于我们原有的核心竞争力，以新的视角来看待变化，就能够抓住这个信息，找到可以增长的机会。

但是，由于这些新的增长机会是与变化相伴的，人们的第一反应通常是抵触或者无法适应，甚至感觉是对自己的挑战。此时就要求领导者能够给予人们帮助，让大家可以从内心恐惧和回避中脱离出来，感受到主动拥抱变化带来的美好。这需要组织管理者首先自己感知到变化，并能够把对于变化的认知传递到公司的业务模式和团队成员当中，这需要组织管理者自己能够灌输和传播，以驱动变化，如果做不到这一点，组织就会被变化淘汰。

管理者作为一个布道者，就是要不断地让成员可以意识到危机、可以观察到变化、可以寻找到自己的价值判断，并能够清晰地指引行动，并带来变化。

（2）坚持　稻盛和夫讲过一个篷马车队队长的故事，稻盛先生说："篷马车队队长身上所体现的领导者的第二项重要的资质是：明确地描述目标并实现目标。"

引领变革本身就是一个极具挑战的任务，同时因为变革需要调整很多人的利益，要面对很多冲突，所以这需要管理者具有极强的韧性，无论遇到什么困难，都不要放弃，更不能半途而废。

互联网正在加速淘汰很多组织，正在加速调整很多行业，如果组织管理者不能够带领自己的组织互联网化，不能够让组织融入这样的时代浪潮中，那么组织很快就会被时代淘汰。也许我们都有这样的认知，一旦需要改变自己、变革自己的时候，人们总是会犹豫、痛苦甚至抵制，这就需要管理者保持韧性并坚持下去，变革才能持续。

（3）成为变革领导者　成为一个变革的管理者，要从五个方面去调整。

1）思维模式要转变。"去看看不见的"和"做不可能做的事情"。别人能做的事情你要正常去做，比如产品、品质、服务，这些大家能做的事情请继续做。但是还要做一些别人不可能做的事情，比如经营信息和数据的分析对于组织的发展无比重要，这也是其中一个。另外需要转换思维的地方，就是理解全连接和零距离。在今天的商业环境中，核心组织是一个全连接的组织。腾讯购并了很多项目，连接了很多组织；阿里巴巴购并了很多项目，连接了很多组织；IBM购并了很多项目，连接了很多组织。它们为什么要这么做，就是要全连接。因此，变革领导者一定要学会与更多的人在上下游合作、在不同地区合作。能够真正在合作中做事情，这叫思维方式的转移。

2）真正的客户导向。什么是客户导向，就是你在做任何事情的时候，知道谁评价你，你在为谁创造价值，以客户为导向，能够让我们明确如何去设计和行动，以创造客户价值。

3）人的活性化。复杂性对人的要求很高。但是我们需要清楚地认识到，增长的复杂性会导致高适应人才的比例下降，这是所有组织面临的问题。高增长带来的复杂性与高适应人才下降之间形成一个剪刀差，这个剪刀差会让组织出现混乱、不协调以及难以协作。我们也和这些强劲增长的组织的情况一样，增长导致这个剪刀差出现了前所未有的复杂性。

4）资源整合。资源整合在今天是非常重要的，需要在组织内部、行业内部、行业外部、国际市场、国内市场，跨行业寻找整合的机会。

5）系统思考的内部改造。系统思考的内部改造可以称为结构效益，所有的结构一定要调整到位。产能结构、规模结构、市场结构、人员结构、品类结构，全部调整到位，这就是内部改造。

8.3.3　生态红利

传统的组织只能寻找规模经济、范围经济和协同效应三大红利，而一旦平台让资源的连接变得自由，就形成了一种"网络状"的结构，这个时候就会产生各类的"网络效应"。但是，网络无法解释生态红利，还会扭曲规律，这里有必要加以说明。

1. 同边效应

同边效应即同边网络正效应（same-side network effect），意指平台上的需求方或供给方"单侧"存在的网络效应。例如：微信的价值随着进入用户数量的增加而增加，因为每加入一个人就增加了更多的交互可能，而这种增量是边际递增的，增长模式是指数型的。我们可以计算得再仔细一点：

当微信用户数为 n 时，网络价值为 $n \times n$，而当用户数增加 1 个，网络价值就变成了 $(n+1) \times (n+1)$，价值增量是 $2n+1$。

这种效应是非常明显的，由于存在交互的巨大价值，用户进入之后几乎很难离开。这也是一些社交电商（如美丽说、蘑菇街）得以生存，甚至令传统电商感觉到威胁的原因。马云一直垂涎社交，甚至上马了后来无疾而终的"来往"项目，后来阿里巴巴又接连兼并或入股了陌陌、微博等组织，就是这个原因——社交产生的"同边网络正效应"太强了。流量的黏性，流量变现的可能性……都产生于此。

除了需求侧的同边网络正效应，供给侧也存在类似的效应。例如：一张供应网络的价值随着进入者数量的增加而增加，因为每加入一个供应商就增加了更多合作的可能性。这里有意思的是，传统供给侧的组织之间更多是竞争性，而在互联网时代，用户需求升级，单单提供某类产品已经不能满足用户需求，组织将走向合作，把彼此的产品或能力融合为一种解决方案。

用"网络"的视角来解释，供需两侧由于同边网络正效应，会无限增长，这显然是不可能的。"网络论"者们会用"同边网络负效应"来解释某一侧的参与者抢资源，导致数量增长受限的现象。但如果切换到"生态"视角就会发现，一方面，同一类物种数量的增加会导致种群繁荣，本来就是生物规律。如自然界中的共同觅食，就相当于组织"结伴出海"，捕获更大量级的用户需求；又如自然界中的繁殖，就相当于资源在组织之间流动（如人才流动），形成更具优势的配置效果。这是经济学上的"集聚效应"。另一方面，种群数量的增加也不是无限的，其会随资源的数量停留在一个稳定的状态，就相当于组织因为市场饱和而不再增加。

需要说明的是，导入的用户不是"物种"，而是生态的能量，在一个"生态位"上能分到的用户需求（能量）有限，一个物种的数量不可能无限增加。所以，尽管网络的空间几乎是无限的，但现实中物种依然是有限的。准确来说，其增长会存在 S 曲线规律，先是增加而后趋于稳定，最后数量减少到"多寡头"（几个寡头分享市场）状态，直到被新的物种所替代，这与产业发展过程中组织数量的变化规律是一致的。

2. 双边效应

双边效应来自 2014 年诺贝尔经济学奖获得者梯若尔的一项重要研究 —— 双边市场理论（Two-sided market），也有学者将其称为跨边网络效应（Cross-side network effect）。媒体将其戏称为"相亲经济学"，这个比喻很形象：产品（相亲机构）只是搭建一个平台，通过免费可以让需求方用户（寻觅伴侣的女士）自由流入，而后会引来资源供给者（寻觅伴侣的男士），双方相互吸引，无限放大平台的活跃程度。当平台活跃了，任何一方中的任何一人都很难离开，于是收益模式可以千变万化，如向一方收"入场费"，又如向资源出让者（寻觅伴侣的男士）收取"交易抽佣"。

几乎所有的平台类互联网组织都在运用这种双边效应。例如：电商组织首先开放平台让商家免费入驻，而后吸引用户进入选购，用户增多导致更多的商家争抢入驻，而越来越多的商家又增强了对用户的吸引力。当然，由于电商公司几乎并不为商家或用户的进入支付成本，这种操作方式是可行的。当各类电商层出不穷，把各种线上市场抢夺殆尽以后，互联网创业者们开始进入另外的领域追求双边效应，即"基于硬件搭建的平台"。因此，智能电视、智能冰箱、智能洗衣机等产品层出不穷，甚至有资本助力时还会产生硬件免费的奇观。

仅仅用网络的结构来解释还远远不够，生态的解释更加有力。在供给侧，会不断出现"生态霸王龙（高级收割者）"用丰富、完整的解决方案，快速、大规模收割用户深度需求（否则就只能给出爆款的单点产品），转化为更加强大的粉丝留存。"生态霸王龙"有可能是外来物种，即觊觎生态内丰富食物（深度用户需求）的第三方进入平台；也可能是被"生态上帝"造出来的物种，即利用平台的若干资源（供应链、研发、品牌等资源）打造、孵化出来的。

这种红利实际上是收割者的弱肉强食结果。自然界中，"大吃小，小被吃"。商业世界中，有能力的高级收割者会主动地"吃掉"低级收割者，表现为把低级收割者变成自己解决方案中的一个模块，它们被称作"生态霸王龙"的确是实至名归。当然，这里的"吃掉"指掌握控制权，既包括并购，也包括让低级收割者成为自己生态里的附属。"生态霸王龙"的存在实际上会加速产业的成长，让其他生态位的物种更有危机感，实在无法生存的物种就灭绝了。如低价通吃的降维进攻，表面上看是让单纯卖硬件的组织没有生存空间，实际上就是让不能提供优势硬件产品的组织出局，因为产品具有优势的硬件生产商会成为"生态霸王龙"的硬件供应模块。所以，"生态霸王龙"们看似"把钱都赚了"，实际上却起到了加速生态进化和价值循环的作用。

当然，如果"生态霸王龙"们布局过"狠"，让其他所有物种都没有了生存的空间，那生态也会崩塌。当下，一些收割者组织基于垄断地位，大肆摄取各类物种的收益空间，这是非常值得警惕的问题。

3. 换边效应

商业生态和自然生态还是存在不同：就自然生态来说，其角色固定，不可转化，如动物不可能变成植物。因此，这种生态里的能量循环不可逆转。商业生态则是网络状的，尽管不同的节点有不同的角色，但这种角色是可以转化的。

因此，海尔首席执行官张瑞敏先生提出了"换边效应"的观点，即在平台两头的供需双方如果能够实现身份的对调，就证明这个平台具有了生态的特点，就能爆发出最大的威力。这里的换边，其实是平台某一边的参与者变成了中间人（Middle-man）。例如：海尔的"车小微"平台上，部分业绩出色的驾驶员开始自己组织车队，去对接更大的订单。本质上，他们还是供应商，但他们已经开始成为用户的"买手"，这是供给者变成需求者。再如，小米通过打造米粉群，把粉丝变成了自己的产品设计师（参与迭代 MIUI）和营销者（帮助进行全网传播），这是需求者变成供给者。

这里的意义，并不在于供需双方的某人转化到另一方而带来了"同边网络正效应"或"跨边网络正效应"，而是在于一方的角色转化到另一方后会更加理解"异侧"的需求，也会基于对原来业务的理解加速"原侧"资源的整合。进一步看，正是因为这种特殊的身份，平台两边都会有更多的参与者加入。

也就是说，商业生态内的用户可能变成导流者、分解者和收割者，用户这个群体可以在社群内自己形成一个小的能量循环。如果在用户群内就率先进行能量转移，各个环节就会更有效率，这个生态将会变得更加活跃。例如：某些社群内的老用户拉入了新用户，此时老用户就变成导流者。再如：在用户社群内，"自交互"释放出了更多的需求，此时部分用户就变成了分解者。

参 考 文 献

[1] 穆勇，等.电子政务顶层设计理论、方法与实践 [M].北京：人民邮电出版社，2019.

[2] 张建锋.数字政府 2.0[M].北京：中信出版集团，2019.

[3] 陈沛，彭昭联，孙健.企业数字化转型路径及实践 [J].管理会计研究，2019（1）：71-88.

[4] 巴纳德.经理人员的职能（1968 年版）[M].北京：中国社会科学出版社，1997.

[5] BARNARD.The Functions of the Executive[M].Cambridge, Ma: Harvard University Press, 1938.

[6] 梁镇，赵国杰.企业管理创新 [M].北京：中国经济出版社，1996.

[7] 弗里蒙特.E.卡斯特，等.组织与管理 [M].北京：中国社会科学出版社，1985.

[8] MARCH JG, SIMON H.A.（1958） Organizations[M].New York: Wiley.

[9] 斯科特，戴维斯.组织理论：理性、自然与开放系统的视角 [M].高俊山，译.北京：中国人民大学出版社，2011.

[10] 卡斯特，罗森茨韦克.组织与管理：系统方法与权变方法[M].李柱流，等译.北京：中国社会科学出版社，1985.

[11] 郭安琪.浅析政府组织与企业组织的异同 [J].时代报告(学术版)，2015(5)：316.

[12] 韦伯.经济与社会（第二卷）[M].阎克文，译.上海：上海人民出版社 .2010.

[13] 卡明斯，沃里.组织发展与变革 [M].李剑锋，等译.北京：清华大学出版社，2003.

[14] MEYER J W, ROWAN B.Institutionalized organizations: formal structure as myth and ceremony [J].American Journal of Sociology, 1977, 83(2)：340-363.

[15] 冯燕君.组织行为学 [M].上海：立信会计出版社 .1997.

[16] 王东京，田清旺.政府转型的演进轨迹及其引申 [J].改革 .2008(11)：5-14.

[17] 吉利.超越学习型组织 [M].佟博，等译.北京：经济管理出版社，2003.

[18] 西丹曼拉卡.智慧型组织：绩效、能力、知识一体化管理[M].艾菲，孟立慧，译.上海：上海交通大学出版社，2003.

[19] 张建光，朱建明.国内外智慧政府研究现状与发展趋势综述[J].电子政务，2015（8）：72-79.

[20] RUBEL T.Smart government: creating more effective information and services [J].IDC Government Insights.2014，5（3）:30-32.

[21] 丁波涛.大数据领导力的"五力"模型研究[J].上海城市管理，2019，28（4）:40-45.

[22] 卢乐天，阳梦华，邓樱文.政府数据治理体系研究[J].电信工程技术与标准化，2019，32（1）:29-33.

[23] 王猛.智慧型组织的理论基础及其构建[J].现代管理科学,2015(5):103-105.

[24] OSTERWALDER A., PIGNEUR Y, Tucci C L.Clarifying business models: origins, present, and future of the concept[J].Communications of the Association for Information Systems. 2005，16（1）: 1-25.

[25] OSTERWALDER A, PIGNEUR Y.Business Model Generation[M].New York:John Wiley&Sons, 2011.

[26] 李文莲.基于大数据的商业模式创新[J].中国工业经济，2013（5）:83-95.

[27] 杨家诚.自组织管理："互联网+"时代的组织管理新模式[M].北京：人民邮电出版社，2016.

[28] 刘晓洋.大数据支持下的政府流程再造[J].新疆师范大学学报（社会科学版），2016（2）：118-125。

[29] 刘晓洋.大数据环境下政府业务流程再造研究[J].广州公共管理评论，2015（3）：123-144.

[30] 陈春花.激活组织：从个体价值到集合智慧（精编版）[M].北京：机械工业出版社，2020.

[31] 林光明.敏捷基因：数字纪元的组织、人才和领导力[M].北京：机械工业出版社，2020.

[32] 大数据战略重点实验室.数权法2.0：数权的制度建构[M].北京：社会科学文献出版社，2020.

[33] 张莉.数据治理与数据安全[M].北京：人民邮电出版社，2019.

[34] 用友网络科技股份有限公司.组织数字化：目标、路径与实践[M].北京：中信出版社，2019.

[35] 陈春花，赵海然. 共生：未来组织组织进化路径 [M]. 北京：中信出版社，2019.

[36] 陈春花，朱丽. 协同：数字化时代组织效率的本质 [M]. 北京：机械工业出版社，2019.

[37] 曾鸣. 智能战略 [M]. 北京：中信出版社，2019.

[38] 曾鸣. 智能商业 [M]. 北京：中信出版社，2018.

[39] 穆胜. 释放潜能：平台型组织的进化路线图 [M]. 北京：人民邮电出版社，2018.

[40] 中国信息化百人会课题组. 数字经济：迈向从量变到质变的新阶段 [M]. 北京：电子工业出版社，2018.

[41] 李艺铭，安晖. 数字经济：新时代再起航 [M]. 北京：人民邮电出版社，2017.

[42] 陈春花. 激活个体：互联时代的组织管理新范式（珍藏版）[M]. 北京：机械工业出版社，2016.

[43] 张驰. 数据资产价值分析模型与交易体系研究 [D]. 北京：北京交通大学出版社，2018.

[44] 田先华. 变故鼎新、砥砺前行，构建适应时代发展的价格机制 [J]. 价格理论与实践，2015，4（11）：48-49.

[45] 叶雅珍，刘国华，朱扬勇. 数据资产化框架初探 [J]. 大数据，2020，19（1）：3-5.

[46] 朱扬勇，叶雅珍. 从数据的属性看数据资产 [J]. 大数据，2018，4（6）：65-76.

[47] 马丹，郁霞. 数据资产：概念演化与测度方法 [J]. 统计学报，2020，1（2）：15-19.

[48] 纪婷婷，甘似禹，刘春花，等. 数据资产化与数据资产增值路径研究 [J]. 统计学报，2019，6（9）：157-159.

[49] 郭晓芳，刘蓉，马晓丽. "大数据"时代的组织结构优化研究 [J]. 管理科学，2019，1（2）：115-116.

[50] 刘建基，李倩. 基于大数据的组织敏捷性提升机理研究 [J]. 经贸管理，2019，8（2）：108-110.